HANS WILHELM HAUSSIG

DIE GESCHICHTE ZENTRALASIENS UND DER SEIDENSTRASSE IN ISLAMISCHER ZEIT

HANS WILHELM HAUSSIG

DIE GESCHICHTE ZENTRALASIENS UND DER SEIDENSTRASSE IN ISLAMISCHER ZEIT

WISSENSCHAFTLICHE BUCHGESELLSCHAFT
DARMSTADT

Einbandgestaltung: Neil McBeath, Stuttgart.

Einbandbild: Soldaten im Schnee.
Miniatur aus einer Handschrift des Šāh-nāme.
The Library, Royal Asiatic Society, London, no. 77–0113, fol. 26 v.
Mit freundlicher Genehmigung der Bibliothek der Gesellschaft.

Die 1. Auflage 1988 ist unter demselben Titel als Band 73
in der Reihe ›Grundzüge‹ erschienen.

Die Deutsche Bibliothek – CIP-Einheitsaufnahme

Haussig, Hans W.:
Die Geschichte Zentralasiens und der Seidenstraße
in islamischer Zeit / Hans Wilhelm Haussig. – 2.,
unveränd. Aufl. – Darmstadt: Wiss. Buchges., 1994
ISBN 3-534-09271-6

Bestellnummer 09271-6

2., unveränderte Auflage 1994

Gedruckt auf säurefreiem und alterungsbeständigem Werkdruckpapier
Satz: Fotosatz Janß, Pfungstadt
Druck und Einband: Wissenschaftliche Buchgesellschaft, Darmstadt
Printed in Germany
Schrift: Linotype Garamond, 9.5/11

ISBN 3-534-09271-6

Meiner Frau gewidmet

INHALT

Vorbemerkung XIX

Einleitung: Komponenten bisher ungelöster Probleme 1

1. Wörter für Seide als Vermittler von Hinweisen auf bisher noch nicht entdeckte Wege der Seide nach Europa . . . 6
   a) Wörter, die nur auf einzelne Strecken von Seidenstraßenrouten hinweisen 6
   b) Wörter, die verschiedene Wege der Seidenstraße zwischen Europa und Zentralasien deutlich machen . . 8
   c) Namen für Seide, die den Weg nach Ägypten und dem Irak deutlich machen 13
2. Die Barrieren für eine Verständigung des Westens mit China 15
   a) Sprachliche Schwierigkeiten bei der Wiedergabe chinesischer Informationen wegen der häufig vorhandenen Gleichheit bei Personen- und Ortsnamen und der Mehrdeutigkeit chinesischer Schriftzeichen . . . 15
   b) Bevölkerungsleere in Zentralasien, ein Grund für das Fehlen von Nachrichten über China im Westen . . 16
3. Erste Anzeichen für einen Anschluß Zentralasiens an den Westen 16
   a) Spuren in den Fragmenten von Büchern und Urkunden 16
   b) Lehnwörter in den Aufzeichnungen untergegangener Sprachen als Kennzeichen verschiedener Einflüsse aus dem Westen und aus Indien 19
   c) Die Rezeption von besonderen Formen der westlichen Agrarkultur in Zentralasien 20
   d) Der durch Tibet, das islamische Mittelasien und die Uigurenstaaten gescheiterte Versuch Chinas, sich in Zentralasien festzusetzen 22
4. Der Seeweg der islamischen Kaufleute, eine Verbindung mit China ohne Vermittler 23

5. Die Erweiterung des Einflußbereichs der Nordroute durch die Entstehung neuer Abzweigungen 24
6. Die Vorbereitung der mongolischen Eroberungen durch den Prozeß der von innen kommenden Auflösung der damals bestehenden islamischen und christlichen Staaten . 26

Das Geschehen in Europa und Asien bis zu den Eroberungen der Mongolen

I. Spuren von Staatsbildungen im Westen der Nordroute der Seidenstraße 31
1. Staatsbildungen 32
a) Eigene Kommunikationsmittel der Einwanderer? Vortürkische Runen und sogdische Schriftzeichen . . 34
b) Beginnende Integration der Einwanderer durch vertragliche Bindungen mit der in Südrußland angetroffenen Bevölkerung 35
c) Militärisch-politische Bindungen zum Imperium Romanum im Rahmen eines weiteren Fortschreitens der Staatsbildung 36
d) Die ersten Ansätze zur Bildung einer staatlichen Organisation bei den Hunnen, Onoguren und Bulgaren 37
2. Die Verbindungen Osteuropas zur Seidenstraße . . . 39
a) Militärische Sperrgebiete des Byzantinischen Reiches gegen den Fernhandel im Westen des Pontus, eine Ursache für die Umleitung des Warenverkehrs über den Kaukasus 41
b) Bulgarische und chasarische Staatsbildungen in Südrußland 43
c) Das Chasarenreich als Förderer der Niederlassung jüdischer Fernhändler 46
d) Kiew unter chasarischer Tributhoheit am Ausgang der Straßen nach Cherson (Korsun) auf der Krim, Sarkel an der Donmündung und Mainz 49
e) Wolgaweg und Bernsteinstraße, Verkehrswege der Waräger und Chasaren für den Transfer von Luxuswaren in beiden Richtungen 50

II. Die Revolutionierung der Geldwirtschaft durch die von jüdischen Bankiers ausgehende Einführung des Inhaberpapiers . 51
1. Die ökonomische und zivilisatorische Suprematie Mittelasiens als Basis für die Steigerung seiner Silberprägungen (Dirhem) 52
2. Die durch die Waräger erfolgte Übernahme des Dirhems als Zahlungsmittel, eine Grundlage der Partnerschaft mit den Märkten der Samaniden in Mittelasien 55
3. Die Entwicklung einer vom Umfang der Emission des Dirhems in Mittelasien abhängigen Geldwirtschaft in Nordwestrußland 56
4. Der bargeldlose Zahlungsverkehr beim Handel mit Sklaven und hochwertigen Luxuswaren wie Bernstein, Gewürze und Seide 58
5. Der Einstieg christlicher und islamischer Bankiers in den bargeldlosen Zahlungsverkehr 59
6. Die vermehrte Prägung von mit dem Dirhem konvertierbaren Silbermünzen durch die Byzantiner und die Verbreitung abendländischer Münzsorten in Osteuropa . . 60
7. Das Funktionieren des von den jüdischen Radanijja organisierten Kreisverkehrs im Warenaustausch von Südrußland über das Ostfränkische Reich, Burgund, das islamische Spanien, den Maghreb, Ägypten, Indien, Mittelasien und Osteuropa vor dem Hintergrund einer jüdischen Kulturgemeinschaft 61
8. Schrumpfung des Warenumsatzes in Osteuropa als Folge des Untergangs des Samanidenreichs in Mittelasien . . 63

III. Die Entstehung einer politischen und wirtschaftlichen Magistrale als Folge der nordöstlichen, mit Turfan beginnenden Abzweigung der Seidenstraße 66
1. Die osttürkischen Staatsbildungen 68
a) Der Versuch der Restauration des Osttürkischen Reichs durch die Köktürken 69
b) Die vom Buddhismus geprägte osttürkische Kulturgemeinschaft 71
2. Die tibetische Expansion im Tarimbecken und in Gansu (Kansu) und der uigurische Anteil an der tibetischen Oikumene 72

a) Das Weiterleben des religiösen Elements in der tibetischen Kultur und das sinisierte Reich der Tanguten . 78
3. Die zweite Phase osttürkischer Staatsbildungen in Verbindung mit der Westwanderung einzelner Stämme . . 80
a) Mittelasien und das Tarimbecken als Ziele der aus dem Nordosten der heutigen Mongolischen Volksrepublik ausgewanderten Qarluq 81
b) Die Folgen der osttürkischen Wanderung für die Turkstämme in Südsibirien 83
c) Das Schicksal des Staats der Qara Chitai, der letzten vormongolischen Reichsgründung in Zentralasien . 84
4. Die zunehmende Abhängigkeit Osteuropas von den Wirtschaftszentren im Vorderen Orient 85
a) Seiden aus Qara Chitai als namengebende Warensorten im Abendland 86
b) Der Rückgang der Dirhemprägung. Ursache und Folgen 87
5. Die Entwicklung des Warenumsatzes auf den von Turfan und Ganzhou (Kan-chou) zu den beiden chinesischen Hauptstädten führenden Routen der Seidenstraße . . . 88
a) Der Anteil der Märkte von Turfan und Hami am Warenumsatz an Orchon und Selenga, in Nordchina, im Gansu-Korridor und im Bazar von Kaschgar im Westen 90
b) Der ökonomische Vorsprung uigurischer Handelskolonien im Gansu-Korridor gegenüber tibetischen und chinesischen Niederlassungen 92
c) Uigurisch-chinesische Handelspraktiken 93
6. Die Situation bei Chasaren und Byzantinern an der Nordroute der Seidenstraße 95
a) Die Aufhebung des bestehenden Verbots des freien Verkaufs von Textil- und Luxuswaren und die weitere Differenzierung des Warenangebots 96
b) Die Bedeutung der Öffnung der Pontushäfen für abendländische Kaufleute 97

IV. Der Seeweg der islamischen Kaufleute nach Indien und China und seine Vorgeschichte 99
1. Griechische und aramäische Kaufleute als Konkurrenten im Indienhandel 100

2. Der arabische Kaufmann, der eigentliche Eroberer der Wege nach Indien, und sein Anteil an der wirtschaftlichen Struktur des arabischen Imperiums 101
3. Der Gold-Dinar, das Zahlungsmittel der arabischen Kaufleute auf dem Seeweg 103
4. Der Nachteil des Seewegs für die Kaufleute durch das größere Verlustrisiko 104

V. Der Warenverkehr auf dem Landweg und die Lösung des Transport- und Finanzierungsproblems 107
1. Die Vermittler der Musik-, Tanz- und Schauspielkultur des Westens in Ostasien als Begleiter der Karawanen . . . 108
2. Der Transfer chinesischer Techniken für die Herstellung von Papier, Porzellan, Unterglasurmalerei und Satin . . 109
3. Chinesische und zentralasiatische Nachahmungen von Gold- und Silbergeschirr in Ton 113
4. Die Rezeption geistiger Strömungen auf der Nordroute der Seidenstraße durch das Kunsthandwerk 115
5. Der Einfluß der iranischen Auswanderer im Westen und Osten auf die Kultur und Zivilisation der Nachbarländer 117
a) Der Anteil des hellenistischen und iranischen Kulturerbes an der buddhistischen Kunst des Tarimbeckens . 119
b) Die Rolle der Maskentänzer aus dem Tarimbecken bei der Vermittlung von mimischen Ausdrucksformen des hellenistischen Theaters nach Nordchina und Japan . 120
c) Die Übernahme von Kleidermoden aus Mittelasien und dem Iran durch die Bewohner des Tarimbeckens und seine nordöstlichen Nachbarn 122
d) Der chinesische Einfluß in den islamischen Ländern. Der Export des Porzellans, die Rezeption der chinesischen Unterglasurmalerei durch islamische und byzantinische Keramikmaler und die Übernahme der chinesischen Technik bei der Herstellung des Seidensatins . 125
e) Die Verbreitung chinesischer Ornamente und Symbole durch den seldschukischen Knüpfteppich . . . 130

VI. Der Handel auf der arabischen Halbinsel als Ursache für den Gegensatz zwischen Ägypten und dem Irak 131

1. Der Bedeutungsverlust der arabischen Halbinsel durch den wirtschaftlichen Dualismus zwischen Ägypten und dem Irak 133
2. Die Neuverteilung der Märkte und die Entstehung des Großkapitals 133
3. Die Abschwächung der im Irak bestehenden Prosperität der Städte als Folge der seldschukischen Landnahme 137
4. Die städtefeindliche Politik der Seldschuken und ihre Folgen 138
5. Die Verschärfung des Konkurrenzkampfes auf islamischen Märkten durch die billige Nachahmung von Markenartikeln 140
6. Die Entstehung neuer Märkte als Folge von Eroberungen der Byzantiner, Turkmenen und Kreuzritter im Westen Syriens und in Palästina 142
7. Die Störung der Westexporte über die Routen der Seidenstraße durch politische Veränderungen innerhalb der islamischen Staatenwelt 142

VII. Die abendländischen Handelspartner der islamischen Kaufleute auf der Seidenstraße 144
1. Die Umstrukturierung des Herstellungsprozesses im Abendland durch die Übernahme neuer Techniken aus dem Orient 144
2. Das Angebot bisher durch Monopole gesperrter Luxuswaren für den Bedarf der Herrscher als Ursache für eine Erweiterung des Marktes 151

VIII. Der Anteil des jüdischen Handels am Warenaustausch auf der Seidenstraße 156
1. Die jüdische Radanijja im Urteil ihrer arabischen Zeitgenossen 156
2. Diskriminierungen jüdischer Kaufleute im Fernhandel . 157
3. Vertreibungen von Juden aus dem Irak, aus Syrien und Palästina als Ursache für die Entstehung neuer wirtschaftlicher Schwerpunkte in Ägypten 158
4. Die Spuren der Ausdehnung des Handels der Radanijja auf den Routen der Seidenstraße 159

5. Die Rolle der Juden in Kairo und die ägyptische Preispolitik auf dem Seeweg der Seidenstraße nach Indien . . 160
6. Die religiöse jüdische Koine, eine Klammer zwischen europäischem und orientalischem Judentum 164

IX. Die Begegnung von Warägern und Deutschen mit Chasaren und Komanen in Osteuropa in ihrer Bedeutung für die Entwicklung des Handels mit dem Orient 167
1. Die beiden Gruppen der Waräger, die von Nowgorod mit der Verbindung über den Wolgaweg zur Seidenstraße und die von Kiew mit den Beziehungen nach Konstantinopel und Mainz 172
2. Slawen (Russen) und Waräger (Skandinavier) als Partner im Sklavenhandel 174
3. Der Beginn des Handels deutscher Kaufleute mit Nordwestrußland 176

X. Wandlungen in der Struktur des Handels und in der Technik des Zahlungsverkehrs in Nordwestrußland 177
1. Privilegierte deutsche Kaufleute als Partner der Russen in einem mit Zahlung auf Silberbasis durchgeführten Handelsverkehr 178
2. Die Schrift (Stutzrunen) im Geschäftsverkehr der Waräger 179
3. Die Verbreitung der religiösen Bekenntnisse bei den Turkstämmen in Osteuropa 182
4. Die Handelspraxis der deutschen Kaufleute in Nordwestrußland 183
5. Die Emanzipation der Städte im Orient und im Abendland aus dem Rahmen der Staatsverfassung durch Herausbildung eigener Strukturen 185
6. Die Erschließung von Häfen für armenische Waren an der Südküste des Pontus 187

XI. Die Aktivierung des Handels mit China über den Seeweg, eine Folge der politischen und wirtschaftlichen Veränderungen im Vorderen Orient 189
1. Die nautischen Helfer der arabischen Kaufleute auf dem Seeweg nach China 190

2. Die älteste bekannte arabische Beschreibung des Seewegs nach Indien 193
3. Die von den arabischen Kaufleuten für ihre Reisen benutzten Schiffstypen und ihre Besatzungen 195
4. Die bei der Festsetzung der Preise für die Fernhandelswaren berücksichtigten Faktoren 196
5. Die Wahl des von Kursschwankungen relativ unabhängigen ägyptischen Gold-Dinars als Münze für die Angabe der Geldbeträge im bargeldlosen Zahlungsverkehr 198
6. Die Handelsfiliale als Mittel wirtschaftlicher Expansion und Sicherung des Geschäftsvermögens 199

XII. Diplomaten als Vermittler von Handelsbeziehungen auf den Abzweigungen der Seidenstraße 201
1. Hispano-arabische und deutsche diplomatische Missionen zur gegenseitigen Förderung des Handels . . . 201
2. Erkundungen über die Wolgabulgaren im Auftrag des Kalifen von Bagdad 203
3. Arabische Informationen über die in das ehemalige Gebiet der Osttürken eingewanderten mongolischen Stämme 205

XIII. Die Entstehung ethnischer und religiöser Minderheiten als Folge der osttürkischen Westwanderung 207
1. Die zivilisatorische und religiöse Assimilierung der in Zentral- und Mittelasien eingewanderten osttürkischen Stämme 207
2. Jüdische Gemeinden im Tarimbecken in Dandan Uilig bei Chotan, in Dunhuang und in Herat in Mittelasien . 208
3. Die im Iran zurückgebliebenen jüdischen Gemeinden nach dem durch die Landnahme der Seldschuken ausgelösten Exodus eines Teils der Juden nach Ägypten . 209

XIV. Das Vorrücken des Islams in Zentralasien und die Rückzugsstellungen der Buddhisten in Ladakh und im Gansu-Korridor 211
1. Die Emigration christlicher, jüdischer und zoroastrischer Flüchtlinge nach dem Westen Zentralasiens . . 211
2. Ladakh mit Gilgit im Besitz der Kontrolle des Wegs über den Karakorumpaß nach Chotan und Jarkänd,

wirtschaftliche Zentren und Bastionen des Buddhismus 213
3. Die von Ladakh nach Nordosten über die Wasserscheide von Indus und Tsangpo nach Lhasa und über den Baroghil- und Darkotpaß nach Samarkand führenden Karawanenwege 214
4. Die ethnischen Veränderungen im Gansu-Korridor nach seiner Eroberung durch die Tanguten 214
5. Die Praktiken der Kaufleute des Uigurenstaates von Ganzhou (Kan-chou) im Handelsverkehr mit China . 216

XV. Der Prozeß der Annäherung zwischen abendländischer und islamischer Oikumene durch Öffnung der Handelsmetropolen des Orients für den Kaufmann aus dem Abendland 218
1. Gleichlaufende Entwicklungen in der islamischen Polis und der abendländischen Stadt 219
2. Der Bruch bisher bestehender islamischer und byzantinischer Monopole durch die Herstellung von Seide im Abendland 221
3. Die Rezeption islamischer Modeformen durch das Abendland 222
4. Die Einführung neuer Formen in die Mode als eine der Ursachen für die Erweiterung des Seidenbedarfs im Abendland 223

XVI. Die Weiterführung des Handels der nordchinesischen Reiche der Qitan (Liao) und der Dschurdschen (Kin) über den Landweg mit den islamischen Märkten in Mittelasien . . 224
1. Die Nestorianer aus Merw und die Buddhisten aus Turfan als Vermittler ihrer Religion und Zivilisation an Qitan und Mongolen 225
2. Die Dezentralisierung nordchinesischer Manufakturen für Seide und Porzellan und ihre Folgen 226
3. Der große Anfall von Silber infolge von Tributzahlungen und seine Auswirkungen 227

XVII. Die islamische Handelsexpansion auf dem Seeweg und das durch sie bestimmte Chinabild 229

1. Chinesische Praktiken bei der Aufnahme eines Handelsverkehrs mit dem Vorderen Orient und Ostafrika 229
2. Chinesisches Verpackungsmaterial (Tongefäße mit Unterglasurmalerei) als Hülle für besonders kostbare Waren 230
3. Beispiele für die in islamischer Zeit eingetretenen Verluste im geographischen Bild von China 231
4. Verlorenes Wissen über die in der Spätantike aufgegebenen Wege und verlassenen Stationen der Seidenstraße aus hellenistischer Zeit 231
5. Chinesische Mehlspeisen in einem rabbinischen Kommentar zu jüdischen Speisevorschriften 233

XVIII. Einblicke in die bisher unbekannte Welt einer hellenistisch-iranisch-indischen Renaissance auf Darstellungen von Silberschalen aus dem Wolga-Kama-Gebiet . . . 234
1. Spuren von Restaurierungen des 11. und 12. Jahrhunderts an Silberschalen aus Mittelasien und China als Beweis für die lange Wertschätzung jener Renaissance-Motive 236
2. Das durch Bilder auf Silberschalen christlicher und jüdischer Gemeinden zu erschließende Verbreitungsgebiet der Renaissance an der Südroute der Seidenstraße 237
3. Die Spuren der Renaissance an den Abzweigungen der Nordroute in Tschernigow und Nagy-Szent Miklós . 240

XIX. Marktveränderung in Osteuropa durch den Rückgang des Sklavenhandels und eine Verschiebung beim Gleichgewicht von Warenangebot und Nachfrage 241

Exkurs: Von Manufakturen im Tarimbecken und im Nordwest-Iran stammende gewebte und geknüpfte Teppiche und dort hergestellte Filzstoffe und Kleidung als Handelsware auf der Nord- und Südroute der Seidenstraße 245
1. Teppiche 245
2. Filzstoffe und Kleidung 247

Nachwort: Das Geschehen im Umfeld der Seidenstraße als Teil der Weltgeschichte 251

Abkürzungen 253

Bibliographie 255

Index 277

Karten (im Anhang) 319

VORBEMERKUNG

Für die Unterstützung bei der Vollendung dieses Buches habe ich vielen zu danken. Ich nenne hier meine Kolleginnen an der Ruhr-Universität in Bochum und an der Freien Universität in Berlin, Ebel und Kirschstein, die mich durch ihren Rat in Fragen der nordischen und westgermanischen Philologie unterstützt haben. Den Kollegen von Mende, Berlin, und Röhrborn, Gießen, danke ich für ihre Hinweise auf die Schreibung chinesischer und vorderasiatischer Namen, und meinem Sohn für die wertvolle Hilfe, die er mir bei der Korrektur der Druckbogen leistete. Dank schulde ich schließlich den Kollegen Mildenberger, Bochum, und Hänsel, Berlin, die es ermöglichten, daß meine Kartenskizzen im Rahmen ihrer Institute für den Druck gezeichnet werden konnten.

Berlin-Dahlem, 28. 4. 88 Hans Wilhelm Haussig

EINLEITUNG: KOMPONENTEN BISHER UNGELÖSTER PROBLEME

Wenn es auf den ersten Blick den Anschein hat, daß dieser zweite Band, der die Epoche der Seidenstraße im Zeitalter des Islams darzustellen hat, sich mit dem ersten (Hans Wilhelm Haussig, Die Geschichte Zentralasiens und der Seidenstraße in vorislamischer Zeit, Grundzüge 49, Darmstadt 1983), dessen Aufgabe die Darstellung der vorislamischen Epoche war, überschneidet, so trägt daran die sogenannte „äußere" Chronologie der Ereignisse die Schuld. Diese Zeitordnung geht von den allgemein bekannten Daten der Ereignisse aus. Im Gegensatz zu ihr registriert die „innere" Chronologie Entwicklungen und den Bruch von Strukturen. Ihr Gebiet sind in der Hauptsache die Kultur und die Wirtschaft. Von dort aus setzt sie ihre Zeitmarken.

Wenn z. B. im ersten Band die Geschichte Mittelasiens schon bis in eine Zeit geführt wird, die fast hundertfünfzig Jahre nach der Verkündung des Islams durch den Propheten liegt, so geschieht das, weil in Mittelasien nach der inneren Chronologie der Bruch mit der vorislamischen Struktur erst mit dem Beginn der Herrschaft der Samaniden einsetzte.

Ein weiterer Unterschied, der die Gliederung betrifft und den schon ein Vergleich der Inhaltsverzeichnisse beider Bände deutlich macht, bezieht sich auf die Darstellung. Im vorliegenden zweiten Band ist die Struktur der benutzten Quellen zum Teil von besonderer Art. Sie wollten (überwiegend) nicht darstellen und die Kausalität, die die einzelnen Ereignisse miteinander verbindet, offenlegen, sondern nur etwas notieren, um es vor dem Vergessenwerden zu bewahren. Sie hatten nur zu einem kleinen Teil die Absicht, „Geschichte" zu schreiben. Sie müssen, ob sie sich nun der literarischen Form bedienen oder ob sie Dokumente sind, erst ausgewertet werden.

Gegenüber dieser Form der Überlieferung hatte die Aussage der materiellen Quellen (z. B. Bilder und Grabbeigaben) vor allem dort, wo es um die Darstellung ökonomischer Vorgänge geht, ein erhebliches Gewicht. Der Verfasser mußte sich daher, um die Geschichte dieser Zeit sichtbar zu machen, der Technik des Mosaiks bedienen. Nur so konnten die verschiedenen, auf den ersten Blick isoliert erscheinenden Aspekte zu einem Bild zusammengefügt werden.

Die Geschichte der Seidenstraße wurde nicht allein von Feldherren oder Herrschern bestimmt, sondern vor allem von Kaufleuten und Bankiers. Was im Osten und Westen der Seidenstraße lange vor der Errichtung des mongolischen Weltreichs den Beginn eines neuen Zeitalters bewirkte, war nicht ein Sieg der Waffen, auch nicht die mehrere Jahrhunderte währende Westwanderung osttürkischer Stämme aus dem nordwestlichen Randgebiet Chinas. Es war das Auftauchen einer neuen Macht, die vom Geld ausging und durch den Übergang zum bargeldlosen Verkehr ihre Machtmittel in einem bisher für unmöglich gehaltenen Umfang steigern konnte, die den Weg in ein neues Zeitalter öffnete.

Im Umkreis der Stationen der Routen der Seidenstraße hatte sich damals das Geld von dem realen Metallwert jener Münzen, die man in Gold, Silber oder Kupfer prägte, gelöst. Jetzt galt der Marktwert der Ware, den Angebot und Nachfrage bestimmten. Die Skala der bisherigen Bewertungsstufen der Münzen, die von dem Grad der Reinheit des geprägten Metalls und der Erhaltung des Gewichtes im Vergleich zum Zeitpunkt der Prägung ausging, verschwand hinter einem Dokument, dem Inhaberpapier, das in verschiedenen Formen – als Scheck, Kreditbrief, Schuldverschreibung oder Warenkreditbrief – Verwendung fand.

Durch den Gebrauch des Inhaberpapiers entstanden zwei große Wirtschaftsimperien. Das eine umfaßte die Landrouten der Seidenstraße. Zahlungsmittel war hier der in Silber geprägte Dirhem. Das zweite Geldimperium kontrollierte den Seeweg der Seidenstraße und den Mittelmeerraum. Hier galten der Golddinar und der ebenfalls in Gold geprägte Solidus. Die Zentren der einen Oikumene waren Konstantinopel und Kairo, Schwerpunkte der anderen Bagdad und Samarkand. Jenseits der Grenzen beider Oikumenen wohnten jene Völker, die die Münzen nicht nach ihrem Nominalwert, sondern nach ihrem Gewicht in Zahlung nahmen. Hierzu gehörten jene Länder, in denen die Münzen nicht unversehrt, sondern zerhackt im Boden gefunden wurden. Die häufig mit ihnen zusammen gefundenen Feinmetallwaagen zeigen an, daß das Geld hier nach seinem Gewicht als Zahlungsmittel verwendet wurde. Richtwert für die Berechnung der Preise und für die Bezahlung war das bekannte Gewicht der Münzen. So meinte man z. B. bei den Sogdern und den Uiguren, wenn man vom *Satir* sprach, das Gewicht der von den Griechen *Statir* genannten Münze. Ein Kennzeichen dieser Zahlungsweise war die Benutzung einer Feinmetallwaage. Solche Waagen wurden bei den Ostseeslawen und bei den Warägern gefunden, bei ihnen sogar in der Nachbarschaft der großen Dirhemhorte bei den Gorodischten der späteren altrussischen Städte wie Gnezdowo, Jaroslawl und Wladimir. Es war aber nicht nur eine Zone der Funde von Dirhemhorten und Einzelmünzen. Man hat dort auch Hacksilber gefunden. Daraus geht hervor, daß es neben dem Fernhandel, zu dem die Dirhemhorte gehörten, auch einen regionalen Handel auf Hacksilberbasis gab.

Die im Westen und Osten an den Abzweigungen der Seidenstraße entstandenen wirtschaftlichen Schwerpunkte, die einen erhöhten Warenaustausch und die Kumulation von großen Geldmengen an einem Ort ermöglichten, erwiesen sich als die Grundlagen für spätere staatliche Strukturen im Nordwesten Rußlands und im Nordosten Chinas, die sich mit Moskau und Beijing (Peking) als Hauptstädten zu den beiden Großmächten in Asien – Rußland und China – entwickelten.

Die Entwicklung des bargeldlosen Zahlungsverkehrs mit regelmäßiger Verzinsung privater Kredite und staatlicher Anleihen ist ohne die Aktivität jüdischer Kaufleute und Bankiers nicht zu denken. Die Zentren dieser Aktivität waren zuerst der Irak und später, vom Beginn des 10. Jahrhunderts an, Ägypten. Für die erste Zeit dieser Periode ist nach den Berichten der islamischen Geographen ein Kreisverkehr des Warenaustausches anzunehmen, der die westlichen Teile der Seidenstraße, Europa und den Maghreb durch Handelsbeziehungen verband. Später trat Ägypten an die Stelle von Mesopotamien. Von Kairo aus konnten die jüdischen Fernhändler sowohl den Handel mit Indien und Ostafrika wie den mit dem christlichen Abendland und dem Byzantinischen Reich lenken. Trotzdem wird der Anteil der jüdischen Kaufleute an dem damals bestehenden Welthandel häufig überschätzt. Man muß dazu feststellen, daß der Warenaustausch vom Persischen Golf über Indien hinaus nach Ostasien und China nur von arabischen und persischen Kaufleuten durchgeführt wurde. Die Ostgrenze des jüdischen Fernhandels im Süden war die Westküste Indiens.

In der Phase der erweiterten Geldwirtschaft waren die Vermögen der Handelsherren und Bankiers durch die vermehrten Möglichkeiten der Geldanlage größer geworden. Grundbesitz spielte jetzt eine verhältnismäßig geringe Rolle. Auch bestand nur ein kleiner Teil der Vermögen aus tresorierten Münzen. Der größte Teil setzte sich aus noch nicht eingelösten Schecks, nicht zurückgezahlten Waren- und Personalkrediten, Teilhaberschaften an einer Commenda und anderen Geschäftsanteilen zusammen. Derartige Vermögen konnten sehr schnell in Bargeld umgewandelt werden. Auch ihre Transferierung an einen anderen Ort bereitete kaum noch Schwierigkeiten. Man konnte zu diesem Zweck selbst Strecken wie die von Bagdad nach Buchara in kürzester Zeit überwinden.

Die Veränderungen in der Geldwirtschaft bewirkten auch für den Warenaustausch eine bisher nicht für möglich gehaltene Erweiterung. Die noch in der karolingischen Zeit geltende Kalkulation des Preises nach *labor*, Arbeitsaufwand, und *subvectio*, Frachtkosten, wurde nun für die Fernhändler durch die Höhe der Zinsen für die gewährten Darlehen für die Ausrüstung der Handelsreisen um einen weiteren Posten ergänzt. Man konnte die Rentabilität des Handels jetzt nur noch durch eine Verbilligung des Produktionsprozesses retten. Daher kam es zu einer

Nachahmung eingeführter meist orientalischer Waren. So erklärt sich in der Textilwirtschaft die Entstehung von Moden, die mit der manufakturmäßigen Herstellung von Kleidung verbunden war. Das Abendland begann hier aufzuholen. Die *pallia Fresonica*, die friesischen Mäntel, wurden schon in karolingischer Zeit nach dem Maghreb exportiert. Jetzt schaltete sich auch Italien, wo man besonders die orientalischen Seiden nachahmte, in den Konkurrenzkampf ein. Trotzdem wurde chinesische Seide noch immer in den Zoll-Listen an erster Stelle notiert.

Jede dieser Oikumenen, die sich durch die Gemeinsamkeit in der Handhabung der Geldwirtschaft und in der Behandlung des Warenaustausches gebildet hatten, lassen sich nicht nur als wirtschaftliches Gebilde verstehen. Zu der wirtschaftlichen Oikumene gehörte bei ihnen auch eine Kulturgemeinschaft, die durch eine Reihe von Renaissanceströmungen am Leben erhalten wurde. Diese Wiedererweckungsbewegungen galten nicht allein der Kunst des Hellenismus, sondern auch der des Irans der Parther und der der Kuschana. Träger dieser Bewegungen, die mit ihnen auch Motive aus der eigenen reiternomadischen Überlieferung verbanden, waren die Skythen und ihre unter verschiedenen Namen bekannten Nachfolger iranischer und türkischer Herkunft. Für sie vor allem war die Nordroute der Seidenstraße eine Kulturbrücke. Um das aber sichtbar zu machen und jene Gesellschaft, die zu dieser Kulturbrücke gehörte, in ihrem Leben zwischen Gewinn und Verlust zu verstehen, muß man die Schwerpunkte ihres Zeitalters kennen. Hierzu gehört zunächst die Kenntnis von der Herkunft der verschiedenen Namen der Seide. Durch sie läßt sich der Weg der Seide nach dem Westen auch dort verfolgen, wo die historische und die archäologische Überlieferung versagen.

1. Wörter für Seide als Vermittler von Hinweisen auf bisher noch nicht entdeckte Wege der Seide nach Europa

a) Wörter, die nur auf einzelne Strecken von Seidenstraßenrouten hinweisen

Das Wort für Seide beim Propheten Ezechiel in Babylon

Man muß die Erwähnung der Seide bei dem Propheten Ezechiel (16, 10.13) für das älteste literarische Zeugnis halten, das in eine frühere Zeit zurückreicht als die, aus der die Seiden aus dem keltischen Fürstengrab bei der Heuneburg stammen (etwa um 560 v. Chr.). Der Hebräisch schreibende Ezechiel gebraucht für Seide das Wort *mäši*. Die Erklärung in der Septuaginta, die von „haarfeinen Fäden" (Trichapton) spricht, hat hier die im Periplus als Seidengarn aus Thinai in China erwähnte über Baktrien und Barygaza in Indien importierte Seide im Auge. Das *mäši* des hebräischen Textes bei Ezechiel bezeichnet wahrscheinlich ein Volk im Norden von Babylonien, dessen Namen man mit der Einfuhr von Seide verband.

Seine Nachrichten könnten demnach auch nach Urartu führen, das um 585 v. Chr. von den Medern erobert wurde. Dort wurde in Toprak-kale ein Stück Seide gefunden, das indirekt die Brücke zu anderen weiter im Osten gefundenen Fragmenten seidenen Gewebes herstellt. Es handelt sich um die fast zwei Jahrhunderte jüngeren Seidenstücke aus einem der schon erwähnten Kurgane von Pazyrik. Sie sind außerhalb Chinas die ältesten Fragmente einer Seide mit aufgestickten Motiven, die erhalten geblieben sind. Aus Pazyrik stammen auch Teile einer in Wolle gewebten Darstellung einer Königin, die eine Krone trägt und, von einer Prinzessin begleitet, auf einem Räucheraltar opfert, ein Motiv, das, in Metall gearbeitet, aus dem gleichen Toprakkale stammt, wo auch der oben erwähnte Seidenstoff gefunden wurde. Man kann also von einer im Westen beginnenden ununterbrochenen Kette von Seidenfunden sprechen, die sich auf dem Wege nach China bis zu den Seidenfragmenten in Pazyrik verfolgen läßt.

Die Herkunft von Sindon, der Bezeichnung des Leichentuchs bei den Griechen

Sindon, ein weiteres Wort für Seide, bezeichnete bei den Griechen das Tuch, das für das Einhüllen der Toten oder – bei einer Verbrennung – des Leichenbrandes bestimmt war. Alle Evangelien, mit Ausnahme des des Johannes, verwenden diese Bezeichnung auch für das Tuch, in das Joseph von Arimathia den Leichnam Jesu hüllte.

Solche *Sindon* genannten Leichentücher aus chinesischer Seide sind durch Bodenfunde wohlbekannt. So wurde im Grab einer Verwandten des Alkibiades auf dem Kerameikos in Athen und im königlichen Mausoleum in Vergina, das für Philipp II. bestimmt war, der Leichenbrand in chinesische Seide gehüllt gefunden. In Palmyra waren die Toten ebenfalls in chinesische Seide eingehüllt. Während in Athen ein einfacher Seidenstoff verwendet worden war, zeigen die Leichentücher von Palmyra eine Dekoration mit typisch chinesischer Ornamentik.

Wegen der als Leichentuch verwendeten chinesischen Seide liegt es nahe, bei *Sindon* für die Erklärung des Namens an eine Bezeichnung zu denken, die an die Herkunft des Stoffes aus China erinnert. Wenn man von einer verwandten indischen Bezeichnung für die Seide, *činapatta*, ausgeht, die im Sanskrit die Bedeutung „chinesische Rolle" hatte und dann allgemein zur Bezeichnung für chinesische Seide wurde, so könnte auch bei *Sindon* der erste Teil des Wortes, Šin, der Name für China sein, den Ptolemaios als Namen für die östlich von den Serern wohnenden Chinesen erwähnt. Der zweite Wortteil könnte durch das sakische Wort für Tuch oder Kleid, *Thauna*, erklärt werden. Da die Saken schon aus geographischen Gründen die Vermittler der Seide aus China waren, liegt die Erklärung von *Sindon* als griechische Wiedergabe eines *Šin-thauna* in der Bedeutung „chinesisches Tuch" sehr nahe. *Thauna* ist als Wort für Kleid um 400 n. Chr. bei der Erwähnung eines hunnischen Häuptlings an der Donau durch den byzantinischen Diplomaten Olympiodor nachweisbar. Es wurde in der Form *Don* in das Uigurische übernommen.

Mittellateinisches cindulum/cendalum *und mittelhochdeutsches* Zindel, *Wiedergaben eines im Arabischen* sandal *lautenden Worts für Seide*

cindulum oder *cendalum*, die mittellateinische Bezeichnung für Seide, und *Zindel*, das mittelhochdeutsche Wort mit der gleichen Bedeutung, gehen wahrscheinlich auf das arabische Lehnwort aus dem Indischen, *Sandal,* zurück. Die mittellateinischen Formen sind seit der ersten Hälfte des 9. Jahrhunderts nachweisbar. Sie weisen auf die Zeit des von Ibn Churdadbih beschriebenen, von jüdischen Kaufleuten durchgeführten Handelsverkehrs. Für *Zindel* gibt die Erwähnung im 1203 geschriebenen ›Parzival‹ einen Anhalt. Hiernach scheint die Übernahme dieses Wortes während der Kreuzzüge erfolgt zu sein.

b) Wörter, die verschiedene Wege der Seidenstraße zwischen Europa und Zentralasien deutlich machen

Die Herkunft von Sida, *der westgermanischen Bezeichnung der Seide*

Das im Althochdeutschen zuerst durch Notker Labeo (Teutonicus) überlieferte Wort für Seide, *Sida*, hat mit *Seta/Saeta*, das die Bedeutung Schweineborste hat, schon wegen dieser Bedeutung nichts zu tun. Das mittellateinische Wort *seta* scheint dagegen ein Lehnwort nach dem durch Notker bekannten westgermanischen Wort *Sida* zu sein. Vor Notker gebrauchte man in karolingischer Zeit bei der Übersetzung von Stellen der Evangelien, die die Seide erwähnen, das Wort *Gotawebbi*. Es hat nicht die ihm von einem Teil der Forschung zugeschriebene Bedeutung „Gottesgewebe“, sondern muß mit „Gotengewebe“ übersetzt werden. *Gota*, der Name der Goten, wurde bekanntlich nicht nur mit einem langen, sondern auch mit einem kurzen Vokal gesprochen, so daß, von der Schreibung *Gota* aus gesehen, gegen eine Identifizierung mit dem Namen *Goten* nichts einzuwenden ist. Das bestätigt auch ein Blick auf andere Quellen. In der althochdeutschen Übersetzung des Diatessaron des Tatian heißt es bei der Evangelienstelle Lukas 16, 19: *mit gotawebbi inti mit linimo.* Der griechische Text spricht von Purpur und Leinen als der Kleidung des reichen Mannes. Der Evangelist und auch sein gotischer Übersetzer Wulfila meinen damit die von den römischen Senatoren bekannte Amtstracht, zu der die aus Leinen bestehende Toga mit einem Seidenstreifen, der mit Purpur gefärbt war, gehörte. (Beispiele für diese Verarbeitung der mit einem purpurähnlichen Stoff gefärbten Seide wurden in dem jüngst geöffneten Schrein der Heiligen Drei Könige in Köln gefunden.)

Wenn die Seide in der westgermanischen Überlieferung mit „Gotengewebe" bezeichnet wurde, kann das angesichts der Funde chinesischer Seide in den Gräbern bei Kertsch nicht überraschen. Das gotische Südrußland hatte demnach von seinen iranischen Vorgängern die Vermittlung des Handels mit zentralasiatischer und chinesischer Seide übernommen.

Im Gegensatz zu *Gotawebbi* scheint *Sida* offenbar die von den Kaufleuten aus Mittelasien gebrauchte Bezeichnung der Seide gewesen zu sein. Bei *Sida* handelt es sich wahrscheinlich um den Namen einer Seidensorte, die in Europa wegen ihrer Herkunft aus dem Tarimbecken von den Griechen *Serikon* und von den Tibetern in ihrer ursprünglichen Aussprache *Zer* genannt wurde. Ob die Chinesen für die aus dem Tarimbecken und aus Mittelasien auch bei ihnen eingeführten Seidenstoffe mit Mustern ebenfalls den Namen *Ser* gebrauchten, ist ungeklärt. Ob *Sirinda*, der von Prokop gebrauchte Name der Byzantiner für das Tarimbecken und seine Bevölkerung, in dem chinesischen Volksnamen *Sie yen-t'o* (alte Aussprache: **siät ĭän-d'a*) enthalten ist, erscheint problematisch, weil das finale *t* des ersten Schriftzeichens nicht unbedingt ein fremdes *r* zu vertreten braucht. *Sirinda* weist auf die nach Theophylakt aus dem Süden (Indien) eingewanderte Bevölkerung, die im Gegensatz zu jenen Indern, die die Byzantiner kannten, eine hellere Hautfarbe hatten. Die überlieferten Sanskritnamen der Oasenstädte des Tarimbeckens legen nach Lüders in der Tat nahe, daß die indischen Einwanderer ihren Neugründungen die Namen ihrer Heimatstädte gegeben hatten. *Sirinda* bezeichnet also die aus Serern und Indern bestehende Mischbevölkerung des Tarimbeckens.

Über die Herkunft der Serer, des zweiten Bevölkerungselementes, unterrichten indirekt die chinesischen Quellen. Nach ihrer Beschreibung müssen die Serer das gleiche Volk gewesen sein, das die Chinesen mit *Wusun* bezeichneten. Es wohnte im Nordosten des Tarimbeckens im sogenannten Siebenstromland, aus dem es um 180 n. Chr. von den Xiongnu (Hiung-nu) verdrängt worden war. Hier kennt Ptolemaios die Issedonen, jene von Herodot erwähnten Handelspartner der griechischen und skythischen Kaufleute. Der Name, der nach A. Herrmann auch in der Form *Sethon* nachweisbar ist, könnte durch eine Verbindung von *Sseu* (alte Aussprache: *sy*) mit *Thauna*, dem sakischen Wort für Kleidung, erklärt werden. Ein Volk nach seiner Kleidung zu nennen war nicht ungewöhnlich. Schwierigkeiten macht hier die Verbindung mit dem westgermanischen Wort *Sida*, das man als eine Kurzform von *Sethon* erklären müßte.

Wenn auch nach Pelliot feststeht, daß das chinesische Wort für Seide, *Sseu*, mit der Bezeichnung *Seres* für die Bewohner des Tarimbeckens und damit mit dem Namen *Serikon* der Seide bei den Griechen nichts zu tun hat, könnte *Issedon*, der Name des Volkes im Siebenstromland, dieses Wort enthalten. Hier würde die schon von Herodot beschriebene Nordroute der Weg der Seide nach Europa gewesen sein.

Altnordisch Silken/Silki *und altenglisch* Sialuk/Seoluk, *Lehnwörter nach dem* Serikon/*Silikon *lautenden Wort für Seide*

Auf einen anderen Weg der Seide nach Europa weisen ihre im Altnordischen und Altenglischen erhaltenen Bezeichnungen. Hier waren es vor allem die Altnordisch sprechenden Waräger, die durch den Handel Beziehungen mit den Kaufleuten aus Zentralasien unterhielten. Es waren aber offensichtlich nicht die gleichen, die die Byzantiner kannten, denn die warägischen Bezeichnungen für Seide, *Silki* und *Silken*, können nicht auf das überlieferte griechische *Serikon* zurückgehen, sondern setzten eine **Silikon* lautende Form des Namens voraus, die sich als eine parthische Aussprache von *Serikon* erklären läßt. Zum parthischen Sprachgebiet gehörte zu dieser Zeit der obere Yaxartes, der in der von Plinius überlieferten parthischen Aussprache damals *Silis* hieß. Dazu paßt, daß sich der in Talas regierende Fürst noch im 6. Jahrhundert als *Silǧibu* (Yabgu des Jaxartes) bezeichnete.

Demnach wäre die von den Warägern nach Skandinavien und weiter zu den Britischen Inseln gebrachte Seide aus dem Gebiet des oberen Jaxartes gekommen, wo man zu dieser Zeit noch Parthisch sprach. Das wird indirekt durch jene Nachrichten bestätigt, die die Wohnsitze der Serer angeben. Es sind zunächst die tibetischen Nachrichten, in denen die Seide mit *Zer* bezeichnet wird. Hier sind es die Graffiti in tibetischer Sprache und Schrift an den Felswänden des Karakorumpasses, die keinen Zweifel daran lassen, daß die Seide über diesen Paß aus Chotan nach Tibet gekommen war. Auf Grund der Bezeichnungen der Gebirge, die aus dem Sanskrit zu erklären sind, läßt sich vermuten, daß die indischen Kaufleute, deren Berichte Plinius verwendete, nach Norden nicht über den Hindukusch hinausgingen. Nördlich des Hindukusch in der Sogdiana begann das eigentliche parthische Gebiet, aus dem die Parther nach Süden zur Gründung ihres Reiches aufgebrochen waren. Die Seide der Waräger muß demnach aus der Sogdiana gekommen sein. Die Funde von Seide, die sich bis Engels, der ehemaligen Hauptstadt der deutschen Wolgarepublik, nachweisen lassen, deuten auf eine Benutzung dieses Weges durch die aus der Sogdiana kommenden Kaufleute. Am Oberlauf der Wolga befanden sich in der Nähe der von den Warägern errichteten Gorodischten die Horte der in Mittelasien geprägten Dirhems. Hier könnte die Seide ihren Besitzer gewechselt haben. Von hier aus gelangte sie dann über die Ostsee nach Skandinavien, wo sie in Gräbern, z. B. in Birka und Valsgärde, bei der Kleidung der dort Bestatteten nachzuweisen ist.

Das alttürkische Wort für Seide torqu

Die noch bestehenden Lücken in unserem Wissen über den Weg der Seide entlang der Wolga nach Nordwestrußland werden durch eine andere Bezeichnung der Seide geschlossen. Es ist das im Alttürkischen für sie gebrauchte Wort *torqu*, auf das auch die mongolische Bezeichnung, *torga*, zurückgeht: Von einem Volk in Zentralasien, das die byzantinischen Quellen *Tourkoi* nannten, ist bekannt, daß es Eisen und Seide herstellte und verkaufte. Man muß hier allerdings davon ausgehen, daß *Tourkoi* zwei verschiedene Bedeutungen hatte. Einmal bezeichnete es ein wahrscheinlich ostiranisches Volk, das für die Herstellung von Seide und die Gewinnung und Verarbeitung von Eisen bekannt war, zum anderen trug diesen Namen auch ein Volk mit einer nomadischen Kultur, das in den meisten Fällen sprachlich den Turkvölkern zuzuordnen ist. Beispiele hierfür sind von den Juan-Juan bekannt, für die die Tuque (T'u-küe) die Förderung von Eisen und die Herstellung von Waffen übernommen hatten. Ein ähnliches Verhältnis bestand bei den Hephthaliten, bei denen man Nomaden und eine in Städten wohnende Bevölkerung unterschied. Auch für sie gebrauchte man das Wort *Türken*. Das gilt vor allem für die islamische Überlieferung, die sich auf die kurz nach den jeweiligen Ereignissen niedergeschriebenen Stellen des Chodhāināme stützt. Auch bei den Ungarn gab es neben den Magyaren die ossetischen As oder Alan. Allen diesen Völkern war gemeinsam, daß diese sogenannten *Tourkoi* auch zeitweise die Führung des Stammes erhielten, so daß man auch das Volk mit ihrem Namen als *Tourkoi* bezeichnete. Hierzu war es nicht nur bei den Tuque (T'u-küe), den Hephthaliten, den Chasaren und den Ghūz gekommen, sondern auch bei den schon erwähnten Ungarn. Bei ihnen und den anderen als Turk bezeichneten Völkern hat man, wie es auch bei den Tuque und den Juan-Juan der Fall war, an den Bund einer aus Handwerkern und Kaufleuten bestehenden Gruppe mit einem Stamm nomadischer Viehzüchter zu denken. Noch die Orchoninschriften bestätigen bei den Tuque diesen Sachverhalt, wenn sie den bekannten westtürkischen Stammesverband der Tarduš wegen seiner Verbindung mit den Serern als *Syr Tarduš* bezeichnen. Die Syr waren die Serer, mit denen die Tourkoi die Herstellung des Eisens und den Handel mit Seide gemeinsam hatten.

Es kann kein Zufall sein, daß sich diese Verbindungen der Tourkoi mit anderen Völkern von Zentralasien an über Mittelasien bis zu den Ungarn im Kama- und Wolgagebiet verfolgen lassen. Dafür spricht die an der Wolga entlang bis nach Nordwestrußland führende Route der Seidenstraße. Die Tourkoi waren die Träger des Handels. Bei den russischen Slawen wurden sie daher als *Torgovec* bezeichnet. Nach ihnen hieß offenbar auch der Markt im Altnordischen, der Sprache der Waräger, *torg* und im Finnischen *turku*. Die darin zum Ausdruck kommende Gleichsetzung des Kaufmannes mit dem Seidenhändler erklärt sich aus der besonderen Funktion der genormten Seidenrolle, die allgemein als Zahlungsmittel diente. Hierbei war es gleich, ob es sich um das Gehalt von Beamten oder den Entgelt für eine gelieferte Ware handelte. So nannte man in Nordwestrußland den fremden Kaufmann, der nicht nur mit Dirhems aus Mittelasien, sondern auch mit Seidenrollen bezahlte, *Torgovec*. Der Torgovec, war er nun Sogder oder Uigure, gehörte zu den Kaufleuten der Seidenstraße.

c) Namen für Seide, die den Weg nach Ägypten und dem Irak deutlich machen

Harir, *der Name der Seide im Koran*

Eine ähnliche Bedeutung wie *Torgovec* im Russischen besitzt *ḥarīrī*, die Bezeichnung des Seidenhändlers im Arabischen. Es ist anzunehmen, daß Torgovec auch die Bedeutung „Seidenhändler" hatte und erst später als Wort für „Kaufmann" gebraucht wurde. *Harir*, das arabische Wort für „Seide", kommt an mehreren Stellen des Korans vor. Es bezeichnet jene Seide, die auf den Handelsmessen in Syrien und Palästina angeboten wurde, die von den Karawanen arabischer Kaufleute aus Mekka und Medina besucht wurden. Hierbei ist weniger an jene kostbaren mehrfarbigen chinesischen Seidenbrokate zu denken, die in den Gräbern aus Palmyra gefunden wurden; sie stammen aus vorislamischer Zeit. Gemeint sind die aus den Grabfunden in

Fustat stammenden Seidenborten, die auf Leinen und Baumwollgewänder in Form von Streifen aufgenäht waren. Gewänder mit diesen Seidenstreifen zeigen z. B. die Mosaiken des 6. Jahrhunderts aus Ravenna. Mohammeds Kleidervorschriften beziehen sich auf diese Streifen. Sie erlaubten den Gläubigen nur einen zwei Finger breiten Streifen. Florseide, die von den Männern für den Turban und von den Frauen als Hemd getragen wurde, unterlag dagegen keinen Beschränkungen.

Ḫazz, *die arabische Bezeichnung für das aus Wolle und Seide hergestellte Gewebe*

Der hohe Preis, der nicht nur für die chinesische Seide gezahlt werden mußte, führte auch bei den Arabern zur Verwendung von Mischgeweben, bei denen Seide geringerer Sorten mit Baumwolle vermischt gewebt wurde. Diese in Indien hergestellten Stoffe wurden von den Arabern *ḫazz* genannt. Nach Herodot scheinen sie schon zu seiner Zeit in Mesopotamien verwendet worden zu sein. Das gilt auch für die Verwendung waschechter Farben, die man nach ihm in Medien herstellte. Sie begünstigten die Nachahmung chinesischer Brokatstoffe. Sie dienten aber auch dazu, die aufgenähten und kostbaren Borten aus Seide zu imitieren.

Namen von Kleidungsstücken wie Gonaka, *Nachweise eines zwischen Griechenland, Iran, Zentralasien und China bestehenden Kleiderhandels*

Die Herstellung von Kleidung durch Manufakturen ist schon für die Zeit Herodots anzunehmen. Das gilt für das erstmals bei Aristophanes unter dem Namen *Kaunakes* in den ›Wespen‹ erwähnte Kleidungsstück, das nach Lüders auf das iranische Wort *Gonaka* zurückgeht. Wie sein Vorkommen in der chinesischen für das 6. Jahrhundert n. Chr. bezeugten Form Hu-na und in Texten aus dem Tarimbecken erkennen läßt, muß *Gonaka* zu den ersten in Medien hergestellten Konfektionsartikeln gehört haben, die auf den Routen der Seidenstraße in großem Umfang verbreitet waren.

2. *Die Barrieren für eine Verständigung des Westens mit China*

a) Sprachliche Schwierigkeiten bei der Wiedergabe chinesischer Informationen wegen der häufig vorhandenen Gleichheit bei Personen- und Ortsnamen und der Mehrdeutigkeit chinesischer Schriftzeichen

Die chinesische Schrift war häufig eine Barriere für das Verstehen mancher Nachrichten aus chinesischer Quelle. Jedoch nicht sie allein; auch die aus der Eigenheit der Religion herkommende symbolische Ausdrucksweise der Chinesen erschwerte das Verständnis mancher ihrer Berichte und führte zu Mißverständnissen. So wurde z. B. die Nachricht über den Krieg, der 588 zur Unterwerfung des Staates Chen in Südchina und damit zur Wiederherstellung der Einheit Chinas geführt hatte, in der byzantinischen Überlieferung so aufgezeichnet, wie sie die wahrscheinlich sogdischen Gewährsleute der Byzantiner erzählt hatten, die selbst nicht in der Lage waren, den chinesischen Bericht über diese Ereignisse zu verstehen, obwohl sie in der Form von Notizen alles so aufgeschrieben hatten, wie es ihnen die Chinesen mitgeteilt hatten.

Ähnliche Fehler gab es wahrscheinlich auch bei der Beschreibung des Tarimbeckens durch Ptolemaios. Er kannte zwar im Osten des von ihm *Serike* genannten Landes der Serer die Šinoi, die ein anderes Kartenblatt des Ptolemaios als Bewohner der südchinesischen Küste aufführt, und zwar dort, wo die Schiffe aus dem Westen die chinesischen Häfen anliefen, er nennt aber unter den Städten der Šinoi Sera Metropolis und Sarag. Beide Städte gehören ihrem Namen nach nicht nach China. Sarag ist eine bei dem buddhistischen Pilger Songun (Song-Yün) in der chinesischen Umschreibung Shalno *(Sha-lo, *sa-lək)* überlieferte Bezeichnung für Kaschgar. *Sera Metropolis* ist wahrscheinlich der Name für Chinanjkath, dem auch später häufig mit Chang'-an in China verwechselten Hauptort der Turfanoase.

Man ist angesichts der sehr engen Verbindungen der Sogder mit China versucht, die Mißverständnisse in den griechischen Quellen über China und seine westlichen Nachbarn durch das Vorhandensein einer sogdischen „Nachrichtensperre“ zu erklären, die den Sogdern das Handelsmonopol mit China sichern sollte. Dem steht aber entgegen, daß, wie schon gezeigt wurde, die Sogder bei der Verwertung chinesischer Informationen wegen deren durch den häufigen Gebrauch von Symbolen schwer verständlicher Ausdrucksweise selbst Opfer von Mißverständnissen wurden.

b) Bevölkerungsleere in Zentralasien, ein Grund für das Fehlen von Nachrichten über China im Westen

Ein weiteres Problem, dessen Klärung für das Verständnis der politischen Situation Zentralasiens und besonders des Tarimbekkens als westlichem Nachbarn Chinas unerläßlich ist, erfordert einen Blick auf die ethnische Entwicklung dieses Gebietes. Archäologisch gesehen, gibt es zwischen dem Ende des Neolithikums und dem Ende des 4. Jahrhunderts v. Chr. kaum Spuren einer ständigen Besiedlung. Das bestätigen indirekt auch die Namen der Gebirge, die sich aus dem Sanskrit erklären lassen und demnach auf indische Kaufleute zurückgehen. Nur die Gewässernamen, wie z. B. die des Jaxartes und des Oxus, deuten auf die an ihren Ufern ansässige ostiranische Bevölkerung. Die Ergebnisse der archäologischen Forschung stimmen mit der erhaltenen historischen Überlieferung annähernd überein, denn die ersten städtischen Gründungen werden von ihr mit Alexander dem Großen in Verbindung gebracht.

3. Erste Anzeichen für einen Anschluß Zentralasiens an den Westen

a) Spuren in den Fragmenten von Büchern und Urkunden

Ein weiteres Mittel, dem Verlauf der ältesten Karawanenwege durch das Tarimbecken nachzugehen, geben die benutzten

Schriftarten und die Formen ihrer Aufzeichnung. Inder und Mittelasiaten besaßen, als sie in das Tarimbecken einwanderten, eine Schriftsprache: die Mittelasiaten neben dem in griechischer Schrift geschriebenen Altbaktrischen das Sogdische und die Inder das Sanskrit, für dessen Aufzeichnung sie teils die Karošthi-, teils die Brahmi-Schrift verwendeten. Die Mittelasiaten schrieben auf Tierhäuten. In der Form der Niederschrift folgten sie dem Vorbild des hellenistischen Buches. Außer den Mittelasiaten, Sogdern und Baktriern und den Indern gab es an größeren ethnischen Gruppen nur noch die Saken und die Tocharer. Beide verfügten bis zum Beginn des 6. Jahrhunderts über keine Schriftsprache.

Von den Völkern des Tarimbeckens nennt Ptolemaios neben den Serern die im Süden wohnenden wahrscheinlich tibetischen Bautai und im Norden im Siebenstromland und im Ilital die schon von Herodot erwähnten Tocharer. Im Osten, in der heutigen Provinz Gansu, lagen nach seiner Beschreibung die Wohnsitze der von ihm *Sinoi* genannten Chinesen. Für einige ihrer Städte kennt er sogdische Namen. Besser unterrichtet als im Westen war man natürlich in China. Allerdings geht der größte Teil der dort aufgezeichneten Informationen auf Beobachtungen zurück, die sich auf das 2. und 3. Jahrhundert n. Chr. beziehen. Eine Ausnahme machen Angaben über Wanderungsbewegungen und militärische Ereignisse. Den Quellen ist zu entnehmen, daß die Chinesen wußten, daß sich die von den Xiongnu (Hiung-nu) verdrängten sogenannten Yuezhi (Yüeh-shih), nachdem sie vorher einen Teil der Saiwang im Siebenstromland zur Auswanderung nach Indien gezwungen hatten, sich in der Sogdiana und im Süden Baktriens niedergelassen hatten.

Der Versuch der Westgruppe der Xiongnu, sich im Siebenstromland am Ili niederzulassen, kann als der erste bekannte Versuch der Niederlassung osttürkischer Stämme in diesem Gebiet auf ihrem Weg nach Mittelasien angesehen werden. Ob die in der zweiten Hälfte des 2. Jahrhunderts v. Chr. in dem Älteren Sogdischen Brief erwähnte Eroberung von Sarag sich auf das unter diesem Namen bekannte Kaschgar bezieht, muß vorerst ungeklärt bleiben.

Auch bleibt es im dunkeln, wann sich die tocharisch sprechenden Stämme im Norden des Tarimbeckens niedergelassen hatten, wo sie von Tumčuq über Kutscha bis Karashahr in selbständigen Dialekten nachweisbar waren. Ungewiß bleibt auch, wann sich bei den als Xiongnu bezeichneten Stämmen das Alttürkische als Umgangssprache durchgesetzt hat. Die frühesten uns bekannten tocharisch oder sakisch geschriebenen Texte stammen aus dem 6. Jahrhundert. Sie ersetzten als Sprache der Buddhisten das Sanskrit und von den iranischen Sprachen das Sogdische und Altbaktrische.

Die Entwicklung des Alttürkischen zur Schriftsprache kündigt sich mit der Umwandlung der sogdischen Schrift in die sogenannte uigurische an. Ihre Verbreitung in der Turfanoase und im Westen von Gansu läßt sich über mehrere Jahrhunderte verfolgen.

Offensichtlich gab es diese Schrift im 5. Jahrhundert n. Chr. noch nicht; denn es war sicher kein Zufall, daß man die Inschrift für den 438 n. Chr. aus Guzang (Ku-tsang) nach Turfan geflüchteten Herrscher der Juqu (Ts'ü-kü) im Jahre 445 in chinesischer Sprache verfaßte. Noch um 580 n. Chr., als man in Bugut einem um die Verbreitung des Buddhismus in seinem Reich sehr verdienten osttürkischen Qagan eine Inschrift setzte, bediente man sich des Sanskrits und des Sogdischen. Die Verbreitung der uigurischen Schrift ist erst seit dem 8. Jahrhundert nachweisbar. Sie wurde durch Missionare aus Kutscha geschaffen, die bei der Bekehrung der Uiguren zum Buddhismus die sogdische Schrift für die Aufzeichnung einer alttürkischen Übersetzung der heiligen Schriften des Buddhismus entsprechend veränderten.

Einen weiteren Hinweis auf den Kultureinfluß, der, von außen kommend, im Tarimbecken und in der Turfanoase wirksam wurde, sind Format und Zeilenrichtung der in uigurischer Sprache geschriebenen Bücher. In einer Gruppe sind die Zeilen horizontal und von rechts nach links geschrieben. In einer anderen, die etwas jünger ist, schrieb man die Wörter von oben nach unten und begann, wenn der untere Rand des Blattes erreicht war, die neue Zeile wieder von oben. Das weist, nach den Handschriften zu urteilen, auf einen etwas jüngeren chinesischen Einfluß. Der griechische Einfluß, der in der ersten Gruppe zum Ausdruck kommt, ist offenbar auf das Vorbild der in griechischer Schrift aufgezeichneten altbaktrischen Texte zurückzuführen. Teile einer Handschrift mit dieser Schrift, einer Buchkursive aus dem 10. Jahrhundert n. Chr. wurden in Toyok in der Turfanoase gefunden. Schrift und Schreibgewohnheit lassen also keinen Zweifel darüber, daß sie aus Mittelasien und Indien gekommen sind.

b) Lehnwörter in den Aufzeichnungen untergegangener Sprachen als Kennzeichen verschiedener Einflüsse aus dem Westen und aus Indien

Das Bild von der Herkunft der Einflüsse wird für Zentralasien abgerundet durch die Bezeichnung der nach dort eingeführten Massengüter und der verwendeten Gewichte. So geht das von den Uiguren in der Turfanoase als Bezeichnung für Leinen verwendete Wort *böz* wie das griechische *Byssos* auf das aramäische *buz* zurück. Die Übernahme des Lehnworts ist demnach alt und reicht in eine Zeit zurück, in der die chinesischen Ramie-Stoffe in den Randgebieten Chinas noch nicht verbreitet waren.

Eine andere Warenbezeichnung weist auf den Import von Baumwolle aus Indien hin. Baumwolle wurde von den Uiguren *käbäz* genannt. *käbäz* geht auf das indische Wort *karpaß* zurück, das im Pakrit nachweisbar ist und dort die gleiche Bedeutung hat.

Weitere Informationen, die sich auf die Formen des Zahlungsverkehrs zwischen uigurischen und chinesischen Kaufleuten beziehen, vermittelt das Wort *Satir.* Es ist ein Lehnwort, das über das Sogdische auf das griechische Wort *Stater* zurückgeht. *Stater* hießen die von den Diadochen und ihren Nachfolgern in Baktrien, den Kuschana, geprägten Goldmünzen. Im Uigurischen bezeichnete das Wort, wie vorher schon im Sogdischen, nicht mehr nur die Münze, sondern auch ihr Gewicht. Diese

Wandlung erklärt sich dadurch, daß die Chinesen den in Satir angegebenen Preis entsprechend dem feststehenden Gewicht des Satir in Gold zu bezahlen pflegten, indem sie von einem Goldblech ein dem Gewicht des Satir entsprechendes Stück abschnitten.

c) Die Rezeption von besonderen Formen der westlichen Agrarkultur in Zentralasien

Einen großen Einfluß auf das politische Schicksal Zentralasiens hat die Agrarstruktur genommen. Sie hat das Fortschreiten des Prozesses der Sinisierung der westlichen Randvölker durch die Übernahme von Formen der Agrarwirtschaft wie der künstlichen Bewässerung aus Mittelasien verhindert und damit dem uigurischen Volkstum die Möglichkeit des Überlebens gegeben.

Natürlich hat in Gansu außer der Agrarstruktur auch die buddhistische Mission, die von den Klöstern um Dunhuang (Tun-huang) ausging, bei der Sinisierung eine große Rolle gespielt, denn in diesen Klöstern wurden die von Kutscha kommenden autorisierten Sanskrittexte in das Chinesische übersetzt. (Von der Mitte des 5. Jahrhunderts an sind Handschriften mit chinesischen Übersetzungen aus der Schreibstube des Klosters in Dunhuang erhalten.) Man darf aber die Rolle, die die Religion spielte, nicht überbewerten, denn es gelang dem Islam später, in Gansu eine große Zahl von Anhängern zu gewinnen. Allerdings sprachen die Neubekehrten weiterhin Chinesisch.

Der Unterschied zwischen der Agrarstruktur in Gansu und der im Tarimbecken besteht darin, daß hier die Nomaden anders als im Tarimbecken und in der Turfanoase ihre bisherige Lebensform, die von der Erhaltung ihrer Herden bestimmt war, nicht aufgaben und dadurch den sich dort niederlassenden Chinesen ökonomisch unterlegen waren. Hier verschlechterte sich mit der Verringerung der Weiden durch das Vergrößern der angebauten Flächen die Existenzgrundlage der Turkstämme und der Tibeter.

In Turfan und Hami war es anders. Die Uiguren übernahmen

die hochqualifizierte Bodenbearbeitung der Kolonisten aus Mittelasien sowie ihre Technik der Bewässerung. Sogar ihre Stammesangehörigen am Orchon gingen damals unter dem Einfluß von Turfan zum Getreideanbau über. In den Inschriften vom Orchon, aber auch in islamischen Quellen ist von dem Anbau von Getreide durch diese Turkstämme die Rede.

Die von den Kolonisten aus Mittelasien und aus dem Iran übernommene Bewässerungstechnik sah auch den Bau unterirdischer Kanäle vor, die man in Persien *Qanat* nannte. (Bei den Uiguren heißen sie heute *Karez*.) Hierbei wurde ein Tunnel für die Heranführung des Wassers angelegt. Er war in Abständen von maximal zehn Metern durch Schächte zugänglich, durch die das Wasser mit Hilfe von Schöpfvorrichtungen in die zu den Feldern führenden Bewässerungsrinnen gelangen konnte. Durch den Tunnel wurde das Wasser aus höher gelegenen, durch Schmelz- und Regenwasser entstandenen Wasseransammlungen ohne Verlust durch Verdunstung zu den für die Bewässerung vorgesehenen Feldern geführt.

Angebaut wurden neben Getreide und Baumwolle Obst und besonders Wein. Die ausgemauerten unterirdischen Wasserzuleitungen sorgten dafür, daß Katastrophen durch Versalzung des Bodens, wie sie in der Sogdiana eintraten, vermieden wurden. Im Tarimbecken hatte die Verbreitung offener, nicht ausgemauerter Bewässerungsanlagen zum Versiegen des Bautisos, des Ptolemaios und den chinesischen geographischen Quellen noch bekannten Südflusses geführt. Das Turfanbecken und die Oase Hami wurden nicht zuletzt durch ihre neue Agrarstruktur und durch die zu gleicher Zeit erfolgende Entwicklung einer türkischen Schriftsprache vor der Assimilierung durch die Chinesen bewahrt.

Kommt man zu einem Vergleich der beiden Verbindungen, die in früh- und hochmittelalterlicher Zeit zwischen China und dem Westen bestanden, den Routen des Landweges, der eigentlichen Seidenstraße, und dem Seeweg, so kann man sie wohl beide als Kulturbrücken bezeichnen, wenn auch zwischen ihnen ein grundlegender Unterschied bestand. Für den Seeweg ist kennzeichnend, daß auf ihm chinesische Kaufleute auf eigenen Schiffen mit Erzeugnissen der chinesischen Kultur nach Westen segelten. Auf den Routen des Landweges gab es keine chinesischen Kaufleute. Hier brachten Händler aus dem Westen und Missionare der großen Religionen Schrift, Religion, Kunst und die Errungenschaften ihrer Zivilisation in die Randzonen Chinas. Während sich ihre Wirkung auf das eigentliche China im wesentlichen auf die Verbreitung des Buddhismus beschränkte, gelang es ihnen bei den tibetischen, türkischen, mongolischen und tungusischen Völkern in vollem Umfang, jene erwähnten Werte zu vermitteln, die diese Völker vor der Assimilierung durch die Chinesen bewahrten und sie damit im Gegensatz zu anderen Völkern bis zur Gegenwart überleben ließ.

Ein Element, das eine neue Ära für die Seidenstraße einleitete, war die Erweiterung ihres Zubringernetzes. Es eröffnete weitere Verbindungen und trug entscheidend zum Entstehen neuer Schwerpunkte des Welthandels bei. Man kann hier von einer Wende sprechen, die diese Zeit auch zu einer neuen politischen Epoche in der Geschichte der Seidenstraße machte. Voraussetzung war der Sieg des Islams, der mit der Eroberung Syriens und Ägyptens alle Verbindungen der Südroute und des Seeweges der Kontrolle seiner Führer unterstellte. Sie waren hier die Erben des Oströmischen Reiches. Mit der Unterwerfung Mesopotamiens und des Irans wurden sie auch zu Nachfolgern der sasanidischen Könige, und mit der Gewinnung Nordwestindiens (Pakistan) und Mittelasiens erhielt ihr Imperium den Umfang des Alexanderreiches.

d) Der durch Tibet, das islamische Mittelasien und die Uigurenstaaten gescheiterte Versuch Chinas, sich in Zentralasien festzusetzen

Einen weiteren Anstoß zur Wende brachte die neuerstandene Macht türkischer Stämme, die sich zu einem Teil zum Islam bekehrt hatten. Mit der vollständigen Niederlage der Chinesen bei Talas im Jahre 751 n. Chr. begann der Rückzug Chinas aus Zentralasien. Die Tibeter und nach ihnen die Türken waren die Erben seiner Herrschaft. Die tibetischen Könige eroberten das Tarimbecken, und in der Provinz Gansu und am Lopnor setzten sich ihre Häuptlinge fest. Die türkischen Stämme, die zu dem 630 von den Chinesen zerstörten Osttürkischen Reich gehört hatten, lösten einander bei dem Versuch ab, dieses Osttürkische Reich wiederherzustellen. Auf die Köktürken folgten hierbei die Uiguren und auf sie dann die Kirgisen, die nach dem Untergang ihres Staates im Großreich der Kitan aufgingen.

Die ständigen Kämpfe um die Vormacht führten zur Abwanderung eines großen Teils dieser Stämme nach Zentral- und Mittelasien. Dort zum Islam übergetreten, machten sie unter den Karachaniden zunächst das Tarimbecken zu einem islamischen Land. Andere, wie die Kinik, nach ihrem Clan auch Seldschuken genannt, eroberten damals unter den Fahnen des Islams den Iran und den Irak. Jene Stämme aber, die nicht zum Islam übergetreten waren, wie Petschenegen, Ghūz und Komanen, folgten der Nordroute der Seidenstraße und wanderten nach Südrußland aus.

4. Der Seeweg der islamischen Kaufleute, eine Verbindung mit China ohne Vermittler

In China war inzwischen das Großreich der Tang (T'ang) zerfallen. Der Landweg der Seidenstraße hatte nur noch über die Nordostroute eine Verbindung nach Nordchina, das jetzt zum Reich der Kitan gehörte. Das war die Zeit, in der die arabischen Kaufleute auf indischen Schiffen auf dem Seeweg Südchina erreichten und chinesische Dschunken den Zurückkehrenden zu den Häfen am Persischen Golf folgten.

Zur gleichen Zeit öffnete sich damals ein weiteres Tor für die Waren der Seidenstraße. Das geschah, nachdem die byzantinische Blockade der arabischen Mittelmeerhäfen aufgehoben worden war. Dadurch kam es über den Seeweg nach Venedig,

Sorrent, Neapel, Gaeta und Genua zur Verbindung mit den Märkten des Karolinger-Reiches.

Es war aber auch das Zeitalter des jüdischen Fernhandels, der mit Sklaven, Silber und Seide nicht nur die Märkte an den Küsten des Mittelmeeres belieferte, sondern auch auf den Stationen der von Kiew über Przemysl, Krakau, Prag und Regensburg nach Mainz und weiter über Lothringen durch die Provence an das Mittelmeer nach Spanien führenden Straße mit diesem Warenangebot in Erscheinung trat.

Als dieser jüdische Fernhandel mit dem Beginn des ersten Kreuzzuges durch die mit ihm verbundenen Pogrome von Mitteleuropa aus zum Erliegen gebracht wurde, blieben andere Verbindungen weiter bestehen. Das gilt auch für die beiden wichtigsten Abzweigungen der Südroute der Seidenstraße nach Norden, die nach dem Hafen Trapezunt am Schwarzen Meer und die über Täbris nach Derbent. Die Qagane des Chasarenreiches waren Anfang des 8. Jahrhunderts, als der jüdische Fernhandel über Kiew seinen Höhepunkt erreicht hatte, zum Judentum übergetreten. Für die Kaufleute aus den islamischen Ländern war das ein harter Schlag, wurde ihnen doch damit der Weg nach Kiew erschwert.

Im Gegensatz zu dem arabischen war es für den byzantinischen Handel zu keinen Beschränkungen durch das Chasarenreich gekommen. Das beweisen die Bleisiegel der *Kommerkarioi* genannten byzantinischen Kaufleute, die bei den ehemaligen chasarischen Märkten an der Donmündung gefunden wurden. Außer dem Weg über die Meere wurden von den Kaufleuten auch die Pässe, die über den Kaukasus nach Süden in das Byzantinische Reich führten, in beiden Richtungen benutzt.

5. Die Erweiterung des Einflußbereichs der Nordroute durch die Entstehung neuer Abzweigungen

Die drei wichtigsten Abzweigungen der Nordroute der Seidenstraße in Osteuropa waren die Wolgaroute (die hier tätigen

Kaufleute waren Ostiraner und aus Skandinavien stammende Waräger), der Dnjepr-Düna-Weg (den ausschließlich Waräger und slawische Kaufleute kontrollierten) und die Straße von Kiew über Prag und Regensburg nach Mainz (hier dominierten jüdische Kaufleute).

Bei den Abzweigungen der Nordroute nach Süden sind drei Handelsverbindungen zu unterscheiden: einmal der Seeweg über das Kaspische Meer, der Häfen in Gīlān und Aserbaidschan berührte. Ausgangspunkt war hier Itil an einer Furt, die die Wolga passierbar machte. Die zweite Abzweigung nach Süden folgte dem Lauf des Kuban und benutzte im Kaukasus die Pässe nach Georgien, um von dort aus islamisches Gebiet oder die byzantinische Grenze zu erreichen. Die dritte Abzweigung war die Uferstraße am Schwarzen Meer von Tamatarcha nach Trapezunt. Außerdem wurde der Seeweg über die byzantinischen Häfen auf der Krim nach Konstantinopel benutzt.

Auch in Asien gingen die wichtigsten Abzweigungen von den Routen der Seidenstraße nach Norden und Süden. Sie spielten hier ebenfalls, wie die auf dem westlichen Teil der Nordroute, für die späteren Staatenbildungen eine große Rolle. Das gilt für die Nordostroute, die Turfan über Nordchina und die Mandschurei mit den Reichen in Korea verband, aber auch für den Weg über den Karakorumpaß nach Süden in das Industal. Der Besitz des Karakorumpasses war eine der wichtigsten Voraussetzungen für die Bildung eines tibetischen Großreiches in Zentralasien, das die Routen der Seidenstraße kontrollierte. Das gleiche gilt für die Nordostroute. Sie war die Magistrale des bis 630 n. Chr. bestehenden Osttürkischen Reiches und seiner Nachfolgestaaten bis zu dem der Kitan und Dschurdschen. Diese Nordostroute war der Weg, den die am Nordrand der Gobi wohnenden Turkstämme für ihre Auswanderung wählten. Von hier aus erreichten sie die Routen der Seidenstraße in der Dzungarei, in der späteren chinesischen Provinz Gansu und im Tarimbecken. Hier kam es zu uigurischen Staatenbildungen. In Mittelasien gründeten diese osttürkischen Auswanderer unter den Dynastien der Ghaznaviden, Karluk und Seldschuken unter dem Zeichen des Islams weitere Staaten. Die Seldschuken hatten die Verbindung der Seidenstraße mit den Häfen am Mittelmeer unterbrochen. Andere osttürkische Gruppen waren durch Südsibirien nach Südrußland vorgedrungen. Sie sind unter den Namen Chasaren, Petschenegen, Ghūz und Komanen bekannt.

6. *Die Vorbereitung der mongolischen Eroberungen durch den Prozeß der von innen kommenden Auflösung der damals bestehenden islamischen und christlichen Staaten*

Die Unterbrechung der Landwege der Seidenstraße durch die aus der Mongolei kommenden osttürkischen Stämme brachte auch indirekt Veränderungen, die zu einer stärkeren Benutzung des Seeweges als Handelsweg nach Europa führten. Die Teilung des Chinesischen Reiches in den erst von den Kitan und dann von den Dschurdschen beherrschten Norden und in den unter der chinesischen Song-Dynastie regierten Süden bewirkte auch im Handelsverkehr eine Zweiteilung. Der Landweg bildete mit der Nordroute und ihren Abzweigungen über den Wolgaweg nach Nordwestrußland und die Straße von Kiew über Prag und Regensburg nach Mainz von den Häfen der Krim und von der Don-Mündung aus den direkten Weg nach Europa. Der Seeweg beschränkte sich nach der Besetzung Mesopotamiens und der syrischen Mittelmeerhäfen auf Ägypten als Vermittler des Warenexportes nach Europa. Diese Situation verbesserte sich zugunsten des Landwegs noch durch den Niedergang des Byzantinischen Reiches, das, 1071 bei Mantzikert in Armenien durch die Seldschuken geschlagen, angesichts der normannischen Bedrohung von Westen gezwungen war, im Jahre 1081 mit den Venezianern einen Vertrag abzuschließen, der ihnen einen von keinen staatlichen Abgaben belasteten Handel in allen byzantinischen Märkten erlaubte. Damit erhielt die Nordroute der Seidenstraße jetzt über die Märkte der Krim einen unmittelbaren Anschluß an den Handel im Mittelmeer. Im Norden hatte der Rückzug der Waräger aus dem Fernhandel zu einer Handelsgemeinschaft zwischen den slawischen Fernhändlern in Nowgorod und den deutschen Kaufleuten geführt. In Deutschland trafen sich die Exporte des Land- und Seeweges der Seidenstraße. Es kam hier zu der Bildung einer mit Monopolen ausgestatteten Handelsgesellschaft. Sie bezeichnete sich als Hanse. Die russischen Fernhändler organisierten sich ebenso wie die italienischen Kaufleute nach den Stadtteilen, in denen sich ihre Niederlassungen und Warenspeicher befanden. Man kannte daher in Moskau und in Nischnij-Nowgorod einen Stadtteil Kitaigorod, wo die aus Nordchina auf dem Landweg eingeführten Waren gehandelt wurden. Wie die allerdings späteren Bezeugungen von *Kitai* im Russischen zeigen, war damit nicht nur die Bezeichnung der Seide aus China, sondern auch der aus Mittelasien kommenden, aus Baumwolle gewebten Kleider verbunden. Gleichwohl kommt Seide unter diesem Namen in den Listen des Zolls von Dorpat und London vor.

Während dieser Vorgänge im Westen hatte bei den Mongolen die Vorbereitung ihres Vorstoßes nach dem Westen durch ihre Landnahme in dem von den osttürkischen Stämmen geräumten Gebiet begonnen. Der Weg war ihnen geebnet durch das machtlose, hierarchisch organisierte Reich der Tanguten und im Tarimbecken und in der Dzungarei durch die als buddhistische Minderheit über islamische Türken regierenden Krieger aus der Föderation der Karachitai. Mittelasien, von einem ehemaligen Söldnerführer der seldschukischen Sultane, dem Chwarezmschah, regiert, war ebenso wie die Seldschuken in Anatolien und die bagratidischen Könige in Georgien nicht in der Lage, länger Widerstand zu leisten. So war das Ende dieser Epoche in der Geschichte der Seidenstraße, einer Zeit der größten Entfaltung ihres Handelsverkehrs, in unmittelbare Nähe gerückt.

DAS GESCHEHEN IN EUROPA UND ASIEN BIS ZU DEN EROBERUNGEN DER MONGOLEN

I. SPUREN VON STAATSBILDUNGEN IM WESTEN DER NORDROUTE DER SEIDENSTRASSE

Iran, Irak, Ägypten, Palästina, Syrien und Mittelasien waren zum Islam bekehrt. Auch Baktrien, das heutige Afghanistan, und Gandhara in Nordwestindien hatten sich der neuen Religion beugen müssen. Von den drei Routen der Seidenstraße standen damit zwei unter der Herrschaft des Islams. Nur die Nordroute, die von Südrußland nach Nordchina führte, war zunächst seiner Kontrolle entzogen.

Aber nicht nur die Krieger des Islams, auch die Heere der Tibeter, die seit der Mitte des 8. Jahrhunderts bis in das 9. Jahrhundert hinein neben dem Tarimbecken auch Teile des Gansu-(Kansu)-Korridors besetzt hatten, bewirkten für den Verkehr auf den durch das Tarimbecken führenden Routen der Seidenstraße eine Unterbrechung. Das gilt auch in geringem Maße für den Westen der Provinz Gansu. Zwar war es keine vollständige Unterbrechung, aber doch eine weitgehende Behinderung, ausreichend, um die nördliche Route der Seidenstraße, die in ihrem östlichen Teil vom Siebenstromland bis nach Turfan und weiter bis Hami in einer den Tibetern nicht erreichbaren Zone verlief, zu einem besonders häufig benutzten Handelsweg zu machen. Auch der westliche Teil dieser Nordroute, der Abschnitt, der im Siebenstromland begann und über Chwarezm und dann nördlich des Kaspischen Meeres zu den Häfen am Asowschen Meer führte, war den Angriffen sowohl der islamischen wie der byzantinischen Heere entzogen.

1. *Die Staatsbildungen*

Die Verteidiger der nördlichen Route der Seidenstraße waren im Osten und im Westen türkische Stämme, die ihre Unabhängigkeit trotz zeitweiliger Niederlagen gegen China, das Kalifenreich und die Byzantiner bewahren konnten. Die ihnen zugefallene Herrschaft über diese Route war das Erbe einer von der Mitte des 6. Jahrhunderts bis zum Jahr 630 bestehenden türkischen Staatsgründung, deren Machtgebiet vom Ostufer des Schwarzen Meeres bis zur Westgrenze der Mandschurei reichte. Außerhalb dieses Reiches befanden sich im Osten nur die den Turkstämmen verwandten überwiegend tungusischen Kitan und die von Tungusen bewirkten koreanischen Staatsgründungen Kokuryō und Silla. Im Westen, in der ungarischen Tiefebene, gehörten die Awaren und nördlich des Schwarzen Meeres die Onoguren, die sich auch Bulgaren nannten, zu den außerhalb des türkischen Großreiches lebenden Stämmen. Auch die Föderation der Wolgabulgaren südlich von Kasan, die sich aus drei Stämmen zusammensetzte, war für eine Kontrolle durch die Großmächte Iran und Byzanz nicht erreichbar.

Die Ausbreitung der Turkstämme längs der Nordroute der Seidenstraße war das Ergebnis von Völkerwanderungen. Ihre Richtung und das für eine Landnahme vorgesehene Ziel waren durch das Vorhandensein dieser zum Teil schon von Herodot beschriebenen nördlichen Route der Seidenstraße bestimmt.

In diesem Zusammenhang muß auch die sibirische Pelzstraße erwähnt werden, die über Abzweigungen nach Süden die Donmündung und den Unterlauf der Wolga erreichte. Diese Pelzstraße begann jenseits des Urals in Sibirien bei dem heutigen Tobolsk, erreichte über Tomsk Krasnodar und von dort über Irkutsk und die Gobi Nordchina. Diese durch die Namen heutiger Städte in ihrem Verlauf angedeutete Verbindung nach China benutzte für den größten Teil des Weges die Flußläufe. Sie waren im Winter – zugefroren – mit Schlitten zu befahren und ermöglichten im Sommer das Passieren mit Booten. Auf diese Weise wurde die sonst fast unzugängliche Taiga dem Fernhandel erschlossen.

Auf eine Benutzung dieser Verkehrsverbindung schon im 4. und 3. Jahrhundert v. Chr. deutet eine Reihe von Funden, die vor allem in dem Abschnitt zwischen Tomsk und Krasnodar gemacht wurden. Sie bilden zusammen den in der Eremitage in Leningrad aufbewahrten sogenannten Schatz Peters des Großen. Diese Bezeichnung erinnert daran, daß es Zar Peter war, der wenigstens einen kleinen Teil solcher aus Gold bestehenden Schmuckstücke retten konnte. Es sind zumeist als Applikationen auf der Kleidung getragene, zum Teil aus Halbedelsteinen wie Türkisen eingelegte halbplastische Darstellungen aus dem Leben der Jäger. Die Verwendung von Türkisen zeigt, daß auch die sibirische Pelzstraße Verbindungen zur Nordroute der Seidenstraße besaß, die in Mittelasien die Märkte für diese Halbedelsteine erreichten. Eine Abzweigung im Westen ist durch die Beschreibung Herodots, die eine vom Ural zur Mündung des Don reichende Verbindung schildert, bekannt. Eine andere erreichte über die Kama die Wolga, der sie schon bis zu ihrer Quelle folgte, wo sich offenbar schon damals jene Märkte befanden, die man als Vorläufer der späteren altrussischen Städte bezeichnen kann. Hier wurde der Bernstein aufgekauft und dann zu den Handelsplätzen im Gebiet der Wolgabulgaren gebracht. Dort befanden sich, wie die zahlreichen Funde von sasanidischen und byzantinischen Silberschalen beweisen, häufig von Fernhändlern besuchte Märkte.

Vorgänger der Turkvölker an der Nordroute waren iranische Stämme, Skythen und Sarmaten. Die Südroute, den Abschnitt von Mittelasien bis Aserbaidschan und seine Abzweigung über den Paß von Derbent, hatten die Alanen für ihre Auswanderung in das Gebiet nördlich des Kaukasus benutzt. Von den Turkstämmen, die von den Oströmern in der ersten Zeit als *Hunnen* bezeichnet wurden, hatte sich vor 375 n. Chr. eine Nordgruppe zunächst am Ostufer des Don und des Asowschen Meeres und eine Südgruppe an der Meerenge von Kertsch niedergelassen. Von ihnen hatte sich im Jahre 375 ein Teil, der am unteren Don beheimatet war, in Südrußland und in dem Gebiet des heutigen Rumänien und Bessarabien festgesetzt. Diesem ersten Vorstoß der „Hunnen“ über den Don folgte ein zweiter, bei dem eine andere Gruppe im Süden um 429 die Meerenge von Kertsch überschritt. Sie wurde später unter den Namen *Onoguren* oder *Bulgaren* bekannt. Sie ließ sich in dem gleichen Gebiet wie die erste Gruppe nieder.

Westlichen Quellen ist zu entnehmen, daß die Hunnen von dort aufgebrochen waren, wo sich nach chinesischen Angaben um 280 n. Chr. die Westgruppe eines von ihnen *Xiongnu* (Hiung-nu) genannten Volkes niedergelassen hatte. Es spricht daher viel dafür, daß dieses von den Chinesen Xiongnu genannte Volk mit den „Hunnen“ der westlichen Quellen identisch ist.

Im Nordosten Chinas scheint es außerdem eine Wanderung der Xiongnu in östlicher Richtung gegeben zu haben. An ihr scheinen die Kitan und das tungusische Substrat der koreanischen Staaten Koguryō und Silla teilgenommen zu haben.

a) Eigene Kommunikationsmittel der Einwanderer? Vortürkische Runen und sogdische Schriftzeichen

Die Landnahme der Turkvölker im Westen und der ihnen verwandten Mongolen und Tungusen im Osten war die ideale Grundlage für einen Handelsverkehr, der die Nordroute der Seidenstraße in ihrer ganzen Ausdehnung von Osteuropa bis Korea erfaßte. Ihr Wert wurde aber erst dann voll ausgenutzt, als man über eine gemeinsame Schrift und Sprache verfügte, die auf allen Stationen der Route verstanden wurde. Diese Bedingungen erfüllte das zum Ostiranischen gehörende Sogdisch. Es ist seit dem Ende des 2. Jahrhunderts n. Chr. als Sprache und Schrift des Handelsverkehrs nachweisbar. Seit dem Beginn des 8. Jahrhunderts gab es auch in Südrußland sogdische Niederlassungen, wie der Stadtname *Sugdaia* (Sugdak) auf der Krim zeigt. In dieser Zeit wurde bei den Turkstämmen die sogdische durch die uigurische Schrift abgelöst, die man als eine Weiterentwicklung der sogdischen Schrift für die Wiedergabe türkischer Mitteilungen bezeichnen kann. Die uigurische Schrift und die in ihr geschriebene uigurische (türkische) Sprache wurde noch Ende des 13. Jahrhunderts in Südrußland im Handelsverkehr gebraucht (Codex Cumanicus). Später diente sie zu Aufzeichnungen in mongolischer Sprache.

Neben dieser aus der sogdischen entwickelten uigurischen Schrift benutzte man im Siebenstromland seit den ersten Jahren des 7. Jahrhunderts bei den Westtürken und seit dem Ende des Jahrhunderts auch bei den Osttürken auf dem Boden der heutigen Mongolischen Volksrepublik eine Runenschrift. Sie wurde in etwas abweichender Form auch im 9. Jahrhundert bei den Chasaren in Südrußland und im Handelsverkehr bei den Bulgaren verwendet und ist auf den Goldgefäßen des Schatzes von Nagy-Szent Mikloś – vielleicht zur Kennzeichnung des Besitzers – gebraucht worden. Sie diente bei den Chasaren wahrscheinlich zur Angabe des Inhalts der im Warenverkehr gebrauchten Amphoren. Funde von Scherben (Ostraka) mit Graffiti in Runen, die auf Plätzen ehemaliger Märkte in Südrußland gefunden wurden, zeigen Notizen in dieser Schrift.

Man wird sich als nächstes die Frage nach dem Warenangebot, der Verbindung mit anderen Handelsstraßen und der Ausdehnung des Handelsverkehrs, soweit er von der Seidenstraße ausging, zu stellen haben. Es geht hier um das Problem des Anschlusses an bereits bestehende Handelsstraßen und um die Erschließung neuer Verkehrswege. Ein wesentliches Mittel für ihren Nachweis bilden dabei die Münzfunde.

b) Beginnende Integration der Einwanderer durch vertragliche Bindungen mit der in Südrußland angetroffenen Bevölkerung

Von großer Bedeutung ist hier, daß die Wanderungen der türkischen Stämme auf weiten Teilen der Nordroute einen gewissen Stillstand erreicht hatten. Dieser Stillstand wurde durch die Verbindung der Einwanderer mit den Einwohnern der von ihnen eroberten Länder bewirkt. Es war hier nur zum Teil zu einer Unterwerfung gekommen. Der größere Teil der zurückgebliebenen Bevölkerung schloß mit den Einwanderern einen Vertrag *(pactum)*, durch den ihnen gegen die Übernahme militärischer Aufgaben ein Teil ihres Landes überlassen wurde. Auf dieser Basis kam es im Jahre 375 n. Chr. zu Verträgen der Hunnen mit den Alanen und mit einem Teil der Goten. Ebenso schlossen 680 n. Chr. die Bulgaren (Onoguren) mit sieben slawischen Stämmen zwischen Balkangebirge und Donau einen Pakt.

c) Militärisch-politische Bindungen zum Imperium Romanum im Rahmen eines weiteren Fortschreitens der Staatsbildung

Zu diesen Verträgen mit verschiedenen Völkern in Südrußland kamen auch im Rahmen eines *foedus* Bindungen an das Imperium Romanum. Man hat zwischen einfachen Bündnisverträgen und dem Eintritt in die oströmische Grenzverteidigungsorganisation zu unterscheiden. Es handelte sich hier um Einheiten der mobilen Grenztruppe, wie den *fossatisii* (gemeint sind die in einem *fossatum*, einem befestigten Heerlager, stationierten Verbände) und den zur Verteidigung von Befestigungsanlagen mit ihren Familien angesiedelten Kriegern. Jordanes bezeichnet sie als *sacromontisii.* Man kennt sie sonst unter dem Namen *limitanei*.

Einfache Bündnisverträge besaßen die Hunnen schon Ende des 4. Jahrhunderts. Sie befanden sich damals in der Kleinen Walachei. In die oströmische Grenzverteidigungsorganisation auf der bulgarischen Seite der unteren Donau wurden sie erst in der zweiten Hälfte des 5. Jahrhunderts aufgenommen. Hunnen, die zu dem Reich Attilas gehörten, hatten sich unter seinem Sohn Ernak in der Dobrudscha niedergelassen. Auch um Bosporus, die Endstation der Nordroute der Seidenstraße an der Meerenge von Kertsch, gab es Hunnen, die einen Vertrag mit dem Imperium Romanum besaßen. Er übertrug ihnen die Verteidigung der Meerenge und den Schutz der Stadt. Ebenfalls am Endpunkt dieser Route der Seidenstraße, aber auf dem anderen Ufer der Meerenge, wohnten damals die Kotrageroi, ein anderer Turkstamm. Auch sie besaßen einen Bündnisvertrag mit dem Imperium.

d) Die ersten Ansätze zur Bildung einer staatlichen Organisation bei den Hunnen, Onoguren und Bulgaren

Der älteste im Westen überlieferte zusammenfassende Name für die Turkvölker, *Hunnen*, ist unbekannter Herkunft. Er läßt sich zuerst bei dem Geographen Ptolemaios für das 2. Jahrhundert n. Chr. nachweisen. Die dabei von ihm als Nachbarn der Hunnen erwähnten Bastarner und Roxolanen sind auch aus verschiedenen anderen Quellen bekannt. Die Bastarner wohnten, wie aus ihren Gräberfeldern zu erschließen ist, zwischen Pruth und Sereth. Die Wohnsitze der Roxolanen lagen östlich des unteren Alt. Hiernach müßten die von Ptolemaios erwähnten Hunnen schon damals dort gelebt haben, wo um 400 n. Chr. der byzantinische Gesandte Olympiodor das Lager des hunnischen Oberhäuptlings angetroffen hat. Es spricht daher viel dafür, daß der Name *Hunnen* nach jenem Volk gewählt wurde, das vor den Turkvölkern dort gewohnt hatte.

Ähnlich läßt sich die Verwendung der Bezeichnung Xiongnu (Hiung-nu) für die Eroberer der Sogdiana erklären. *Xiongnu* hießen bei den Chinesen die ersten Eroberer des Siebenstromlandes, die dort in der zweiten Hälfte des 1. Jahrhunderts v. Chr. von einer chinesischen Armee besiegt worden waren. Die Sogder gebrauchten offenbar für das gleiche Volk, das die Chinesen unter dem Namen Xiongnu kannten, die Bezeichnung *Hun*. Die Gleichheit der Namen bedeutet nicht die Identität der Völker.

Was Ammianus Marcellinus in seiner ›Römischen Geschichte‹ über die Hunnen mitteilt, stammt, wie ein Vergleich mit der ›Gotengeschichte‹ des Jordanes zeigt, aus gotischer Überlieferung. Sie bezieht sich auf die Hunnen am Ostufer des Asowschen Meeres, die erst um 430 n. Chr. die Meerenge von Kertsch überschritten hatten. Bei den Hunnen, die Olympiodor um

400 n. Chr. besuchte, handelte es sich um jene Völker, die schon um 375 n. Chr. über den unteren Don gegangen waren. Diese Hunnen kann man nach ihren früheren Wohnsitzen am Ostufer des Don als die *tanaitischen Hunnen* bezeichnen. Von ihnen sind die *mäotischen Hunnen* zu unterscheiden, die bis 430 n. Chr. am Ostufer des Asowschen Meeres und der Straße von Kertsch gewohnt hatten. Ihnen gelang jene Reichsgründung, die unter Attila fast ganz Südrußland und den größten Teil der ungarischen Tiefebene umfaßte. Das erste von Turkstämmen (und zwar einem Teil der Onoguren, die aus dem Siebenstromland kamen) gegründete Reich hat seinen Gründer nur um wenige Jahre überlebt. Sein Erbe war das Großbulgarische Reich, das aber nur einen Teil des Gebietes umfaßte, das zum Reich Attilas gehört hatte. Geblieben war der Stammesverband der Onoguren, der unter einem Khan stand. Drei seiner Unterhäuptlinge hatten mit dem Oströmischen Reich Föderatenverträge abgeschlossen, zwei von ihnen für die Provinz Skythia minor, die heutige Dobrudscha, einer für die Halbinsel Kertsch. Ein vierter Häuptling hatte sich 558 auf die Seite der Awaren gestellt. Für mehrere Jahrzehnte haben die Onoguren dann unter awarischer Oberherrschaft gestanden.

Das Bewußtsein, das Reich Attilas fortzusetzen, ist nicht nur im großbulgarischen, sondern später auch im donaubulgarischen Reich der Onoguren vorhanden gewesen. Die sogenannte Bulgarische Fürstenliste kennt als zweiten Khan Ernak, den Sohn Attilas, der die Nachfolge eines nicht identifizierten Fürsten angetreten hatte. Es gab also im 5., 6. und 7. Jahrhundert n. Chr. schon Staatsbildungen von Turkstämmen in Südrußland am Westende der Nordroute der Seidenstraße, die nicht nur politisch, sondern auch wirtschaftlich eine selbständige Aktivität entwickelten. An der Identität der Onoguren in Südrußland mit dem gleichnamigen Stammesverband im Siebenstromland ist angesichts der Gleichheit der Bezeichnung ihrer beiden Stammesabteilungen, der Führer ihrer Unterstämme und schließlich auch nach der Beschreibung ihres Weges von Mittelasien nach Osteuropa nicht zu zweifeln.

Von den Onoguren, die sich an der Meerenge von Kertsch niedergelassen hatten, sagt der Mitte des 6. Jahrhunderts schreibende Jordanes, daß sie zu seiner Zeit eine Monopolstellung im Pelzhandel hatten. An einer anderen Stelle berichtet der gleiche Autor, daß die Pelze zu einem großen Teil aus dem Gebiet im Südwesten des heutigen Schweden kamen, das damals von dem Stamm der Suehans bewohnt wurde.

Eine andere onogurische Gruppe, die wie ihre Stammesgenossen in Südrußland auch *Bulgar* genannt wurde, hatte sich etwa hundert Kilometer südlich des heutigen Kasan niedergelassen.

2. *Die Verbindungen Osteuropas zur Seidenstraße*

Es ist anzunehmen, daß der Grund der Niederlassung der Turkstämme in diesem Gebiet der Handel mit den aus Skandinavien und Südsibirien importierten Fellen war, die hier angeboten wurden. Man bot sie teils auf den byzantinischen Märkten an den Meerengen – wie Bosporus und Phanagoria – zum Kauf an, teils veräußerte man sie an Händler, die von Itil an der unteren Wolga gekommen waren. Eine Vorstellung vom Umfang dieses Warenumsatzes und Informationen über die Herkunft von Käufern und Verkäufern der Waren geben die im späteren Gebiet der Wolgabulgaren in großer Zahl gefundenen Silberschalen byzantinischer und sasanidischer Herkunft. Danach hat es vom 3. bis zum 7. Jahrhundert einen sehr intensiven Handel zwischen Byzanz und dem Iran gegeben. Auch chinesische Seide scheint, wie Funde in der ehemaligen Wolgadeutschen Republik erkennen lassen, bei den Stämmen an der Wolga Absatz gefunden zu haben.

Dieser Handel und Warenaustausch waren nicht nur auf das Gebiet der Wolgabulgaren beschränkt. Auch das weiter nördlich liegende Perm, das Bjarma der Waräger, nahm an diesem Handel teil. Nicht umsonst sind noch heute im Mordwinischen Fremdwörter aus dem Lateinischen erhalten, die, wie z. B. *pondus* (Gewicht), auf diesen Handel und auf die Herkunft der Kaufleute deuten.

Wenn man von den Münzfunden ausgeht, scheint der von Jordanes erwähnte Handel mit den Suehans den Weg über die Ostsee genommen zu haben. Hierbei wurden zwei Routen benutzt, die von der Weichselmündung zu den Hafenstädten am Pontus und die von dem späteren Altladoga zu den Märkten in Perm und bei den Wolgabulgaren. An der Weichselmündung befand sich offenbar die Sammelstelle für Bernstein, den die Germanen *glaesum* und die Skythen in Südrußland *sacrium* nannten. Der Weichsel folgend waren Goten, Vandalen und Gepiden nach Süden gezogen, um dann kurz vor der Quelle nach Osten in Richtung Rußland abzubiegen.

Den Verlauf der Straße im Norden, vom Ladogasee aus, gibt indirekt Tacitus bei der Abgrenzung der Wohnsitze der Germanen in seiner ›Germania‹ wieder. Eingehender ist die Beschreibung, die Jordanes von ihr durch die Aufzählung der Eroberungen des Gotenkönigs Hermanarich in der Mitte des 4. Jahrhunderts gibt. Man muß allerdings davon ausgehen, daß die Wohnsitze der erwähnten Mordwiner, der Syrjänen und vor allem die der finnischen Stämme wie der Tschuden damals viel weiter im Westen lagen als heute. Hinweise geben hier die Namen der Gewässer. So ist z. B. der Flußname *Moskwa* finnisch und erinnert an die Anwesenheit finnischer Stämme an diesem Fluß. Dem Bericht des Jordanes ist zu entnehmen, daß Hermanarich ein Gebiet erobert hatte, das vom Finnischen Meerbusen bis etwa zur Meerenge vom Kertsch reichte. Dort hatte er nach diesem Bericht die Heruler besiegt. Auch wenn die Angaben des Jordanes über die von Hermanarich unterworfenen Völker übertrieben sind, vermittelt seine Aufzählung doch eine Vorstellung von dem damaligen Verlauf der Straße.

Den Herulern, die Hermanarich in der Mitte des 4. Jahrhunderts an der Meerenge von Kertsch unterwarf, waren um 430 n. Chr. die Onoguren gefolgt. Sie hatten außer dem Westufer der Meerenge auch die Kubanmündung unter ihre Kontrolle gebracht. Dort wurden bei Ausgrabungen weitere Spuren eines regen Fernhandels gefunden. So wurden am Unterlauf des Don chinesische Spiegel mit Inschriften und, wie an anderen Stellen der Seidenstraße, auch Nachahmungen solcher Spiegel ausgegraben. Chinesischer Export ist dort schon für die beiden ersten Jahrhunderte n. Chr. nachweisbar. Neben der Seide in den Gräbern bei Kertsch wurden vor allem Artikel aus Jade wie die Einfassungen von Schwertscheiden mit Drachendarstellungen, die man ebenfalls aus China bezog, gefunden.

Es kann daher nicht überraschen, daß bei den Turkstämmen an der Meerenge von Kertsch zeitweise buddhistische Gemeinden bestanden haben. Es handelte sich bei den hier zum Buddhismus Bekehrten um Angehörige eines Unterstammes der Onoguren, um die sogenannten *Kotrageroi*. Sie besaßen nach einem byzantinischen Bericht Götzenbilder aus Bronze und aus anderem Metall. Gemeint sind ohne Zweifel Buddhastatuen oder Darstellungen des Bodhisattva. Der Bericht erklärt vielleicht den Fund eines aus Bronze hergestellten Buddhas in Helgö bei Stockholm. Offensichtlich war das Buddhabild von einem der Waräger von der Meerenge von Kertsch nach Schweden mitgebracht worden. Es ist möglich, daß dieser Buddha, der hier bei der Ausgrabung eines Hauses gefunden wurde, zum Einschmelzen bestimmt war, denn in Helgö gab es Manufakturen, die Bronzefibeln und Goldpreßarbeiten herstellten.

a) Militärische Sperrgebiete des Byzantinischen Reiches gegen den Fernhandel im Westen des Pontus, eine Ursache für die Umleitung des Warenverkehrs über den Kaukasus

Für die Entwicklung des Handels auf der nach Konstantinopel führenden Abzweigung der Seidenstraße war die seit der Mitte des 6. Jahrhunderts von den Byzantinern verhängte Sperre der über die Meerenge von Kertsch zum Dnjepr, zum Bug, zum Dnjestr und zur Donau führenden Straße in das Byzantinische Reich von großer Bedeutung. Der für den Handelsverkehr allein erlaubte Weg nach Byzanz führte über die Pässe des Kaukasus nach Iberien (Georgien) und von dort über Lazika in das Byzantinische Reich. Hierbei stand es jedem frei, neben dem Landweg von Petra aus den Seeweg nach Trapezunt zu benutzen. Die einzelnen Stationen dieses Weges bis Petra werden in dem Bericht eines byzantinischen Gesandten über seine Reise, die er 568 zu den Türken unternommen hatte, beschrieben. Durch die oben erwähnte Sperre durch die Byzantiner erklärt sich, warum die sogdischen Kaufleute noch im 7. und 8. Jahrhundert den Weg aus dem Tal des Kuban über die Kaukasuspässe benutzten, um in das Byzantinische Reich zu gelangen. Das Grab eines sogdischen Kaufmanns, das bei Mochtchevaja balka unweit von dieser über den Kaukasus führenden Straße gefunden wurde, vermittelt hierzu Aufschlüsse über die Person des Beigesetzten. Er trägt die gleiche Kopfbedeckung wie die Sogder der Gigaku-Masken in Japan und einen Kaftan mit dem gleichen Muster wie der sogdische Begleiter des koreanischen Gesandten auf einem Fresko in Afrasiab bei Samarkand. Im Grab des beigesetzten Kaufmanns wurden auch Aufzeichnungen in chinesischer Sprache auf chinesischem Papier gefunden. (Aus Sarkel, der chasarischen Handelsstadt, kennt man ebenfalls chinesisches Papier aus dem 8. Jahrhundert.)

Es ist bezeichnend für die Bedeutung dieses Handelsverkehrs über den Kaukasus, daß hier nicht nur Seiden mit sasanidischen Mustern aus der Sogdiana exportiert wurden, sondern auch im Iran gewebte Seidenstoffe. In umgekehrter Richtung, von Konstantinopel nach Mittelasien, z. B. bei dem Export des in den islamischen Quellen als *Rumi-Brokat* bezeichneten Gewebes, wurde dieser Weg über die Pässe des Kaukasus ebenfalls benutzt. Der Export nach Mittelasien muß einen beachtlichen Umfang erreicht haben, denn noch auf den Fresken des Audienzsaales der Sultane von Gazna in Laschgar-i Bazar (Lashkari Bazar) in Afghanistan tragen die dort dargestellten Großen des Reiches Gewänder aus jenem kostbaren Stoff. Im Vergleich zu diesen Goldbrokatstoffen war der Anteil islamischer Brokate aus Ägypten an dem Absatz im Iran und in Mittelasien, nach dem Umfang der Funde zu urteilen, verhältnismäßig gering.

Der byzantinische Handel benutzte aber, um die Stationen

der Nordroute der Seidenstraße zu erreichen, auch den Seeweg. Über ihn gelangte man z. B. zu der Stadt Bosporus, dem wichtigsten Sklavenmarkt und bedeutendsten Umschlagplatz für Stoffe, darunter Seide aus dem Iran und Mittelasien und Rohseide und Seidenfäden aus China. Auch Gewürze, Duftstoffe (Moschus), Pelze und kostbare Steine wechselten dort den Besitzer. Die Anwesenheit der byzantinischen Kaufleute auf den Märkten an der Mündung des Don bezeugen jene Bleibullen, auf denen sich die Händler aus Konstantinopel stolz *Kommerkarioi* nennen. Sie verkauften dafür jene Zeugdrucke, die man bei den Griechen wegen ihres Blumenmusters – es war die von den Buddhisten bevorzugte Lotosblume – *Tzitzakion*, nach dem türkischen Wort für Blume, *čiček*, nannte.

b) Bulgarische und chasarische Staatsbildungen in Südrußland

Durch zwei Ereignisse kam es im Westteil der Nordroute zu großen Veränderungen. Das eine war die Vernichtung des Großbulgarischen Reiches in Südrußland durch die Chasaren im Jahre 668, das andere die Einsetzung der Tahiriden unter Tahir ibn Al-Husayn als Statthalter in Merw um 820. Die Chasaren, die die Herrschaft der Onoguren über das Land nördlich des Schwarzen Meeres ablösten, kamen aus Berzylia, einem überwiegend von Alanen besetzten Gebiet zwischen dem oberen Terek und dem eigentlichen Gebirgsmassiv des Kaukasus. Nachdem die Heere des türkischen Großreiches zwischen 572 und 578 das dort bestehende Alanenreich vernichtet hatten und wenige Jahre später die Perser die Türken gleichzeitig im Kaukasus und in Mittelasien besiegt und zur Tributzahlung gezwungen hatten, scheint es zu einer stärkeren Unabhängigkeit der bisher unter türkischer Oberherrschaft stehenden Völker gekommen zu sein. Das Reich der Onoguren, hier im Westen aus fünf Unterstämmen bestehend, gewann wieder seine Unabhängigkeit und kämpfte zeitweise zusammen mit den Awaren in der ungarischen Tiefebene gegen die Byzantiner. Auch war das um 579 von einem Feldherrn der Türken eroberte Bosporus jetzt wieder unter der Kontrolle der Onoguren. Damals bildeten sie, gestützt auf die immer mehr zunehmende slawische Bevölkerung in Südrußland, ein Großreich, das sich in fünf Unterstämme gliederte. Zwei von ihnen hatten unter ihren Häuptlingen die oströmische Provinz Scythia minor, die heutige Dobrudscha, zu verteidigen. Ein dritter übernahm mit einem vierten den Schutz der Meerenge von Kertsch, an der die Städte Bosporus, in der Nähe des heutigen Kertsch, und Phanagoria, auf der anderen Seite des Bosporus, lagen. Ihr Oberhäuptling, der Khan, herrschte über die Nogaische Steppe zwischen dem Dnjepr und dem Westufer des Asowschen Meeres. Awaren und Byzantiner haben diese Khane mit Auszeichnungen bedacht. Einer von ihnen hatte von den Awaren die Würde eines Tudun erhalten, sein Nachfolger Kowrat war zum byzantinischen Patrizier ernannt worden.

Die sogenannten Chasaren – der Name ist ein Wort, das nach Pelliot „die Umherziehenden" bedeutet – hatten 625 mit dem byzantinischen Kaiser Herakleios I. ebenso wie ihre damaligen Oberherren, die Westtürken, unter Tong zhe-hu (T'ong-che-hu = *Tongra yabgu* = heldischer *yabgu*) ein Bündnis geschlossen. Die Ermordung Tong zhe-hus um 630, zur gleichen Zeit, in der das Reich der Osttürken durch die Chinesen vernichtet wurde, gab den Chasaren die Freiheit des Handelns zurück. Unterstützt durch zahlreiche Turkstämme, zum Teil ehemalige Föderaten der damals von den Arabern unterworfenen Perser – genannt seien in diesem Zusammenhang vor allem die von Ṭabarī erwähnten türkischen Verbände am Paß von Derbent – drangen sie 668 nach Norden gegen die Bulgaren vor. Die Kotrageroi, der damals an der Meerenge von Kertsch lebende bulgarische Unterstamm, wichen vor ihnen über den Kuban nach Norden aus. Asparuch, der über den nördlich des Jailagebirges liegenden Teil der Krim gebot, brach mit seinem Stamm auf und zog über Dnjepr, Bug und Dnjestr in ein gut zu verteidigendes Gebiet nordöstlich der Donau. 682 überschritt er von dort aus den Fluß, um zwischen ihm und dem Balkangebirge ein neues Reich zu gründen. Im gleichen Jahr 668 waren die Stämme der Onogur-Bulgar in der Dobrudscha auf die Nachricht von dem Herankommen der Chasaren hin über die Donau nach Norden aufgebrochen. Einer der beiden Unterstämme unter dem Häuptling Kuber schloß sich den Awaren in der ungarischen Tiefebene an. Der andere unter Alzeko zog nach Italien. Hier erhielt er, nach einem fehlgeschlagenen Versuch, sich im byzantinischen Exarchat von Ravenna anzusiedeln, bei den Langobarden neue Wohnsitze. Nur die bisher in der Nogaischen Steppe ansässigen Teile der Onoguren unter dem ältesten Sohn und Nachfolger Kowrats als Khan, Batbaian, blieben und unterwarfen sich den Chasaren, indem sie Tribut zahlten. Auch die Unterstämme der Onoguren auf der Krim und südlich des Kuban hatten ihr bisher behauptetes Gebiet aufgegeben und, wie schon erwähnt, den Chasaren überlassen. Nur die Westküste der Krim wurde weiter von den Byzantinern beherrscht. Die Grenze im Osten wurde von Kaffa, dem heutigen Feodosija, gehalten. Die Pässe im Norden über das Jaila-Gebirge verteidigten die dort ansässigen Goten.

Über die Nordgrenze des chasarischen Imperiums gibt es nur indirekte Zeugnisse. Sie beginnen mit der Mitte des 6. Jahrhunderts n. Chr., mehr als hundert Jahre vor der Staatsgründung der Chasaren, mit der Beschreibung Osteuropas durch die lange Zeit unter dem Namen des Zacharias Rhetor bekannte syrische Quelle. Dieses Werk kennt neben den Onoguren und einer großen Zahl auch in anderen zeitgenössischen Aufzeichnungen erwähnten Turkstämmen nördlich von ihnen ein Volk, das sich angeblich durch besondere Körpergröße von seinen Nachbarn im Süden unterscheidet. Nach der russischen Byzantinistin Pigulevskaja kam in den von ihr benutzten Handschriften des sogenannten Zacharias Rhetor für diese mit Riesen verglichenen Angehörigen der Völker im Norden auch die Bezeichnung *Rus* vor.

Unabhängig von der Frage, ob es sich bei den im Norden der Turkstämme erwähnten Völkern schon um Vorläufer der späteren Waräger handelte, muß man davon ausgehen, daß es im Süden von Kiew, Kursk und Woronesch eine ethnische Grenze gab, die sich vor allem durch Gewässernamen und andere alte mit dem Land verbundene Bezeichnungen nachweisen läßt. M. Vasmer hat mit Hilfe dieser Namen die Ausdehnungen der iranischen Landnahme im Norden annähernd feststellen können.

Jene Riesen im Norden, die die syrische Quelle erwähnt, fehlen auch nicht in der iranischen Überlieferung, wo sie als *Spaler* bezeichnet werden. Die Spaler waren jenes Volk, das die Goten auf ihrem Weg nach Südrußland zuerst überwanden. Der Name *Spaler* wurde als *išpolim* von den Slawen übernommen und war bei ihnen das Wort für „Riesen".

Die syrische Quelle beschreibt demnach ein bestimmtes Volk im Norden der Turkstämme. Mit der Reichsgründung der Chasaren ist die Ausdehnung des Gebietes der Turkstämme durch Zollstellen faßbar. Das gilt für die Häfen am Schwarzen Meer ebenso wie für den Nordwesten und für die Pässe des Kaukasus im Süden. Im Nordwesten am nördlichen Donez könnte die Gorodischte von Majaki schon wegen ihrer Lage die Funktion einer Zollstelle wahrgenommen haben. In ihren Ruinen wurden neben anderem Teile eines Tongefäßes gefunden, das vielleicht zum Transport von Wein diente, auf dem eine Mitteilung in Runen eingeritzt war, die auf seinen Inhalt Bezug nahm. Gemeinsamkeiten mit zentralasiatischen Runenalphabeten wie die Verwendung des gleichen Worttrenners und die Übereinstimmung bei einer Reihe von Zeichen könnten dafür sprechen, daß dieses Gefäß zu Warenimporten aus Zentralasien über die Nordroute der Seidenstraße diente.

c) Das Chasarenreich als Förderer der Niederlassung jüdischer Fernhändler

Während der größere Teil der Onoguren nach der Landnahme der Chasaren im Jahre 668 Südrußland verlassen hatte, waren die Juden geblieben. Sie hatten von ihren Niederlassungen in den griechischen Städten an der Küste des Schwarzen Meeres aus sehr bald auch die Wege in das Innere des Landes gefunden.

Grabsteine mit hebräischen Inschriften bestätigen das. Kiew besaß nicht nur eine Niederlassung der islamischen Kaufleute, sondern auch einen jüdischen Stadtteil. Beide blieben auch nach der Befreiung der Stadt von der chasarischen Herrschaft bestehen.

Die Chasaren hatten sich im 8. Jahrhundert zur jüdischen Religion bekehrt. Der sich hierauf beziehende Briefwechsel des Chasarenqagans mit dem Agenten des Kalifen in Cordoba, Chasdaj ibn Schaprut, in der ersten Hälfte des 10. Jahrhunderts n. Chr. setzt voraus, daß der Qagan in seiner Kanzlei über Hebräisch und Arabisch verstehende Schreiber verfügte. Der Briefwechsel zeigt jene religiöse Toleranz, die bei den Chasaren auch nach dem Zeugnis der islamischen Quellen herrschte. Nicht ohne Grund verlegt das von Jehuda ha-Levi zwischen 1130 und 1140 geschriebene Buch ›Al-Ḫazarī‹ (Die Chasaren), das später unter dem Namen ›Kusari‹ in das Hebräische übersetzt wurde, seine Diskussionen über die Qualität der Religionen an den Hof dieses Qagans.

Zur Zeit der chasarischen Invasion scheint Phanagoria an der Halbinsel Taman die bedeutendste jüdische Kolonie gewesen zu sein. (Damals wurden, nach den Befunden der Ausgrabungen zu urteilen, einige jüdische Niederlassungen an den Straßen zu den Kaukasuspässen geräumt. Das läßt sich aufgrund der hebräischen Inschriften der Grabsteine, die Zeitangaben enthalten, vermuten.) Zu dem regionalen Handel gehörte der mit dem Fernhandel eng verbundene Handel mit Sklaven und neben der Kreditbeschaffung das Sortengeschäft für die Konvertierung des vor allem aus Mittelasien stammenden Silbergeldes in byzantinische Goldmünzen. Durch die chasarische Oberherrschaft über Kiew, die mit einer Tributleistung der slawischen Stämme verbunden war, konnte der jüdische Handel von hier aus bis nach Prag, Regensburg und Mainz ausgedehnt werden. Von Kiew aus war Sarkel zu erreichen, die westliche Hauptstadt der Chasaren. Von dort führte der Weg über den Paß von Derbent in den Iran, wo sich in Hamadan (Ekbatana) neben einem Handelszentrum auch eine angesehene Talmudschule befand.

Im Westen wurde der Grenzverkehr von den ostfränkischen

Karolingern überwacht. Schriftliche Zollordnungen, wie die von Raffelstätten aus der Zeit um 904, schlossen den Verkauf von Waffen an die mit diesem Handel befaßten slawischen Kaufleute aus. Angesichts dieser ostfränkischen Grenzkontrolle wurde Skandinavien zunächst als Lieferant von Waffen für den Handel wichtig. Man konnte auf dem Umwege über Skandinavien die Zollvorschriften und Exportverbote umgehen. So bildeten sich damals zwei Handelsschwerpunkte, einmal Haithabu bei dem heutigen Schleswig mit der Verbindung nach Hollingstedt an der Küste der Nordsee und zum anderen das Gebiet um das heutige Stockholm mit den zeitlich einander ablösenden Märkten Birka, Helgö und Sigtuna, von denen jeder Verbindungen zu Häfen an einem anderen Ufer der Ostsee hatte: Haithabu zu Truso an der Mündung der Weichsel und die Handelsplätze um Stockholm, Birka und Helgö zu Staraja Ladoga an der Einmündung des Wolchow in den Ladogasee. Haithabu vermittelte über Hollingstedt an der Nordsee auch den Handel nach Westen mit Doorestad und über diesen Hafen mit den deutschen Städten am Rhein und den Märkten in Flandern. Der Weg der Seide nach England war wie der in das Karolingische Reich in der Hand der Waräger und der aus Norwegen kommenden Nordmänner.

Eine andere Verbindung zur Nordroute der Seidenstraße, die lange blockiert war, wurde 796/98 durch die militärische und politische Vernichtung des Awarenreiches durch Karl den Großen wieder passierbar. Dieser vom sogenannten „Bayerischen Geographen" beschriebene Weg führte von Haithabu durch das Gebiet der westslawischen Stämme in Ostdeutschland und durch Böhmen über die Karpaten in die Ukraine und erreichte von dort das in der Quelle nicht namentlich erwähnte Kiew.

d) Kiew unter chasarischer Tributhoheit am Ausgang der Straßen nach Cherson (Korsun) auf der Krim, Sarkel an der Donmündung und Mainz

Der Aufstieg Kiews, das schon damals unter chasarischer Oberherrschaft stand und wie die slawischen Stämme in seiner Umgebung an die Chasaren Tribut zahlen mußte, begann in dieser Zeit. Der Versuch der Stadt, deren Führung sich damals zeitweise in den Händen der Skandinavier Askold und Dir befand, Verbindungen mit dem Abendland aufzunehmen, wurde zunächst über das Byzantinische Reich unternommen. So erklärt es sich, daß eine Gesandtschaft aus Konstantinopel, die 838 in Ingelheim bei Ludwig dem Frommen eintraf, von Gesandten aus Kiew begleitet wurde. Die fränkischen Quellen bezeichneten die Machthaber in Kiew als *Rus*.

Wenig später geriet Kiew unter die Oberherrschaft der Ungarn, die erst 878 durch den Waräger Helgi beendet wurde. Schon damals bestanden, wie dem bereits erwähnten Bayerischen Geographen zu entnehmen ist, Handelsverbindungen zwischen Kiew und den Warägern von Haithabu. Erst die Vernichtung des Großmährischen Reiches durch die Ungarn nach dem Tode Swatopluks im Jahre 894 führte zu einer Änderung dieses Verkehrsweges. Man mußte jetzt das von den Ungarn kontrollierte Mähren umgehen. Daher benutzten die Kaufleute nun den Weg am äußeren Rand der Karpaten entlang über Przemysl, Krakau, Prag und Regensburg nach Mainz. Von ihm bog in Prag die Straße in Richtung Norden ab, die entlang der Elbe nach Haithabu führte. Bis zu den Stationen Prag und Krakau war diese Route auch den islamischen Quellen bekannt. Das gilt vor allem für das gegen Ende des 9. Jahrhunderts in Chwarezm geschriebene ›Ḥudūd al-ᶜĀlam‹. Die Berichte der islamischen Quellen, wie sie vor allem dieses Werk verarbeitet, werden durch die archäologischen Funde in vollem Umfang bestätigt.

e) Wolgaweg und Bernsteinstraße; Verkehrswege der Waräger und Chasaren für den Transfer von Luxuswaren in beiden Richtungen

Es gab von Kiew nicht nur über Cherson auf der Krim und über Bosporus auf der Halbinsel Kertsch Verbindungen mit Konstantinopel, sondern auch mit den beiden chasarischen Hauptstädten Sarkel am Don und Itil an der Wolga. Die Abzweigung von Sarkel nach Kiew führte am Unterlauf des Don und dann wieder am Donez entlang. Gorodischten wie Majaki mit Funden von Amphoren aus Ton, zum Teil mit Runeninschriften, und von Ostraka mit Runen deuten vielleicht auf einen Handel mit Öl, Wein und Honig hin. Es könnte sich demnach hier um einen regional begrenzten Warenaustausch gehandelt haben, der nichts mit dem Fernhandel der Seidenstraße zu tun gehabt hätte. Daneben gab es aber, wie die Verzeichnisse der Warenangebote der einzelnen Märkte in den islamischen Quellen deutlich machen, auch die Kategorie der Luxuswaren, wie Pelze, feine Wollstoffe, Seide der verschiedensten Qualitäten, Gewürze und Goldschmiedearbeiten. Eine besondere Gruppe innerhalb dieses Warenangebotes bildeten die Sklaven, bei denen es sich um Kriegsgefangene und Einwohner eroberter Städte und Dörfer handelte.

Die Konjunktur, die für die Kaufleute fast zwei Jahrhunderte lang auf den Abzweigungen der nördlichen Route der Seidenstraße bestand, erklärt sich indirekt als Folge jener Handelsblokkade, die das Byzantinische Reich über die syrischen und ägyptischen Häfen nach den Eroberungen des Islams verhängt hatte. Daher mußten die Waren aus dem Irak, dem Iran und aus Mittelasien jetzt über Trapezunt zu Schiff durch das Schwarze Meer und über Konstantinopel oder auf dem Landweg durch die Ukraine über Kiew in das Abendland gebracht werden. Das gilt auch für den von jüdischen Händlern durchgeführten Transfer von Sklaven durch das christliche fränkische Imperium nach dem islamischen Spanien.

II. DIE REVOLUTIONIERUNG DER GELDWIRTSCHAFT DURCH DIE VON JÜDISCHEN BANKIERS AUSGEHENDE EINFÜHRUNG DES INHABERPAPIERS

Die Aufwertung der Bedeutung des Westabschnitts der Nordroute der Seidenstraße war nicht nur die Folge der Expansion des Islams und der byzantinischen Maßnahmen zu ihrer Abwehr, sondern auch durch Strukturveränderungen in der islamischen und byzantinischen Gesellschaft bedingt. Sie waren die Folge eines beide Religionen fast zur gleichen Zeit heimsuchenden Rigorismus. Er führte zu Verboten in der Geldwirtschaft. Das hier von Christen wie Bekennern des Islams geforderte Zinsverbot brachte es mit sich, daß das Verleihen von Geld fast ganz zu einem Monopol der Juden wurde. Christen und Moslems blieb nur noch das Sortengeschäft. Zwar war den Juden nach dem Talmud das Verleihen von Geld gegen Zinsen zunächst verboten, später aber durch die Interpretation der Verleihung als „Teilnahme am Gewinn" *(heter ʿisqa)* indirekt erlaubt worden. Die Folge war eine allgemeine Steigerung der kaufmännischen Aktivitäten der Nichtjuden einschließlich der Bildung der Commenda, für die man jetzt ausreichend Kapital aufnehmen konnte. Hinzu kam, daß mit einer Zunahme der Kredite auch die Formen des Geldverkehrs verfeinert wurden. Es kam zur Einführung des Inhaberpapiers (arabisch: *suftaya*), das von auswärtigen Bankiers akzeptiert wurde.

So waren die Kreditbriefe auch jenseits der Landesgrenzen einzulösen. Diese Ausweitung des Kredits war durch die Verbreitung der jüdischen Gemeinden möglich. Eine weitere Voraussetzung war die enge religiöse Bindung, die über die einzelnen Gemeinden hinaus zu den gaonitischen Akademien in Pumbedita und Sura bestand. Die religiöse Bindung schloß auch eine moralische mit ein, die die unbedingte Erfüllung jeder übernommenen Verpflichtung forderte.

Die große Verbreitung der jüdischen Gemeinden war eine Folge der Verfolgungen und Diskriminierungen, denen die Juden unter der Herrschaft der Kalifen und der byzantinischen Kaiser ausgesetzt waren. So erklärt sich ihre Auswanderung zunächst in die Städte an der Pontusküste und dann auch weiter zu den Märkten im Innern Rußlands und im Osten des Frankenreiches.

Eine Zunahme der jüdischen Bevölkerung läßt sich auch in Mittel- und Zentralasien feststellen. Hier trifft man ebenfalls auf die Spuren jüdischer Gemeinden. In Baktrien sind es, wie auch nördlich des Kaukasus, Grabsteine mit hebräischen Inschriften in mittelpersischer und später in neupersischer Sprache. Im Tarimbecken wurde bei Chotan sogar das Fragment einer Verkaufsurkunde in hebräischer Schrift und neupersischer Sprache aus der Mitte des 7. Jahrhunderts gefunden. Auch in Dunhuang (Tun-huang), dem „Tor Chinas", gab es eine jüdische Gemeinde. Hier fand man Aufzeichnungen, die nicht nur in hebräischer Schrift, sondern auch in hebräischer Sprache geschrieben sind. Es gab also schon im Frühmittelalter an der Nordroute der Seidenstraße jüdische Gemeinden, die sich von Dunhuang über Mittelasien bis nach Südrußland nachweisen lassen. Das hat die Formen des Geldverkehrs auf der Nordroute und ihren Abzweigungen im 9. und 10. Jahrhundert außerordentlich stark beeinflußt.

1. Die ökonomische und zivilisatorische Suprematie Mittelasiens als Basis für die Steigerung seiner Silberprägung (Dirhem)

Damit ist das zweite Ereignis angesprochen, das zusammen mit dem ersten eine neue Epoche in der Geschichte der Seidenstraße einleitete. Man kann es historisch in dem Beginn der Statthalterschaft des Tahir über Chorassan sehen, der eingesetzt wurde, nachdem Papak, der „falsche Prophet", 838 gestürzt worden war. Seine Nachfolger, die in Nishapur residierenden

Tahiriden, haben dann die Herrschaft der Samaniden, von denen sie 873 abgelöst wurden, indirekt vorbereitet. Die Samaniden waren in der Sogdiana die Erben jener einheimischen Herrscher wie des Afschin Haidar von Usruschana, des *Ischid* oder *Diwastitsch* genannten Fürsten von Samarkand und des als *Buharhudat* bekannten Gebieters von Buchara. Sie konnten unangefochten bis in den Anfang des 9. Jahrhunderts regieren.

Wie die Ausgrabung des im 12. Jahrhundert von den türkischen Ghūz zerstörten Nishapur zeigt, kann man die Tahiriden und die Samaniden als die eigentlichen Fortsetzer der vorislamischen sogdischen Staaten bezeichnen. Es bestand weder eine Verbindung zu den Sasaniden und Abbasiden im Zweistromland noch zu den Omajjaden in Palästina und Syrien.

Wie die wenigen erhaltenen Fresken zeigen, übernahmen die neuen arabischen Herren offenbar das Zeremoniell ihrer Vorgänger und die dazugehörenden Herrschaftssymbole, wie z. B. das Tragen der Riemenzungen am Gürtel. Auch der sogenannte Elefantenstoff von St. Josse, ein schon im ersten Kreuzzug als Kriegsbeute nach Europa gebrachtes Seidengewebe mit schreitenden Elefanten und Kamelen, ist ein Beispiel für das Weiterleben der vorislamischen Kultur. Es ist das Werk einer Seidenmanufaktur in Chorassan aus der Mitte des 10. Jahrhunderts, das offensichtlich nach vorislamischen Vorbildern gewebt wurde. Ihre charakteristischen Tiermuster, Adler, Löwe und Greif (Samurw), wurden in großem Format häufig im Byzantinischen Reich, in Spanien und in Zentralasien nachgeahmt und waren auch in Europa sehr verbreitet.

Auch in Laschgar-i Bazar, dem Sommerpalast der türkischen Fürsten von Gazna, kommt die Kontinuität der vorislamischen Zeit zum Ausdruck. Die Leibwächter, die auf den Fresken an den Wänden des Thronsaales dargestellt sind, tragen einen Kaftan entweder aus Seide *(siqalatum)* mit eingewebtem Muster oder aus byzantinischem Brokat *(diba-yi rumi)* mit gestickten Ornamenten. Die Gewänder sind mit in Brettchenweberei hergestellten Borten eingefaßt. Die dazu getragenen Gürtel sind mit Riemenzungen verziert.

Die Türken, zu denen diese Leibwächter gehören, kamen aus nomadischen Stämmen, wie z. B. den Yagma, die im Nordosten des Siebenstromlandes, wahrscheinlich im Gebiet des Ili, beheimatet waren. Sie trugen aber in Gazna nicht die Kleidung, in der man sie als Nomaden kannte, sondern Gewänder, wie sie hier schon immer von dem Adel des Landes getragen wurden. Diese Kleidung war nicht auf einen regional begrenzten Raum beschränkt, sondern wurde als Tracht der Vornehmen auch im byzantinischen Kleinasien und in Europa getragen. Ein Beispiel für die Verbreitung dieser Kleidung sind die zu ihr gehörenden trikotartigen, mit Borten besetzten Hosen. Sie sind schon auf einem Fresko in der Höhle von Ajanta (Grotte XVII, rechte Wand) vom Ende des 5. Jahrhunderts bei den hier dargestellten Besuchern aus Mittelasien zu sehen. Sie kommen im 9. Jahrhundert auch auf Miniaturen als Bestandteil der Tracht byzantinischer Magnaten vor.

Damit wird deutlich, daß man nicht nur Seidenstoffe, sondern auch Kleidung aus Baumwolle mit Seidenborten, die damals zu den Exportartikeln aus Mittelasien gehörte, trug. In diesem Zusammenhang ist ein weiterer Exportartikel der Sogdiana zu nennen. Es handelt sich um jene damals als *zandaniji* (zandanīčī) nach dem Ort Zand bei Buchara genannten Seidenstoffe, die wegen ihres außerordentlichen Reichtums an Farben und der Neuheit der Muster – sie bevorzugten häufig Darstellungen des Lebensbaumes zwischen zwei symmetrisch angeordneten Tieren – von China bis nach Westeuropa überall Abnehmer fanden.

Mittelasien besaß damit auch wirtschaftlich gegenüber anderen Ländern der islamischen und christlichen Oikumene einen erheblichen Vorsprung. Lediglich Mesopotamien, Aserbaidschan und Gīlān (letzteres die Heimat der Bujiden, die, gestützt auf die Stärke ihrer Heere, die weltliche Macht des Kalifen annektiert hatten) verfügten zusammengenommen über eine vergleichbare wirtschaftliche Kraft. Die Möglichkeit, Mittelasien in dieser Beziehung mit Mesopotamien und diesen beiden Provinzen zu vergleichen, eröffnet sich aber nicht durch den Vergleich der Verbreitung einiger Luxuswaren, wie etwa der Seide und anderer

Textilien. Hierzu muß man von den in beiden Ländern geprägten Münzen ausgehen.

2. *Die durch die Waräger erfolgte Übernahme des Dirhems als Zahlungsmittel, eine Grundlage der Partnerschaft mit den Märkten der Samaniden in Mittelasien*

Die auf dem Westteil der Nordroute der Seidenstraße und auf ihren Abzweigungen am meisten verbreitete Münze war der in Silber geprägte Dirhem. Er trug die genaue Angabe über die Zeit und den Ort seiner Prägung. Daher sagen die Summierung der Funde von Dirhems, vor allem aber die planmäßig angelegten Horte, hier mehr aus. Es ergibt sich, daß man vor allem dort, wo man von den Warägern besuchte Märkte annehmen muß, eine Steigerung des Handels mit Waren indirekt durch das Vorhandensein von Münzhorten feststellen kann. Hierbei zeigt sich, daß von Mittelasien aus eine Handelsroute benutzt wurde, die die Wolga fast bis zu ihrer Quelle begleitete. Dort, um die Waldai-Höhen, von wo auch die Düna herkommt, häuften sich die Spuren eines durch die Funde von Dirhems nachweisbaren Warenaustausches mit Mittelasien und in geringerem Maße auch mit Nordwestpersien. Man fand überwiegend Münzen, deren Prägeorte auf Balch und Herat, das Gebiet der Samaniden, weisen. Bei den Depots von Dirhems, die sich in der Nähe der durch Gorodischten geschützten Märkte fanden, handelte es sich offenbar um das Betriebskapital, mit dem die hier tätigen warägischen Kaufleute ihre Handelsgeschäfte abwickelten.

Diese Depots sind aber von jenen Horten und Münzvergrabungen zu unterscheiden, die sich an fast allen Küsten und auf Inseln der Ostsee und an den Ufern der in sie mündenden Flüsse finden. Hier überwiegt der Dirhem nicht mehr als Münze, sondern zu Hacksilber zerkleinert. In dieser Form war nicht mehr der Nominalwert, sondern das Gewicht des Metalls für den Einsatz als Zahlungsmittel entscheidend.

Auch bei den mit Depots arbeitenden Kaufleuten und ihren

Partnern hat man zwei Gruppen zu unterscheiden. Es sind einmal die Fernhändler, die von den Warägern vor allem Sklaven kauften und hierfür den Preis in Dirhems bezahlten. Bei ihnen handelte es sich wahrscheinlich überwiegend um jüdische Kaufleute, die später auch als Verkäufer der Sklaven auftraten. Sie bezogen die Sklaven von den Warägern, die sie im Krieg und bei der Plünderung slawischer Dörfer erbeutet hatten.

Die zweite Gruppe von Kaufleuten war wahrscheinlich ebenfalls jüdischer Herkunft. Sie verkauften Luxuswaren wie Seide (in Form von Fäden), Stoffe, fertige Kleidung und Goldschmiedearbeiten. Es handelte sich hier um Kommissionsverkäufe, bei denen Händler im Auftrag der Manufakturen, zum größten Teil staatlichen Monopolbetrieben, die man als *tiraz (Tirāz)* bezeichnete, Seide, aber auch andere Artikel verkauften. Sie wurden von den warägischen Käufern mit Dirhems aus den bestehenden Depots bezahlt. Der Absatz der Ware im Rahmen von Kommissionsgeschäften gegen Beteiligung mit 35% an dem erzielten Gewinn erklärt sich aus dem Fehlen von Bargeld bei dem größten Teil der Kaufleute. Der Zins für Kredite in Bargeld war zu teuer, auch war die Mitnahme größerer Geldsummen auf Geschäftsreisen ein Risiko.

3. Die Entwicklung einer vom Umfang der Emission des Dirhems in Mittelasien unabhängigen Geldwirtschaft in Nordwestrußland

Neben den jüdischen gab es auch warägische, slawische und chasarische Kaufleute. Sie waren im wesentlichen im Regionalhandel engagiert. Unter ihnen befanden sich jene von den Byzantinern *Rus* genannten Waräger, die aus Städten wie Kiew und Tschernigow nach Konstantinopel gekommen waren und hier z. B. Leinen, Flachs und Honig verkauften. Die Byzantiner schlossen mit ihren Fürsten Verträge ab, die die Bedingungen ihrer kaufmännischen Tätigkeit im einzelnen festlegten. Hiernach besaßen auch die Rus, wie schon seit dem 6. Jahrhundert die

Sogder, in Konstantinopel besondere Mitata, Niederlassungen mit dem Status der Zollfreiheit, in denen die bei Behörden der Stadt akkreditierten ausländischen Kaufleute ihre Waren anbieten mußten, wobei An- und Verkauf bestimmten Bedingungen unterworfen waren. Es gab hierüber Aufzeichnungen, die diese Bestimmungen im Rahmen eines Vertrages festhielten. Für die Waräger von Kiew ist in dem griechisch und altrussisch geschriebenen Text der Verträge die altrussische Fassung durch die sogenannte ›Nestorchronik‹ überliefert. Noch älter als diese Verträge, von denen der älteste, den wir kennen, 907 abgeschlossen wurde, ist ein Dokument in hebräischer Sprache und Schrift, das für die sogenannten „Weisen" der Judengemeinde in Kairo bestimmt war und dort in der Geniza einer Ende des 19. Jahrhunderts abgerissenen Synagoge gefunden wurde. Es handelt sich hier um die Anfrage, wie man in dem Fall eines Schuldners zu verfahren habe, dem die geschuldete Summe durch Räuber genommen worden sei. Das Dokument läßt erkennen, daß die in Kiew aus dem altrussischen Schrifttum bekannte jüdische Gemeinde schon in der Mitte des 9. Jahrhunderts bestand. Das bedeutet, daß auch jüdische Kaufleute nicht nur die vom sogenannten Bayerischen Geographen beschriebene Straße von Prag nach Haithabu, sondern auch die von Prag über Regensburg nach Mainz benutzen konnten. Die Münzfunde bestätigen das. Die schon erwähnten Hortfunde in Przemysl, Krakau und Prag bestätigen einen aus schriftlichen Quellen bekannten Weg des Sklavenhandels von Kiew über Przemysl, Krakau, Prag und Regensburg nach Mainz. Es ist für den Charakter dieses Handels kennzeichnend, daß die Horte nur dort zu finden sind, wo es in größerem Umfang zum Sklavenhandel gekommen ist. Prag war die letzte Station, an der Sklaven gekauft werden konnten. Hier wurde auch der letzte Dirhemhort an dieser Straße gefunden. Aus der Lebensbeschreibung des heiligen Adalbert ist bekannt, daß der Heilige in Prag vergeblich die Wegführung zweier christlicher Sklaven durch jüdische Händler bei dem böhmischen Herzog zu verhindern suchte. In Regensburg, wo das Christentum anders als in Böhmen in der Bevölkerung schon lange fest verwurzelt war, war ein Sklavenhandel nicht mehr möglich. Es war hier von den Sklavenhändlern schon viel erreicht, wenn man die Züge mit den gekauften Sklaven nach Mainz weiterziehen ließ, wo der Weiterverkauf an andere Händler stattfand, die die Sklaven dann ins islamische Spanien brachten.

4. Der bargeldlose Zahlungsverkehr beim Handel mit Sklaven und hochwertigen Luxuswaren wie Bernstein, Gewürze und Seide

Neben dem Dirhem als Zahlungsmittel spielte, wie schon erwähnt, an einzelnen Stationen dieser Abzweigung der Seidenstraße der bargeldlose Handelsverkehr eine Rolle. Er war im wesentlichen von dem Umfang der Lockerung des staatlich verordneten Zinsverbotes abhängig. Die rigorose Durchführung dieses Verbotes hatte zu einer erheblichen Verknappung des Geldes geführt, da niemand das Risiko der Gewährung von Krediten mit den bei Gerichten nicht einklagbaren Zinsen übernehmen wollte. Die politische Führung hat das Verhängnisvolle dieser Entwicklung gesehen und deshalb selbst Geld in der Form von relativ günstig zu verzinsenden Staatsanleihen in die Wirtschaft gepumpt. Wir hören von Kaiser Nikophoros I. (802–811), daß er zu Beginn des 9. Jahrhunderts bei der *Commenda* die Rolle des Geldgebers übernahm. Das Wort *Commenda* wird zwar in dem Bericht des Theophanes nicht erwähnt, aber das Bestehen der Institution wird vorausgesetzt. Waren es doch hiernach die Schiffsreeder, die jene Staatsanleihen in Stücken von zwölf Pfund Gold (= 864 Solidi) bei einer jährlichen Verzinsung von 16⅔ % anzunehmen hatten, um damit Schiffe zu bauen. Der für diese Zeit außerordentlich niedrige Zinssatz läßt vermuten, daß der Kaiser wie der Geldgeber bei der Commenda an dem Gewinn der Kaufleute, die ihre Waren mit jenen Schiffen transportierten, die mit Hilfe seiner Anleihe gebaut worden waren, beteiligt war.

Die Handelsverbindung zwischen Kiew und Mainz diente

aber nicht nur wirtschaftlichen Interessen. Auch die Kenntnis der altrussischen Sprache, die bei einigen Mainzer Juden anzutreffen gewesen sein muß, deutet auf enge Bindungen auf religiösem Gebiet. So schrieb z. B. der Talmudist Josef ben Simon Qara in Mainz noch im 12. Jahrhundert einige seiner Glossen zum Alten Testament in altrussischer Sprache.

Die Straße von Kiew nach Mainz war aber nicht nur der Weg der Sklavenhändler. Auch hier spielte, wie ein Brief des Dogen von Venedig vom Jahre 932 zeigt, der Handel der Juden mit Seide, Gewürzen und Edelmetallen eine Rolle. Der Verkauf von Seiden aus mittelasiatischen Manufakturen, unter ihnen der besonders begehrten *zandanj*-Seide *(zandaniji, zandanīčī)*, wurde hier ebenso durchgeführt wie der Handel mit Edelsteinen (Saphire, Almadine, Rubine) und Perlen und den ebenfalls aus Mittelasien importierten Halbedelsteinen, wie Türkise, Lapislazuli und Jade. Diese Steine wurden damals nicht geschliffen, sondern nur poliert. Man ist versucht, einige der Stücke aus dem der Kaiserin Gisela zugeschriebenen Schatz, wie z. B. die Adlerfibel, auf jene jüdischen Händler als Verkäufer zurückzuführen, die der Brief des Dogen erwähnt. Nicht nur die hier angewandte Email- und Granuliertechnik, auch die Darstellung des Adlers weist auf die Herkunft aus einer Manufaktur in Südrußland, deren Erzeugnisse durch die Kaufleute nach Mainz gelangt waren.

5. Der Einstieg christlicher und islamischer Bankiers in den bargeldlosen Zahlungsverkehr

Ein Dokument, das einen Einblick in die Veränderungen der Geldwirtschaft in dieser Zeit gestattet, ist das byzantinische Eparchenbuch, eine Sammlung verschiedener kaiserlicher Verordnungen, die durch Zusätze ergänzt sind, dessen Entstehung man wohl in die zweite Hälfte des 9. Jahrhunderts setzen muß. Diese Verordnungen zeigen zweierlei: die Aufhebung der Monopolisierung der Seidenherstellung und des Seidenverkaufs mit Ausnahme der Seidenimporte und die Zulassung der im Geldgeschäft tätigen Händler als eigene Gruppe unter den staatlich anerkannten Zünften. Demnach mußten die Verbote des Geldgeschäftes, vor allem die des Geldverleihens gegen Zinsen, inzwischen aufgehoben worden sein. Neben dem jüdischen Schulchani (und dem italienischen Banchiere gab es wieder den griechischen Trapezites. Über ihren Tisch gingen sowohl der Geldwechsel (das Sortengeschäft) wie der Geldverleih (die Vermittlung von Krediten gegen Zinsen), durch den indirekt der Export von Seiden- und Wollstoffen finanziert wurde. Hierdurch ging das bisher von Juden ausgeübte Kommissionsgeschäft weiter zurück. So gab es z. B. um die Eliaskirche in Kiew eine griechische Kolonie, in der, ungeachtet der Nähe des jüdischen Viertels, offenbar auch byzantinische Bankiers Geldgeschäfte wahrnahmen. Im Besitz eines auf einen Bankier in Kiew ausgestellten Inhaberpapiers, brauchten die Kaufleute nicht den gefährlichen Weg von der Küste des Schwarzen Meeres nach Kiew zu fürchten. Die Gefahr, ihr Geld durch Beraubung zu verlieren, war nach der Einführung des Inhaberpapiers nicht mehr gegeben. Das wird auch indirekt durch das Fehlen größerer Funde byzantinischer Münzen an dieser Abzweigung der Seidenstraße bestätigt.

6. Die vermehrte Prägung von mit dem Dirhem konvertierbaren Silbermünzen durch die Byzantiner und die Verbreitung abendländischer Münzsorten in Osteuropa

Aber die Inhaberpapiere besaßen noch einen anderen Vorteil. Es entfiel die mit hohen Unkosten belastete Inanspruchnahme eines Geldwechslers. Waren doch in Südrußland – wie allgemein auf der Nordroute der Seidenstraße – die Preise nach dem Wert des Dirhems festgesetzt. Erst seit dem Ende des 10. Jahrhunderts setzte sich die bei den türkischen Stämmen als *aqči* bezeichnete byzantinische Silbermünze durch. Die Trennung zwischen der Silberwährung, die nicht nur für Südrußland, sondern auch für den größten Teil der Nordroute der Seidenstraße galt, und der Goldwährung im Byzantinischen Reich wurde bis in das 13. und 14. Jahrhundert so konsequent beachtet, daß bei den Inhaberpapieren Auszahlungen in Silber nur für Konstantinopel und die Städte am Marmara-Meer Geltung hatten.

Auch westlich von Prag war der Dirhem als Münze gegen die ebenfalls in Silber geprägten Denare oder Pfennige nicht konvertierbar und wurde nur nach seinem Gewicht und Metallwert in Zahlung genommen.

Hinzu kommt, daß Ansiedlungen byzantinischer Kaufleute in den Städten nördlich von Kiew nicht bekannt sind. In Kiew verkauften die Händler aus Konstantinopel Luxuswaren wie Seide, Goldschmiedearbeiten, wertvolle Wollstoffe und Kleider mit Silber- und Goldbrokatstickerei. Sie kauften Bernstein, Walroßzähne, Pelze, Gewürze und Duftstoffe (Moschus). An- und Verkauf wurden vermutlich von zwei verschiedenen Gruppen von Kaufleuten abgewickelt. Beide arbeiteten mit Inhaberpapieren, die ihnen einen bargeldlosen Handelsverkehr zwischen Konstantinopel und Kiew ermöglichten. Dadurch besaßen sie in Kiew Geld für den Ankauf und konnten außerdem die Verkaufserlöse mit Hilfe des Inhaberpapiers in Konstantinopel in bar abheben.

7. Das Funktionieren des von den jüdischen Radanijja organisierten Kreisverkehrs im Warenaustausch von Südrußland über das Ostfränkische Reich, Burgund, das islamische Spanien, den Maghreb, Ägypten, Indien, Mittelasien und Osteuropa vor dem Hintergrund einer jüdischen Kulturgemeinschaft

Die von Kiew aus nach dem Westen reisenden jüdischen Kaufleute besaßen wahrscheinlich Kreditbriefe, die auf jüdische Bankiers an den verschiedenen Stationen der Straße von Kiew bis Mainz ausgestellt waren. Die Zahlungsanweisungen, die noch für die Stationen von Kiew bis Prag auf Dirhems lauteten, wurden für die Märkte von Regensburg bis Mainz in fränkischen Denaren ausgestellt. Hierbei waren die Auszahlungen auch im Hinblick auf die Reisedauer entsprechend terminiert.

Die Stellung der jüdischen Kaufleute im Karolingischen Reich war allgemein durch weitgehende Privilegien geschützt, die der Kaiser erteilt hatte. Vor allem Ludwig der Fromme hat durch sein Verbot der christlichen Taufe für die von den jüdischen Händlern in das Frankenreich gebrachten Sklaven den Weiterverkauf nach dem islamischen Spanien begünstigt. Trotz des Protestes der Kirche, die z. B. in der Person des Erzbischofs Agobard von Lyon einen beredten Anwalt fand, setzte sich der Kaiser durch. Der Preis, den die Kaufleute dafür an ihn zu zahlen hatten, war die Lieferung aller Arten von Luxuswaren aus dem Orient.

Bei diesen den jüdischen Händlern gewährten Privilegien spielte auch ihre Ortsansässigkeit eine Rolle. Schon das Raffelstetter Zollweistum von 904/906 unterscheidet zwischen Kaufleuten aus dem Frankenreich und solchen aus anderen Ländern. Während sich die Synode von Meaux im Jahre 840 gegen die kaiserliche Protektion des jüdischen Sklavenhandels noch nicht durchsetzen konnte, zeigte die spätere Zeit einen Rückgang dieses Handels, der sich durch die Unterstellung der jüdischen Niederlassungen in den Städten unter die Verwaltung der Bischöfe erklärt.

In dieser Zeit vor den Kreuzzügen war die Bewegungsfreiheit der Juden zwischen christlichem und islamischem Gebiet noch nicht behindert und auch ihr Leben in Städten wie Regensburg, Mainz und Köln im Gegensatz z. B. zu der Judengemeinde in Kiew, die den ständigen Angriffen der orthodoxen Geistlichkeit, besonders der Mönche, ausgesetzt war, keinen Beschränkungen unterworfen. Die jüdischen Responsasammlungen, Äußerungen der Gaoniten, der obersten Richter, zu religiösen Anfragen, zeigen, daß die Juden im christlichen Abendland zunächst annähernd die gleiche Freiheit besaßen wie die Judengemeinden in den islamischen Ländern. Es kennzeichnet den Grad der Kommunikation, daß in der Geniza der abgerissenen Synagoge in Alt-Kairo auch eine mittelhochdeutsche Aufzeichnung des Heldenliedes vom Herzog Horand erhalten ist, die sich im Themenkreis mit dem mittelhochdeutschen ›Gudrunlied‹ berühren. Das setzt voraus, daß Juden, die dieses Lied etwa im Spielhaus der jüdischen Gemeinde in Köln vorgetragen gehört hatten, seinen Text nach Kairo mitbrachten. Es muß also, ähnlich wie von Kiew aus mit Mainz, wo man noch Glossen in altrussischer Sprache verfaßte, auch von Kairo aus zu einer Kommunikation mit jüdischen Gemeinden am Rhein gekommen sein.

Jener von Ibn Churdādbih beschriebene Handelsverkehr der als *Radaniten* bezeichneten jüdischen Kaufleute wird damit indirekt auch von dieser Seite her bestätigt. Er umfaßte als Ware neben Sklaven auch Seide, Pelze und Schwerter. Sein Handelsweg war eine Route, die über das Mittelmeer nach Ägypten und von dort aus den Seeweg zu den südarabischen Häfen wählte, von wo der nach Indien führende Seeweg offen stand. Dort kam es zum Aufkauf von Moschus, Aloe, Kampfer und Zimt, die im islamischen und christlichen Europa als Güter des Bedarfs gesucht waren. Der Handelsverkehr auf den europäischen Märkten wurde zeitweise zu einem Monopol jüdischer Kaufleute, die sich vor allem durch ihre Überlegenheit bei der Beschaffung und Transferierung von Geld diese Rolle gesichert hatten. So erklärt es sich, daß die Kaufleute bei ihrer Rückkehr die Straße von den Häfen an der Küste des Pontus nach Kiew – sei es zu Lande oder auf dem Dnjepr – ohne die Mitnahme größerer Beträge an Bargeld passierten. Das wird indirekt durch das Fehlen größerer Münzfunde zwischen Kiew und der Küste bestätigt.

8. Schrumpfung des Warenumsatzes in Osteuropa als Folge des Untergangs des Samanidenreichs in Mittelasien

Man wird schon jetzt sagen können, daß die Schrumpfung des Warenumsatzes in den wirtschaftlichen Zentren am westlichen Teil der Seidenstraße im 11. Jahrhundert im wesentlichen dadurch ausgelöst wurde, daß der Geldumlauf, in diesem Fall der des in Silber geprägten Dirhems, durch Anlage von Horten, mehr aber noch durch seine Verwendung als Hacksilber, weiter abnehmen mußte, so daß es damit auch zu einer Schrumpfung des Handelsvolumens kam. Diese Entwicklung wurde durch die Vernichtung des Samanidenreiches im Jahr 999 durch die zum Islam bekehrten Turkstämme, die die Münzprägung in Mittelasien zum Teil stornierte, noch weiter verschärft.

Damit erhebt sich die Frage, wie Zahlungsverkehr und Warenaustausch auf jenen Abzweigungen der Seidenstraße abgewickelt wurden, die nicht von dem Südrußland berührenden Teil der Handelsstraße ausgingen oder die Wolga als Verkehrsweg benutzten.

Am Oberlauf der Wolga in der Nähe der Dünaquelle, wo der Wolchow als Transitweg zum Ladogasee eine Rolle spielte, befanden sich, wie schon erwähnt, jene Märkte, aus denen sich später die altrussischen Städte entwickelten. Am Wolchow nördlich des Ilmensees lag Nowgorod, das Holgard der Waräger. In diesem Gebiet, wo die Zahl der Gorodischten der Waräger am größten war, fanden sich Horte, die alle bisherigen Vorstellungen übertreffende Mengen an Dirhems enthielten. Ihr Umfang läßt es als unwahrscheinlich ansehen, daß auch nur einer der Horte das Eigentum eines einzelnen Mannes gewesen ist. Zur Erklärung muß man hier von den in der skandinavischen Überlieferung als *Felaq* bezeichneten Handelsgenossenschaften ausgehen, die sich, wie die *Commenda* im Süden, aus dem Zusammenschluß mehrerer Partner zu einem Handelsunternehmen entwickelten. Allerdings war die Zahl der Teilnehmer bei der *Commenda* wesentlich kleiner als bei der Felaq. Bei den Horten muß es sich demnach um Gelddepots verschiedener Felaqs gehandelt haben, die in ihnen die Gewinne aus dem Sklaven- und Warenhandel deponierten, um damit, wie schon weiter oben erwähnt, den Erwerb von Luxuswaren aus dem Süden möglich zu machen. (Walroßzähne, Bernstein, Leinen und Pelze waren zum Wiederverkauf von den slawischen Stämmen teils durch Kauf, teils als Tribut erworben worden. Pelze, z. B. Marderfelle [= kuna] und Leinwandstücke aus Böhmen in einem bestimmten Format dienten bei der slawischen Bevölkerung zeitweise als Zahlungsmittel.) Man kann sogar soweit gehen, in der Felaq eine Vorstufe der späteren Gilde zu sehen. Handelspartner der Felaq waren in der Hauptsache jüdische und arabische Kaufleute.

Die Funde von Dirhems geben aber auch Aufschluß über die verschiedenen Handelspartner der Waräger. Die unbeschädigten Dirhems überwiegen in Rußland, wo man Waren aus Mittelasien an jüdische und arabische Kaufleute bezahlen mußte, den Dirhem als Hacksilber trifft man dort an, wo man Waren aus dem fränkischen Raum, wie Wollstoffe, fränkisches und ägyptisches Glas, aber auch Waffen, an die Kaufleute, die aus den Städten am Rhein kamen, bezahlen mußte. Der Dirhem wurde hier nur als Metall und nicht nach dem Nominalwert der Münze bewertet.

III. DIE ENTSTEHUNG EINER POLITISCHEN UND WIRTSCHAFTLICHEN MAGISTRALE ALS FOLGE DER NORDÖSTLICHEN MIT TURFAN BEGINNENDEN ABZWEIGUNG DER SEIDENSTRASSE

Man wird jetzt die Frage stellen, ob die wirtschaftlichen und politischen Ereignisse an den westlichen Abzweigungen der Nordroute der Seidenstraße auch von Bedeutung für ihren östlichen Teil waren. Um hier eine Antwort zu finden, hat man zunächst von jenen Veränderungen auszugehen, die in der Form von neuen Abzweigungen zu einer Erweiterung der Nordroute in Ostasien führten.

Die für den Verlauf der Seidenstraße in Ostasien charakteristische Zusammenführung aller ihrer Routen im Westteil von Gansu (Kansu) zu einem einzigen Weg, der nach der alten chinesischen Hauptstadt Chang'an (Ch'ang-an), dem heutigen Xi'an (Sian), führte, wurde im 6. Jahrhundert durch die Entstehung einer Nordostroute in ihrer Bedeutung gemindert. Die neue Route umging Mittelchina im Norden und erreichte über den Süden der Mongolei Nordchina. Im einzelnen läßt sich diese Route so beschreiben: Sie begann in Hami, das die Chinesen Yiwu (I-wu) nannten, überschritt den Unterlauf des Edsin gol kurz vor seiner Mündung bei der späteren Stadt der Xia (Hsia), Chara Choto, durchquerte die Alashan-Wüste und erreichte auf einem nördlich des Langshan-Gebirges entlangführenden Weg den Paß von Guihua (Kuei-hua) mit der Verbindung durch die Chinesische Mauer nach Datong fu (Ta-t'ung-fu), der alten Hauptstadt der Tuoba (T'o-pa). Von dort nahm jene Straße ihren Ausgang, die noch vor dem Yalu und vor der alten chinesischen Garnisonstadt Lelang (Lo-lang) die aus dem Norden eingewanderten wahrscheinlich tungusischen Stämme, die das Reich Bohai

(Po-hai) bildeten, erreichte. Jenseits des Yalu kam man dann zu dem koreanischen Staat Kogoryo und später auch zu dem neu erstandenen Reich Silla. Der Prozeß der koreanischen Staatsbildung aus einer Stammesföderation war damals noch nicht abgeschlossen. Er wurde aber nicht zuletzt durch diese Straße außerordentlich gefördert. Das gleiche gilt für das im Süden der koreanischen Halbinsel entstehende Reich von Pektsche. Die Straße nach Korea bildete zusammen mit der von Turfan nach Datong (Ta-t'ung) eine Kultur- und Zivilisationsbrücke, die nur mit Datong China berührte.

Die Entstehung dieser Abzweigung der Nordroute der Seidenstraße war eine Folge der Westwanderung der Xiongnu (Hiung-nu), die unter dem Druck der Xianbei (Sien-pi), zu denen auch die späteren Herrscher über den nördlichen Teil Chinas bekannten Tuoba (T'o-pa) gehörten, erfolgte. Die Xiongnu hatten um 280 n. Chr. das Siebenstromland vollständig erobert. Die wenig später einsetzende Westwanderung der in Mittelasien und in Europa in der zweiten Hälfte des 4. Jahrhunderts als „Hunnen" bezeichneten Völker war wahrscheinlich eine der Folgen des Vordringens der Xiongnu. Ihnen folgten, aus dem gleichen nordostasiatischen Raum kommend, die Toba (T'o-pa), die sich Nordchina unterwarfen und dort bis zur Wiedereroberung durch die Sui-Dynastie regierten. In dem von ihnen geräumten Gebiet im Nordwesten hatten sich inzwischen andere türkische Stämme niedergelassen. Zu ihnen gehörten auch jene, die in der Mitte des 6. Jahrhunderts ein Reich gründeten, das sich 582 spaltete. Das Westreich führten die sich aus den zehn Unterstämmen zusammensetzenden Onoguren unter den Aschina. Ihre Wohnsitze lagen im Siebenstromland und im Tal des Ili bis zu jener Stelle, wo sich die nördlich des Tianshan (Tien-schan) entlangführende Route der Seidenstraße in die Abzweigungen nach Turfan und über Kutscha nach Suzhou (Su-chou) teilte. Ihnen unterstanden außerdem das Tarimbecken, die Sogdiana und der Norden von Baktrien. Im Westen bildeten die Meerenge von Kertsch, das Asowsche Meer und der Unterlauf des Don die Grenze. Im Norden scheinen das Gebiet der südsibirischen

Turkstämme, der Kimäk, und die Pelzstraße die Grenze gebildet zu haben.

1. *Die osttürkischen Staatsbildungen*

Das Osttürkische Reich, das bis 630 bestand, stützte sich im Nordosten auf die Toquz Oghuz, die neun Stämme der Oghuz, die über das Gebiet der heutigen Mongolischen Volksrepublik regierten und außerdem Tannu Tuwa im Norden und das heute von den mongolischen Burjäten besiedelte Bergland unter ihrer Kontrolle hatten. Die Grenze im Osten scheint damals von Kalgan bis zum Meer die Chinesische Mauer gebildet zu haben. Die Grenznachbarn im Osten waren die schon erwähnten Qitan. Sie kontrollierten den Süden der Mandschurei mit Ausnahme des tungusischen Reiches von Bohai (Po-hai) bis zum Yalu. Zu den Vasallen dieser Osttürken hat man auch die von einer chinesischen Dynastie regierte Turfanoase und das Gebiet von Hami zu rechnen. Das bedeutet also, daß die wichtige Nordostroute der Seidenstraße, die Turfan mit Datong (Ta-t'ung) und weiter mit Korea verband, zur politischen, wirtschaftlichen und kulturellen Magistrale dieses Reiches wurde. Byzantinische Gesandte haben es mit großer Wahrscheinlichkeit um 600 besucht und dort auch Informationen über China erhalten. Sie haben hier die Residenz des osttürkischen Khans auf dem sogenannten Goldenen Berg erreicht und dabei vieles über Kultur und Religion dieser türkischen Stämme erfahren. Damals wurde auch die türkische Bezeichnung für China, *Tabgač*, im Westen in der griechischen Wiedergabe *Taugast* bekannt. Der Zusammenbruch des Osttürkischen Reiches führte dazu, daß ein Teil der zu ihm gehörenden Stämme sich zeitweilig der chinesischen Herrschaft unterstellte.

a) Der Versuch der Restauration des Osttürkischen Reichs durch die Köktürken

Ende des 7. Jahrhunderts, um 683, kam es bei den Köktürken zu dem Versuch einer Erneuerung dieses Reiches. Die Geschichte des Aufstiegs dieses Stammes als der führenden Macht einer Gruppe von Turkstämmen ist von diesen Türken selbst in ihrer Sprache und ihrer aus Runen bestehenden Schrift niedergeschrieben worden. Ihr Bericht, der sich mit den Taten der Qagane und ihrer wichtigsten Mitarbeiter, wie Kül tegin und Tonjukuk, beschäftigt, findet sich auf Stelen, die vermutlich als Bestandteile der Heiligtümer, die ihrem Gedächtnis dienen sollten, errichtet worden waren. Diese Tatenberichte türkischer Häuptlinge, eine Geschichte in Stein gemeißelt, sind vor der sogenannten ›Geheimen Geschichte der Mongolen‹ das erste Selbstzeugnis von Herrschern der Nomaden an der Nordroute der Seidenstraße. Entfernt Vergleichbares im Westen ist in griechischer Sprache erhalten. Es stammt von dem Khan Tervel, dem Gebieter über die als *Bulgaren* bezeichnete Gruppe der Onoguren, der damals am weitesten nach Westen vorgedrungenen Gruppe der Turkstämme. Es gibt aber noch weitere Tatenberichte türkischer Häuptlinge. Neben der schon erwähnten Inschrift von Bugut vom Ende des 6. Jahrhunderts, die in sogdischer Sprache und in Sanskrit über die Verdienste des Qagans Mohan für die Verbreitung des Buddhismus berichtet, ist der nur griechisch und mit Ausnahme der Einleitung nur in einer Zusammenfassung erhaltene Tatenbericht eines unbekannten osttürkischen Qagans aus der Zeit um 600 zu nennen.

Die politische Macht der Köktürken war weder von langer Dauer noch geographisch an Ausdehnung dem Osttürkischen Reich, das 630 untergegangen war, vergleichbar. Es bleibt vor allem ungewiß, ob die in den Inschriften erwähnten Feldzüge der Köktürken, die hiernach in Mittelasien das sogenannte Eiserne Tor mit dem Zugang zum Tal des Amu darya erreicht und im Osten mit der Küste des Golfs von Chili eine wichtige Station an der Nordwestroute der Seidenstraße erobert hatten, damit in den Besitz einer Grenze gekommen waren, die behauptet werden konnte. Fest steht nur, daß die Eroberungen der Köktürken, deren Zentrum am Orchon, einem Nebenfluß der in den Baikalsee mündenden Selenga, lag, mit ihren Heeren einen Raum durchmessen haben, der sich von Mittelasien bis zur Ebene von Shangdong (Schantung) und weiter bis zur Küste des Gelben Meeres erstreckte. Hierbei hat man davon auszugehen, daß der Seeverkehr im Golf von Chili, aber auch in der Meeresstraße zwischen Japan und Korea, von koreanischen Handelsflotten durchgeführt wurde. Koreanische Schiffe waren damit über dieses Meer Vermittler einer Kultur nach Japan, deren Verbreitung eng mit dem Fußfassen des Buddhismus verbunden war. Nicht umsonst wurde Xuanzang (Hiuen-tsang) bei seiner Pilgerreise, die ihn durch das Tarimbecken und Mittelasien nach Indien führte, von einem koreanischen Mönch begleitet, und unter den Würdenträgern, die an einer Audienz bei dem *Diwastitsch* genannten Stadtherrn in Samarkand teilnehmen, zeigt das Fresko aus dem Beginn des 8. Jahrhunderts in Afrasiab auch einen koreanischen Gesandten.

Von dieser Brücke der Kultur und Religion muß man wissen, wenn man die geographischen Vorstellungen der Köktürken und der sie 744 ablösenden Uiguren verstehen will. In den köktürkischen Inschriften werden jene Awaren erwähnt, von denen die byzantinischen Quellen berichten, daß sie um 470 die Sabiren verdrängt hätten und dann 558 zu einem Teil von Mittelasien aus der Südroute der Seidenstraße folgend über den Kaukasus nach Europa kamen. In diesem Zusammenhang lernten sie auch Ostrom, das Ziel zahlreicher sogdischer und türkischer Gesandtschaften, kennen. Es kann nicht überraschen, daß der für das Byzantinische Reich gebrauchte türkische Name *Purïm* ebenso wie das chinesische Wort *Fulin* (Fu-lin) auf eine sogdische Bezeichnung zurückgehen. Die Inschriften der Köktürken lassen demnach erkennen, daß sie nicht nur die Awaren, die sie *Apar* nannten, sondern auch das westliche Ende der Nordroute der Seidenstraße, Ostrom, kannten.

b) Die vom Buddhismus geprägte osttürkische Kulturgemeinschaft

Man fragt sich nun, woher der Buddhismus kam, der zu der Bekehrung eines Teils der Turkstämme führte. Nach der erhaltenen Überlieferung stammten die Missionare nicht aus China, sondern aus Indien. Ähnlich wie jener Qagan Mohan der Inschrift von Bugut wird auch ein halbes Jahrhundert später ein Uigurenfürst als eine „Leuchte des Buddhismus" gepriesen, so daß man ihn als *Pu-sa* (= Boddhisatva) bezeichnete.

Der Weg aus Indien, den die buddhistischen Missionare, die die Turkstämme bekehrten, nahmen, war mit großer Wahrscheinlichkeit die Straße über den Karakorumpaß, d. h. der Weg, der aus dem Tal von Gilgit über den Paß in das Tal des Chotan darya führte und dann dessen Lauf durch die Taklamakanwüste zum Tarim folgte, um über Kutscha und Karashahr Turfan zu erreichen. Von dort setzte man den Weg auf der Nordwestroute der Seidenstraße fort. Wie die Graffiti auf den Felswänden an der Straße durch das Karakorumgebirge deutlich machen, bedienten sich die Missionare außer des Sanskrits, der für die heiligen Schriften des Buddhismus gebrauchten Sprache, die in Brahmi-Schrift geschrieben wurde, des Sogdischen. Kennzeichnend für die damals bestehende Situation ist, daß für die Bekehrung der Türken zunächst keine Übersetzungen in ihrer Sprache zur Verfügung standen. Wie die Inschrift von Bugut zeigt, war man für schriftliche Mitteilungen auf das Brahmi und das Sogdische angewiesen. Erst in der Mitte des 8. Jahrhunderts setzte sich in Gestalt des Uigurischen eine eigene Schrift für das Türkische durch. Sie wurde seit dem Anfang des 13. Jahrhunderts auch für das Mongolische verwendet.

Die Runenschrift, deren Gebrauch bei den Türken auf Holzstäbchen schon für die Zeit um 600 n. Chr. bei Talas im Siebenstromland nachweisbar ist, hat sich als Folge der Vergänglichkeit des Schreibmaterials in größerem Umfang nur dort erhalten, wo sie in Stein eingeritzt worden war. Die Runen in Südrußland wurden in einem anderen Alphabet als bei den Kirgisen am Jenissei und den Köktürken am Orchon geschrieben.

Das Jahr 744, in dem die Uiguren das Reich der Köktürken zerstörten, bedeutete für die Turkstämme auch eine Wende in der Kultur. Mit der uigurischen Schrift, die verwendet wurde, besaß das Türkische ein Kommunikationsmittel, gegen das sich weder die Runen noch die christlich-syrische oder die manichäische Schrift durchsetzen konnten. Nur für türkische Aufzeichnungen islamischen Inhalts wurde zunächst statt der uigurischen Schrift die arabische benutzt. Es darf allerdings nicht übersehen werden, daß das nestorianische Christentum, das an einer Reihe von Stationen der Nordroute meist durch Inschriften bezeugt ist, auf einzelnen Strecken der Nordwestroute bei den türkischen und mongolischen Stämmen, aber auch bei den tungusischen Qitan in der Mandschurei nachweisbar ist. Es ist die syrisch-nestorianische Schrift, die hier für die Aufzeichnungen verwendet wurde. Demgegenüber tritt die Verbreitung der manichäischen Schrift, die sich wie die uigurische aus der sogdischen entwickelt hat, erheblich zurück. Die Schwerpunkte der Funde liegen in der Turfanoase, in Dunhuang (Tun-huang) und in Ganzhou (Kan-chou) im Gansu-Korridor. In der Nähe von Dunhuang wurde ein Teil dieser Literatur in einem zugemauerten Bücherversteck gefunden.

Es gab also auch nach dem Untergang des Osttürkischen Reiches eine Kulturgemeinschaft, die sich allmählich von den Turkstämmen auf die Mongolen und Tungusen ausdehnte und die Staatsbildung der Mongolen unter Dschingis chan vorbereitete.

2. Die tibetische Expansion im Tarimbecken und in Gansu (Kansu) und der uigurische Anteil an der tibetischen Oikumene

In den Jahrhunderten, die seiner Reichsgründung vorangingen, kam es wieder zu einer Kettenbewegung, die sich wie die der früheren Zeit aus einzelnen Nachrichten in ihrem Verlauf rekonstruieren läßt. Das auslösende Moment lag hier aber nicht im Nordosten in jenem Gebiet, das sich politisch mit Tannu Tuwa am Oberlauf des Jenissei in der heutigen Mongolischen Volksrepublik und mit dem Westen des heute von den Burjäten besetzten Gebietes deckt, sondern auch im Südwesten Zentralasiens im Gilgittal und dem sich an das Karakorumgebirge anschließenden Bergland. Es ging hier um den Besitz jener Paßstraße, die weitgehend dem heutigen Karakorumweg entspricht. Durch das Vordringen der Heere des Islams hatte sie für buddhistische Pilger an Bedeutung gewonnen. Die Zahl der Graffiti und religiösen Symbolzeichnungen entlang der Straße nahmen in jener Zeit zu. Aus dieser Situation der erhöhten Bedeutung der Straße heraus kam es zur Expansion Tibets in das Tarimbecken und in den Westen des Gansu-Korridors.

Das historische Tibet – gemeint ist jenes Gebiet, das selbst eine historische Überlieferung besitzt oder von einer anderen historischen Quelle erwähnt wird – umfaßte neben den durch die Wasserscheide von Indus und Brahmaputra getrennten Hochtälern die beiden durch die Flüsse Sutlej, den Nebenfluß des Indus, und Yarlung, den Nebenfluß des Brahmaputra, gebildeten Seitentäler. Weiter im Nordosten südlich des Richthofengebirges, das die Chinesen *Nanshan* nennen, lagen die Wohnsitze der den Tibetern verwandten Tuyuhun (T'u-yü-hun). Ihr politischer Schwerpunkt befand sich am Kukunor. Sie beherrschten die Pässe über den Nanshan nach Gansu. Das übrige Tibet bildete eine große Barriere aus Gebirgen und Wüsten, die im Norden durch das Tarimbecken mit dem Kunlun und im Süden durch das historische Tibet begrenzt wurde. Die Karakorumstraße im Westen war der einzige gangbare Weg, der das Tarimbecken mit Indien verband. Die Pässe im Westen standen damals schon unter der Kontrolle des Islams. Auch befanden sich in Ladakh (ein Name, der soviel wie „Goldland" bedeutet) ertragreiche Goldbergwerke. Schon aus diesem Grund empfahl sich dieses Land den Tibetern als Ziel der Expansion.

Die Gunst einer einmaligen historischen Konstellation hatte aus dem kleinen Fürstentum im Tal des Yarlung unter dem ersten historisch nachweisbaren König Srong-bdsan-gampo ein Großreich entstehen lassen. Bei dieser Reichsgründung spielte neben der Staatsraison das religiöse Element eine große Rolle. Wie sehr, kann man indirekt schon an den drei Heiraten des Königs absehen. Gemahlinnen aus Nepal und China folgte eine dritte Frau aus dem Reich Žan-Žun am oberen Sutlej. Die Prinzessin aus Nepal vertrat den indischen Buddhismus, die Kaisertochter aus China den chinesischen, während die dritte Gemahlin aus Žan-Žun, der Heimat der Bon-Religion, stammte. Sie vertrat die gleiche religiöse Richtung wie der tibetische Adel, der fest zur Bon-Religion hielt.

Die Bon-Religion war zu der Zeit, als der Buddhismus in Tibet bei einem Teil der Untertanen der Fürsten Anhänger fand, schon eine Religion mit einem festen in tibetischer Sprache überlieferten Kanon. Ihr Zentrum lag bei Gartok im Tal des Sutlej, der im Punjab in den Indus mündet. Die ursprünglich in der Sprache von Žan-Žun überlieferten religiösen Texte wurden zu uns unbekannter Zeit in das Tibetische übersetzt und so überall verbreitet, so daß die Bon-Religion allmählich als eine eigene Religion neben den Buddhismus trat und von ihm nicht mehr zu verdrängen war.

Eine andere Komponente, die für die Entwicklung des tibetischen Lamaismus eine nicht geringe Rolle spielte, war der Einfluß des tantrischen Buddhismus, der in Ladakh, dem Udyana der indischen Quellen, eine große Rolle spielte. Seine Verbreitung in Tibet knüpfte sich an den in späterer Zeit als Zauberer in der Überlieferung fortlebenden Padmasambhava, der 747 in Tibet das Kloster Samye gründete.

Die Konfrontation zwischen China und Tibet entstand wegen der Kontrolle der Kleinstaaten am oberen Indus, zu denen das Kleine Polü (Pou-lu), das heutige Hunza, gehörte. Auch ging es um die Kontrolle von Baltistan, das sogenannte Große Polü, das damals einem jüngeren Bruder des Yabgu von Tocharestan unterstand. Die Versuche der Chinesen, sich dort durch die Verleihung von Titeln mit Ehrengeschenken an die Fürsten und durch die Entsendung einer Armee in das schwer zugängliche Gebiet zu behaupten, vermochten die Expansion der Tibeter nicht zum Stehen zu bringen.

Im Jahre 663 unterwarfen die Tibeter die *Tuyuhun* (T'u-yü-hun). Der Weg von den Pässen des Nanshan nach Gansu stand ihnen damit offen. Jetzt war der chinesische Nachschub in das Tarimbecken nur noch bedingt aufrechtzuerhalten. Schon 670 war es den Tibetern daher möglich, die Chinesen aus einem Teil des Tarimbeckens zu vertreiben. Wenig später fielen ihnen die wichtigsten Städte des westlichen Gansu in die Hände. Als nächstes eroberten sie den chinesischen Brückenkopf am Lopnor, das Königreich Shanshan (Schan-Schan). Für die unmittelbar darauffolgende Zeit lassen sich zunächst diplomatische Aktivitäten der Tibeter im Norden des Tarimbeckens und am westlichen Teil der Nordroute der Seidenstraße feststellen. Damals empfingen die Kirgisen am oberen Jenissej und die Köktürken am Orchon, wie ihre eigenen Inschriften berichten, auch tibetische Gesandte.

Wieweit die Interessen der beiden Völker in die gleiche Richtung gingen, wenn es darauf ankam, den eigenen Horizont zu erweitern, zeigt der in einer frühen tibetischen Übersetzung erhaltene Bericht von fünf uigurischen Gesandten, die im Auftrage ihres Qagans erst die Nordostroute und dann die Nordroute der Seidenstraße bereisten. Ihre Reise begann entsprechend dem Verlauf der Straße in Korea und erreichte die damals nördlich des Kaspischen Meeres und östlich der Wolga wohnenden Petschenegen. Die Tatsache der Übersetzung ihres Berichtes aus dem Uigurischen ins Tibetische bestätigt, daß man sich in Tibet auch für die Völker in Südsibirien interessierte. Dadurch ist diese Übersetzung indirekt nicht später als in die erste Hälfte des 9. Jahrhunderts zu datieren. Im Jahre 738 gelang es den Tibetern durch die Eroberung von Hami, wenigstens zeitweise den Karawanenverkehr auf der Nordostroute der Seidenstraße zu unterbrechen.

Von großer Bedeutung für die Zukunft der Südroute über Mittelasien war das zu Anfang des 8. Jahrhunderts geschlossene Bündnis der Tibeter mit den Arabern. Hierdurch waren die sogdischen Staaten in dem von ihnen aufgebauten Widerstand gegen die Araber von jeder Hilfe durch die Chinesen abgeschnitten. Die Tibeter besetzten die Handelsstraßen durch das Tarimbekken und den Gansu-Korridor nach China. Damit war chinesischer Nachschub nach Mittelasien unmöglich geworden, so daß Tibeter und Araber das von Chinesen und Sogdern verteidigte Samarkand erobern konnten. Im Jahre 751 vernichteten die beiden Verbündeten das zum Entsatz Mittelasiens entsandte große chinesische Heer in der Nähe von Talas.

Fast zur gleichen Zeit, zu der die Tibeter im Süden ihr Reich gründeten, hatten im Nordosten die Uiguren jenes schon erwähnte Großreich aufgebaut, das sich vom Baikalsee bis zur mandschurischen Grenze und nach Süden bis zur heutigen chinesisch-mongolischen Grenze ausdehnte. Es kontrollierte damit die wichtigsten Stationen der Nordostroute der Seidenstraße.

China unter der Tang-Dynastie hatte in dieser Zeit, um sich zu behaupten, zwischen der Waffenhilfe der Tibeter und der der Uiguren zu wählen. Es wurde zwar offiziell von einem Kaiser regiert, aber alle militärische Macht lag in den Händen des sogdischen Generals An Lushan. Nachdem An Lushan jedoch den Kampf gegen die Kitan, die auf der Nordroute der Seidenstraße vorgestoßen waren, verloren hatte, blieb dem chinesischen Kaiser, nachdem die Tibeter sich den Rebellen angeschlossen hatten, nur die Unterstützung durch die Uiguren.

Die Uiguren, die im Dienste des Kaisers 762 die chinesische Hauptstadt zurückeroberten, waren bei dieser Gelegenheit mit den manichäischen Missionaren in Berührung gekommen und hatten sich zur Religion Manis bekehrt. Mit Unterstützung der Missionare hatten sie eine uigurisch-manichäische Kirche aufgebaut, die auch die Zerstörung ihres Reiches durch die Kirgisen im Jahre 840 überstand. Das uigurische Reich in Qočo, das mit der Turfanoase auch Karashahr und Kutscha umfaßte, und der uigurische Stadtstaat von Ganzhou (Kan-chou) hielten zunächst am manichäischen Glauben fest, obwohl der östlich an das Gebiet von Ganzhou angrenzende tibetische Stadtstaat sich zur Religion Buddhas bekannte.

Auch das gleichfalls an der Nordostroute der Seidenstraße vor allem in der Turfanoase verbreitete Christentum hatte, wie die Religion Manis, seine Wurzeln in Mittelasien. Waren die Missionare Manis aus Samarkand gekommen, so hatten die christlichen Sendboten von Balch aus um 630 die Reise nach China angetreten. Als sie dort ankamen, hatte das Osttürkische Reich bereits seinen Untergang gefunden, und der König von Turfan hatte seine Unabhängigkeit verloren.

Ein großer Teil der Uiguren war damals buddhistisch. Schon um 625 bezeichnete man ihren Qagan wegen seiner großen Frömmigkeit als *Pusa* (P'u-sa). *Pusa* geht auf die chinesische Wiedergabe des indischen Wortes *Bodhisattva* zurück. Der uigurische Buddhismus bestand schon lange, wahrscheinlich bereits seit der zweiten Hälfte des 6. Jahrhunderts. Damals hatte sich der osttürkische Khan Mohan, unterstützt von einem indischen Mönch, für die Verbreitung des Buddhismus bei den Türken eingesetzt. Hierauf verweist auch die erst kürzlich entdeckte Inschrift von Bugut aus dem Jahre 581.

Die Vernichtung des Uigurischen Reiches in der Mongolei durch die Kirgisen im Jahre 840 führte zu einer erneuten Veränderung der Landkarte im Norden und Osten Asiens. Nicht nur, daß ein Teil der Stämme der uigurischen Föderation sich, wie schon erwähnt, nach Westen abgesetzt hatte; auch andere Uigurenstämme hatten sich in der Turfanoase und in Ganzhou (Kanchou) niedergelassen. Von Qočo aus errichteten sie ein Kutscha, Karashahr und die Turfanoase umfassendes Reich. Die andere Gruppe, die Uiguren von Ganzhou, kontrollierte von der gleichnamigen Stadt aus einen wichtigen Abschnitt der zur chinesischen Hauptstadt führenden Seidenstraße. Hierzu gehörte auch der tibetische Stützpunkt Liangzhou (Liang-chou) am südöstlichen Ausgang des Gansu-Korridors. Hier und in Ganzhou entstand eine tibetisch-türkische und türkisch-tibetische Übersetzungsliteratur, die auch unter der Herrschaft der hier seit 1028 regierenden Tanguten weiterbestand.

a) Das Weiterleben des religiösen Elements in der tibetischen Kultur und das sinisierte Reich der Tanguten

Für Tibet war die wichtigste Voraussetzung einer dauerhaften Behauptung der politischen Macht in Zentralasien die Schaffung einer eigenen Schrift und damit indirekt einer von ihr abhängigen Schriftsprache. Sie diente nicht nur der Vermittlung der religiösen Botschaft des Buddhismus, sondern ebenso der Überlieferung der Bon-Religion und vor allem der Aufzeichnung weltlicher Literatur, wie z. B. der von Gesetzen und Verordnungen der königlichen Kanzlei.

Es war eine verhältnismäßig breite Schicht, die lesen und schreiben konnte. Die zahlreichen Graffiti in tibetischer Schrift in den Häusern verlassener Oasenstädte, in denen tibetische Krieger einquartiert gewesen waren, bezeugen, daß zu dieser Zeit nicht nur Mönche und Priester schreiben konnten, sondern daß auch tibetische Krieger dazu in der Lage waren. Diese schreibkundigen Tibeter des 7. und 8. Jahrhunderts der Garnisonen im Tarimbecken gehörten zu jener Aristokratie, die sich in ihrer Mehrheit zur Bon-Religion bekannte und das buddhistische Königtum und die buddhistischen Mönche bekämpfte. Die eigene Schrift öffnete Tibet das Tor zu den Staaten des Tarimbeckens und zu den Turkstämmen nördlich des Tianshan (Tienschan). So wurde damals das tibetische Totenbuch in das Uigurische übersetzt, ebenso wie tantrische buddhistische Traktate. Aber auch Übersetzungen aus dem Uigurischen in das Tibetische lassen sich nachweisen, wie z. B. die des buddhistischen Kanons und des schon erwähnten uigurischen Reiseberichtes. Es kam aber nicht selten vor, daß auch uigurische Texte in tibetischer Schrift geschrieben wurden.

Noch in der ersten Hälfte des 9. Jahrhunderts wurden die bis dahin mündlich überlieferten Geschichtswerke der Tibeter, wie die Geschichte der tibetischen Könige und die Chronik der Qagane der Tuyuhun (T'u-yü-hun), in tibetischer Sprache aufgezeichnet. (Die hier erwähnten Tuyuhun wurden auch *Aza* genannt. Sie setzten sich zunächst überwiegend aus Tungusen zusammen, die im 3. Jahrhundert n. Chr. eingewandert waren. Sie hatten, über die Pässe des Richthofen-Gebirges ziehend, schon in der zweiten Hälfte des 6. Jahrhunderts militärisch in Gansu eingegriffen. Es kennzeichnet ihre damalige Rolle, daß der westtürkische auch den Byzantinern bekannte Qagan Tardu 601 bei ihnen politisches Asyl gesucht hatte.)

In dieser Zeit schien Tibet noch dazu bestimmt, die Vorherrschaft über Zentralasien zu behaupten. Die Wende brachte die Ermordung des tibetischen Königs im Jahre 842. Er war ein Förderer des Buddhismus gewesen, und jene, die ihn stürzten, wollten an der Bon-Religion festhalten. Sie gehörten dem tibetischen Adel an. Der religiösen Spaltung folgte bald der politische Untergang. Die Gefolgschaften der tibetischen Häuptlinge verließen ihre Garnisonen im Tarimbecken und in der Provinz Gansu. Die Stadtstaaten an den Routen der Seidenstraße besannen sich auf ihre einstige Unabhängigkeit, waren jetzt aber unter den Tibetern völlig bedeutungslos geworden.

Die zwei Jahrhunderte bis zu den Eroberungen der Tanguten im Westen von Gansu und im Tarimbecken sind durch eine große kulturelle Blüte gekennzeichnet. Sie war nicht zuletzt eine Folge des in dieser Epoche ungehinderten Handelsverkehrs. Das änderte jetzt die Besetzung von Gansu durch die von den Chinesen *Xixia* (Si-hia) genannten Tanguten. Während im Tarimbecken und in Tibet schon durch die Schrift deutlich wird, daß es in der Kultur keine Verbindung mit China gab, lassen die tangutischen Übersetzungen buddhistischer Literatur durch ihre Schrift, die weitgehend aus der chinesischen entwickelt ist, das Gegenteil erkennen. Sie kennzeichnet hier den starken chinesischen Einfluß, der seit 1028 nicht nur in Gansu, sondern vor allem in den verlassenen Städten am Edsin gol deutlich wird. Noch die Ruinen von Chara Choto, einer der beiden großen Städte der Tanguten, zeigen eine Kunst, die zwar auch der Chinas, mehr aber der Tibets verwandt ist. Zu der Kunst im Tarimbecken und im Gansu-Korridor hatten die Tanguten in der Zeit vor 1028 keine Verbindung.

3. Die zweite Phase osttürkischer Staatsbildungen in Verbindung mit der Westwanderung einzelner Stämme

Während also die Landnahme der Tanguten in der chinesischen Provinz Gansu und am Edsin gol eine Sinisierung dieses Gebietes einleitete, muß man in seinem Nordosten von einer beginnenden Mongolisierung sprechen. Sie war eine Folge des Zerfalls der dortigen großen Stammesbünde. Die Föderationen der Turkstämme in der heutigen Mongolischen Volksrepublik, deren erste die der Toquz Oghuz (= Neun Stämme) in der Mitte des 6. Jahrhunderts war, hörten mit dem Zerfall des Bundes der Kirgisen (der Name enthält das türkische Wort für vierzig, *qirq*) auf zu bestehen. Ihre damals erfolgte Vernichtung durch die tungusischen Kitan bedeutete den Untergang der auf Stammesbünden beruhenden bisherigen Staatsbildungen der Turkstämme im Osten. Die ersten Ansätze hierzu zeigten sich schon bei den Toquz Oghuz oder Töliš (chinesisch: Tiele (Tie-le), die sich 601 gegen den westtürkischen Khan Tardu erhoben. Schon 630 mußten sie sich den Chinesen unterwerfen. Am Ende des 7. Jahrhunderts errangen sie erneut die Unabhängigkeit und gründeten das Köktürkische Reich, das aber 744 von der sich damals bildenden uigurischen Föderation vernichtet wurde.

Die Auflösung dieses Großuigurischen Reiches nach seiner Niederlage im Jahre 840 gegen die Kirgisen führte, ebenso wie später zu Beginn des 10. Jahrhunderts der Untergang des kirgisischen Stammesverbandes, zu einer Kette von Wanderungsbewegungen türkischer Völker, die schließlich zum Verschwinden des türkischen Elementes in der Mongolei führten. Erwähnt wurde schon die Auswanderung eines Teils der Uigurenstämme zur Turfanoase, wo es ihnen gelang, mit Einschluß von Kutscha und Karashahr ein neues Uigurisches Reich zu bilden. Ebenso war die zur gleichen Zeit erfolgende uigurische Staatsgründung in Ganzhou (Kan-chou) erfolgreich.

a) Mittelasien und das Tarimbecken als Ziele der aus dem Nordosten der heutigen Mongolischen Volksrepublik ausgewanderten Qarluq

Weit wichtiger für die Nordroute der Seidenstraße und ihre Bedeutung für Europa war aber jene Wanderungsbewegung, die sich an den Namen der Qarluq knüpft. Die Qarluq waren nach Westen in das Ilital ausgewichen und hatten dort den auch unter dem Namen *Türgisch* bekannten östlichen Heeresflügel des westtürkischen Stammesverbandes der Onogur vertrieben. Eine Gruppe der Türgisch und mit ihnen ein Teil der Qarluq waren in das Gebiet südlich des Amu darya ausgewichen. Dort nannte man sie, die vorher zum Islam übergetreten waren, *Turkmenen*. Der andere Teil der Qarluq und die mit ihm zurückgebliebenen Türgisch, die auf die Dauer mit den Einwanderern aus dem Osten nicht das Land teilen wollten, zogen nach Westen und ließen sich nördlich des Aralsees nieder. (Sie hatten nicht den Islam angenommen.) Hier nannte man die Qarluq wegen ihrer Herkunft von der Toquz Oğuz auch Ghūz. Die Türgisch dagegen behielten auch hier ihren Namen. Eine weitere Gruppe der Qarluq blieb im Siebenstromland zurück. Ihr führender Clan bezeichnete sich als *Karachaniden*.

Man hat also bei den nach Westen ausgewanderten Qarluq drei Gruppen zu unterscheiden: die Turkmenen südlich des mittleren Amu darya, die Ghūz nördlich des Aralsees und die Qarluq, die hier *Karachaniden* genannt wurden, am unteren Ili und im Siebenstromland. Auch sie traten, wie die Turkmenen am Amu darya, zum Islam über. Von diesen drei Gruppen drangen die heidnisch gebliebenen Ghūz sehr bald weiter nach Westen vor. Sie griffen die damals nördlich des Kaspischen Meeres zwischen Wolga und Uralfluß wohnenden Petschenegen an und zwangen sie im Jahre 889 zur Auswanderung über die Wolga nach Südrußland, wo sie sich in Atelkuzu (= zwischen den Flüssen. Gemeint ist das Land zwischen Donau und Dnjepr) niederließen, nachdem sie die vorher dort wohnenden Ungarn vertrieben hatten, die daraufhin um 889 in die heute nach ihnen genannte Tiefebene jenseits der Karpaten ausgewandert waren.

Die als *Karachaniden* bekannten Qarluq eroberten, nachdem sie in der Mitte des 10. Jahrhunderts sowohl die Pässe um den Issyk köl wie die zwischen Alai und Transalai nach Kaschgar führende Straße besetzt hatten, einen großen Teil des Tarimbeckens. Es gelang ihnen auch, Kaschgar zu nehmen, das jetzt neben Balasaghun im Norden die Residenz ihrer Khane wurde. Außer Chotan fiel ihnen in den folgenden Jahren auch der größte Teil des südlichen und westlichen Tarimbeckens in die Hände. Im Jahre 999 wandten sie sich nach Westen. Samarkand und Buchara wurden damals von ihnen erobert. Die Herrschaft der Samaniden war damit dort beendet. Im Tarimbecken begannen in dieser Zeit die buddhistischen Mönche ihre Klöster zu verlassen, um über die Karakorumstraße nach Ladakh zu flüchten, wo sie neue Klöster gründeten.

Wie dem Bericht des nach seiner Heimatstadt Merw Marwazī genannten Geographen des 10. Jahrhunderts zu entnehmen ist, bekannte sich ein Teil der damals nach Westen ausgewanderten Turkstämme, die unter dem Namen *Qun* bekannt waren, zum nestorianischen Christentum. Wie die in ihre ehemaligen Wohnsitze eingewanderten Mongolen, z. B. die Kerait, die im Jahre 1008 das Christentum annahmen, hatten auch sie sich in der Mongolei zu diesem Glauben bekehrt.

Marwazi verdanken wir auch den Bericht über die Auflösung der kirgisischen Föderation als Folge des Angriffs der Kitan. Hiernach hatte ein Teil der Kirgisen die *Shari* (gemeint sind die Sharig-ogur) genannten türkischen Bewohner des Gansu-Korridors vertrieben, die darauf nach Mittelasien zu den Turkmenen auswanderten. Die Turkmenen wichen damals in das Gebiet nördlich des Aralsees aus, wo sich ihre als Ghūz bezeichneten Stammesgenossen schon früher niedergelassen hatten. Die Folge dieser Landnahme scheint ein weiterer Vorstoß der Ghūz nach Westen gewesen zu sein.

Die wenig exakten Berichte der islamischen Quellen über die Auswanderer im Osten machen es schwer, klare Unterscheidungen zwischen den einzelnen hier erwähnten Turkstämmen zu machen. Man muß sich daher häufig nur auf eine Registrierung einzelner Wanderungsbewegungen beschränken, ohne mehr über die beteiligten Stämme sagen zu können. Soviel ist aber erkennbar, daß nach der Vernichtung des kirgisischen Stammesbundes im Jahre 924 von den zwölf bei Marwazi erwähnten Stämmen die Üch qur (gemeint sind die Üch Quriqan = die drei Stämme der Quriqan der Orchoninschriften) nach Westen in das Gebiet von Chwarezm gezogen waren. Dort bildeten sie unter dem Clan der Seldschuk eine neue Föderation, die von dort nach Südwesten vorstieß. Sie umgingen das Reich der Karachaniden, das damals die Sogdiana, das Siebenstromland und den größten Teil des Tarimbeckens umfaßte, griffen bei Dandanaqan den Sultan von Gazna, Masʿud, an und vernichteten sein Heer. Damit begann der Rückzug der Ghaznaviden aus Mittelasien nach Indien, wo sie sich zunächst weiter behaupten konnten. Die Seldschuken setzten damals auf der Südroute der Seidenstraße ihren Vorstoß nach Westen fort.

Das Ergebnis dieser Feldzüge war, daß sich jetzt der Iran, Mittelasien und das Tarimbecken (mit Ausnahme des Südens und Ostens) in der Hand türkischer Stämme befanden, die sich zum Islam bekannten. Sie bildeten daher nicht nur ein politisches, sondern auch ein religiöses Gegengewicht gegen die iranischen Anhänger der Schia in Chorassan und Aserbaidschan. Die Entmachtung der schiitischen Bujiden, der Reichsfeldherrn der Kalifen in Bagdad, war auch ein Sieg der türkischen Orthodoxie über die in ihren Augen vom Islam abgefallenen Anhänger der Schia.

b) Die Folgen der osttürkischen Wanderung für die Turkstämme in Südsibirien

Der Vorstoß der aus dem Westen von Gansu gekommenen türkischen Stämme in die Randgebiete von Chwarezm bewirkte auch Bewegungen unter den als *Kimäk* bezeichneten türkischen Stämmen Südsibiriens nördlich des Kaspischen Meeres. Die

Folge war, daß sich der damals *Qipchaq* genannte Unterstamm der Kimäk zusammen mit den aus dem Westen Gansus gekommenen Turkstämmen, die sich als *Shari* (von *šarig* = gelb, in byzantinischen Quellen: *Šaragouroi* aus *Šarag* und *Ogur*) bezeichnete, weiter nach Südrußland absetzte. Der Name **Sarig-ogur* wurde von den Russen offenbar mit *Polovtsi* (= die Gelblichen) in ihre Sprache übersetzt. Zu dieser Landnahme der Qipchaq in Rußland, die dort auch unter dem Namen *Komanen* bekannt sind, kam es in der zweiten Hälfte des 11. Jahrhunderts.

c) Das Schicksal des Staats der Qara Chitai, der letzten vormongolischen Reichsgründung in Zentralasien

Die letzte große Völkerwanderung, die zu Veränderungen an der Nordwestroute der Seidenstraße führte und in ihren Auswirkungen bis Mittelasien reichte, war eine Folge des Zusammenbruchs des Reiches der Kitan, das die Chinesen *Liao* nannten, im Jahre 1122. Damals suchte ein Teil der Kitan unter einem Mitglied der Khansfamilie nach der Vernichtung seines Reiches durch die (wie sie tungusischen) Dschurdschen den Weg nach Westen und gründete ein neues Reich: *Qara Chitai* (= das schwarze, gemeint ist das westliche, Kitan). Seine Grenze im Westen bildete der Amu darya von seiner Mündung in den Aralsee bis zu seiner Quelle im Pamir. Die Südgrenze gegen Tibet war der Kunlun. Die Grenze im Osten reichte mit der Oberherrschaft über den Uigurenstaat von Qočo bis an das Reich der Tanguten und die im Norden im Altai bis an die mongolischen Naiman.

Die Schwäche dieses Staates, durch den alle Routen der Seidenstraße führten, lag in dem Gegensatz zwischen den regierenden Qara Chitai und den von ihnen beherrschten Völkern. Dieser Gegensatz war sowohl religiös wie ethnisch bedingt. Die Qara Chitai waren wie die Uiguren von Qočo Buddhisten. Im Gegensatz zu ihnen bekannte sich der größere Teil der Bevölkerung des Tarimbeckens zum Islam. Es gab wohl in Kaschgar und in Chotan buddhistische Gemeinden. Sie bildeten aber im Verhältnis zur Gesamtbevölkerung eine Minderheit. Ethnisch könnten diese Gemeinden mit den Sarten, der noch heute vorhandenen nichtuigurischen Bevölkerung in den Städten des Tarimbeckens, identisch gewesen sein. Zwischen der Landnahme der Karachaniden und der Eroberung des Tarimbeckens durch die Qara Chitai lagen fast hundertfünfzig Jahre. In dieser Zeit hatte sich in den Augen der Bevölkerung die mit dem Schwert durchgesetzte Gewinnung des Tarimbeckens zu einer religiösen Befreiung durch den Islam gewandelt. Der karachanidische Eroberer Saduq Bugra Chan war inzwischen zu einem Heiligen des Islams geworden, dessen Andenken eine fromme Legende feierte und dessen Grab in Artuq bis heute das Ziel zahlreicher Pilgerkarawanen ist.

Über die großen Handelswege im Tarimbecken kamen jetzt nur noch islamische Kaufleute. Das gilt auch für die Karakorumstraße nach Nordwestindien, nachdem auch dort der Islam festen Fuß gefaßt hatte. Nur die nestorianischen Christen konnten sich neben ihm behaupten. Ein Teil der aus dem Osten gekommenen Kitan hatte schon in Nordchina nestorianische Gemeinden gebildet. Das Christentum erfreute sich dort schon in der Zeit der Mongolen einer weitgehenden Duldung und wurde nicht verfolgt. In Kaschgar gab es einen nestorianischen Erzbischof, dem eine Reihe von Bischöfen unterstand. Wie schon erwähnt, wurden auf Friedhöfen dieser Christen Grabsteine mit Namen und Rang der Bestatteten in türkischer Sprache gefunden. Demnach war das nestorianische Christentum damals in Zentralasien sehr verbreitet.

4. Die zunehmende Abhängigkeit Osteuropas von den Wirtschaftszentren im Vorderen Orient

Im Jahre 1218 fand das Reich der Qara Chitai durch die Mongolen Dschingis chans seinen Untergang. Wenn auch die Qara Chitai in ihrer Führungsschicht Tungusen waren, kann es keinem Zweifel unterliegen, daß bei ihnen nicht nur das Uigurische

Umgangssprache war, sondern auch der ethnischen Herkunft des größeren Teils der Bevölkerung entsprach. Man konnte daher die Seidenstraße bis Hami an der Nordwestroute und bis Ganzhou (Kan-chou) an der Nordroute als einen Karawanenweg im Gebiet der Türken bezeichnen. Sie blieb es in Südrußland, bis die Mongolen kamen. Aber auch die mongolischen Eroberer, die ihr in ihrer ganzen Ausdehnung folgten, waren nicht imstande, dort die ethnische Substanz zu verändern. Sie konnten weder die Spuren der Wolgabulgaren noch die der Komanen im Süden Rußlands austilgen. Ein Menschenalter nach der Eroberung sprach man hier nur noch Turkdialekte, wie z. B. die Sprache der Komanen. Es wäre naheliegend, hier ein nationales Bewußtsein der Türken zu vermuten, das den von der Straße berührten Raum in seiner ganzen Ausdehnung einschloß. Davon kann aber keine Rede sein. Die tatarischen Kaufleute, die Nachfolger der Uiguren, gingen in ihren kommerziellen Aktivitäten nicht über Mittelasien hinaus. Wenn einige von ihnen ihre Kaufmannssiedlung, z. B. in Moskau oder Nischnij-Nowgorod, als *Kitaigorod* bezeichneten, so bedeutet das nicht, daß sie ihre Reisen bis nach China unternahmen. *Kitai* steht hier offenbar stellvertretend für *Qara Chitai.* Damit waren aber Mittelasien und der Westen des Tarimbeckens gemeint. Die Bezeichnung *Kitai* ist vor 1452 nicht nachweisbar. Was mit ihr gemeint ist, deutet der erst im 17. Jahrhundert im Russischen vorkommende Name für Baumwollkleider, *Kitaika,* an. Er bezieht sich auf die aus Mittelasien eingeführte Baumwolle, wie sie z. B. für den häufig getragenen Kaftan verwendet wurde. *Kitai* läßt erkennen, daß der russische Handel wohl mit Mittelasien Verbindungen unterhielt, nicht aber mit China.

a) Seiden aus Qara Chitai als namengebende Warensorten im Abendland

Die altrussische Bezeichnung *Kitai* ist das gleiche Wort wie der zunächst nur für Nordchina gebrauchte Name *Kathay.*

Kathay und *Kitai* (mongolisch: *Kitat*) sind der gleiche Name wie der jenes tungusischen Volkes, das die Orchoninschriften *Qitan* nennen und das später, als es über den Norden Chinas herrschte, von den Chinesen *Liao* genannt wurde. In dem Zollbuch von Dorpat aus dem 13. Jahrhundert ist von der Seide von Kathay die Rede. Ebenso erwähnt die Zoll-Liste von London in der Mitte des gleichen Jahrhunderts eine Seidensorte, die sie *Kathawy silk* nennt. In beiden Fällen handelt es sich um Seide aus China, die wegen ihrer hervorragenden Qualität für einen weit höheren Preis verkauft wurde als z. B. die persische Seide. Aus dem Unterschied im Gebrauch des Namens ist zu entnehmen, daß die Kaufleute der Hanse in Dorpat die Seide nicht von Russen, sondern direkt von Uiguren kauften. Das wird durch das komanisch-deutsche Glossar indirekt bestätigt, das mit einer komanisch (türkisch), neupersisch und lateinisch geschriebenen Warenliste zusammengeheftet war, die aus dem letzten Jahrzehnt des 13. Jahrhunderts stammt.

b) Der Rückgang der Dirhemprägung. Ursache und Folgen

Auf einen Rückgang des russischen Handels nach dem Rückzug der Waräger weist die Verminderung des Geldumlaufs. Sie war eine Folge des Verschwindens des Dirhems und führte besonders bei den Sorten des Kleingeldes zur Verwendung von Ersatzgeld, wie z. B. dem als *Kuna* bezeichneten Marderfell. Die Höhe von Tributleistungen wurde in dieser Zeit häufig durch die Zahl der Marderfelle angegeben. Daneben verwendete man für den Handel auch die *Griwnja.* Der Name läßt sich seit dem 11. Jahrhundert nach dem Verschwinden des Dirhems als Bezeichnung für Silberbarren nachweisen. Die ursprüngliche Bedeutung des Wortes *Griwnja*, Halsschmuck bzw. Halsring, läßt die sich auf die erste Hälfte des 11. Jahrhunderts beziehende Darstellung in der Legende von Boris und Gleb erkennen. Hier bezeichnet *Griwnja* noch den Halsring (lateinisch: *torques*). Nach Ibn Fadlan hatte bei den Wolgabulgaren ein von Frauen getragener Halsring aus Gold oder Silber den Wert von 10 000 Dirhem.

Im ganzen gesehen entsprach die Höhe des Warenumsatzes wahrscheinlich nicht der in Zirkulation befindlichen Geldmenge, so daß der Mangel an Bargeld vor allem bei dem Erwerb von Luxusartikeln über Inhaberpapiere in der Form von fest zu verzinsenden Warenkrediten ausgeglichen werden mußte. Vermittler dieser Art des Zahlungsverkehrs in Rußland waren überwiegend Juden, in deren Händen vor allem der Transit der Luxuswaren auf der Straße von Kiew über Przemysl, Prag und Regensburg nach Mainz lag.

5. *Die Entwicklung des Warenumsatzes auf den von Turfan und Ganzhou (Kan-chou) zu den beiden chinesischen Hauptstädten führenden Routen der Seidenstraße*

Eine ähnliche Verknappung des Geldes, wie sie im Westen an der Abzweigung der Seidenstraße nach Kiew bestand, läßt sich auch für die Nordostroute in Nordostasien nachweisen. In der ›Enzyklopädie der Turksprachen‹, die im 11. Jahrhundert von dem wegen seiner Herkunft aus Kaschgar *Mahmud al Kaschgari* (Mahmūd al-Ḳāšǧarī) genannten Verfasser geschrieben wurde, wird unter dem Stichwort *Qamdu* eine ähnliche Methode des bargeldlosen Zahlungsverkehrs vorausgesetzt, wie sie in Südrußland zur Anwendung kam. Hiernach wurden offenbar im Handel zwischen Uiguren und Kitan die Urkunden über vertraglich vereinbarte Termingeschäfte mit einer siebenjährigen Laufzeit auch als Zahlungsmittel benutzt. Die auf quadratischen Stoffstreifen geschriebenen Kaufverträge wurden zur Garantie ihres Inhalts mit dem Siegel des Khans versehen. (Die Chinesen, die ebenfalls das Inhaberpapier im Zahlungsverkehr – unter dem Namen „fliegendes Geld" – kannten, bezeichneten den *Qamdu* mit dem Wort *Bu*, das mit „Kleid" übersetzt werden kann.) Zu dieser Form des Zahlungsverkehrs hatte man sich im Handelsverkehr zwischen Kitan und Uiguren offenbar deshalb entschlossen, weil der Wert des Silbers bei den Kitan, die selbst Münzen in Silber und Kupfer prägten, wegen ihres Überangebotes an Silber im Vergleich zum Dirhem aus Mittelasien außerordentlich niedrig war, so daß bei der Berechnung der gelieferten Waren nach dem Silberwert des Dirhems bei den Uiguren hohe Verluste entstehen mußten; lag doch im Westen der Ankaufspreis für Silber erheblich höher als bei den Kitan. Für die uigurischen Behörden war mit der Einführung des *Qamdu*, den ihr Khan durch sein Siegel zu einem amtlichen Dokument machte, eine Kontrolle des Warenverkehrs gegeben. Sie konnten jetzt also jeden Kauf oder Verkauf mit einem prozentual erhobenen Zuschlag belegen. Der *Qamdu* war außerdem die Voraussetzung, um die in ihm beschriebene Ware zu beziehen. Hierdurch wurde zu einem gewissen Grade ein unkontrollierter Handel, der sich der Bargeldzahlungen bediente, unmöglich gemacht. Ursprünglich garantierte der *Qamdu*, wie die chinesische Übersetzung zeigt, den Bezug eines Kleides. Er konnte dann später auch für den Bezug von Kamelen, Mauleseln und Pferden, die als Ausrüstung einer Karawane notwendig waren, ausgestellt werden. Die Verwendung des *Qamdu* erklärt das Fehlen von größeren Horten mit Dirhems im Gebiet der Kitan.

Auch die ebenfalls tungusischen Nachfolger der Kitan, die von den Chinesen *Jin* (Kin) genannten Dschurdschen, hatten offenbar den *Qamdu* für den Handel mit Exportwaren übernommen. Vorläufer scheinen hier die Bezugsscheine für das immer unter Staatsmonopol stehende Salz gewesen zu sein, das in der Binnenwirtschaft eine große Rolle spielte. Mit Hilfe des *Quamdu* konnte man die staatliche Kontrolle des Exporthandels auf Artikel wie Wein, Essig, Hefe, Weihrauch, Tee, Alaun, Zinnober, Kupfer, Eisen und Zinn ausdehnen. Man wollte wahrscheinlich die Preise für besonders wichtige Exportartikel wie Tee, Seide, Jade und Zinnober sowie Importartikel wie Moschus, Bernstein und Weihrauch unter staatlicher Kontrolle halten, um sie mit entsprechenden Aufschlägen belasten zu können. Die eigene Schrift der Kitan wurde vielleicht aus dem Bedürfnis heraus entwickelt, die von ihnen ausgestellten Bezugscheine *(Qamdu)* durch die Verwendung dieser Schrift vor Nachahmung zu schützen.

Es darf aber nicht der starke Einfluß des chinesischen Elements auch bei den Kitan und Dschurdschen übersehen werden. Er ging von jenem im 7. Jahrhundert aus einer Föderation tungusischer und koreanischer Stämme entstandenen Reich Bohai (Po-hai) aus, das schon stärker sinisiert war. Hierdurch erklärt sich auch die Verbreitung des Taoismus im Norden des eigentlichen China, die bei den Kitan und den später an ihre Stelle getretenen Dschurdschen festzustellen ist. Damit wurde jene kulturelle Brücke, die der Buddhismus hergestellt hatte und die über die Nordwestroute nach Korea und weiter nach Japan reichte, zeitweise unterbrochen.

a) Der Anteil der Märkte von Turfan und Hami am Warenumsatz an Orchon und Selenga, in Nordchina, im Gansu-Korridor und im Bazar von Kaschgar im Westen

Von der uigurischen Turfanoase, dem Reich von Qočo, gingen neben der Nordwestroute noch zwei andere wichtige Handelsrouten aus. Es war einmal die von der Nordwestroute an der Mündung des Edsin gol abgehende Karawanenstraße, die durch die Gobi zum Ongin führte, von wo man über die Wasserscheide den Orchon erreichen konnte. Hier tauschte man gegen Pelze Goldbrokatstoffe aus dem Byzantinischen Reich und Perlen aus Indien, aber auch Erzeugnisse aus Turfan wie Tücher aus Baumwolle und Seide, deren Muster als Zeugdrucke hergestellt worden waren. Von den Genußmitteln gehörte der aus Trauben gekelterte Wein (kein Reiswein) zu den an die türkischen und später mongolischen Nomaden in diesem Gebiet verkauften Luxuswaren. Eine weitere Route führte von Qočo nach Ganzhou (Kan-chou) in den Gansu-Korridor und vereinigte sich hier mit der Route der Seidenstraße, die bei Wulei den Huang He (Hoang-ho) überschritt und dann dem Wei He (Wei-ho) folgend die chinesische Hauptstadt Chang'an (Ch'ang-an), das heutige Xi'an fu (Sian-fu), erreichte.

An diesen Routen nach China scheinen die Kaufleute, die den Handelsverkehr mit der chinesischen Hauptstadt Chang'an aufrechterhielten, in Qočo die stärkste Gruppe gebildet zu haben. Sie besaßen dort eine eigene Niederlassung, die man *Chinanjkath* nannte. (*Chinanjkath* wurde später als ein anderer Name für Qočo identifiziert.) Sie weist durch ihren Namen, ähnlich wie der *Kitaigorod* genannte Stadtteil von Moskau, auf jenen Teil der Stadt, wo die mit Chinawaren handelnden Kaufleute eine besondere Niederlassung besaßen. Die Bezeichnung *Chin* für China macht deutlich, daß hier nicht wie bei *Kitai* oder *Khatay* Nordchina gemeint ist, sondern das eigentliche China, das sich ursprünglich um das Tal des Wei He gebildet hatte.

Von den genannten Verkehrswegen wurde die Nordwestroute von 1125 bis 1211 durch das Reich Jin (Kin), das von den Dschurdschen beherrschte Gebiet, für den privaten Transithandel nach Korea und Japan weitgehend blockiert. Der Handelsverkehr mit den Turkstämmen und später mit den Mongolen jenseits der Gobi blieb dagegen nicht nur als Waren-, sondern auch als Kulturbrücke bestehen.

Die enge Verbindung mit den Turkstämmen gilt in gewissem Sinne und mit Einschränkungen auch für die über Ganzhou zur chinesischen Hauptstadt führende Straße durch den Gansu-Korridor. Schwierigkeiten, wie sie z. B. durch die weite Verbreitung des Taoismus in Nordchina und im Gebiet der Dschurdschen entstanden, hat es im Westen Gansus nicht gegeben. Hier wurden weiterhin Handschriften angefertigt, die von Uiguren in ihrer Schrift und Sprache geschrieben wurden. Auch wurden im Gansu-Korridor weiter buddhistische Tempel errichtet, wie z. B. jener mit der überlebensgroßen Gestalt eines liegenden Buddha. Allerdings ist das türkische Element in den Darstellungen in buddhistischen Heiligtümern im Westen von Gansu nicht erst auf die Landnahme der Uiguren von Ganzhou im 9. Jahrhundert zurückzuführen. Es war schon vorher vorhanden. Ein

Beispiel dafür liefern die im sogenannten Goldpagodentempel südlich von Ganzhou auf Reliefs dargestellten Apsaras. Sie sind hier als türkische Tänzerinnen dargestellt, die, wie noch heute die tanzenden Mädchen bei den Kirgisen, ihren Tanz selbst mit dem Temir qomus, einer mit einer Blechzunge ausgestatteten runden Metallscheibe, begleiten.

b) Der ökonomische Vorsprung uigurischer Handelskolonien im Gansu-Korridor gegenüber tibetischen und chinesischen Niederlassungen

Man muß zur Erklärung des Kulturgefälles, das zwischen den Turkstämmen im Nordosten, den Uiguren von Ganzhou und der Turfanoase bestand, von der alten hier von ostiranischen Stämmen begründeten Kultur- und Zivilisationstradition ausgehen. In der Turfanoase gab es noch bis in das 5. Jahrhundert n. Chr. die wahrscheinlich ostiranischen Jushi (Kü-schi), zu denen nach den chinesischen Quellen auch die Hephthaliten gehörten. Im Westen Gansus befanden sich die sogenannten Kleinen Yuezhi (Yüeh-shih), die Ptolemaios noch östlich von Dunhuang (Tun-huang) kennt. Aus Pingliang fu, das im Westen von Gansu lag, waren jene Türken gekommen, die, wie schon erwähnt, für die Ruanruan das Schmieden der Waffen übernommen hatten. Hier gab es wahrscheinlich schon vor der chinesischen Eroberung im Jahre 115 v. Chr. stadtähnliche Siedlungen, von denen einzelne Namen durch Ptolemaios bekannt sind. Wahrscheinlich hatte man in China erst durch die Eroberung von Gansu die Technik des Glasierens bei der Herstellung von Keramik und eine neue Webtechnik für die Herstellung von Stoffen kennengelernt. Hinzu kam die Erweiterung der Agrarkultur durch die über Gansu und die Turfanoase eingeführten, den Chinesen früher unbekannten Nutzpflanzen wie Weinstöcke, Gurken, Koriander und Luzerne. Auch Granatapfel- und Walnußbäume sind auf diesem Wege nach China gelangt. Die Übermittler waren zunächst Ostiraner. Sie bildeten sowohl bei den Uiguren von

Turfan wie in Ganzhou ein wichtiges Substrat der Stadtbevölkerung. In Ganzhou verstand man neben Uigurisch und Tibetisch auch Sakisch, die ursprünglich dort gesprochene Sprache. Alle drei Sprachen wurden nicht nur in religiösen Texten, sondern auch für Aufzeichnungen, die den Interessen des täglichen Lebens dienten, verwendet. Wie die sakisch geschriebene Staël-Holstein-Rolle, eine Routenbeschreibung aus der ersten Hälfte des 11. Jahrhunderts mit den Angaben von Stationen an der Südroute der Seidenstraße, zeigt, wurde das zu den ostiranischen Sprachen gehörende Sakisch bis zur Eroberung von Chotan durch die Karachaniden als Handelssprache benutzt. Der Handel mit China, der in der Hand der Uiguren von Ganzhou lag, übernahm auch die Lieferung von Bernstein, der Ware, die für die Benutzung dieser Abzweigungen der Nordroute der Seidenstraße besonders charakteristisch ist. Sie legte wahrscheinlich den längsten Weg auf der Seidenstraße zurück.

c) Uigurisch-chinesische Handelspraktiken

Die Uiguren, die auch im Westen als *otägči*, Geldverleiher, auftraten, betrieben, wie schon erwähnt, in der Turfanoase und in Ganzhou ebenfalls eine besonders hoch entwickelte Geldwirtschaft. Das schon für die Nordwestroute erwähnte Exporthandelsverbot für die Kaufleute der Dschurdschen, der Nachfolger der Kitan, bestand auch für die chinesischen Kaufleute in dem südchinesischen Staat der Song (Sung). Dieses Verbot war keineswegs mit einer Handelssperre verbunden, sondern sah nur vor, daß alle importierten Waren über die staatlichen Speicher gingen. Der Staat besaß also das Handelsmonopol. Er zahlte den uigurischen Kaufleuten den Gegenwert der gelieferten Waren in Silberbarren. Dieses Silber stammte aus den jährlich eingehenden Tributzahlungen der Völker im Nordosten des von den Song regierten Teils von China. Der Preis des Silbers war dort im Vergleich zu dem in Vorderasien und besonders zu dem in Osteuropa außerordentlich niedrig, so daß für die Uiguren die Möglichkeit bestand, aus der Differenz in der Bewertung des Silbers erhebliche Gewinne zu erzielen.

Die chinesische Regierung, aber auch die Behörden der Dschurdschen wollten den Warenverkehr nicht nur wegen der Gefahr eines Abflusses großer Summen Geldes mit einem hohen Metallwert unter Kontrolle bekommen, sondern vor allem wegen der Abgaben, mit denen sie den An- und Verkauf der Waren belastet hatten. Für die Kontrolle des Warenverkehrs benutzte man, wie es z. B. auch am Westende der Seidenstraße im Byzantinischen Reich üblich war, Warenlisten mit Preisangaben. Aufgrund der von den Kaufleuten nach ihrer Ankunft einzureichenden Liste wurde über den Ankauf der Waren entschieden. Die einheimischen Kaufleute und die Vertreter jener Gewerbe, die verschiedene der angebotenen Waren für ihre eigene Produktion brauchten, mußten sie in den staatlichen Speichern, wo sie gelagert waren, von den hierfür zuständigen Behörden kaufen. Diese staatliche Kontrolle wurde oft umgangen, wenn die staatlichen Speicher überfüllt waren, so daß die Waren in privaten Speichern deponiert werden mußten.

Der Warenkatalog umfaßte neben Bernstein, Jade und Halbedelsteinen wie Türkisen und Lapislazuli auch Weihrauch, Farben, Arzneiwaren und Duftstoffe wie Moschus und eine Reihe von Kosmetika. Von Textilien sind Baumwolle, feine Schafwolle, Leinen, Damast- und Brokatstoffe zu nennen. Unter den importierten Fertigwaren spielten neben den in Persien und Mittelasien gewebten Seiden vor allem Metallwaren wie Messinggeräte, unter ihnen Kessel, Schalen, Kannen, Trinkschalen, Pokale, sowie Glas und silbernes Gerät im Handel mit China eine große Rolle.

Die Bezahlung der Ware wurde wahrscheinlich zum größten Teil über Kaufverträge abgewickelt. Diese Urkunden waren, wie schon erwähnt, durch den Khan der Dschurdschen, der Uiguren oder die chinesischen Beauftragten mit einem Siegel versehen. Sie bestätigten den erfolgten Verkauf praktisch in der gleichen Form wie die Notare in den Häfen an der Nordküste des Schwarzen Meeres. Diese Kaufverträge bestimmten auch die

Münzsorte, in der die Bezahlung zu erfolgen hatte. Es zeigt sich also, daß am Ostende wie an den im äußersten Westen gelegenen Stationen der Seidenstraße die gleichen Praktiken des Zahlungsverkehrs angewendet wurden. Hierbei muß man angesichts der Lückenhaftigkeit der Quellen in Kauf nehmen, daß zwischen den geschilderten Vorgängen in einzelnen Fällen mehrere Jahrhunderte liegen.

6. Die Situation bei Chasaren und Byzantinern an der Nordroute der Seidenstraße

Parallele Vorgänge im Außenhandel zeigten sich im Byzantinischen Reich, das über eine Abzweigung der Nordroute der Seidenstraße, die den Kaukasus überschritt, eine Verbindung mit dieser Straße besaß. Es war jene Route im Norden, die weitgehend den islamischen Machtbereich umging. Der sogdische Kaufmann, dessen Grab bei Mochtchevaja Balka unweit jener Straße, die über den Kaukasus in das Byzantinische Reich führte, gefunden wurde, kann, nach seinen Grabbeigaben zu schließen, aus China gekommen sein. Die Aufzeichnungen auf chinesischem Papier sprechen dafür. In Konstantinopel hätten ihn dann ähnliche Kontrollen erwartet wie in der chinesischen Hauptstadt. Das sogenannte ›Buch des Präfekten‹, das in der uns erhaltenen Gestalt aus der Regierungszeit Kaiser Leos VI. (886–912) stammt, zeigt, an welchen Schwerpunkten hier die staatlichen Kontrollen ansetzten. Da war einmal die Gruppe der Notare. Ihre Mitglieder führten die Notariatsregister, in die jeder Kaufvertrag, um Rechtsgültigkeit zu erlangen, eingetragen werden mußte. Ihr folgte die Gruppe der als *Argyropratai* bezeichneten Bankiers. Sie liehen Geld zu den vom Staat zugelassenen Zinssätzen aus. Neben der Ausstellung von Kreditbriefen übernahmen sie auch die Ausgabe von Inhaberpapieren. Angesichts der verhältnismäßig geringen im Umlauf befindlichen Geldmenge war ihre Funktion von großer Bedeutung. Das gleiche muß über die *Trapezitai* genannten Geldwechsler gesagt werden. Sie zogen ihren Verdienst aus dem Sortengeschäft, das heißt, sie übernahmen nach Bedarf die Konvertierung einer größeren Zahl von Geldstücken in andere Münzsorten, z. B. die Umwechslung sächsischer Denare in Dirhems oder einer beliebigen Zahl von Silbermünzen in Goldstücke, wobei auch bei entsprechender Anforderung prägefrische Münzen beschafft werden konnten, die man, um Abzüge zu vermeiden, bei der Zahlung öffentlicher Gebühren und Steuern verwendete. Während die Argyropratai für die Geldbeschaffung zuständig waren, übernahmen die Trapezitai die Aufgabe, für die Fluktuation des Geldes zu sorgen. Der Anteil der Juden an beiden Berufen war bedeutend, aber nicht so groß, daß man von einem Monopol sprechen kann.

a) Die Aufhebung des bestehenden Verbots des freien Verkaufs von Textil- und Luxuswaren und die weitere Differenzierung des Warenangebots

Die Geldknappheit beeinflußte auch die Formen des Zahlungsverkehrs im Textilhandel. Man unterschied hier drei Gruppen: die Kleider- und Stoffhändler, die Händler syrischer Seidenstoffe und die Rohseidenhändler. Die Wollstoffe stammten meistens aus der Provinz Kermān im Iran und aus der Toskana in Italien. Alle wurden als Wollgemische hergestellt. Neben Schaf- und Ziegenwolle wurde bei orientalischen Stoffen auch Kamelwolle verwendet. Hinweise auf die Zusammensetzung orientalischer Wollstoffe finden sich in den Responsa der Gaoniten, der Vorsteher der beiden großen jüdischen Hochschulen Pumbedita und Sura, die auf Anfragen mit der Bitte um Rechtsgutachten antworteten.

Baumwolle kam in dieser Zeit aus Mittelasien über die Nordroute der Seidenstraße und wurde häufig mit Leinenfäden zusammen verarbeitet. Bei der Kleidung beschränkte sich der Import auf Hosen und Kaftane aus Baumwolle. Kostbare Stücke erhielten Borten und Applikationen aus Brokat.

Die Ware der Rohseidenhändler bestand weniger aus Stoffen als aus Seidengarnen. Das Angebot enthielt hier die teuren chinesischen Fäden und die im Preis niedrigeren persischen Sorten. Sie wurden meist nach dem Ort ihrer Herkunft in den Angeboten notiert.

Die Herstellung und Bearbeitung der Stoffe, die beide von dem Umfang der Einfuhr abhängig waren, lagen in der Hand der Seidenweber und Seidenbearbeiter. Die Seidenweber verwebten die Fäden teils zusammen mit Baumwolle, teils mit Leinengarn. Die Seidenbearbeiter stellten dann aus den fertigen Stoffen durch Gold- oder Silberstickerei jene Brokatstoffe her, die sich unter dem Namen Rumi-Brokat auch in der islamischen Welt großer Beliebtheit erfreuten.

Die im ›Buch des Präfekten‹ in der Textilbranche aufgeführten Gruppen, wie z. B. die Leinenhändler, die den Stoff meist über warägische Kaufleute, die die in Rußland hergestellte Ware auf ihren Schiffen nach Konstantinopel brachten, bezogen, hatten mit dem Handel auf der Seidenstraße schon wegen der Herkunft der Ware nichts zu tun. Der Leinenverkauf in Konstantinopel war auch Gegenstand jener Verträge, die zwischen den Warägern und dem byzantinischen Kaiser abgeschlossen wurden und die nur in ihrer altrussischen Version durch die sogenannte Nestorchronik bekannt sind.

b) Die Bedeutung der Öffnung der Pontushäfen für abendländische Kaufleute

Eines der Ereignisse, die die große Wende in der weiteren Entwicklung des Warenverkehrs auf den Routen der Seidenstraße brachten, war der im Mai 1082 zwischen dem byzantinischen Kaiser und dem Dogen von Venedig abgeschlossene Vertrag, der den Venezianern das Recht des freien Handels in allen byzantinischen Häfen garantierte. Das schloß außer zu den syrischen Häfen auch den Zugang zu den Niederlassungen an der Nordküste des Schwarzen und das Asowschen Meeres ein und damit die Benutzung der westlichen Stationen der Nordroute der Seidenstraße. So wurde eine Entwicklung eingeleitet, die Mittelasien und den Norden Irans in enge Verbindung mit den beiden führenden Handelsstaaten des Mittelmeeres, Venedig und Genua, brachte.

IV. DER SEEWEG DER ISLAMISCHEN KAUFLEUTE NACH INDIEN UND CHINA UND SEINE VORGESCHICHTE

Auch im Überseehandel mit Ostasien war es zu Veränderungen gekommen, nachdem das Universalreich der Tang (T'ang) seit 906 zu bestehen aufgehört hatte und sich an seine Stelle nach einer Periode der Auflösung der Teilstaaten zwei neue Schwerpunkte gebildet hatten: das Reich im Süden unter den Dynastie Song (Sung) mit einer vorwiegend chinesischen Bevölkerung und die einander ablösenden Reiche der Kitan (Liao) und der Dschurdschen (Jin/Kin) im Nordosten Chinas mit einem großen Anteil an Turkstämmen, Mongolen und Tungusen. Durch die damit eingeleitete Bildung eines Südchinesischen Reiches konnte jetzt der Seeverkehr nach China wieder verstärkt aufgenommen werden. Es war die schon aus älterer Zeit bekannte Route, die von dem aus der antiken Geographie bekannten Taprobane (Ceylon) über die Meerenge von Malakka an den Küsten von Kambodscha und Tschampa entlang nach Südchina führte. Diese von Ceylon ausgehende Seeverbindung mit China, die eine Fortsetzung der Route der von den südarabischen Häfen ausgehenden Verbindung nach Indien gewesen sein könnte, war schon in der Zeit der Eroberung Nordwestindiens durch Alexander den Großen bekannt. Zeugnisse über eine direkte Verbindung Indiens mit China, wie die Erwähnung in dem sogenannten ›Periplus des Roten Meeres‹ aus der Zeit um 100 n. Chr., beziehen sich auf Qin (Ts'in), den westlichsten der chinesischen Staaten, der aber zunächst keine Verbindung mit der Küste besaß. *Qin* ist später die Bezeichnung für die erste chinesische Kaiserdynastie.

Die Wege vom Westen über das Meer nach Ceylon und Barygaza waren zunächst in der Hand aramäischer und griechischer

Kaufleute. Die Aramäer wurden dann durch Syrer und Araber abgelöst und die Griechen durch die islamischen Ägypter.

1. Griechische und aramäische Kaufleute als Konkurrenten im Indienhandel

Es war aber nicht allein der Wechsel der Nationalität, der sich durch die Verwendung einer anderen Handelsstraße dokumentierte, sondern vor allem das System und die Struktur des Handels. Mit aramäischen Kaufleuten sind nicht die Angehörigen eines bestimmten Volkes gemeint, sondern alle jene, die sich des Aramäischen in Sprache und Schrift bedienten. Den anderen Teil von ihnen, der das Christentum angenommen hatte, bezeichnete man als Syrer, und diejenigen, die sich dem Islam zugewandt hatten, gehörten zu den arabischen Kaufleuten. Als „islamische Ägypter" wird hier die Schicht der Kaufleute bezeichnet, die, wie jener Kosmas aus Alexandrien in vorislamischer Zeit, dem man den Beinamen *Indikopleustes* (= der Indienfahrer) gab, einer bestimmten Gruppe von Kaufleuten und Schiffseignern angehörten, die die Schiffe für die Fahrt nach Indien ausrüsteten und auch persönlich auf dieser Reise begleiteten. Der Bericht des Kosmas schildert die Fahrt eines Kaufmanns von den ägyptischen Häfen bis Adulis in der Nähe des heutigen Massaua, einem Hafen an der Küste von Eritrea. Damals war dieses Adulis, das schon die ptolemäischen Könige Ägyptens für ihren Handel mit Indien anfahren ließen, ein Teil des zu dieser Zeit bereits christlichen Reiches von Aksum. Kosmas hat, wie sein Bericht zeigt, die Ereignisse von 525 miterlebt. Damals war die jahrhundertealte Herrschaft der südarabischen Himyariten, eines Bergvolkes, dessen Könige sich zum Judentum bekannten, über die fünf südarabischen Staaten durch die aksumitischen Äthiopier mit Unterstützung der Byzantiner gestürzt worden und durch die eines äthiopischen Statthalters ersetzt worden. Dadurch wurde die bis dahin durch eine Kette gesperrte Durchfahrt zum Indischen Ozean für die Schiffe der Kaufleute wieder frei, so daß sie unter Ausnutzung des Monsuns die indischen Häfen erreichen konnten.

Den entscheidenden politischen Einfluß auf den arabischen Subkontinent besaßen damals die Perser. Sie standen hinter der Sperrung der Straße des Bab al-Mandab durch die Himyariten. Sie waren es auch, die 568 durch einen militärischen Handstreich Südarabien unter ihre Herrschaft brachten und damit die Kontrolle über den Zugang zum Indischen Ozean und den Seeweg nach Indien erlangten. Die Kaufleute aus den fünf arabischen Staaten, die nach Indien fuhren, waren ebenso Araber wie die Bewohner von Medina, die auf der sogenannten Weihrauchstraße die von Gaza am Mittelmeer gebrachten Waren mit ihren Karawanen nach Aden transportierten, wo sie auf die für Indien bestimmten Schiffe geladen wurden. Die Kommunikation durch den Handel zwischen Ägypten und Indien war nie vollständig unterbrochen. Der Streit ging immer nur um den Anteil am Transfer der Waren. Arabische Kaufleute aus dem Hedschas besuchten z. B. die Messen in Syrien. Auch Mohammed hat auf diese Weise das Byzantinische Reich besucht. Die Kämpfe um den Transfer der Ware und den Anteil am Umsatz kennzeichneten die wirtschaftliche Situation des arabischen Kaufmanns. Hierbei war es ohne Bedeutung, ob er sich zum Christentum, zum Judentum oder zu den arabischen Göttern bekannte, die vor dem Islam vor allem in Mekka und Hirah verehrt wurden.

2. *Der arabische Kaufmann, der eigentliche Eroberer der Wege nach Indien, und sein Anteil an der wirtschaftlichen Struktur des arabischen Imperiums*

Die große Wende brachte die Verkündung des Islams durch Mohammed. Er hat mit der Oikumene des Islams, die die des Christentums durch eine neue Dimension ersetzte, auch dem arabischen Kaufmann ein neues Gesicht gegeben. Dieser neue Typus des islamischen Kaufmanns war das Ergebnis einer Entwicklung, die sich in den beiden ersten Jahrhunderten des Islams vollzog. Sie bestand in einer Verschmelzung des oströmischen mit dem iranischen Kulturerbe. Hierbei ist mit der Kultur auch die soziale Struktur gemeint, die Bindung an eine Stadtgemeinde, wie sie z. B. für die arabischen Kaufleute in Mekka und Medina, obwohl sie verschiedenen Religionen angehörten, selbstverständlich war. Hiermit war aber auch die Bindung an die durch Handwerk und Spezialisierung des Handels auf bestimmte Waren gegebene Struktur der einzelnen Berufsgruppen gemeint, aus denen sich die Bewohner einer Stadt zusammensetzten. Diese Struktur war gegeben. Es gab sie im byzantinischen Antiochia ebenso wie in der Hauptstadt Konstantinopel. Die Veränderung kam von den damals neugebildeten Zentralverwaltungen am Hof des Kalifen. Diese *Diwan* genannten Zentralbehörden hatten eine größere Wirkung als die oströmischen *officia*. Die Verbindung von Steuerbehörden mit den Ämtern für die Überwachung der Straßen und die Reichspost sorgten für ein Zusammenkommen einer Vielzahl von Informationen, die einige der in der Diwan genannten obersten Verwaltungsbehörde tätigen Beamten mit den vorhandenen Straßenbeschreibungen verbanden und zu einer Darstellung der wichtigsten Städte und Märkte des Reiches erweiterten. Sie ergänzten ihre Darstellung noch durch weitere Angaben, die sich auf Informationen über Völker und Handelsplätze jenseits der Grenzen der islamischen Oikumene bezogen. Es blieb aber nicht bei der einfachen Registrierung von Informationen. Es kam auch noch zu einer Redigierung, die man als eine Ordnung aus der Sicht des Kaufmanns bezeichnen kann. Darin unterscheiden sich diese Darstellungen von verwandten Werken der griechisch-römischen Welt, die allgemein-wissenschaftlich orientiert sind und einen mehr aufklärenden Standpunkt vertreten.

Im Islam wurde mit den Kaufleuten eine soziale Schicht literarisch tätig. Was früher nur als Quelle von Informationen für Fragen in der Hauptsache ethnischen Charakters diente, wurde nun zu einem geographischen Werk in der Art des ›Ḥudūd al ʿĀlam‹. Es kam jetzt zu der Zusammenstellung von Enzyklopädien, für die man das Werk des schon erwähnten Mahmud al Kaschgari über die zu seiner Zeit – der Jahrtausendwende – gesprochenen Turksprachen als Beispiel ansehen kann. Beide Werke wurden von Kaufleuten für Kaufleute geschrieben. Der Kātib war nicht nur nach der ursprünglichen Bedeutung des Wortes ein Schreiber, sondern weitgehend auch Literat. Man braucht hier nur an den unter dem Namen *Ḥarīrī* (= der Seidenhändler) bekannten Abu Muhammad al Kasim ibn Ali zu denken, der in der Erzählung der Abenteuer eines bettelnden Literaten ein Bild von jener Welt gibt, in der sich das Leben der Kaufleute abspielte. Die Erlebnisse seines Helden führen zu den bekannten Stationen der Seidenhändler wie Samarkand, Merw, Basra und auch über das Meer nach Südarabien in den Jemen. Eine Abschrift des Textes dieses Werkes, das in die Wende vom 11. zum 12. Jahrhundert gehört, hat ein Jahrhundert später ein Maler mit Miniaturen illustriert. Von den drei noch erhaltenen ältesten Handschriften enthält die, die sich heute in Paris befindet, noch neunundneunzig dieser Miniaturen.

3. Der Gold-Dinar, das Zahlungsmittel der arabischen Kaufleute auf dem Seeweg

Innerhalb der islamischen Welt lassen sich nach ihrer Herkunft drei Gruppen von Kaufleuten unterscheiden, die aus Ägypten, die aus Palästina und Syrien und die aus Mesopotamien und dem Norden des Irans. Eine weitere Unterscheidung innerhalb dieser Gruppen läßt sich auf Grund ihrer Anwendung der Geldwirtschaft machen. Ägypten, Palästina und Syrien, die vor der arabischen Eroberung zum Oströmischen Reich gehört hatten, hielten sich weiter an die Goldprägung. Hier wurde seit 696 der Dinar in Gold geprägt. Im Irak und im Iran prägte man überwiegend in Silber. Die geltende Münze war hier der Dirhem. Für seine Emission bildeten das Reich der Samaniden in Mittelasien und der Nordosten Irans wegen des Umfangs ihrer Prägungen besondere Schwerpunkte.

Die Fortsetzung der Goldprägung nach der arabischen Eroberung Ägyptens und Syriens war mit dem aus Kirchen und Palästen geraubten Gold allein nicht mehr möglich. Hier gab es sehr bald nichts mehr zum Einschmelzen. Hinzu kam, daß Oberägypten und Teile des Sudans sich noch in der Hand der Christen befanden, so daß eine Beschaffung aus Minen des Wadi al-Allaki, die bisher das meiste Gold geliefert hatten, nur schwer möglich war. Die arabischen Herren Ägyptens entschlossen sich daher, die zwar weit entfernten, aber dafür sehr ergiebigen westafrikanischen Goldvorräte für ihre Münzprägung nutzbar zu machen. Sie folgten hierzu der alten afrikanischen Salzstraße, die vom Sudan am Tschad vorbei die Mündung des Tinkissoflusses erreichte. Von dort stand ihnen der Weg zu den beiden Goldländern Bambuk und Bure offen. Die Araber in Ägypten waren hierdurch in der Lage, den Dinar auch in Palästina und Syrien auf einem festen Kurs zu halten, der zu jeder Zeit eine Konvertierung mit dem byzantinischen Goldsolidus möglich machte.

Der früher zum Persischen Reich gehörende Teil des Kalifenreiches mit Mesopotamien und Iran hielt bis in die zweite Hälfte des 10. Jahrhunderts an der Prägung in Silber fest. Eine Folge des Übergangs zur Goldprägung an der Wende vom ersten zum zweiten Jahrtausend war der schon durch die veränderte politische Situation vorbereitete Rückzug des Dirhems aus Osteuropa.

4. Der Nachteil des Seewegs für die Kaufleute durch das größere Verlustrisiko

Eine der Hauptschwierigkeiten, die für den arabisch-ägyptischen Kaufmann bestanden, war das große Risiko, mit dem auf jeder Reise der Fernhändler von Ägypten auf dem Seeweg nach Indien zu rechnen hatte. Das trieb die Kosten für die Ausrüstung der Schiffe und die Beschaffung der Ware durch die zu diesem Zweck aufgenommenen Gelder in die Höhe. Zinssätze von mehr als dreißig Prozent waren die Regel. Das galt bedingt auch für die Kaufleute aus Mesopotamien, soweit sie den Seeweg nach Indien wählten. Da dieses Risiko sich in den hohen Zinsen für die aufzunehmenden Gelder niederschlug, wurden die großen Seereisen trotz der bei Luxuswaren besonders hohen Gewinnspannen unrentabel. Hierdurch kam es bei den Fernhändlern zu einer Umschichtung. Ein großer Teil der Kaufleute zog sich damals vom Fernhandel zurück. An ihre Stelle traten jüdische Kaufleute, die dieses Risiko eingingen, weil für sie die Kosten für die Geldbeschaffung wegfielen. Sie waren zum größten Teil selbst Bankiers, die durch das Verleihen von Geld gegen Zinsen ein großes Vermögen erworben hatten und hier ein Monopol besaßen, seit den islamischen Kaufleuten der Handel mit Geld durch das Verleihen gegen Zinsen verboten war. So dürfte man sich die Entstehung der unter dem Namen *Radaniten* bekannten Gruppe jüdischer Fernhändler vorzustellen haben, die in Mesopotamien beheimatet waren.

Die ausgedehnten Geschäftsverbindungen der Juden erklären sich durch weitverzweigte Verwandtschaften. So war es z. B. keine Seltenheit, daß das Oberhaupt der Akademie in Jerusalem einen Juden aus Chorassan, den ihm Freunde aus Sevilla empfohlen hatten, seinerseits mit Empfehlungen an jüdische Geschäftsfreunde in Kairo ausstattete.

Ein weiteres Element, das zu einer Differenzierung innerhalb der Fernhändler führte, war die Bewertung des Verhältnisses zwischen Gold und Silber. Es lag meistens bei eins zu achtzehn. In Ägypten dagegen, wo der Preis für Silber schon immer sehr hoch lag, wurde Gold zu Silber nur im Verhältnis eins zu fünfzehn bewertet. Da man Silber in Mittelasien billig einkaufen konnte, ergab sich in Ägypten bei seinem Verkauf gegen Gold ein erheblicher Gewinn, der von einem Teil der Fernhändler ausgenutzt wurde.

Ein Risiko wie das bei der Benutzung des Seewegs bestand bei den Karawanenwegen nicht im gleichen Maß. Ein Beispiel hierfür ist der Handelsweg nach Aden am Indischen Ozean. Von Gaza am Mittelmeer aus konnte man Aden mit einer aus Kamelen bestehenden Karawane auf der den Hedschas durchquerenden sogenannten Weihrauchstraße erreichen. Hier waren die Abgaben für die Erlaubnis, durch das Gebiet der einzelnen arabischen Stämme zu ziehen, die einzige finanzielle Belastung. Demgegenüber war der Weg zu Schiff nach Aden mit großen Gefahren belastet. Hierzu gehörte das Stranden an den Korallenbänken der sehr schmalen Fahrtrinne am Bab al-Mandab, dem „Tor der Tränen“, wie die arabischen Kaufleute nicht unzutreffend den Durchgang in den Indischen Ozean bezeichneten, und die Überfälle von Seeräubern an der Küste des Hedschas.

Ein weiterer Vorteil der Landroute bestand darin, daß hier weit mehr die Möglichkeit der Benutzung von Märkten gegeben war als bei der Seeroute. Zwischen Aden und Barygaza in Indien gab es ebensowenig Handelsplätze, die man zum Zwecke des Warenaustausches anlaufen konnte, wie zwischen Aila am Golf von ʿAqaba und Adulis am Roten Meer. Damit entfiel weitgehend die Möglichkeit, auf den Märkten Massengüter, wie z. B. Wolle und Leinen, zu verkaufen und statt dessen Güter für den Verkauf auf dem nächsten Markt zu erwerben. Die Karawane brauchte dann ihre Geldvorräte nicht anzugreifen und konnte sich aus dem Erlös des Warenumsatzes erhalten. Gemeint sind die Differenzbeträge, die zwischen den Preisen des Einkaufs und denen des Verkaufs lagen.

Die christlich-syrischen und die islamisch-arabischen Kaufleute, die sich die Nachfolge der aramäischen Fernhändler teilten, benutzten wie die arabisch-ägyptischen Händler für die Fahrt nach Indien die Seeroute. Es war der Weg von Basra durch den Persischen Golf, der dem Verlauf der Küste bis zu dem indischen Hafen Barygaza folgte, wo der Karawanenweg nach Mittelasien begann. Diese Route berührte in Oman am Ausgang des Persischen Golfs die Umschlagplätze für Weihrauch und Elfenbein, die von den arabischen Schiffen aus Ostafrika dorthingebracht worden waren.

V. DER WARENVERKEHR AUF DEM LANDWEG UND DIE LÖSUNG DES TRANSPORT- UND FINANZIERUNGSPROBLEMS

Die Kaufleute aus Mesopotamien und aus dem Nordwesten des Irans benutzten für den Weg über Mittel- nach Ostasien die Südroute der Seidenstraße, die südlich des Elburs entlangführte und sich dann in eine Abzweigung nach der Sogdiana und eine nach dem südlich des Hindukusch liegenden Baktrien teilte. Auf diesem Weg kamen Luxuswaren wie geschliffenes Glas oder Amphoren mit getriebenen Darstellungen aus Silber, die aus Manufakturen in Chorassan oder Syrien stammten und bis nach Japan gelangten, wie die im Shosoin erhaltenen Stücke beweisen.

Zweifellos war allein mit diesen nur für einen kleinen Kreis von Käufern bestimmten Luxuswaren nicht die Rentabilität des Fernhandels mit China zu erreichen. Sie wurde dadurch gesichert, daß nur ein relativ kleiner Teil der Waren, mit denen die Karawanen auszogen, für den Absatz in China bestimmt war. Das gleiche läßt sich auch umgekehrt von den China verlassenden Kaufleuten sagen. Es gehörte zu den Besonderheiten dieses Handelsverkehrs, daß man einen Teil der Waren nicht erst am Ziel, sondern schon vorher an verschiedenen Stationen der Seidenstraße kaufte oder verkaufte. So veräußerte man z. B. in Merw Stoffe aus tierischer Wolle, die man teils in Kermān gekauft, teils über die Häfen Syriens am Mittelmeer aus Europa eingeführt hatte. Das gleiche gilt für Silber aus Isfahan und feine Lederarbeiten aus dem Irak. Mit dem erzielten Gewinn kaufte man Baumwollstoffe, Teppiche und Seiden wie die von Zand (Zandaniji), die in China sehr beliebt waren. Zu den Lebensmitteln, die man für den Export nach China erst in Mittelasien kaufte, gehörten z. B. Rosinen. Hierzu waren die Weintrauben wegen des durch den Islam verbotenen Weingenusses in Mittelasien verarbeitet worden. Andere Waren wie Gewürze und Perlen, die aus Indien kamen, wurden für die Weiterleitung nach China auf den Märkten in der Sogdiana aufgekauft.

In Mittelasien fand auch ein Wechsel der Kamele statt. Ebenso wurden dort andere Karawanenführer und neue Knechte für das Auf- und Abladen der Lasten angeheuert. Nachdem die Karawanen an der chinesischen Grenze eingetroffen waren, fand dann, wahrscheinlich in der Turfanoase oder in Dunhuang, ein erneuter Wechsel statt. Die Lasten der Kamelkarawanen wurden hier von Wagenkolonnen übernommen, die sie in die Hauptstadt Chinas brachten. Die wegen der zu durchquerenden Wasserläufe sehr hochrädrigen Wagen wurden von Büffeln gezogen. Trotz der Unterbrechungen durch das Umladen blieb aber die Leitung der Karawane offenbar in der Hand einer einzigen Handelsfirma. Sie war wahrscheinlich durch Agenten in Mittelasien, in der Turfanoase und im Gansu-Korridor vertreten.

Bei der Beurteilung der Transportleistung der Kamele muß man davon ausgehen, daß das Gewicht der Last, die ein Kamel normalerweise tragen konnte, beim Passieren von schwierigem Gelände so niedrig wie möglich gehalten werden mußte. Das wurde dadurch erreicht, daß man für einen solchen Abschnitt des Weges den Transport relativ leichterer, aber teurerer Luxuswaren übernahm, um einen finanziellen Verlust zu vermeiden.

1. Die Vermittler der Musik-, Tanz- und Schauspielkultur des Westens in Ostasien als Begleiter der Karawanen

Es waren aber nicht nur Waren, aus deren Verkauf man Gewinn erzielte, die über die Seidenstraße vermittelt wurden. Eine wichtige Rolle spielten die den Karawanen in Gruppen folgenden Tänzer, Schauspieler und Musikanten. Sie brachten einen nicht geringen Teil der Kultur jener Länder, aus denen sie stammten, in das Tarimbecken und von dort weiter nach China. Es waren neben der Kunst, die in der Formung der Materie zu

Plastik, Fresko und Gemälde ihre Erfüllung fand, die Musik, der Tanz und die Pantomime. Die Schwierigkeit, das Wort einer fremden Sprache in seiner Bedeutung zu vermitteln, überwand man durch Pantomime und Maske. In China kam es zu einer Resonanz auf diese Kunst, besonders in der Musik und im Tanz. Die Pantomime gewann Einfluß auf die in China entstehende, der eigenen Überlieferung angepaßte buddhistische Ikonographie.

2. *Der Transfer chinesischer Techniken für die Herstellung von Papier, Porzellan, Unterglasurmalerei und Satin*

Was China von seiner Technik und den künstlerischen Erzeugnissen seines Landes, z. B. dem Porzellan, über die Seidenstraße nach Westen mitteilte, kam über das vom Islam damals erst zum Teil eroberte Mittelasien. Vermittler waren nicht chinesische Kaufleute, die ja die chinesische Grenze (auf dem Landweg) niemals überschritten, sondern chinesische Gesandte, die die einheimischen Fürsten Mittelasiens und die damals noch neben ihnen regierenden Militärgouverneure der Kalifen für China gewinnen sollten. Auf diese Weise sind z. B. Porzellan, Unterglasurmalerei, Satinweberei und Zeugdruck nach Westen gelangt.

Bei der Glasur der Keramik kam der Anstoß zur Weiterentwicklung ursprünglich vom Westen. Zunächst hatten die Chinesen wahrscheinlich die Technik des Glasierens von parthischen Handwerkern übernommen. Sie entwickelten ihrerseits das Verfahren der Unterglasurmalerei, das dann wiederum nach Westen, zunächst nach Mittelasien, übermittelt wurde. Während sich die Verbreitung der Unterglasurmalerei, den Stationen der Südroute folgend, bis in den Norden Mesopotamiens verfolgen läßt und von dort von byzantinischen Manufakturen übernommen wurde, blieb die Technik des Zeugdrucks in Byzanz und im Abendland ohne Resonanz. Hier läßt sich lediglich der Vertrieb von Stoffen registrieren, deren Muster im Zeugdruck hergestellt worden waren und die auch im Byzantinischen Reich einen festen

Abnehmerkreis hatten. Vermittler waren hier die Chasaren. Dagegen wurde chinesisches Papier, dessen Gebrauch sich bei den Chasaren durch Funde in Sarkel nachweisen läßt, von den Byzantinern nicht übernommen. Das ist dadurch zu erklären, daß über die Südroute schon vorher die chinesische Technik der Herstellung von Papier zu den Arabern gekommen war. Sie hatten nach der Eroberung Samarkands mit Hilfe gefangener chinesischer Papierarbeiter in der Mitte des 8. Jahrhunderts in Bagdad eine Manufaktur aufgebaut, die dort das sogenannte „Bagdadpapier" herstellte, das unter diesem Namen auch von den Byzantinern importiert wurde. Bei diesem Papier handelte es sich um eine Weiterentwicklung der chinesischen Vorlage. Die Byzantiner verwendeten dieses Papier, das auch in griechischen Handschriften durch sein Wasserzeichen seine Herkunft verrät, noch im 9. Jahrhundert. Auch die Technik des Webens von Satin, den die Araber *zeitun* nannten, wurde ihnen von chinesischen Kriegsgefangenen vermittelt. Nach dem Bericht eines dieser Gefangenen war er nach seiner Gefangennahme im Jahre 751 erst 762 über Ceylon und Guangzhou (Kanton) in seine Heimatstadt Chang'an zurückgekehrt. Er hatte in einer Seidenmanufaktur bei dem Militärlager Kufa für die Araber arbeiten müssen. Wahrscheinlich handelte es sich hier um einen der unter dem Namen *Tiraz* (Ṭirāz) bekannten arabischen Monopolbetriebe, die sich nach byzantinischem Vorbild bald nach der Entstehung des Kalifenreiches entwickelt hatten.

Eine besondere Rolle in dem Handel zwischen China und dem Westen spielte das Porzellan. Im Gegensatz zu der Seide und der Unterglasurmalerei konnte es im Westen trotz ständiger Versuche in dieser Richtung wegen des Fehlens des hierfür benötigten Kaolins nicht nachgeahmt werden. Es war daher eine aus China bevorzugt bezogene Ware. Aus späteren dschagataiischen Miniaturen ist bekannt, unter welchen Vorsichtsmaßnahmen der Export des Porzellans von China nach Mittelasien durchgeführt wurde.

Das Porzellan gelangte unmittelbar nach seiner Erfindung noch nicht nach Europa und Japan, wohl aber in die islamischen

Länder, und als die japanische Kaiserin im Jahre 756 n. Chr. den Besitz ihres Mannes dem dort bestehenden buddhistischen Heiligtum, dem Shosoin in Nara, stiftete, gehörte noch kein chinesisches Porzellan dazu. Denn zu der Erfindung des Porzellans ist es in China erst in der zweiten Hälfte des 8. Jahrhunderts n. Chr., in der Zeit nach der Eroberung Mittelasiens durch die Araber, gekommen. Dem im Jahre 1059 verfaßten Werk des Abu-Fadlan (Baihaki) ist zu entnehmen, daß der Statthalter von Chorassan, Ali ibn Isa, dem Kalifen Harun al-Raschid eine große Anzahl chinesischer Porzellangefäße übersandt hat. Nach dem Bericht enthielt die Sendung neben Gebrauchsware auch zwanzig Stück feinsten Porzellans aus den kaiserlichen Werkstätten. Der Bericht wird durch die Ausgrabungen in dem von 836 bis 892 als Residenz der Kalifen benutzten Sāmarrā bestätigt, denn in den Ruinen des Kalifenpalastes wurde neben einheimischer islamischer Keramik auch wertvollstes chinesisches Porzellan aus der Zeit der Tang-Dynastie gefunden. Der Grund für die Sendung war offenbar der 798 zwischen dem chinesischen Kaiser und dem Kalifen abgeschlossene Friedensvertrag. Aus Anlaß seiner Ratifizierung wurden Harun al-Raschid über den Statthalter von Chorassan einige Proben des kurz vorher in China erfundenen Porzellans übersandt. Seit dieser Zeit läßt sich Porzellan in den islamischen Ländern sowohl durch Bodenfunde wie durch literarische Erwähnungen nachweisen. Eines dieser literarischen Zeugnisse stammt von dem großen, 973 in der Stadt Kath in Chwarezm geborenen Gelehrten al-*Bīrūnī*. Er erwähnt in seinem ›Steinbuch‹ die im Besitz eines Kaufmanns in Rayj (in der Nähe des heutigen Teheran) befindliche Porzellansammlung und gibt hierbei dem aprikosenfarbenen Porzellan den höchsten Rang. Rayj, wo sich die Südroute der Seidenstraße teilte, war damals ein wichtiger Markt. Die eine Abzweigung erreichte über den Paß von Derbent Sarkel, die andere führte nach Raqqa in Mesopotamien.

Auch auf der Seeroute von Barygaza nach Aden in Südarabien wurde Porzellan in größeren Mengen transportiert. Das beweisen die Funde von chinesischem Porzellan an der Karawanenstraße von Aden nach Gaza und in der *Fustat* (lateinisch: *fossatum*) genannten Zitadelle von Kairo, der Residenz der Statthalter des Kalifen.

Ähnlich wie bei Porzellan und Papier hat Mittelasien auch für die Unterglasurmalerei die Rolle des Vermittlers gespielt. Die Niederlage der Chinesen 751 bei Talas hatte den Arabern die Möglichkeit gegeben, den letzten Widerstand der Sogder in Mittelasien zu brechen. Damals wurde die Stadt Kasch durch den arabischen Statthalter von Balch erobert. Wie die Chronik des Ṭabarī berichtet, fielen dem arabischen Eroberer neben chinesischen Sätteln – es waren kostbare, mit Lackmalerei verzierte Stücke, wie sie aus der Stiftung des Eigentums des Kaisers im Shosoin bekannt sind – und Brokatstoffen auch chinesische bemalte *(manqusa)* und vergoldete *(mudahhaba)*, aus Ton hergestellte Gefäße in die Hände. Er gab sie als Anteil an der Beute dem arabischen Oberfeldherrn Abu Muslim in Samarkand. Offenbar handelte es sich bei diesen vergoldeten und farbig bemalten Gefäßen um Beispiele der chinesischen Unterglasurmalerei, die zuerst in Samarkand nachgeahmt wurde. Die Perser gebrauchten für sie später die Namen *Minai*- oder *Lakabiware*. Die Verbreitung der Technik der Unterglasurmalerei und der mit ihr verbundenen Motive läßt sich von Samarkand in Mittelasien aus über fast alle Stationen der südlich des Elburs verlaufenden Südroute der Seidenstraße bis nach Raqqa in Mesopotamien nachweisen. Die durch ihre Manufakturen für die Herstellung von bemalten und vergoldeten Tongefäßen in Unterglasurmalerei berühmt gewordenen Städte der Südroute waren schon in parthischer und sasanidischer Zeit wegen der dort hergestellten Gefäße aus grünglasiertem Ton oder geschliffenem Glas bekannt. Auch befanden sich dort die Werkstätten für die mit Bleiglasur hergestellte sasanidische Relief-Keramik und die auf dem gleichen Verfahren beruhende ebenfalls glasierte Sgraffito-Ware, bei der die Zeichnung vor dem Brennen eingeritzt wurde.

3. *Chinesische und zentralasiatische Nachahmungen von Gold- und Silbergeschirr in Ton*

Außer der hochentwickelten Technik der Unterglasurmalerei hatten Mittelasien und der Iran zunächst nichts von China übernommen und auch auf die Übernahme der Motive verzichtet. Umgekehrt gab es aber in China eine Rezeption, die nicht nur die Farben, sondern auch die Motive aus dem Westen übernahm. Der Export aus dem Westen nach China begann mit unglasierten Tongefäßen (Amphoren), bei denen die Reliefs vor dem Brand mit Stempeln aufgedrückt wurden. Sie stammten aus Keramikwerkstätten im Oströmischen Reich und waren in der zweiten Hälfte des 5. Jahrhunderts über den Iran in das Tarimbecken gelangt. Ein in dieser Weise gearbeitetes Stück aus Chotan läßt in den Reliefs die Nachahmung hellenistischer Motive erkennen. In Chotan wurde auch ein etwas mehr als ein Jahrhundert später entstandener grünglasierter Pokal sasanidischer Herkunft gefunden. Das deutet auf die Übernahme der Form des Pokals erst im Tarimbecken und dann auch in China.

Etwas später, aber noch vor der islamischen Eroberung Mittelasiens, entstanden jene ebenfalls glasierten Pilgerflaschen aus Ton, die mit einem Relief verziert waren und auf Manufakturen im Nordosten des Irans hinweisen. Ein anderes Stück, eine Patene aus Silber mit christlichen Darstellungen, die Unterschriften in syrischer Sprache und nestorianischer Schrift hat, wurde in Perm, einem Schwerpunkt der Nordostroute der Seidenstraße, gefunden. Die Patene und die beiden Pilgerflaschen in China könnten aus Merw stammen, einer Stadt mit einem nestorianischen Erzbischof und einer großen Christengemeinde. Eine der Pilgerflaschen zeigt Daniel zwischen zwei Löwen und die andere vielleicht den Tanz Davids vor der Bundeslade, den mehrere Musikanten begleiten. Bei den Pilgerflaschen kann man auch auf die Nachahmung von in diesem Fall nicht erhaltenen Silbergefäßen schließen. Bei einem anderen Gefäß, einem in Nordchina bei Datong (T'a-tung) gefundenen glasierten Pokal, ist das Vorbild aus Gold erhalten. Auf Grund der Ergebnisse der

Arbeit von Orbeli und Trever ist hier an einem Zusammenhang nicht zu zweifeln. Der bei Poltawa in der Ukraine gefundene Goldpokal war das Vorbild für den in Datong gefundenen Pokal aus Ton.

Es handelt sich hier um einen Austausch von Formen, wie er z. B. auch bei Bronzekesseln nachweisbar ist. Auch hier gibt es Kessel aus Bronze und Nachahmungen in Ton. Beide fanden sich an zahlreichen Fundorten an der Nordroute der Seidenstraße. Es ist das Gebiet der Nomaden, in deren Jurten diese Kessel über dem Feuer hingen. Das Vorhandensein der gleichen Gefäße in Ton und Metall macht deutlich, daß den Kaufleuten jener Zeit das Bestreben, ihren Kundenkreis durch Anbieten billiger Nachahmungen von Luxuswaren zu erweitern, nicht fremd war. Man erreichte das durch Herstellen der gleichen Form mit anderem Material in einer billigeren und schlechteren Qualität. Man denke hier an die Nachahmung von Goldschmiedearbeiten durch glasierte Keramik mit Goldfarbe unter der Glasur. Bei Seidenstoffen mit kunstvoll eingewebten Mustern suchte man bei der Nachahmung mit Hilfe des Zeugdruckes den gleichen Eindruck wie mit gewebten Mustern zu erreichen. Seine Technik wurde außerhalb Chinas auch in der islamischen Welt für die Musterung von Baumwollstoffen und Leinen verwendet. Einer der Schwerpunkte für diese Anwendung des Zeugdruckes war Ägypten.

Es wäre aber falsch, nur von einer Übernahme der Technik zu sprechen. Bei der Keramik mit Unterglasurmalerei wurde z. B. von den Byzantinern nicht nur das Verfahren übernommen, sondern auch Anregungen für die dargestellten Motive. Allerdings zeigt sich hier eine ganz besondere Auswahl. Man übernahm weitgehend Motive in jener abstrakten, rein ornamentalen Form, wie man sie von den Erzeugnissen der Manufaktur von Afrasiab bei Samarkand im 9. Jahrhundert kennt. Es scheint sich hier um eine Geschmacksrichtung der Seldschuken zu handeln. Sie und die mit ihnen nach Anatolien gekommenen Turkmenenstämme schätzten diese Art der Keramik. Die byzantinischen Manufakturen sahen daher in der geschickten Nachahmung dieser Vorbilder aus Mittelasien eine sichere Garantie für den Absatz ihrer glasierten Tonware bei ihren türkischen Nachbarn in Anatolien. Von dieser Übersetzung in eine weitgehend abstrakte Form waren die Gestalten der griechischen Sage ebensowenig ausgenommen wie die Wiedergabe von Tieren. Es zeigt sich, daß die Staatsgrenzen in dieser Zeit kein Hindernis für die Rezeption ostiranisch-islamischer Kunstformen bildeten. Ein bezeichnendes Beispiel hierfür ist auch die Verwendung kufischer Schriftzeichen in der Keramik und der Fassadendekoration durch die Byzantiner.

4. Die Rezeption geistiger Strömungen auf der Nordroute der Seidenstraße durch das Kunsthandwerk

Die Nachahmung in der Mode, wie man sie auch heute bei den Modeschöpfern in Paris, London oder Berlin feststellen kann, war auch den Menschen in den Staaten an den Routen der Seidenstraße nicht fremd. Es gab daneben eine allen ihren Anliegern gemeinsame geistige Strömung, die man wegen ihres Rückgriffes auf die Motive der iranischen und griechischen Antike und Spätantike als den Versuch, ihre Wiedergeburt im Rahmen einer Renaissance der Kunst herbeizuführen, bezeichnen kann. Höhepunkt und auslösender Schwerpunkt für diese Bewegung war Mittelasien im 9. und 10. Jahrhundert. Dort war der Beginn dieser Epoche, in der man zuerst auf die Zeit der griechisch-baktrischen Könige und der ihnen nachfolgenden Herrscher der Kuschana zurückgriff. Was von den hier entstandenen Denkmälern dieser Kunst erhalten ist, ist allein bei den Arbeiten der Toreutik, den Darstellungen auf silbernen Amphoren und Schalen und Gefäßen aus Gold nachweisbar. Das gilt in Osteuropa für den Schatz von Malaja Pereščepina und von Nagy-Szent Miklоś, aber auch für die Silbergefäße aus den Funden um Perm an Wolga und Kama und für die Silberarbeiten aus Mittelasien, die im Shosoin, dem kaiserlichen Schatzhaus in Nara in Japan, aufbewahrt werden, und auch für das goldene Gerät des in der alten chinesischen Hauptstadt Sian vergrabenen Schatzes.

Die Dokumente dieser Renaissance waren die Motive auf exportierten Kunstgegenständen, die dort, wo sie hingelangten, Nachahmung fanden. Beispiele hierfür gibt es aus China und Osteuropa. Daneben gab es aber auch regionale Strömungen, deren Nachahmungen durch diese Renaissance angeregt wurden, wie in Osteuropa die Zeit der griechisch-pontischen Kunst und in China das Wiederanknüpfen an die Bronzekunst der Zhou-(Chou-)Dynastie. Man kannte diese Bronzen in der grünen Patina, die ihnen Ort und Zeit gegeben hatten, auch im Westen und versuchte, der von China bekannten Vorliebe für die patinierten Bronzen durch Nachahmungen in grüner parthischer, mit Bleiglasur hergestellter Keramik, die man nach China exportierte, entgegenzukommen. Größer noch als der Umfang des eigentlichen Exports war die Zahl der Nachahmungen von Zeugnissen dieser Renaissance in China. Aus ihnen bildete sich ebenso eine Kunstströmung wie z. B. in Europa im 17. und 18. Jahrhundert auf Grund chinesischer Anregungen.

Trotz der merkantilen Praktiken, die auf die Erschließung neuer Absatzmärkte zielten, gab es demnach ihnen in der Intensität ebenbürtige geistige Strömungen, die mit dem Fernhandel an alle größeren Stationen der Nordroute der Seidenstraße weitergegeben wurden. Sie vermittelten in der Form der Darstellung Kontakte, die auf literarischem Gebiet für die gleiche Zeit nicht nachzuweisen sind. Das gilt vor allem für Verbindungen zwischen Vorderasien und China. Während sich die islamische Oikumene in Vorderasien mit Alexander dem Großen und Chosrau I. als Schöpfer und Gründer von Reichen und Städten identifizierte, fehlt in China eine derartige Überlieferung.

Im islamischen Mittelasien gab es neben der Renaissance der hellenistisch-baktrischen Antike auch jene, die an die Kultur der späten Kuschana anknüpfte, mit der man sich zunächst weiter auszudrücken suchte. Es war in Baktrien jene Kultur, die die griechische Schrift der Kuschana und ihre Sprache noch im 9. Jahrhundert neben der arabischen Schrift und Sprache weitergebrauchte. China hatte in dieser Kultur keinen Platz.

5. *Der Einfluß der iranischen Auswanderer im Westen und Osten auf die Kultur und Zivilisation der Nachbarländer*

Die Schlacht bei Talas war nicht nur eine militärische Niederlage des chinesischen Kaiserreiches gewesen. Sie entschied auch über jenen Einfluß, der mit der Kultur verbunden ist. Die Zeiten hatten sich geändert. Nach der Niederlage der Perser gegen die Araber bei Nihavend 642 n. Chr. flohen aus Aserbaidschan die türkischen Grenztruppen, die dort zur Verteidigung angesiedelt worden waren, nach Südrußland. Hier, wo man sie *Chasaren* nannte, gründeten sie ein eigenes Reich, nachdem sie die Bulgaren (Onoguren) besiegt und zum Teil zur Auswanderung gezwungen hatten. Den ausgewanderten türkischen Kriegern waren auch iranische Goldschmiede gefolgt.

Auf das Wirken eingewanderter iranischer Goldschmiede geht ein Teil der kurz vor 668 entstandenen Gegenstände aus der Dobrudscha zurück, die Plünderer auf der Flucht bei Malaja Pereščepina in der Nähe von Poltawa vergraben hatten. Auf die parthisch-hellenistische Spätantike, die diese Iraner hier wiederzugeben suchten, weisen auch die später entstandenen Darstellungen, die sich auf Gefäßen des Schatzes von Nagy-Szent Miklоś finden. Neben der Mythe von Bellerophon und der von der Entführung des Ganymed durch Zeus sieht man dort iranische Götter wie Gopat šah und indische Dämonen wie Garuda. Alle Darstellungen befinden sich auf Goldgefäßen, die in der zweiten Hälfte des 9. Jahrhunderts bei dem schon erwähnten Nagy-Szent Miklоś vergraben wurden.

Den Einfluß dieser Gruppe und der von ihr getragenen hellenistisch-parthischen Spätantike vertreten auch eine Reihe von Darstellungen, die auf den als Grabbeigaben gefundenen Schmuckgegenständen zu finden sind. Auch das um 700 n. Chr. entstandene Relief in der Felswand bei Madara, das nach dem Vorbild einer Darstellung sasanidischer Könige geschaffen wurde, gehört hierzu.

Was in Südrußland bedingt durch die wenig zahlreichen Funde nur in Umrissen deutlich wird, die Entstehung eines neuen Schwerpunktes, der alle Komponenten der Renaissance-Bewegung einschloß, läßt sich in Mittelasien und von dort weiter bis nach China und Japan in allen Phasen nachweisen. Hier finden sich jene aus Nagy-Szent Miklos̓ und von den Silbergefäßen von Perm bekannten Motive griechisch-skythischer, hellenistisch-baktrischer, iranisch-parthischer und indischer Herkunft in einem meist hellenistisch geprägten Stil. Sie kennzeichnen die Entstehung einer neuen von Mittelasien aus beeinflußten Kulturprovinz, die im Westen mit 668 n. Chr., der Landnahme der Chasaren in Südrußland, begann.

Die Zeit vorher ist durch einen wesentlich anderen Charakter der Funde gekennzeichnet. Ein Beispiel hierfür ist der schon erwähnte Schatz von Malaja Pereščepina bei Poltawa. Hier überwiegen das pontisch-griechische und das iranisch-sasanidische Element. Beispiel für die Großplastik ist das Relief von Madara mit dem Bild eines als Jäger dargestellten Khans. Hier war offenbar die Darstellung des sasanidischen Großkönigs auf der Jagd, die sich neben den Reliefs auch auf einer Reihe von Silberschalen findet, Vorbild.

Das pontisch-griechische Element kennzeichnet eine Fortsetzung der im alten Bosporanischen Reich entwickelten Goldschmiedekunst, die sowohl griechische wie iranische Einflüsse verarbeitete. Auf das andere, das sasanidische Element, deutet schon die äußere Form der erhaltenen Silbergefäße. Wie die sogdischen Zahlzeichen wahrscheinlich machen, sind sie durch sogdische Kaufleute zu den Bulgaren in Südrußland gekommen. Die pontisch-griechische Gruppe war in den byzantinischen Städten an der Nordküste des Schwarzen Meeres, wo eine alte griechisch-skythische Tradition bestand, hergestellt worden.

In Mittelasien dagegen kann man von einer ungebrochenen hellenistischen, achämenidischen und indischen Überlieferung sprechen, die noch im 8. und 9. Jahrhundert lebendig war. Beispiele hierfür sind die Darstellung der schon erwähnten auf einem Löwen reitenden Göttin Kybele von einer in Pändzikänd geborgenen Holzdecke aus der ersten Hälfte des 7. Jahrhunderts und die der gleichen Zeit angehörenden Fresken mit Darstellungen von Fabeln des Äsop, die ebenfalls in dieser alten sogdischen Stadt gefunden wurden.

Im Tarimbecken beeinflußte diese in Mittelasien entstandene Renaissance die Wiedergabe der buddhistischen Ikonographie. So hat der Bodhisattva des Bildes auf einer Holztafel aus einem Tempel in der Nähe von Chotan Gestalt und Kleidung eines parthischen Prinzen. Auch das in dieser Zeit verbreitete Bild von Buddha übernahm bei der Darstellung der Haartracht vorbuddhistische Vorbilder, wie jener Bodhisattva, der einem verdurstenden Tiger sein eigenes Blut zu trinken gibt. (Die älteste bekannte Darstellung dieser Szene auf dem Goldschmuck von Tillja Tepe gehört wahrscheinlich dem 1. Jahrhundert n. Chr. an.)

a) Der Anteil des hellenistischen und iranischen Kulturerbes an der buddhistischen Kunst des Tarimbeckens

Träger dieser Kulturströmungen nach Osten waren nicht wie bei den Chasaren in Südrußland Türken, die eine sasanidische Zivilisation angenommen hatten, sondern in der Hauptsache Iraner, neben Würdenträgern des Hofes Goldschmiede, Maler und Seidenweber, die für Bedürfnisse des Hofes gearbeitet hatten. Sie begleiteten den Sohn des letzten im Iran regierenden Großkönigs, den der chinesische Kaiser in seiner Würde anerkannt hatte. Es kann daher nicht überraschen, daß in China die gleichen Merkmale der sich aus den drei Elementen (Indien, Iran und Griechisch-Baktrien) zusammensetzenden Renaissance auftauchten wie in Mittelasien. So erklärt sich z. B. die Darstellung einer auf einem Löwen reitenden Kybele auf einer Stele, die der Holzschnitzerei mit dem gleichen Thema aus der Palastdecke von Pändzikänd fast völlig entspricht. Aus dem gleichen Kreis persischer Emigranten aus Mittelasien kamen auch die Schöpfer jener in Nara und Kyoto aufbewahrten Kunstwerke, die sich von der dort ebenfalls in Spitzenwerken vertretenen chinesischen Kunst abheben. Diese Schicht der Emigranten aus dem Iran und aus Mittelasien bewahrte noch in der vierten und fünften Generation ihr persisches Volkstum. Noch im 9. Jahrhundert setzten sie ihren Toten Grabsteine in mittelpersischer Sprache und Schrift.

Offensichtlich hat es überall dort, wo es zu einer Emigration der vor dem Islam nach Norden und Nordosten ausweichenden iranischen Bevölkerung gekommen war, eine Renaissance gegeben, die man als eine Reaktion auf das schwer zu verdrängende Gefühl der politischen Unterlegenheit gegenüber dem Islam deuten kann. Man klammerte sich an die eigene vorislamische Überlieferung einer Kultur, die hellenistisch und parthisch-sasanidisch geformt war. Es zeigt sich also, daß nicht nur das Weltreich der Türken in den knapp achtzig Jahren seines Bestehens – von der Mitte des 6. Jahrhunderts an – die Verbindung zwischen China und Mittelasien offengehalten hat, sondern daß das schon vorher die buddhistischen Missionare und Pilger und später die iranischen Flüchtlinge taten, die über die Nordroute der Seidenstraße ihre Religion und Kultur vor den Verfolgungen des Islams nach China retteten.

b) Die Rolle der Maskentänzer aus dem Tarimbecken bei der Vermittlung von mimischen Ausdrucksformen des hellenistischen Theaters nach Nordchina und Japan

Die Seidenstraße war aber, wie schon erwähnt, nicht nur der Weg der Krieger, Kaufleute, Pilger, Missionare und Flüchtlinge, sondern auch der der Musikanten, Tänzer und Schauspieler. Ähnlich wie die Karawanen nur Teile der Straße entlangzogen und die Waren auf dem nächsten Markt an andere Händler verkauften, war es auch mit ihnen. Die Musikanten, Tänzer und Schauspieler, die den Chinesen begegneten, kamen aus Kutscha im Nordosten des Tarimbeckens. Einige von ihnen zogen über die Nordostroute der Seidenstraße nach Nordchina und von dort in einzelnen Gruppen nach Korea und Japan weiter; andere wählten den Weg von Kutscha über Dunhuang und Ganzhou nach der damaligen chinesischen Hauptstadt Chang'an. Die, die aus Kutscha kamen, hatten das, was sie spielten, tanzten oder in der

Form der Pantomime vortrugen, nicht nur aus der Überlieferung, die es in ihrem Oasenstaat gab, entwickelt. Vielmehr enthielt ihr Repertoire auch einen großen Teil von dem, was sie ihrerseits von den zusammen mit den Karawanen aus Mittelasien gekommenen Musikern, Tänzern und Schauspielern übernommen hatten. Ein besonders charakteristisches Beispiel hierfür sind die noch aus dem 7. und 8. Jahrhundert stammenden, in den Schatzkammern japanischer Tempel erhalten gebliebenen sogenannten Gigaku-Masken. Ihre Vorbilder waren auf der nordöstlichen Abzweigung der Nordroute der Seidenstraße über China nach Japan gelangt. Die diese Masken tragenden Pantomimentänzer traten noch im 8. Jahrhundert auch in China auf. Der chinesische Dichter Bai Juyi (Po-chui) traf in dieser Zeit bei Liangzhou (Liang-chou), in der Mitte zwischen Dunhuang und Lanzhou (Lan-chou), eine Gruppe von ihnen, die, vielleicht von Kutscha kommend, nach Osten zog, um in den großen chinesischen Städten aufzutreten. Ein Teil des Repertoires der Pantomimenschauspieler war schon im China der Wei-Staaten im 5. und 6. Jahrhundert bekannt. Man verspottete darin mit dazu getragenen Masken das Gehabe der Leute aus dem sogenannten „Reich Wu". Damit war die im Norden unbeliebte Bevölkerung des damals noch bestehenden Südstaates Liang gemeint. Der größere Teil des Programms dieser Schauspieler stammte aber aus dem Tarimbecken und aus Mittelasien, denn neben Tiermasken, wie die Nachbildungen der Köpfe von Hähnen und Löwen, spielten die karikierten Gesichtszüge von Sogdern und indischen Brahmanen eine große Rolle.

Von manchen Stücken der Pantomimentänzer kennen wir nur die Namen wie „trunkener persischer König". Von anderen, die mit dem Buddhismus zusammenhingen, sind Teile des dazugehörigen Textes, zum Teil noch aus dem 3. Jahrhundert n. Chr., in der Bibliothek des buddhistischen Klosters in Kizyl bei Kutscha erhalten geblieben. Aus Kizyl kennt man auch Darstellungen der Pantomimentänzer und der sie begleitenden Musikanten von einer Aschenurne. Hier sind nicht nur die Tänzer, sondern auch die Musikanten als Tiere verkleidet. Pantomimentänzer mit sogdischen Masken sind aus der chinesischen Grabkeramik bekannt. In der Sogdiana wurden Vorbilder für diese in Holz geschnitzten Masken in Ton gefunden. Sicher besteht bei den Maskentänzen ein Zusammenhang mit den von den byzantinischen Brumalien bekannten Tänzen, bei denen Männer und Frauen auch mit Tiermasken tanzten, ein Brauch, den die Väter des Konzils von Konstantinopel 680/81 verboten.

c) Die Übernahme von Kleidermoden aus Mittelasien und dem Iran durch die Bewohner des Tarimbeckens und seine nordöstlichen Nachbarn

Von großer Bedeutung für den Warenaustausch auf der Seidenstraße war auch der Handel mit Kleidern. Er hat nicht das eigentliche China, sondern im wesentlichen nur die damals von Nichtchinesen bewohnten Randzonen, wie die Oasen von Turfan und Hami und den Westen der späteren chinesischen Provinz Gansu, berührt. In der Turfanoase sind in dem großen Gräberfeld von Astana nicht nur die Körper der beigesetzten Toten, sondern auch ihre Kleider fast unversehrt erhalten. Ein Vergleich mit der aus chinesischen Darstellungen bekannten Kleidung läßt eine deutliche Differenzierung gegenüber der aus der Turfanoase bekannten Mode der Frauen und Männer erkennen. Dieser Unterschied erstreckt sich auch auf die für die Kleidung benutzten Stoffe. Es zeigt sich, daß die in der Turfanoase und in Hami getragene Kleidung in ihrem Schnitt auf die von den Parthern bekannte Mode zurückgeht. Das gilt bei den Männern vor allem für die Hosen, bei denen jedes Hosenbein für sich allein mit dem Gürtel verbunden war. Diese Hosenbeine bildeten mit der Fußbekleidung eine Einheit. Die sehr weiten Hosen wurden wegen ihrer zu großen Länge unter dem Knie durch Riemen hochgebunden. Diese parthische, auch den Sarmaten bekannte Hosenmode, die sich zunächst durch die Funde in Noin Ula in der heutigen Mongolischen Volksrepublik für die Zeit um Christi Geburt nachweisen läßt und für später durch Grabfiguren bekannt ist, findet man im Westen bei Darstellungen aus parthischer Zeit, so auch auf Ikonen alttestamentarischen Inhalts, wie der Darstellung der Jünglinge im Feuerofen. Auch wurde die aus Trikot bestehende Beinbekleidung der Saken getragen. Ferner findet sich hier auch die sasanidische Sitte, die Hosen in Stiefeln zu tragen, die die Unterschenkel bis etwa zur Hälfte bedeckten. Als Oberbekleidung trug man ein der polnischen Litewka ähnliches Kleidungsstück, das aber keinen Kragen hatte. Darüber zog man den innen gefütterten Kaftan, der breite Revers hatte. Für den Kaftan verwendete man häufig chinesische Seide. Das Material der übrigen Kleidung war Baumwolle und das bei den Turkstämmen am Webstuhl selbst hergestellte Leinen.

Während die Kleidung der Männer kaum chinesischen Einfluß zeigt, ist er bei der Frauentracht nicht zu übersehen. Das gilt vor allem für jenes kurze Jäckchen, das, wie es die chinesische Mode kannte, außerordentlich weit geschnittene Ärmel hatte. Es wurde vorn nur von einem locker geknoteten Bändchen zusammengehalten. Rock und Jäckchen bestanden aus Baumwollstoffen, die durch Zeugdruckmuster belebt waren. Die unter dem Jäckchen getragene Bluse der Frauen und die oben erwähnte „Litewka“ der Männer bestanden bei den Vornehmen aus Seide mit dem von den sasanidischen Seidenstoffen her bekannten Perlenkranzmuster. Auch bei Kaftanen waren nicht nur der äußere Stoff, sondern auch das Innenfutter Seide. Das gleiche gilt für die von den Frauen getragenen Pantoffeln.

Für den Warenaustausch auf den Routen der Seidenstraße ergibt sich damit, daß der Export von Kleidung aus dem Westen ausschließlich für Abnehmer bei den türkischen, mongolischen und uigurischen Randvölkern Chinas berechnet war. Für unverarbeitete Seidenstoffe mit Mustern einschließlich der *zandaniji*-Seiden aus der Sogdiana und der Seide aus dem Iran mit sasanidischen Mustern bestand dagegen, wie z. B. das Textildepot des Shosoin in Nara und das 1036 zugemauerte Bücherversteck in der Nähe von Dunhuang zeigen, ein ausgesprochener Bedarf. Auch hier war wie in Europa der Anteil der Nachahmungen unter den erhaltenen Stücken sehr groß. So sind die gleichen

Motive, wie z. B. die symmetrisch zu beiden Seiten eines Lebensbaumes stehenden Löwen und der wie sie von einem Perlkranz umrahmte Greif (Samurw), nicht nur in Mittelasien, wo man sie auf den Darstellungen von Würdenträgern als Muster ihrer Zeremonialgewänder findet, sondern auch von Stoffen aus kirgisischen Gräbern am oberen Jenissei (Tuwa), von den Schätzen japanischer Tempel und aus den Schatzkammern abendländischer Kathedralen bekannt.

Ein weiteres Beispiel ist die Darstellung eines persischen Königs als Bogenschütze, ein Motiv, das auf Seidenstoffen, die über die Seidenstraße nach Köln und Kyoto gelangt waren, zu finden ist. Natürlich läßt sich die Frage, ob ein Original oder eine Nachahmung vorliegt, in den meisten Fällen kaum entscheiden. So kommt das Motiv des schreitenden Löwen, des Doppeladlers und des Daniel zwischen zwei Löwen auf byzantinischen und auf arabisch-spanischen Stoffen vor. In beiden Fällen dürfte es sich um Nachahmungen iranisch-sasanidischer Stoffe handeln. Die arabisch-spanischen Seiden wurden in den Gräbern spanischer Fürsten des 11. Jahrhunderts gefunden. Sie stammen aus den als *Ṭiraz* bezeichneten Manufakturen der omajjadischen Kalifen von Cordoba. Dort lebte noch die Tradition der Muster von Damaskus weiter.

Zu den Textilien, die ebenfalls nach China exportiert wurden, gehören auch jene mit Batik-Technik behandelten Baumwollstoffe. Sie kamen, wie Fragmente aus dem Tarimbecken zeigen, auf dem gleichen Weg nach China wie die Seidenstoffe, die zum Teil die gleichen Motive zeigten. Der größte Teil der erhaltenen Batikstoffe befindet sich im Textildepot des Shosoin. Sie dienten offenbar als Bespannung für mehrteilige Setzschirme.

Seidenstoffe mit großen Mustern waren für die chinesische Mode nicht geeignet, die stark bauschige Frauengewänder bevorzugte, wie z. B. das sogenannte „Schwalbenschwanzkleid". Dieses Kleid war mit schmalen Stoffbahnen besetzt, die beim Gehen flatterten und den Rock kaum sehen ließen. Auch bei der Männerkleidung mit den überlangen und außerordentlich breit geschnittenen Ärmeln kamen große Muster nicht zur Geltung.

Damit war für den Export von Kleiderstoffen nach China eine Grenze gesetzt, die zu keiner Zeit überschritten wurde. Es ist nachzuweisen, daß der Kopfputz vornehmer uigurischer Damen, wie die Miniaturen zeigen, von den mongolischen Prinzessinnen übernommen wurde. Die Mongolen benutzten also nicht nur die Schrift der Uiguren, sondern hatten auch ihre Kleidermode übernommen.

Die Uiguren waren in der Turfanoase zum Teil die Erben der Syrer. Ein Teil von ihnen, die Christen, benutzte die Schrift der syrischen Nestorianer, um christliche Texte, die sie in ihre Sprache übersetzt hatten, aufzuschreiben. Von den Syrern übernahmen die Uiguren wahrscheinlich auch weltliche Dinge wie Rechtsnormen bei der Verpachtung des Bodens und die damit zusammenhängenden Regelungen.

d) Der chinesische Einfluß in den islamischen Ländern. Der Export des Porzellans, die Rezeption der chinesischen Unterglasurmalerei durch islamische und byzantinische Keramikmaler und die Übernahme der chinesischen Technik bei der Herstellung des Seidensatins

Die Fortschritte der Chinesen in der Verbesserung der Glasurtechnik der Keramik hatten auf den Export dieser Ware nach dem Westen keinen Einfluß. Während die Keramikwerkstätten im Iran, wie Rayj, Kasch und Nishapur, ihre Erzeugnisse ohne Schwierigkeiten in China absetzen konnten, war der umgekehrte Weg für den chinesischen Export wegen des Mangels an Interesse versperrt. Nur Porzellan, Lackwaren und Seide ließen sich als Fertigwaren verkaufen. Für alle drei Erzeugnisse gab es im Westen keinen gleichwertigen Ersatz. Die chinesische Seide war wegen der ausgesuchten Qualität ihres Fadens allen anderen damals im Iran und im Byzantinischen Reich hergestellten Geweben überlegen. Der Umfang des Exports war aber nicht sehr groß. Man kann daher für die Zeit nach der Eroberung Vorder-

und Mittelasiens durch den Islam nur bedingt von einem Warenaustausch sprechen, denn bei den von China nach dem Westen ausgeführten Produkten überwogen die Fertig- oder Halbfertigwaren. Diese Entwicklung erklärt sich wohl vor allem dadurch, daß die chinesische Keramik mit Ausnahme des Porzellans der des Irans und Mittelasiens unterlegen war. Man darf nicht vergessen, daß am Anfang der Herstellung glasierter chinesischer Keramik die Übernahme der farbigen Bleiglasur vom Iran stand. Man hatte sie vorher, ebenso wie die farbige Lüstertechnik, in China nicht gekannt. Ihre Weiterentwicklung hatte offenbar durch die schon erwähnte iranische Emigration einen starken Anstoß erhalten. Mit Hilfe persischer Töpfer war es damals vermutlich gelungen, die Glasurtechnik so zu vervollkommnen, daß die vor dem Aufbringen und Brennen der Glasur vorgenommene Bemalung erhalten blieb. Es kann daher kein Zufall sein, daß die ersten bekannten Stücke der neuen chinesischen Keramik und des zur gleichen Zeit erfundenen Porzellans aus der zweiten Hälfte der Tang-Zeit stammen, denn das war jene Epoche, in der die Auswanderung von Iranern nicht nur aus dem Sasanidischen Reich, sondern auch aus Mittelasien ihren Höhepunkt erreicht hatte. Die Iraner hatten auf der Flucht vor den arabischen Eroberern die chinesische Grenze überschritten und sich teils im Westen der Provinz Gansu, teils in der damaligen chinesischen Hauptstadt Chang'an niedergelassen. Mit ihrer Hilfe war es den Chinesen gelungen, die technischen Voraussetzungen für die Unterglasurmalerei zu schaffen und zur gleichen Zeit durch die Verbindung des damals nur in China gefundenen Kaolins mit anderen Ingredienzen, wie Quarz und Feldspat, das Porzellan zu erfinden. Das Geheimnis der Herstellung des Porzellans war sicher, ebenso wie das der Unterglasurmalerei, auch den Töpfern jenseits der chinesischen Grenze bekannt. Wegen des in Mittelasien und im Norden Irans, den damaligen Zentren der Erzeugung hochwertiger Keramik, nicht vorhandenen Kaolins konnte es dort aber nicht hergestellt werden, obwohl es an Versuchen zur Nachahmung, vor allem in Ägypten, nicht gefehlt hat.

Die damals unternommenen Versuche haben aber zu einer weiteren Vervollkommnung der Technik der Unterglasurmalerei geführt. Es gelang die Herstellung jener einen tiefen Glanz ausstrahlenden Glasur, bei der die Malerei, wie bei dem chinesischen Porzellan, einen fast emailartigen Charakter annahm. Man bezeichnete Tongefäße mit dieser Technik im Iran als *minai* (= gemalt).

An einzelnen Stationen der Südroute der Seidenstraße, wie bei dem dicht bei dem heutigen Teheran liegenden Rayj, gab es nach der schon erwähnten Notiz im ›Steinbuch‹ des Bīrūnī Kaufleute, die Porzellan sammelten. Ob in diesen Sammlungen auch jenes von den Arabern als *chini fagfuri* bezeichnete kaiserliche Porzellan zu finden war, wissen wir nicht. Fest steht jedenfalls, daß die erhaltenen großen Sammlungen chinesischen Porzellans in islamischen Ländern, wie die im Topkapi Serai in Istanbul oder die in Ardebil und in Meschhed, erst an der Wende vom 15. zum 16. Jahrhundert entstanden sind. In abendländischen Sammlungen, wie der des Herzogs von Anjou, ist chinesisches Porzellan nach den erhaltenen Katalogen seit 1360 nachweisbar. Als Gebrauchsgeschirr ist es auch in den islamischen Ländern niemals verwendet worden. Das schloß schon seine Dünnwandigkeit aus, durch die zusammen mit dem makellosen Weiß des Materials jenes Durchscheinen erreicht wurde, das man bei den Tongefäßen vergebens zu erzielen suchte.

Als mit der stärkeren Benutzung der Seeroute eine Bevorzugung der Waren aus Südchina einsetzte, trat das Porzellan des südchinesischen Song-(Sung-)Reiches in den Vordergrund. Das gilt auch für die Zentren der Nachahmungen, z. B. die für das Celadon-Porzellan der Song-Dynastie, die damals von Mittelasien nach Ägypten verlagert worden waren. Zur gleichen Zeit übernahmen die Manufakturen des Song-Reiches von den Werkstätten der späten Tang-Dynastie jene aus Mittelasien und dem Iran gekommene Technik des Sgraffitos und des Reliefs, die wie im Iran zusammen mit der Glasur für die Dekoration von Tongefäßen verwendet wurden. Bei der Übertragung dieser Technik vom Ton auf das Porzellan wurde in China aber auf jede gegenständliche Darstellung verzichtet. Auch bei der Farbgebung sucht man hier vergebens nach einer Übereinstimmung. Das Song-Porzellan bevorzugte blaßblaue oder grüne Farbtöne. Daneben spielten noch Grau und Beige eine Rolle, während sich die vergleichbare islamische Ware für stark leuchtende Farben entschied. Auch gab es Unterschiede bei dem in China hergestellten Porzellan, die sich aus den für die Zeit der Song-Dynastie charakteristischen großen Entfernungen zwischen den einzelnen Brennöfen erklären. Anders als in der Tang-Zeit, wo das Porzellan in der Nähe von Chang'an gebrannt wurde, lagen die Öfen jetzt in Kaifeng in Henan (Honan) und in den Provinzen Zhejiang (Chekiang) und Jiangxi (Kiangse).

Song-Porzellan wurde nicht nur auf dem Seeweg in das islamische Ägypten exportiert. Auch in Mittelasien werden für das 10. Jahrhundert im ›Ḥudūd al-ʿĀlam‹ und durch den persischen Übersetzer des Ṭabarī, Al Ta' alibi, Importe chinesischen Porzellans registriert. Allerdings nahm der Umfang dieses Imports seit dem Sturz der Samaniden immer mehr ab. Der Sultan der Großseldschuken wandte sich daher im Jahre 1081 an den damals in Südchina regierenden Kaiser der Song-Dynastie, um ihn zu einer Erweiterung des Handels auf der Südroute der Seidenstraße zu bewegen. (Um die Konvertierbarkeit der von ihm geprägten Golddinare zu beweisen, schickte er damals mit den Gesandten auch einige der von den Seldschuken im Sultanat von Rum gepägten Goldmünzen nach China.)

Das Zurückgehen des Handelsvolumens auf dieser Route der Seidenstraße erklärt sich aber auch aus einer Veränderung des Geschmacks. An die Stelle der noch in der sasanidischen Kultur stehenden Samaniden waren in Mittelasien die von Osten kommenden nomadischen Qarluq getreten. Sie hatten noch unter den Karachaniden den Islam angenommen, den sie ernster nahmen als die in Mittelasien schon seit mehreren Jahrhunderten herrschenden mit ihnen verwandten Turkvölker. Das spürt man auch an der unter ihrer Herrschaft in der Sogdiana und in Chorassan geschaffenen Keramik. Bei ihr fehlen jetzt Darstellungen von Menschen; dafür besteht neben einer Vorliebe für ornamentale Gestaltung unter der Benutzung von kufischen Schriftzeichen auch die Neigung zu der Übersetzung des Gegenständlichen in das Abstrakte. Es ist deutlich ein Hang zur Umformung älterer Darstellungen in naturalistischer Manier wahrzunehmen, wie z. B. bei den bekannten Jagdszenen mit sasanidischen Königen, die von den Silberschalen bekannt sind. Sie werden in eine bewußt das Gegenständliche auflösende Form umgesetzt. Ein charakteristisches Beispiel hierfür ist eine glasierte Tonschale aus Teppeh Madrasch bei Nishapur. Das Motiv der Jagd auf Antilopen wird hier in der Umsetzung zu der Wiedergabe der Vision eines Reiters, der sich inmitten dämonischer Wesen befindet. Ein Nachklang zu dieser für Mittelasien typischen Umwandlung einer naturalistischen Vorlage in eine abstrakte Form läßt sich bei jenen aus Ägypten stammenden Bergkristallflaschen und -bechern feststellen, die wahrscheinlich auf Vorbilder in Mittelasien zurückgehen. In der Stadt Kaschan, einer Station auf dem westlichen Teil dieser Route der Seidenstraße, wo die sasanidische Tradition offenbar noch von Iranern bewahrt wurde, behauptete sich dagegen weiter die naturalistische Form der Darstellung. Die Wiedergabe des Menschen auf den Tongefäßen bildet hier den Ersatz für seine im Fresko und auf den Silberschalen nicht mehr geduldete Abbildung.

Nicht nur chinesisches Porzellan, auch die verschiedenen Qualitäten der Seide wurden von den Häfen des Song-Reiches über den Seeweg bis nach Ägypten exportiert. Man hat hier zwischen den einfachen Stoffen, bei denen die Muster im Zeugdruck hergestellt worden waren, und den von den ägyptischen Kaufleuten als *zeituni*, Satin, bezeichneten Geweben zu unterscheiden. Diese überwiegend von Manufakturen in Sichuan (Szechuan) hergestellte feine Seide wurde in Ägypten vor allem für kostbare Turbane und Frauenhemden verwendet. Der Zeugdruck für die Herstellung von Stoffen mit bunten Mustern wurde von den Ägyptern nachgeahmt.

e) Die Verbreitung chinesischer Ornamente und Symbole durch den seldschukischen Knüpfteppich

In diesem Zusammenhang sind auch die Knüpfteppiche als Exportware zu nennen. Sie waren schon vor dem Vorstoß der Seldschuken im Westen Asiens bekannt. In der zweiten Hälfte des 6. Jahrhunderts wird von der Schenkung eines „hunnischen" Teppichs als Altarauflage für eine christliche Kirche durch den Perserkönig Chosrau I. berichtet. Wenn auch die ersten erhaltenen Knüpfteppiche aus Anatolien erst aus dem 13. (?) Jahrhundert stammen und der Abstand des von Chosrau I. geschenkten Teppichs zu dem ältesten erhaltenen Stück aus dem Altai demnach fast ein Jahrtausend beträgt, so ist hier an der Kontinuität nicht zu zweifeln. Während die heute in Istanbul aufbewahrten Teppiche aus Konya in Gliederung, Fond und Bordüre dem schon von Pazyrik bekannten Schema folgen, im Gegensatz zu ihm aber in der Dekoration nur ornamental sind, findet sich bei einem in Berlin befindlichen Teppich aus Konya, dem Fragment eines Galerieteppichs, die Darstellung eines Kampfes zwischen einem Drachen und einem Phoenix. Hier handelt es sich um die Rezeption eines alten chinesischen Motivs durch die Turkstämme, die nicht erst im 13. Jahrhundert, der Zeit der Vermittlung chinesischer Vorlagen durch die Mongolen, erfolgte. Vielmehr wird die Vermittlung des Motivs durch die Kontakte der nach dem Westen gewanderten Qarluq mit China zu erklären sein. Dieser Teppich gehört in den gleichen Zusammenhang wie die aus Stein gemeißelten Pferde der Jesdi bei Aparan westlich des Sevan-Sees in Armenien, die auf einen Zusammenhang mit dem steinernen Pferd am angeblichen Grabhügel des He Qubing (Ho-k'iu-ping) in China weisen. Bei der Darstellung auf dem Galerieteppich von Konya läßt die Verwendung dieses Motivs auf Reliefs in christlichen Kirchen darauf schließen, daß seine Verbreitung über den Fernhandel mit Teppichen zu erklären ist.

VI. DER HANDEL AUF DER ARABISCHEN HALBINSEL ALS URSACHE FÜR DEN GEGENSATZ ZWISCHEN ÄGYPTEN UND DEM IRAK

Während der Handel auf der Nordroute der Seidenstraße überwiegend in der Hand von Uiguren lag und auf der Route südlich des Elburs Kaufleute aus der Sogdiana oder aus dem Nordosten des Irans den Austausch der Waren übernommen hatten, waren die beiden Seewege, der durch das Rote Meer und der vom Persischen Golf nach Indien, ersterer gegen den Widerstand der Ägypter, fast zu einem Monopol arabischer Kaufleute geworden. Es handelte sich hierbei um eine Situation, die schon lange vor dem Sieg des Islams bestanden hatte, die Rivalität zwischen den Kaufleuten der arabischen Halbinsel und denen Ägyptens. Wie schon der ältere Plinius betont, war die arabische Halbinsel ein Zentrum des Fernhandels. Man muß hiervon allerdings diejenigen ausnehmen, die als Beduinen und Viehzüchter lebten und keine festen Wohnsitze hatten.

Die städtische arabische Bevölkerung, zu der die Kaufleute gehörten, war fast ausschließlich in den Randzonen der arabischen Halbinsel anzutreffen. Dazu gehörten die südarabischen Stadtstaaten an der Küste des Indischen Ozeans, die Märkte an der Küste des Persischen Golfs, die Städte an der sogenannten Weihrauchstraße wie Medina und Mekka und im Norden das Reich der Nabatäer mit seinen Nachfolgestaaten wie Jotabe, das auf der gleichnamigen Insel im Golf von ʿAqaba lag.

Ein anderes arabisches Zentrum städtischen Charakters war Palmyra, wo unter den Scheichs der Ghassaniden ein arabisches Fürstentum bestand. An die Stelle von Palmyra trat nach dem Sieg des Islams Damaskus. Am Rande der Wüste, an der Grenze zum Irak südlich von Bagdad, lag Hirah, über das Scheichs aus der Dynastie der Lahmiden mehrere Jahrhunderte hindurch die Herrschaft behaupten konnten. Von den Handelsplätzen am Persischen Golf besaß nach Basra besonders das im heutigen arabischen Staat Oman gelegene Masqaṭ große Bedeutung, da hier die Waren aus Ostafrika, wie Weihrauch, Myrrhe und Elfenbein, auf die von Basra nach Indien fahrenden Handelsschiffe umgeladen wurden.

Ein Teil der arabischen Beduinen, wie z. B. die Bani Kalb an der Grenze zur römischen Provinz Palaestina tertia, waren als Föderaten in die Dienste Ostroms getreten. Auch die Beduinen an der Grenze des Iraks hatten Föderatendienste angenommen. Sie kämpften für den sasanidischen Großkönig und erhielten dafür jährlich Geschenke. Mit den arabischen Kriegern kamen zu einem nicht geringen Teil auch ihre Familien über die Grenze, so daß man seit dem 5. oder 6. Jahrhundert von einer arabischen Landnahme im heutigen Jordanien und auf persischem Gebiet im Irak zwischen den Flüssen Euphrat und Tigris sprechen kann. Die arabische Infiltration erstreckte sich auch auf Ägypten, wo sich schon in vorchristlicher Zeit verschiedene Stämme zwischen dem Nil und der Küste des Roten Meeres niedergelassen hatten.

Einzelne Beduinenstämme im Innern Arabiens lebten vom Raub und von der Erpressung der durch ihr Gebiet ziehenden Kaufleute. Andere übten das gleiche „Gewerbe" auf der See aus, wie die Seeräuber von der Insel Sokotra, die den ägyptischen Handel vom Roten Meer nach Indien schädigten.

Die religiöse und politische Revolutionierung der arabischen Halbinsel durch den Islam hatte die dort bestehenden sozialen Verhältnisse nicht verändert. Auch die Führer des Islams kamen aus der Stadt. Keiner von ihnen war aus den Beduinenstämmen hervorgegangen. Mohammed und die beiden Dynastien der Kalifen, die Omajjaden und die Abbasiden, stammten aus Kaufmannsfamilien in Mekka.

1. Der Bedeutungsverlust der arabischen Halbinsel durch den wirtschaftlichen Dualismus zwischen Ägypten und dem Irak

Grund der Rivalität zwischen den Kaufleuten aus Ägypten und denen von der arabischen Halbinsel war zunächst der Anteil an dem Import von Waren aus Ostafrika. Die ägyptischen Kaufleute fuhren selbst dorthin. Sie suchten damit den Zwischenhandel der südarabischen Städte zu umgehen, die sowohl die ägyptischen Kaufleute in Adulis an der Küste des heutigen Eritrea als auch die arabischen Fernhändler in Masqaṭ an der Küste von Oman beliefern wollten. Schon Augustus versuchte im Jahre 25 v. Chr. durch seinen Feldherrn Aelius Gallus, den Zwischenhandel der südarabischen Kaufleute unter seine Kontrolle zu bringen. Später, um 525 n. Chr., bediente sich der byzantinische Kaiser zu diesem Zweck des äthiopischen Kaiserreiches mit Unterstützung durch die ägyptischen Kaufleute. Auf deren Schiffen ließ er damals die äthiopischen Krieger nach Südarabien bringen, so daß der Negus Ella Asbeha den größten Teil Südarabiens unterwerfen konnte. Nach dem Sieg des Islams blieben Äthiopien mit der Hauptstadt Aksum ebenso wie der in der ersten Hälfte des 6. Jahrhunderts zum Christentum bekehrte Sudan christliche Inseln, die sich gegen den Islam behaupten konnten.

Später gelang es den Arabern, durch die Eroberung des Industals und des Reiches der Kabulschahis in Afghanistan von der See her eine Verbindung mit dem schon vorher vom Islam unterworfenen Land nördlich des Hindukusch herzustellen, das bereits seit der zweiten Hälfte des 7. Jahrhunderts unter arabischer Kontrolle stand.

2. Die Neuverteilung der Märkte und die Entstehung des Großkapitals

Mit zunehmender Unabhängigkeit der arabischen Statthalter des Kalifen in Ägypten verschärfte sich der Gegensatz zwischen

Ägypten und den syrisch-arabischen Städten. Er war durch die schon damals beginnende Verbindung der ägyptischen Kaufleute mit dem Abendland bedingt. Die Kaufleute der italienischen Seestädte kamen zu dieser Zeit bereits nach Damiette, dem wichtigsten ägyptischen Hafen, wo sie auch eigene Funduqs, Speicher (eigentlich: Herberge), unterhielten. Die arabisch-syrischen Städte, vor allem Sidon, Tripolis und Akko, hatten damals noch keine Handelsverbindung mit dem Abendland, dafür aber mit den byzantinischen Kaufleuten. Der Zoll von Attalia zog große Summen aus den für die Hauptstadt Konstantinopel bestimmten Waren, die aus Syrien kamen. Beide, die Ägypter von Damiette und die arabisch-syrischen Städte, kämpften später um den größeren Anteil an dem Handel mit den französischen, spanischen und byzantinischen Märkten.

Schon vor dem Vorstoß der Seldschuken nach dem Iran und dem Osten Syriens war es zu jener Verteilung der Märkte gekommen, bei der die syrisch-arabischen Städte sich das Byzantinische Reich und Venedig als Handelspartner gewählt hatten, während die ägyptischen ihren Handelsverkehr auf Sizilien, den Maghreb (die nordafrikanische Küste), das christliche und das arabische Spanien und die Häfen an der provençalischen Küsten beschränkten.

Eine der wichtigsten Quellen, die darüber Aufschluß geben, sind die in arabischer Sprache abgefaßten und in hebräischer Schrift geschriebenen Dokumente aus der Geniza der alten Synagoge in Kairo. Heute über eine Vielzahl von Sammlungen in aller Welt verstreut, geben sie wichtige Aufschlüsse über Handelsgeschäfte, die Mitglieder der jüdischen Gemeinde tätigten. Im einzelnen sind, was ihren Quellenwert betrifft, an erster Stelle die Responsa zu nennen, jene Rechtsgutachten, die auf Anfragen jüdischer Gemeinden von berühmten Rabbinern gegeben wurden. Andere Urkunden der Geniza zeigen, daß Sizilien im 11. und 12. Jahrhundert trotz der politischen Veränderungen noch fest zum islamischen Wirtschaftsraum gehörte.

Auch in den Dokumenten der Juden von Kairo ist die Rivalität zwischen Ägyptern und Arabern zu spüren. Zeugnisse über Verbindungen nach Syrien, dem Irak und dem Iran fehlen. Offensichtlich gab es keinen ägyptischen Warenaustausch in dieser Richtung. Man muß daher annehmen, daß die Rivalität zwischen dem arabischen Handel und dem der Ägypter, die schon vor dem Siegeszug des Islams die Situation auf den Routen der Seidenstraße über den Indischen Ozean nach Indien bestimmte, auch nach dieser Zeit fortbestand. Sie wurden nur von der kurzen Periode einer gewissen Prosperität unterbrochen, einer Phase des Übergangs, die die Folge einer Binnenkonjunktur war. Sie war entstanden durch die Begierde der Beduinenkrieger nach einem ihnen vorher nicht bekannten Luxus, den sie durch die Beute aus den Siegen des Islams kennengelernt hatten. Sie lebten damals losgelöst von den engen Bindungen des Stammes in den großen Militärlagern, die im Irak und in Ägypten angelegt worden waren. Basra war der wichtigste mesopotamische Hafen für die über das Meer führende Route der Seidenstraße nach Indien. Die ungeheuren Geldsummen, die sich zusammensetzten aus dem sehr hohen Sold und dem Anteil an der Kriegsbeute, die diese Krieger nach den Feldzügen in die Lager mitbrachten, machten sie zu willkommenen Kunden der arabischen und persischen Kaufleute. Die in ihrem Wert zum Teil schwer abschätzbaren Luxuswaren, die die Fernhändler von den Routen der Seidenstraße mitbrachten, wurden jetzt von dieser neuen Käuferschicht erworben. Auch kam es bei den Militärlagern bald zu der Errichtung von Manufakturen. Einige konnten z. B. chinesisches Seidengarn zu Stoffen verarbeiten, andere stellten Keramik mit Unterglasurmalerei her. Durch den Verkauf konnten die Händler Kapital für den Ankauf neuer Waren sammeln. Da die Zinsverbote des Korans ihnen untersagten, dieses Kapital im Rahmen von kurzfristigen Krediten durch die dabei anfallenden Zinsen zu vermehren, suchten sie, um das Geld günstig anzulegen, Grundbesitz zu kaufen. Hier gab es aber nur dann eine Rendite, wenn der Boden bearbeitet werden konnte, und für die Einrichtung eines Plantagenbetriebes in den fruchtbaren Gebieten Mesopotamiens brauchte man Arbeitskräfte. Man gewann sie durch den arabischen Sklavenexport aus Ostafrika. Es waren die nach dem wichtigsten Sklavenmarkt Sansibar *zandj* genannten Negersklaven, die aus Ostafrika nach Mesopotamien gebracht wurden. Sie mußten das vor Jahrhunderten wegen des Verfalls der Bewässerungsanlagen von seinen früheren Eigentümern, Bauern und kleinen Grundbesitzern, aufgegebene Land wieder nutzbar machen. Während die bisherigen Eigner in die Städte zogen und dort die Masse des Proletariats vermehrten, sorgten die neuen Besitzer für die Erneuerung der Bewässerungsanlagen und ließen in Mesopotamien auch bisher dort unbekannte Nutzpflanzen wie Reis und Zuckerrohr anbauen.

Innerhalb der Schicht der Kaufleute bildete sich jetzt eine Gruppe von Kapitalisten, die durch die Übernahme von Steuerpachten ihr Vermögen weiter vermehren konnte. Sie investierte einen Teil ihres Kapitals in den Ankauf von weiteren Luxuswaren, die durch den Verkauf im Rahmen des Fernhandels neue Gewinne brachten. Hierzu gehörten die im Persischen Golf gefundenen Korallen und Perlen. Dazu kamen von den ostafrikanischen Händlern (Araber aus Südarabien) Elfenbein und Weihrauch, Myrrhe und das Horn von Nashörnern. Während in Masqaṭ in Oman am Ausgang des Persischen Golfes die Handelsschiffe aus Ostafrika eintrafen, übernahmen in Siraf auf der persischen Seite des Golfes die arabischen Kaufleute die aus Indien kommenden, unter dem Namen *Spezereien* bekannten Zusammenstellungen von Gewürzen, dazu die verschiedenen Sorten von Pfeffer ebenso wie Muskatnüsse und Ingwer. Die Verkäufer waren Inder. Die Waren kamen meist aus der Insulinde und hier von den Sundainseln. Die Inder brachten sie zu den Häfen am Golf und nach Südarabien. Von dort erreichte ein Teil davon auch Ägypten. Beide, die Ägypter und die Araber in Syrien, suchten diese hochwertigen Waren mit einem mehr oder weniger hohen Aufschlag an byzantinische und abendländische Händler weiterzuverkaufen. Ein nicht geringer Teil davon ging wohl schon damals von Siraf über Rayj und Derbent nach Südrußland.

3. Die Abschwächung der im Irak bestehenden Prosperität der Städte als Folge der seldschukischen Landnahme

Diese Zeit des wirtschaftlichen Aufschwungs in den islamischen Ländern wurde durch den Vorstoß der Seldschuken in den Irak und nach Syrien beendet. Es kam in diesen Ländern zu einer Binnenwanderung, die sich in ihrem Umfang auf die Inhaber der großen Vermögen, die Kaufleute und die Besitzer von Manufakturen, beschränkte. Mit der Verlegung der Manufakturen waren neben Veränderungen in der Qualität der Waren auch Neuerungen, die die Stellung der islamischen Stadt betrafen, verbunden. Hatte doch die scharfe Kontrolle auf den südlichen Landwegen der Seidenstraße durch die Seldschuken das Risiko des Transportes der Ware und damit den Preis erhöht. Manches war seines hohen Preises wegen nur noch von einer Minderheit innerhalb der Bevölkerung, einer Gruppe von Kapitalisten, zu bezahlen. Daher kam es jetzt, um einen größeren Kreis von Käufern zu gewinnen, in großem Umfange zur Nachahmung der zu teuer gewordenen Markenartikel. Diese Nachahmungen hatten den Vorteil, daß die Käuferschichten für sie größer waren. Allerdings darf der hierdurch entstehende Nachteil der wachsenden Konkurrenz auch des Abendlands nicht übersehen werden. So konnte sich jetzt z. B. die italienische Wollindustrie mit Schwerpunkt in Florenz mit ihren Nachahmungen neben den echten Kermān-Tuchen auch auf den orientalischen Märkten durchsetzen.

Die Verlegung der Manufakturen und damit auch die Auswanderung der von ihnen abhängigen Handwerker nach dem Westen Syriens und nach Ägypten erfolgte in der Hauptsache von Mesopotamien aus. Die damals einsetzende Binnenwanderung hatte neben den schon erwähnten wirtschaftlichen auch politische Gründe. Wirtschaftlich gesehen bedeutete die Landnahme der Seldschuken in Mesopotamien und im Osten Syriens nicht nur einen Wechsel in der Schicht der Regierenden, sondern auch die Einführung einer neuen sozialen Ordnung. Es war das dem abendländischen Lehnswesen durchaus ähnliche System der Iqta, das die in den Städten damals noch vorhandene spätantike Wirtschaftsordnung, die auch auf dem Lande bestand, ablöste. Auf dem Lande stützte sich die Besteuerung auf die immer noch vorhandenen und auch laufend ergänzten Kataster. Das gilt auch für die Anbaugebiete im Iran. Hier und im Irak wurden die Erhebung und Einziehung der Steuern nicht wie im Oströmischen Reich von den Statthaltern der Provinzen, sondern von den Dihkanen vorgenommen. Durch die von den Seldschuken eingeführte Iqta wurde das auf der Beschaffenheit des Bodens beruhende System der Besteuerung indirekt beseitigt, indem sich der Staat durch die Übertragung von Landbesitz als Iqta zur Entlohnung von verdienten Personen aus der durch die Steuererhebung gegebenen Beziehung zu seinen Untertanen zurückzog. Dieser Rückzug war die Ursache dafür, daß die kleineren Gutsbesitzer und Bauern jetzt mit den von ihnen zu leistenden Steuern die Entlohnung der militärischen Unterführer oder anderer Würdenträger der seldschukischen Eroberer zu decken hatten. Infolge dieser Maßnahme wurden die bisher freien Bauern, soweit sie die sich erhöhenden Steuern nicht aufbringen konnten, zu abhängigen Pächtern, die anstelle der Abgaben nun Pacht an die im Rahmen der Iqta belehnten, zu Eigentümern gewordenen Krieger und Gefolgsleute des Fürsten zu bezahlen hatten. Das heißt, aus dem System der Iqta entstanden jene Latifundien im Besitz von Landlords, die ihr Land durch die zu Pächtern gewordenen Bauern bewirtschaften ließen. Diese Form der Agrarverfassung hat sich bekanntlich bis in die Gegenwart behauptet.

4. Die städtefeindliche Politik der Seldschuken und ihre Folgen

In den Städten zog der Staat das Geld nicht aus dem Grundbesitz. Die Eigentümer hatten ihre Grundstücke an Gewerbetreibende, Handwerker und Kaufleute vermietet, vor allem dann, wenn sie bebaut waren und an den Basaren lagen. Hier war daher die Kontrolle des Warenumsatzes die einzige Grundlage der im Rahmen der Steuer vorgesehenen Abschöpfung der Gewinne. Sie war aber nur durch die Selbstverwaltungsorgane der Stadt möglich. Ihnen war daher die Aufgabe der Steuereinschätzung und damit indirekt auch der Steuerfestsetzung übertragen. Sie stützten sich hierbei auf die noch aus der Spätantike stammende Einteilung der Berufstätigen (nach Art der abendländischen Zünfte) in Gruppen, die das gleiche Handwerk oder Gewerbe ausübten. Im Gegensatz zu den Zünften handelte es sich bei ihnen aber, wie bei den *collegia* oder griechisch *systemata* genannten Körperschaften im Oströmischen Reich, um Institutionen, die vom Staat geschaffen worden waren, um über die Kontrolle von Warenpreis und Umsatz den Gewinn zu erfassen. Diese Aufgabe hatte in der spätantiken Stadt der *praefectus urbis* zu erfüllen gehabt. An seine Stelle scheint in den islamischen Städten der durch die Bürger berufene Reis *(ra'īs)* getreten zu sein. Man könnte ihn aufgrund seiner Vollmachten mit dem podestà der italienischen Stadt vergleichen.

Dieses System, das eine relativ gerechte Einschätzung des Einkommens der Steuerpflichtigen zuließ, wurde nach der seldschukischen Eroberung durch jene Pauschalsummen zusätzlich belastet, die als Kontribution von den Führern der Stämme den ihnen zugefallenen Städten auferlegt wurden. Die sich ständig steigernden Erpressungen führten in relativ kurzer Zeit zur Verarmung dieser Städte. Die Folge war, daß besonders leistungsfähige Betriebe, wie z. B. die Manufakturen für die Herstellung von Tuchen oder Lederarbeiten, die Stadt verließen, in der sie wegen der geschilderten steuerlichen Auflagen keinen Gewinn mehr erzielen konnten. So kam es, daß viele Manufakturen im Irak ihren Standort in den bisherigen wirtschaftlichen Zentren in Kufa, Bagdad oder Basra aufgaben und im syrischen Damaskus, in Akko oder in Gaza in Palästina neue Niederlassungen errichteten. Ihre Ansiedlung wurde dadurch begünstigt, daß dieses Gebiet erst von den Byzantinern und dann von den Kreuzfahrern erobert worden war. Das aber war wiederum der Anlaß dafür, daß damals ein großer Teil der dort ansässigen Juden ihre Geschäfts- und Handelsbetriebe in Palästina und

Syrien aufgab und sich in Ägypten an der Küste in Städten wie Tinnes, Damiette oder Alexandria niederließ, deren Lage an der Küste die Aufnahme von Handelsbeziehungen mit Kaufleuten aus dem Abendland begünstigte. Sie erhielten hier jene Funduqs eingeräumt, in denen sie für sich und ihre Waren Immunität besaßen. Gleichzeitig scheute man sich in diesen Städten nicht, berühmte Markenartikel, die durch die Änderung der politischen Verhältnisse nicht mehr erreichbar waren, zu kopieren. So wurde jetzt z. B. in Ägypten der bekannte Rumi-Brokat nachgeahmt, der wegen der Eroberung Kleinasiens durch die Rum-Seldschuken nicht mehr lieferbar war. Es war jene, wie der Name sagt, im Byzantinischen Reich mit Gold- oder Silberfäden bestickte oder zusammen verwebte Seide, die auch in den islamischen Ländern sehr beliebt war. Auch nahm man jetzt im Nildelta wieder die Produktion von Leinwand auf. Neben einfarbigem Leinen in verschiedenen Qualitäten mit Zeugdruckmustern kannte man auch Leinwand mit kostbarer Brokatstickerei, die vor allem für Interessenten im Abendland hergestellt wurde. Ein Teil der für die christlichen Kirchen benötigten Stoffe für liturgische Gewänder wurde wahrscheinlich schon in den islamischen Werkstätten zugeschnitten und auch dort bestickt.

5. Die Verschärfung des Konkurrenzkampfes auf islamischen Märkten durch die billige Nachahmung von Markenartikeln

Eine große Rolle in dem Konkurrenzkampf mit den alten Herstellungsstätten in den von den Seldschuken beherrschten Gebieten spielte die schon erwähnte Nachahmung von Spitzenartikeln mit Hilfe von billigerem Material. Hierzu gehörten z. B. die Perkalstoffe, die man in Ägypten aus Baumwolle mit Leinenbindung herstellte, und die Nachahmung von feinen Wollstoffen aus Kermān läßt sich ebenso wie die von Baumwollstoffen aus Herat, Merw und Nishapur für diese Zeit im Westen Syriens nachweisen. Andere Baumwollstoffe, wie die im Jemen gewebten, übertrafen ihre Vorbilder durch die Qualität ihres Materials und die bessere Webtechnik.

Hart war auch der Konkurrenzkampf bei der Teppichherstellung. Hier wurden die wegen ihrer karmesinroten Fondfarbe besonders beliebten armenischen Teppiche in den Städten am See Tiberias nachgeahmt. Dagegen entzogen sich chinesische Florettseide und Satinseide wegen der Qualität ihrer Fäden jedem Versuch einer Nachahmung. Trotz dieser hohen Qualität, die auch bei der Bewertung der chinesischen Seide in den Zoll-Listen von London und Dorpat zum Ausdruck kommt, konnte sich die dort auf dem zweiten Platz stehende persische Seide mit den Produkten einer Reihe von Seidenmanufakturen im Kaukasus und im Süden und Osten des Kaspischen Meeres als Qualitätsware behaupten. Sie war vor allem bei europäischen Kaufleuten mehr gefragt als die zu teure chinesische Seide. Die einzelnen Sorten der persischen Seide wurden nach den Namen der Orte, in denen sie hergestellt worden war, bezeichnet. Wie die Form der Wiedergabe der Namen zeigt, stammten die Sortenbezeichnungen von italienischen Kaufleuten, die diese Seide schon damals in Südrußland kauften. (Seit 1082 waren ja die byzantinischen Handelsplätze an der Nordküste des Schwarzen Meeres auch für die Venezianer zugänglich.) Man unterschied bei der persischen Seide im einzelnen *ghella* nach der Landschaft Gīlān an der Südküste des Kaspischen Meeres, *leggi* nach Lahidian in Armenien und *taliva* oder *talana* nach dem heute *Talish* (Ṭāliš) genannten Ort. Die Seide *gorgiana* kam aus *Gurgān*, der Landschaft an dem gleichnamigen Fluß am Ostufer des Kaspischen Meeres, und mit *mordocasia* wurde die Seide aus Merw bezeichnet. Dieser Name läßt sich vielleicht als eine Verbindung des Ortsnamens Merw mit der in diesem Zusammenhang anzutreffenden Bezeichnung *schadijan* erklären. Die Seidensorte *gangisa* weist auf Ganğa, eine am Kaukasus liegende Manufaktur.

6. Die Entstehung neuer Märkte als Folge von Eroberungen der Byzantiner, Turkmenen und Kreuzritter im Westen Syriens und in Palästina

Nach der Lage dieser Manufakturen ist anzunehmen, daß die Veräußerung ihrer Produkte über Handelsplätze in Südrußland erfolgte, die den Venezianern, wie schon erwähnt, seit 1082 offenstanden. Vorangegangen waren die Eroberungen der byzantinischen Kaiser in Westsyrien und Palästina, die mit der Eroberung des nordsyrischen Hadath begonnen hatten und ihnen auch Kilikien zurückbrachten. 969 war Antiochia gefallen. Diesen Eroberungen des Kaisers Nikephoros Phokas folgten die seines Nachfolgers Johannes Tzimiskes, der nach der Einnahme von Emesa auch Baalbek, Beirut und Damaskus, in Palästina Tiberias und die wichtigen Häfen der Südroute der Seidenstraße, Akko und Caesarea, in seine Hand brachte. Nach knapp einem Jahrhundert, im Jahre 1076, verloren die Byzantiner aber diese Eroberungen wieder (und damit auch die Kontrolle über das letzte Stück der südlichen Route der Seidenstraße) an die Seldschuken, die außer Syrien auch Palästina mit Jerusalem zu einem Teil ihres Reiches machten.

7. Die Störung der Westexporte über die Routen der Seidenstraße durch politische Veränderungen innerhalb der islamischen Staatenwelt

Damit blieben auch in dieser Zeit nur zwei Routen der Seidenstraße für den Handelsverkehr offen: der Weg über Ägypten und die Nordroute, die jetzt mit Tana am Don und mit Theodosia auf der Krim, dem späteren Kaffa, ihre Endstationen im Westen hatte. Hier sicherte sich Venedig in dem Vertrag von 1082 seine Privilegien für den freien Handelsverkehr.

Auch die politische Entwicklung im Iran, eine Folge der seldschukischen Westwanderung, hatte zu Unterbrechungen des normalen Warenaustausches auf der Seidenstraße geführt. Bis 1186 herrschten die Seldschuken über Kermān. Der Absatz der dort erzeugten Tuche begann seitdem zurückzugehen. In Chorassan, wo sie ebenfalls die Macht behaupteten, wirkte sich die fehlende politische Stabilität auch auf die weitere Entwicklung des Handels aus. Die vielen Seidenmanufakturen, die hier lagen, konnten damals nur einen Teil ihrer Erzeugnisse absetzen. Einmal hatte die 1118 von Sandschar, dem Seldschukensultan, vollzogene Abtrennung des Westens seines Reiches auch die Kontrolle der Südroute der Seidenstraße in mehrere Hände gelegt. Auf der anderen Seite wirkte sich die Eroberung der Sogdiana durch die Qara Chitai für die Verbindung des von Sandschar regierten Restes des Seldschukenreiches mit Zentralasien und Indien negativ aus. Hinzu kam, daß sich der Fürst von Chwarezm, ein Vasall der Seldschuken, damals gegen seinen Lehnsherrn erhoben hatte. Chwarezm war zu dieser Zeit längst turkisiert. Wie überall in Mittelasien regierten hier Turkmenenhäuptlinge. Sie waren mit ihren Stämmen aus dem Osten gekommen und hatten sich schon sehr bald zum Islam bekehrt. Der Chwarezmschah hatte nicht nur das Seldschukenreich Sandschars besiegt, sondern auch die Ghaznawiden in Afghanistan entthront und Teile von Indien erobert.

Diese Eroberungen, die von der Stadt Urgendj an der Mündung des Amu darya in den Aralsee ausgingen, wo sich die Residenz der Chwarezmschahs befand, kann man in ihrer Wirkung für die Südroute als eine Umleitung des Handelsverkehrs nach Indien ansehen. Aufgrund des Vorhandenseins eines Mittelasien und Indien umfassenden Reiches wurde ein großer Teil der aus Zentralasien kommenden Waren zu Schiff über indische Häfen nach Ägypten transportiert.

VII. DIE ABENDLÄNDISCHEN HANDELSPARTNER DER ISLAMISCHEN KAUFLEUTE AUF DER SEIDENSTRASSE

Wenn auch die Herrschaft der Kreuzfahrer in Palästina bis zum Fall ihres letzten Stützpunktes Akko im Jahre 1291 nur knapp zwei Jahrhunderte gedauert hat, so war sie doch für die Begegnung von Abendland und Orient von großer Bedeutung; denn trotz der Kämpfe und des ständigen Kleinkrieges, wobei es oft nur um den Besitz unbedeutender militärischer Stützpunkte ging, gab es überall Kontakte, die zur Herstellung wirtschaftlicher und kultureller Verbindungen führten.

Die Mehrzahl der Kreuzfahrer stammte aus den damals wirtschaftlich am stärksten entwickelten Teilen des christlichen Europa, z. B. aus der Grafschaft Toulouse und aus Flandern. Den Kriegern waren aus ihren Ländern auch Kaufleute gefolgt. Sie legten unter dem Schutz der Schwerter ihrer Landsleute, der Ritter, in den eroberten Städten ihre Warenlager an. Es waren jene schon erwähnten Funduqs, eine Einrichtung, die die Christen von den islamischen Kaufleuten übernommen hatten. In ihnen stapelte man die aus Europa mitgebrachten Waren und gleichzeitig die mit ihrem Verkaufserlös aus dem Angebot der islamischen Händler erworbenen.

1. Die Umstrukturierung des Herstellungsprozesses im Abendland durch die Übernahme neuer Techniken aus dem Orient

Damals begann neben dem Handel auch der kulturelle Dialog zwischen Europäern und Moslems, für den die große Zahl der Übersetzungen aus dem Arabischen in das Lateinische ein deutliches Zeichen ist. Hierbei war der Islam zunächst, anders als bei den Wirtschaftsgütern, überwiegend der Gebende. Bei den Waren war mit der Nachahmung keine Veränderung der Qualität, wohl aber eine Umstrukturierung der bisherigen Wirtschaftsform in Verbindung mit der Herstellung dieser Waren verbunden. Sie machte eine viel weiter gehende Differenzierung der bisherigen Arbeitsvorgänge notwendig. Das galt z. B. für die Herstellung von feinen Tuchen. Die Folge dieser Entwicklung waren soziale Veränderungen, die aus bisher abhängigen Handwerkern und kleinen Händlern eine politisch mündige Schicht von Bürgern machten, die man nach ihrer Herkunft als *popolo minuto*, „geringes Volk", bezeichnete. Sie stellte sich der Partei, die von ihnen als *popolo grasso*, „fettes Volk", bezeichnet wurde und aus reichen Grundbesitzern und Geldhändlern bestand, entgegen. Es kam nach dem Sieg des *popolo minuto* zur politischen Anerkennung der in ihm vertretenen bisher grundeigentumslosen Handwerker und kleinen Händler. Diese Revolution machte aus Mietern Eigentümer. Wie kurz oft der Weg von der Werkstatt zur Macht war, läßt sich daraus schließen, daß z. B. die Medici, ursprünglich einfache Strumpfwirker, über den Geldhandel die höchste Stellung in der Stadtrepublik Florenz erlangen konnten.

Das Ziel der wirtschaftlichen Führer einer Stadt war es, die Herrschaft über einen Markt zu gewinnen. Der entscheidende Marktvorteil einer Ware lag in der Konkurrenzlosigkeit ihrer Qualität und ihres Preises. Für die Einhaltung der Qualität gab es z. B. in Florenz eine Reihe von Prüfstellen, die auch die von auswärts eingeführten Wollsorten kontrollierten. Nach den von ihnen aufgestellten Maßstäben gab es besondere Spitzenqualitäten, die z. B. bei einem Teil der angelieferten spanischen Wolle erreicht wurden. Man pflegte damals bei der Herstellung besonders wertvoller Tuche die ausgesprochenen Spitzensorten der gelieferten Wolle bei der Herstellung der Stoffe miteinander zu mischen.

Wie groß die Differenzierung der am Herstellungsprozeß beteiligten Arbeitskräfte war, zeigt ein Überblick über den Produktionsvorgang. An ihm waren nach den Sortierern die Weber und die Wirker, dann die Wollscherer, die Appretierer und die Färber beteiligt. Die fertigen Tuche erhielten Plomben, die ihre Herkunft und die Güteklasse auswiesen.

Zahlen über den Umfang der Produktion erfahren wir durch den Chronisten Jacopo Villani. Sie beziehen sich auf das Jahr 1339. Villanis Bericht geht aus von zweihundert damals in Florenz bestehenden Tuchmanufakturen mit dreißigtausend in ihnen beschäftigten Personen und mit einer Produktionsleistung von siebzig- bis achtzigtausend Stück Tuch mit einem Wert von einer Million zweihunderttausend Goldflorin. (Gemeint ist die florentinische Zechine.) Hierzu kamen noch zehntausend Stück aus Oberitalien eingeführte Tuche, deren Qualität in Florenz für den Export durch weitere Verfahren verbessert wurde.

Jacopo Villani war sozusagen der erste Statistiker am Ausgang des Mittelalters. Er suchte durch den Brotverbrauch die Zahl der Einwohner von Florenz zu bestimmen. Man kann natürlich an ihn nicht die gleichen Anforderungen wie an einen modernen Statistiker stellen, aber seine Angaben haben trotz der Ungenauigkeit, mit der man bei einem ersten Versuch rechnen muß, einen großen Wert.

Ähnlich wie bei der Tuchindustrie lagen die Verhältnisse bei den Ledermanufakturen. Hier ist ebenfalls die Tendenz unverkennbar, sich durch besonders hochwertige Erzeugnisse, die mit Herkunfts- und Qualitätszeichen versehen waren, einen festen Platz nicht nur auf dem europäischen, sondern auch auf dem orientalischen Markt zu sichern.

Bei der Seide löste man sich in Italien weitgehend von dem bisher geübten Brauch des Ankaufs von Seidenfäden und ging zur Anlage von eigenen Plantagen mit Maulbeerbäumen über. Sie bildeten die Ernährungsgrundlage für den Seidenspinner, aus dessen Kokons jetzt auch in Europa die Seidenfäden gewonnen wurden.

Der Beginn einer eigenen Produktion von Seidengeweben außerhalb Italiens, die allerdings noch von dem Import der Seidenfäden abhängig war, ist im Abendland nur in Regensburg und Köln nachweisbar. Regensburg lag an dem Zubringer der

Seidenstraße von Kiew nach Mainz, Köln an der Verbindung über den Rhein nach Doorestad, wo der Handel mit England und Skandinavien abgewickelt wurde.

In Italien spielte die arabische Seidenmanufaktur von Palermo eine große Rolle. Sie hatte für Konrad II. den Krönungsmantel mit dem Motiv des Angriffs eines Löwen (Tigers?) auf ein Kamel geliefert. Die ältesten Nachrichten über diese arabische, vorher griechische Manufaktur im Normannenreich stammen vom Ende des 12. Jahrhunderts. Zu dieser Zeit waren die in Palermo gebrauchten Bezeichnungen für die einzelnen Seidengewebe noch ausnahmslos griechisch. Dazu passen auch die Muster dieser Manufaktur, wie die horizontalen Reihen von doppelköpfigen Adlern, antithetisch einander gegenüberstehenden Löwen, Gazellen, Papageien oder Pfauen. Sie waren durch die Byzantiner von den Persern übernommen worden. So hatte z. B. das Motiv der schreitenden Löwen, das auch von der Prozessionsstraße in Babylon und durch den Kurgan in Pazyrik bekannt ist, eine alte Tradition. Wir wissen aber bei diesen Tiermotiven nicht, ob sie nach dem Muster eines arabischen *Ṭirāz*-Stoffes geschaffen wurden oder ob sie Palermo auf dem Umweg über Konstantinopel kennengelernt hatte.

Mit der Fluchtbewegung, die im 11. Jahrhundert einen Teil der griechischen Bevölkerung von Süditalien nach Mittel- und Oberitalien verschlagen hatte, war auch eine größere Anzahl von Seidenwebern dorthin gekommen. Die ersten ließen sich in Lucca nieder, weitere Gruppen später auch in Florenz und Venedig. Die damals dort entstandenen neuen Seidenmanufakturen machten sich bei ihren Mustern von den Vorbildern der byzantinischen und arabischen Werkstätten unabhängig. Bei ihnen ist eine Anlehnung an abendländisch-romanische Formen des 11. Jahrhunderts spürbar. Ihre Gewebe, bei denen die Köperschuß-Kompositbindung, der sogenannte *Samit*, angewendet wurde, unterscheiden sich durch diese Technik von byzantinischen Seidenstoffen. Diese Stoffe erkennt man auch durch die als Muster verwendeten einfachen Kreise, die als durchgehendes Ornament verwendet wurden.

Von diesen Seiden, die überwiegend in das 11. und nur zu einem kleinen Teil noch in den Anfang des 12. Jahrhunderts gehören, sind andere Seidenstoffe zu unterscheiden, deren Entstehung man bisher allgemein in das 13. Jahrhundert gesetzt hat, die aber offensichtlich früher hergestellt wurden. Sie zeigen im Ornament Formen, die an chinesisch-persische Vorbilder anknüpfen. Es sind Mischgewebe, bei denen die Kette aus Seide und der Schuß aus Baumwolle besteht. Das Muster wurde in Leinwandbindung ausgeführt. Es handelt sich bei ihnen um persische Erzeugnisse, die Muster und Technik chinesischer Stoffe nachahmen. Darauf weist nicht nur das Muster, sondern die auch hier zu beobachtende Verwendung von vergoldeten Lederfäden. Diese persischen Stoffe wurden, soweit sie chinesische Gewebe – vor allem in den Ornamenten – kopierten, im Europa des 13. und 14. Jahrhunderts nachgeahmt. Die Unterschiede gegenüber den orientalischen Seiden ergeben sich hier vor allem durch Verwendung anderer Farben, die aus europäischen Farbpflanzen hergestellt wurden. Zu den außereuropäischen Farbstoffen, die man damals verwendete, gehörte das für Rot gebrauchte Brasilholz, das sich schon im 10. Jahrhundert als Ware im Fernhandel nachweisen läßt. Indigo als Farbstoff für Blau wurde dagegen erst um 1300 aus Indien eingeführt.

Die Strukturveränderungen bei den am Arbeitsprozeß Beteiligten, die für die Hersteller von Stoffen aus Schaf- und Ziegenwolle galten, lassen sich auch bei den Arbeitsverhältnissen der Seidenweber nachweisen. Hier gab es, bedingt durch die besondere Form der Arbeit, schon immer eine starke Differenzierung unter den mit der Herstellung der Seide Beschäftigten. Sie wurden jetzt nicht nur, wie man wegen der Notwendigkeit der Koordinierung der einzelnen Arbeitsvorgänge annehmen könnte, in einer Manufaktur in einem festen Arbeitsverhältnis beschäftigt. Es gab nun auch selbständige Seidenweber mit eigener Werkstatt und mit Lieferverträgen. In beiden Fällen erfolgte die Entlohnung nach der Zahl der gearbeiteten Stücke. Das Gewicht des fertigen Stoffes wurde stets mit dem des gelieferten Materials verglichen. Ebenso wurde es im Abendland gehandhabt. Auch hier wurden zwischen dem Unternehmer und dem selbständigen Weber förmliche Arbeitsverträge abgeschlossen, die beide zu Geschäftspartnern machten.

Im Abendland war es ebenfalls üblich, die Arbeit der Seidenweber – ob sie angestellt oder selbständig waren – erst nach Messen und Wiegen des fertigen Stoffes zu bezahlen. Trotz dieser Kontrollen, die eine Unterschlagung von geliefertem Material verhindern sollten, war die Stellung der Seidenweber stärker als die anderer in Zünften organisierter Handwerker. Das galt schon für die Seidenweber in Lucca und Venedig. Die Statuten ihrer Korporationen sicherten ihren Mitgliedern mehr Rechte zu als die Rechtsordnungen der Zünfte ihren Angehörigen.

Das Verhältnis zwischen den Webern und den Inhabern der Manufakturen wurde von besonderen städtischen Behörden überwacht. Das geschah in Lucca durch die Curia Mercatorum und in Venedig durch die Consules Mercatorum. Diese Behörden hatten auch die Qualität der hergestellten Seiden zu überwachen, sowie die Einhaltung der Breite der Bahnen der einzelnen Stoffsorten. Sie betrug z. B. für Samt achtundfünfzig Zentimeter. Die Nachprüfung des Gewichtes des Materials vor und nach der Verarbeitung war besonders bei der Verwendung von Goldfäden von Bedeutung. Die Behörden sorgten aber auch für den Schutz der Muster, die von den *designatores drapporum*, den Musterzeichnern der einzelnen Manufakturen, entworfen worden waren. Sie sind erst seit dem 14. Jahrhundert nachweisbar. (In Venedig besaßen die Seidenweber sogar eine eigene Zoll- und Steuerbehörde.)

Die erweiterte Spezialisierung des Produktionsvorganges erklärt sich zum Teil dadurch, daß sich die eigene Seidenerzeugung durch die Behandlung des Kokons des Seidenspinners, für den man eigene Maulbeerplantagen angepflanzt hatte, erheblich verbilligte und gleichzeitig die Produktion gesteigert wurde. Allerdings bezog man daneben auch Rohseide, in Lucca z. B. aus Syrien und dem Iran, in Florenz aus Spanien. Es erklärt sich aus der Kostbarkeit der Fäden, daß man sich in Regensburg und Köln, den Städten, wo man die seit dem Beginn des 13. Jahrhunderts in Deutschland nachweisbaren Seidenstoffe herstellte, auf Halbseiden (Seide mit Wolle oder Leinengarn zusammen verwebt) beschränkte. Man folge hier einer bis in das Frühmittelalter zurückgehenden Tradition, wo man Seide nur für das Weben von Borten verwendete. Es war die Zeit, in der das Weben von Stoffen für liturgische Gewänder eine große Rolle spielte. Aber nur die Borten wurden aus Seidenfäden gewebt. Bei Paramenten wurde die Stickerei auf dem ungemusterten Stoff angebracht. Die Kölner Seidenweber arbeiteten mit den Bild- und Wappenstickern aus Regensburg zusammen.

Auch in der Seidenweberei war es üblich, daß sich eine Gruppe von Webern für größere Auftragsarbeiten in das Ausland verpflichtete. So könnte sich die Übereinstimmung zwischen den bekannten Kölner Seidengeweben und den Grabgewändern der kastilischen Könige in Burgos in Spanien erklären lassen. Derartige Auftragsarbeiten für eine Gruppe scheinen erst üblich geworden zu sein, nachdem sich die alten staatlichen Manufakturen, die vorrangig die Zeremonialgewänder für byzantinische und islamische Herrscher hergestellt hatten, aufgelöst hatten. Das gilt für die islamische Seidenmanufaktur von Palermo in der Zeit der normannischen Eroberung Siziliens in den Jahren von 1061 bis 1091 und auch für die darauf folgende Zeit der normannischen Herrschaft, aus der der Krönungsmantel Konrads II. mit dem Motiv des ein Kamel schlagenden Löwen (Tiger?) stammt. Die Normannenkönige hatten den Ausfall islamischer Weber, die geflohen waren, durch die Entführung byzantinischer Seidenweber aus Griechenland nach Palermo ersetzt. Die Zeremonialgewänder, wie der Sternenmantel Heinrichs II. und der gleichzeitig angefertigte ungarische Stephansmantel aus dem Beginn des 11. Jahrhunderts, waren das Vorbild für die Ornamentierung späterer Seidengewänder im 12. Jahrhundert. Man kann also auch von einer Nachahmung der alten mit Goldstickerei hergestellten Zeremonialgewänder sprechen. Wir finden sie bei den mit starker figürlicher Ornamentierung ausgestatteten Regensburger Seiden.

2. *Das Angebot bisher durch Monopole gesperrter Luxuswaren für den Bedarf der Herrscher als Ursache für eine Erweiterung des Marktes*

Wie bei dem Weben bestimmter Muster der Seidenstoffe darauf Rücksicht genommen wurde, welchem Zweck das anzufertigende Gewand dienen sollte (wobei z. B. an den Herrscherkult zu denken ist), so war es auch bei den als Émail cloisonné bezeichneten, in der Technik des Zellenschmelzes hergestellten Goldschmiedearbeiten. Die auf ihnen vorkommenden Darstellungen korrespondieren mit den von den Seidengeweben her bekannten Motiven. Es besteht in der Wahl dieser Motive eine fast vollständige Übereinstimmung.

Es handelt sich aber bei den Arbeiten in der Technik des Émail cloisonné und den mit Mustern gewebten Seidenstoffen nicht um Waren, die Kaufleute kaufen und verkaufen konnten, sondern um Erzeugnisse, die für den Herrscherkult bestimmt waren. Das gilt auch für jene Kanne von Agaunum aus Saint Maurice, die in der Technik des Émail cloisonné einen Lebensbaum zwischen zwei sitzenden Löwen zeigt, ein Motiv, das auch als Muster auf Seidengeweben zu finden ist. Die Kanne von Agaunum stammt noch aus dem 8. Jahrhundert n. Chr. Jünger ist eine Schale, bei der ebenfalls die Technik des Émail cloisonné angewendet wurde. Sie gehört in die erste Hälfte des 12. Jahrhunderts und war für den ortokidischen Fürsten von Amida (Diyabekir) angefertigt worden. Auch begegnet man auf diesen Arbeiten in Émail cloisonné Motiven, die von den Mustern der Seidenstoffe her bekannt sind. So befindet sich hier im Mittelfeld der Schale das nicht nur von Seidengeweben, sondern auch von Fassadenreliefs abendländischer und russischer Kirchen her bekannte Motiv der Himmelfahrt Alexanders des Großen auf einem von Greifen gezogenen Wagen. Ein weiteres Beispiel für die Verwendung des Émail cloisonné im Herrscherkult ist die Darstellung der tanzenden Mirjam auf der Krone des Kaisers Konstantinos IX. Monomachos, die in der Form des Tanzes und seiner Wiedergabe iranische Vorbilder nachahmt, die sich im

Osten bis nach Nordchina verfolgen lassen. In diesen Zusammenhang gehört auch ein Medaillon in Émail cloisonné, das in einem der Gräber in Fusṭāt bei Kairo gefunden wurde. Bei ihm ist schon jene Form vorgeprägt, die auch die ältesten byzantinischen Émails benutzten. Sie taucht bezeichnenderweise zuerst in Georgien, in unmittelbarer Nähe ihrer Herkunftsländer, der Länder des Islams, auf.

Die Technik des Émail cloisonné ist wahrscheinlich im 7. Jahrhundert n. Chr. durch die Iraner von China übernommen worden. Ein Gefäß in dem Shosoin in Nara dürfte hier als das vielleicht älteste chinesische Zeugnis anzusehen sein. Die ursprünglich vorhandene Beschränkung dieser Gegenstände auf eine Verwendung im Herrscherkult scheint in dem Augenblick aufgegeben worden zu sein, in dem die exklusive Rolle der staatlichen Manufakturen im Byzantinischen und islamischen Reich nach der Privatisierung dieser Betriebe nicht mehr bestand. Aber diese privatisierten Werkstätten behielten die Musterbücher mit den Motiven der vorangegangenen Zeit bei. Ihr Abnehmerkreis erweiterte sich. Nicht nur die Regierenden, auch die Schicht der Mächtigen des Islams und des Abendlandes, in Europa vor allem die christliche Kirche, gehörten nun dazu. Sie kauften Émails für die Ausschmückung sakraler Gegenstände und Seide für liturgische Gewänder oder für die Bestattung von Bischöfen und Fürsten. Diese Seidenstoffe zeigten Motive des Herrscherkultes. Man denke hier z. B. an das heute in Bamberg aufbewahrte Grabtuch des Bischofs dieser Stadt, Günther, das er selbst in Konstantinopel erworben hatte und das durch seinen Tod auf der Rückreise zu seinem Grabtuch wurde. Es zeigt den feierlichen Einzug des byzantinischen Kaisers in die Hauptstadt, wobei der Kaiser zwischen der Stadtgöttin von Groß-Preslav, der damaligen bulgarischen Hauptstadt, und der von Damaskus, der ehemaligen Residenz der arabischen Kalifen, reitet. Da Groß-Preslav 971 und Damaskus 975 erobert wurde, der siegreiche Kaiser, Johannes Tzimiskes, aber am 10. 1. 976 starb, ist die Zeit der Entstehung des Seidenstoffes leicht zu bestimmen. Der Kaiser trägt das Skaramangion, ein Übergewand mit langen Ärmeln und einem Klappkragen. Es handelt sich um ein Zeremonialgewand, dessen Muster offenbar von der Kleidung sasanidischer Großkönige übernommen worden war. Die Tatsache, daß der Verkauf dieses Stoffes an den Bischof erlaubt war, zeigt, daß es sich hier nicht mehr um das Erzeugnis einer Staatsmanufaktur handelt, die überdies ihre Stoffe ähnlich wie die islamischen *Ṭirāz*-Betriebe durch Angabe von Zweck und Zeit der Herstellung kennzeichnete, sondern um die Arbeit eines Privatbetriebes.

Eine weitere Gruppe von Waren, die vor allem über die ägyptischen und syrischen Häfen in das Abendland gelangten, waren die in Mesopotamien hergestellten Gegenstände aus Kupfer, das im Fernhandel aus Südwestindien bezogen wurde. Auch sie waren eine typische Handelsware der Seidenstraße. Sie wurden von den Uiguren aus Gansu nach China exportiert. Man fand sie aber auch bei der Ausgrabung von zerstörten Palästen in Ostiran und Mittelasien sowie in den Wohnungen der Tahiriden in Nishapur und der Sultane von Gazna in ihrem Sommerpalast Laschgar-i Bazar in Afghanistan. Ebenso wurden sie in den Palästen im Osten Syriens gebraucht und gelangten über den Fernhandel auch nach Italien.

In dem gleichen Zusammenhang muß auch die Elfenbeinschnitzerei genannt werden. Das Elfenbein kam aus Ostafrika durch arabische Kaufleute nach Mesopotamien und Syrien. Von hier gelangte es, für die verschiedenen Zwecke bearbeitet, in das Abendland. Beliebt waren hier vor allem die mit Reliefs ausgestatteten Braut- und Schmuckkästen.

Eine besondere Stellung in diesem Handel, der von den Häfen der Routen der Seidenstraße aus mit dem Abendland durchgeführt wurde, nahm Ägypten ein. Das 10. Jahrhundert hatte ihm durch die Entwicklung des arabischen Bagdadpapiers und des byzantinischen Bombyzinpapiers den bisher reichen Gewinn bringenden Exportartikel Papyrus genommen. An seine Stelle waren aber neue Produkte getreten. Das holzarme Ägypten importierte nun Holz, das zu Balken und Türen verarbeitet und mit Schnitzereien geschmückt einen gesuchten Exportartikel für die Ausstattung von Bauten darstellte. So wurde z. B. das Gebälk der Al-Aqsa-Moschee im 11. Jahrhundert von Kopten geschnitzt.

Eine besondere Bedeutung durch die Verbreitung im Abendland hatte auch der hochentwickelte Bronzeguß. Er verwendete ähnlich wie das geschliffene Glas Motive, die sonst nur bei den türkischen Nomaden vorkamen. Ein Beispiel dafür ist jenes Bild eines Greifen, der die aus der asiatisch-europäischen Nomadenkunst bekannte Verbindung des Kopfes eines Adlers mit dem Körper eines Löwen zeigt. Eine Bronzeplastik, die ein solches Fabelwesen darstellt, befindet sich heute im Campo Santo von Pisa. Sie soll, nach einer glaubhaften Überlieferung, von dem König Amalrich von Zypern nach Pisa gesandt worden sein. Andere für die Darstellung in Bronze beliebte Tiere waren Pferde, Hirsche, Hasen und Löwen. Manche dieser Bronzeplastiken erfüllten einen bestimmten Zweck, wie z. B. der als Aquamanile dienende Pfau oder der als Verbrennungsgefäß für Weihrauch verwendete Falke.

Fast alle erwähnten und in Bronze gestalteten Tiere stammen aus Ägypten und gehören in das 11. Jahrhundert. Vermutlich wurden sie wie das schon erwähnte geschnittene Bergkristall mit der Darstellung von Steinböcken ursprünglich von Türken für Türken geschaffen. Regierten doch in Ägypten von 868 bis 969 aus Mittelasien stammende türkische Fürsten, und gab es doch in Kairo nach dem 11. Jahrhundert noch Stadtteile, die auf die ständige Anwesenheit von Türken schließen lassen. Es handelte sich um die von den Fürsten aus Mittelasien nach Ägypten mitgebrachten türkischen Krieger. (Die hier erwähnte ägyptisch-türkische Bronzekunst des 11. Jahrhunderts hat mit den Bronzespiegeln der ortokidischen Kunst des 13. Jahrhunderts in Mesopotamien nichts zu tun. Bei ihr handelt es sich um Nachahmungen chinesischer Vorbilder.)

Zusammenfassend kann man sagen, daß die wichtigsten Ausgangshäfen für die Routen der Seidenstraße am Mittelmeer im 10. und 11. Jahrhundert in Ägypten lagen. In dieser Zeit kam es von ihnen aus zu einem intensiven Warenaustausch mit einem

Teil der abendländischen Seestädte, wie Marseille, Genua, Pisa, Gaeta, Neapel und Amalfi. Hier wirkte sich aus, daß die Fatimiden von ihrem früheren Machtbereich im Raum von Tunis aus fast sechzig Jahre mit dem italienischen Festland und Sizilien in Verbindung gestanden hatten, bevor sie durch die Eroberung Ägyptens auch Herren des Nildeltas mit seinen ausgezeichneten Häfen geworden waren.

VIII. DER ANTEIL DES JÜDISCHEN HANDELS AM WARENAUSTAUSCH AUF DER SEIDENSTRASSE

1. Die jüdische Radanijja im Urteil ihrer arabischen Zeitgenossen

Das 9. bis 12. Jahrhundert war das Zeitalter des jüdischen Handels. Es läßt sich in zwei Epochen gliedern. Die erste umfaßt die Zeit des mesopotamisch-jüdischen Handels, der sich an den Namen *Radanijja* knüpft. Sie endet in der zweiten Hälfte des 10. Jahrhunderts. Die zweite, der von Ägypten ausgehende jüdische Handel, beginnt mit der Mitte des 10. Jahrhunderts und ist noch im 12. Jahrhundert nachweisbar.

Über den jüdischen Handel von Mesopotamien aus berichtet Ibn Churdadbih, ein arabischer Geograph. Nachdem er auf die Sprachkenntnisse der Radanijja, die nach ihm neben Persisch, Griechisch, Spanisch, Arabisch, Fränkisch (Französisch und Deutsch) auch die Sprache der Slawen umfaßten, eingegangen ist, beschreibt er ihre Waren und die von ihnen benutzten Handelsrouten, die Wasser- und Landwege einschließen. Er spricht zunächst von den Exporten aus dem Westen. (Gemeint sind offenbar die Häfen an der spanischen und französischen Mittelmeerküste.) Er kennt verschnittene, zu Eunuchen gemachte und andere männliche und weibliche Sklaven. Außerdem ist bei den Waren von Seiden die Rede, bei denen es sich wahrscheinlich um den bekannten Rumi-Brokat aus dem Byzantinischen Reich handelte, den man im arabischen Spanien nachgeahmt hatte. Auch Pelze aus Skandinavien und Nordrußland sowie Schwerter aus Köln und abgerichtete Falken fehlen nicht. Von den Schwertern ist durch ihre Inschriften bekannt, daß sie von Kölner Waffenschmieden hergestellt wurden.

2. Diskriminierungen jüdischer Kaufleute im Fernhandel

Die hier genannten von den Juden importierten Waren durften offenbar nicht in Damiette, Tinnes oder Alexandria an Land gebracht werden, wie es sonst üblich war, um dann zu Schiff auf dem Nil über den damals bestehenden Kanal in den Golf von Suez transportiert zu werden. Die Juden hatten vielmehr den Landweg von al-Farama am Mittelmeer (Pelusium), wo sie eine Landeerlaubnis besaßen, zu benutzen. Die Waren und die Sklaven mußten von dort auf diesem Weg bis nach dem *Qulzum* genannten Roten Meer gebracht werden, von wo dann für den weiteren Transport wieder ein Schiff benutzt wurde. Man lief dann zunächst Dschidda an, bevor man über die südarabischen Häfen unter Ausnutzung des Monsuns Indien ansteuerte, von wo aus es Verbindungen nach China und der Insulinde gab. Von den Waren, die man dort kaufte und mit denen man die Rückreise nach al-Farama am Mittelmeer antrat, werden Muskatnüsse, Aloe, Kampfer, Zimt, Moschus, Edelmetalle und Schmuck (ungefaßte Steine und Perlen) genannt.

Auch außerhalb dieser Route waren den jüdischen Kaufleuten andere Häfen zur Benutzung vorgeschrieben als den islamischen Händlern. Ibn Churdadbih beschreibt noch eine solche Route, die von den jüdischen Kaufleuten aus Spanien benutzt wurde und in Nordafrika über den Maghreb nach Kairo führte. Hier hatte sie ihre Fortsetzung durch den Landweg über Ramlah und Damaskus nach Bagdad. Von Bagdad aus konnte man über Kufa Basra erreichen, um dann durch den Persischen Golf und den Indischen Ozean nach Indien zu gelangen.

Die Ausschließung jüdischer Kaufleute von den für andere Händler offenstehenden Handelsplätzen wie in Ägypten läßt sich auch für Trapezunt vermuten. Trapezunt war der wichtigste Hafen am Schwarzen Meer und gleichzeitig der Handelsplatz für die aus Mittelasien auf der Südroute der Seidenstraße transportierten Waren, die für Europa bestimmt waren. Nach dem Transport auf dem Landweg südlich des Elburs und durch

Armenien wurden sie in Trapezunt auf die Schiffe nach Europa umgeladen. Ibn Rusta, Iṣṭaḫrī und Ibn Hauqal erwähnen hier wohl syrische, mesopotamische, persische Kaufleute und mittelasiatische aus Buchara, nicht aber die jüdischen Radanijja. Diese benutzten entweder den Seeweg über das Kaspische Meer nach Itil am Unterlauf der Wolga oder den Landweg über Derbent und das chasarische Gebiet nördlich des Kaukasus nach Sarkel. Sarkel und Itil waren die wichtigsten Städte der sich zum Judentum bekennenden Chasaren.

3. Vertreibungen von Juden aus dem Irak, aus Syrien und Palästina als die Ursache für die Entstehung neuer wirtschaftlicher Schwerpunkte in Ägypten

Auf diesem Wege gab es demnach für die jüdischen Kaufleute immer eine Möglichkeit, mit Europa Handel zu treiben. Sie bestand aber auch für das Byzantinische Reich. Das Verbot des byzantinischen Kaisers Leo V. (813–820), das den Handel mit den islamischen Märkten verbot und dabei die Juden mit einschloß, galt nur für die Häfen und Handelsplätze am Mittelmeer. Trapezunt und die byzantinischen Niederlassungen auf der Krim waren davon ausgenommen. Auch in Konstantinopel verfügten die jüdischen wie die islamischen Kaufleute über feste Niederlassungen mit dem Recht eigener Religionsausübung und Rechtsprechung. Die Juden besaßen dabei fast mehr als die Araber. (Das den Arabern angeblich unter dem Kalifen Sulaiman ibn Abd al-Malik (715–717) gewährte Recht zum Bau einer eigenen Moschee ist umstritten.)

Die schon erwähnte Auswanderung der Juden aus Mesopotamien nach Ägypten und in die unter ägyptischer Herrschaft stehenden Teile von Syrien war die Folge der Pogrome der radikalen islamischen Sekte der Qarmaten in Mesopotamien, die dort fanatisch alle in ihren Augen nicht Rechtgläubigen verfolgte. Der Auswanderung der Juden folgte nach der Besetzung Mesopotamiens durch die türkischen Seldschuken der schon erwähnte Auszug der islamischen und christlichen Kaufleute und Manufakturbesitzer.

Ägyptens wirtschaftliche Schlüsselstellung, die verständlich macht, warum dieses Land damals zum bevorzugten Ziel der jüdischen Auswanderung wurde, war allgemein bekannt. Al-Kindi, der im 10. Jahrhundert schrieb, bezeichnet sogar Mekka und Medina als Umschlagplätze für den Handel Ägyptens. In Südarabien erfüllten Ṣan'a' und Aden und am Persischen Golf Suhar in Oman diese Aufgabe. Im Mittelmeerraum besaß Ägypten damals mit Rhodos und Zypern enge Handelsverbindungen.

Die Auswanderung der Juden aus Mesopotamien nach Syrien und dann weiter nach Ägypten brachte auch ein sprachliches Problem mit sich. Wurde doch von den Juden Mesopotamiens überwiegend Neupersisch gesprochen, das man mit hebräischen Buchstaben schrieb. Die Schwierigkeiten, die mit dem Erlernen des Arabischen verbunden waren, bedeuteten aber kein Hindernis für die Assimilierung der Einwanderer an ihre neue Umgebung. Die Geniza-Dokumente, die mit dem Ende des 10. Jahrhunderts beginnen, beweisen, daß man dort die bisher im Irak gebrauchte Handelssprache Neupersisch durch Arabisch ersetzt hatte und so in der Lage war, auch das Arabische in hebräischer Schrift für den gleichen Zweck zu verwenden.

4. Die Spuren der Ausdehnung des Handels der Radanijja auf den Routen der Seidenstraße

Das Hebräische als Schrift der Radanijja in Mesopotamien erlaubt nicht nur Rückschlüsse auf die Ausdehnung ihres Handels, sondern gestattet auch in begrenztem Umfang eine Kontrolle der Angaben der arabischen Geographen des 9. und 10. Jahrhunderts. Wenn man den durch die Geographen bekannten Wegen folgt, gibt es auf der Straße über den Paß von Derbent, bevor sie sich in eine Abzweigung nach Sarkel am Don und eine nach Itil an der Wolga spaltet, in einer einst auch von Christen bewohnten Siedlung einen großen jüdischen Begräbnisplatz, der nach der Anzahl der hebräischen Grabinschriften von einer größeren jüdischen Gemeinde zur Zeit der Chasaren benutzt wurde.

Auch für das Tarimbecken läßt sich die Anwesenheit jüdischer Kaufleute bezeugen. Den Nachweis erbringt eine aus dem 7. Jahrhundert stammende Urkunde in hebräischer Schrift und neupersischer Sprache aus Dandan Uiliq in der Nähe von Chotan über einen Grundstücksverkauf.

Auch die von Chotan abgehende Hochstraße über den Karakorum-Paß nach Indien wurde von jüdischen Kaufleuten benutzt. Hier sind es Graffiti an den Felswänden bei Chilas in hebräischer Schrift, die den Nachweis liefern. Durch weitere Zeugnisse läßt sich auch die Benutzung des Seewegs von Indien nach dem Persischen Golf für jüdische Händler nachweisen. Aus dem Ende der hier zu behandelnden Epoche, dem 12. Jahrhundert, stammen sechsundfünfzig Grabsteine, die bei der alten Hauptstadt der Provinz Ghor in Firuzkuh entdeckt wurden. Die in Firuzkuh damit anzunehmende Gemeinde war offenbar der Verlagerung der politischen Gewalt in diesen Westteil des Hindukuschs gefolgt.

Man kann daher davon ausgehen, daß die von den arabischen Geographen des 9. und 10. Jahrhunderts stammenden Angaben über die Ausdehnung des jüdischen Handelsverkehrs auf den Routen der Seidenstraße auch für die spätere Zeit Geltung haben.

5. Die Rolle der Juden in Kairo und die ägyptische Preispolitik auf dem Seeweg der Seidenstraße nach Indien

Eine weitere Bestätigung dieses Sachverhaltes wird indirekt durch jene Dokumente aus der Geniza der 882 in Alt-Kairo errichteten Synagoge gegeben, die sich auf den Indienhandel von Mitgliedern dieser jüdischen Gemeinde beziehen. Die seit dem Jahre 1097 erhaltenen Urkunden stammen offenbar zum Teil von den nach Ägypten ausgewanderten jüdischen Kaufleuten aus Mesopotamien. Bei diesen Geniza-Dokumenten handelt es sich neben den üblichen Responsa um eine Art von Aufzeichnungen, die z. B. den italienischen Notariatsakten über den Handel in den Städten am Nordufer des Schwarzen Meeres vergleichbar sind. Die gleiche Funktion wie die der italienischen Notariate wurde hier von den Rabbinaten erfüllt. Da die Kaufleute im Rahmen des Indienhandels eine Commenda nach islamischem Recht eingingen, war eine schriftliche Fixierung der Rechte der Teilnehmer notwendig. Im Gegensatz zu Italien gab es hier statt des einen Investors, wie es bei der Commenda im Mittelmeerraum die Regel war, mehrere Investoren.

Aus den Dokumenten der Geniza geht eindeutig hervor, daß es in dieser Zeit einen von Ägypten aus über Indien hinausgehenden jüdischen Handel mit China nicht gegeben hat. Es läßt sich aus ihnen weiter entnehmen, daß Ägypten schon am Ende des 11. und Anfang des 12. Jahrhunderts der Vermittler von Handelsbeziehungen mit islamischen Handelsplätzen am Mittelmeer war. Aus privaten Briefen, die die amtlichen Akten ergänzen, läßt sich auf das Bestehen von Verbindungen zwischen Sizilien und Aden in Südarabien und zwischen Tripolis in Libyen und Dahlak, dem heutigen Massaua in Eritrea, schließen. Diese Verbindungen wurden aber von Ägypten aus hergestellt. Die Warenbörse in Kairo war maßgebend, denn die Preise wurden nach dem in Gold geprägten ägyptischen Dinar notiert. Der Dinar von Kairo hatte für den Indienhandel die gleiche Bedeutung wie der byzantinische Goldsolidus für die Festsetzung der Preise im Mittelmeerraum. Beide Münzsorten waren damals überall miteinander konvertierbar.

Aus den Urkunden der Geniza ist auch zu entnehmen, daß die Handelsgeschäfte mit Kaufleuten in Südarabien und Indien durch Vermittlung von Kairo ohne Schwierigkeiten durchzuführen waren. Hierbei wurde anstelle der Barzahlung das Inhaberpapier mit der in hebräischer Schrift und arabischer Sprache geschriebenen Zahlungsanweisung verwendet, wobei die Höhe der Beträge mit koptischen oder griechischen Ziffern angegeben war. Die zum Teil sehr hohen Beträge wurden auch an weit entfernt liegenden Orten ohne Schwierigkeit ausgezahlt.

Die Verkaufslisten der Inder weisen hohe Preise für Arzneimittel, Gewürze, Aromatika und Farben auf. Andere Preise, z. B. die für Eisen und Stahl, waren nach der Qualität der Sorten gestaffelt. Bronze- und Kupfergefäße, indische Seide und Kleiderstoffe aus Baumwolle, Perlen, Muschelschalen und graues Ambra, Schuhe und andere Lederarbeiten wurden nach den am Markt orientierten Preisen bewertet. Chinesisches Porzellan hatte keinen festen Preis und wurde ausgehandelt. Große Bedeutung besaßen im Handel mit Indien die Jemeniten. Sie verdienten keineswegs nur am Transfer der Waren aus Indien oder Ägypten. Man denke z. B. nur an jene feuerfesten, aus Lava hergestellten Töpfe, die viel billiger waren als die aus Eisen oder Bronze. Hierfür besaß der Jemen fast ein Monopol wie für die Ausfuhr von Weihrauch und Myrrhe. Auch die im Jemen hergestellten Seiden- und Baumwollstoffe hatten ebenso wie die von jüdischen Handwerkern hergestellten Goldschmiedarbeiten einen festen Kreis von Abnehmern.

Neben den Produkten des Jemen und den von Jemeniten aus Ostafrika beschafften Waren gab es die aus Indien kommenden entweder dort hergestellten oder von indischen Kaufleuten dorthin importierten Waren. Sie umfaßten auch die Importe aus China und der Insulinde. Indien hatte offenbar für China und die Insulinde die gleiche Funktion eines Vermittlers, wie sie Ägypten für den Mittelmeerraum bei den Waren aus Ostafrika, Südarabien und Indien hatte. Zu den aus Indien nach Ägypten exportierten Waren gehörten Stoffe und Kleidung, die zu einem Teil aus einer Mischung von Seide mit Baumwolle oder Leinen hergestellt waren, Gefäße und Schmuck aus Silber und Gold, dazu Teppiche, Matten, Bratpfannen und andere Haushaltsgegenstände aus Kupfer. Zu den Rohstoffen muß man außer Kupfer auch Edelhölzer und Ingredienzien, die für Kosmetika, Medikamente, Seife, Parfüms und Farben gebraucht wurden, rechnen. Nach Indien eingeführt wurden neben Schmuck und Stoffen Korallen, Leinsamenöl für Lampen und Lebensmittel wie Olivenöl, Käse, Zucker und Rosinen.

Die Kataloge der Ex- und Importwaren machen die Rolle Ägyptens als Rohstoffzulieferer für Indien deutlich, wobei z. B.

mit der Zulieferung von Kupfer als Rohmaterial auch die Abnahme der in Indien daraus hergestellten Fertigprodukte verbunden war. Im Falle des Kupfergerätes scheinen die in Indien hergestellten Gegenstände in Ägypten auch nachgeahmt worden zu sein. Man hat sie dann von dort aus auch nach Europa exportiert. Zu den ägyptischen Nachahmungen gehören vor allem Stoffe, die aus einer Mischung von Baumwoll- und Seidenfäden hergestellt waren.

Charakteristisch für den jüdisch-ägyptischen Handel mit Indien war auch die Zusammenfassung verschiedener Waren in einem Angebot, für die indischen Exporteure z. B. für Waren, die sie selbst importiert hatten, wie Gewürze, Duftstoffe und Apothekerwaren. Gewürze wurden beispielsweise mit Ausnahme des gesondert in verschiedenen Sorten angebotenen Pfeffers als „Spezereien“ beim Preis und dem nach ihm berechneten Zoll zusammen behandelt. Auch benutzte man beim Zoll für die Deklarierung des Wertes häufig Münzsorten mit einem geringeren Wert als dem des ägyptischen Dinars. So wurde der Wert von Waren, die von jemenitischen jüdischen Kaufleuten in Indien gekauft worden waren, in jemenitischen Maliki-Dinars deklariert, einer Münze, die im Kurswert dem ägyptischen Dinar erheblich nachstand. Da der Zoll im Jemen mit einem Viertel des angegebenen Warenwertes festgesetzt wurde, spielte die Münzsorte, in der die Deklarierung vorgenommen wurde, eine große Rolle.

Man suchte in Indien meist einen Austausch der Waren, die man zu diesem Zweck auf der Rechnung zusammenfaßte, durchzuführen, so daß eine Bezahlung in bar oder über Zahlungsanweisungen vermieden wurde. Dieses Verfahren war bei dem Handel mit Massengütern wie Bauholz oder Lebensmitteln wie Käse, Zucker und Olivenöl durchaus anwendbar, sicher aber nicht bei den ausgesuchten Luxusartikeln wie chinesischem Porzellan und den verschiedenen Sorten von Pfeffer, die in ägyptischen Golddinars bezahlt werden mußten.

Angesichts der durch den Warenumsatz entstehenden wirtschaftlichen Prosperität, die sich auch auf die Schicht der jüdischen Kaufleute ausdehnte, erklärte sich die damals aus Spanien und dem Maghreb sowie aus Iran und Mittelasien einsetzende jüdische Einwanderung nach Ägypten. Die Einwanderer, die wegen Verfolgungen, aber auch aus wirtschaftlicher Not nach Ägypten gekommen waren, behielten, wie die Dokumente aus der Geniza in Alt-Kairo erkennen lassen, auch in Ägypten die Namen jener Städte bei, aus denen sie gekommen waren. Das gilt nicht nur für die Städte Mesopotamiens, des Hauptauswanderungsgebietes der in Ägypten ansässig gewordenen Juden, sondern auch für Städte wie Nishapur im Ostiran und wie Samarkand in Mittelasien.

6. Die religiöse jüdische Koine, eine Klammer zwischen europäischem und orientalischem Judentum

In den wichtigsten islamischen Städten auf dem Wege von Ägypten nach Indien wurden die jüdischen Interessen durch einen Wakīl als oberste Rechtsinstanz vertreten. Der Wakīl von Aden wurde von der Akademie in Palästina als religiöse Instanz und von dem obersten Vertreter der jüdischen Diaspora in Bagdad als Vertreter der politischen Führung bestätigt. Die indischen Handelspartner der jüdischen Kaufleute, die in den Dokumenten der Geniza erwähnt werden, waren offenbar jene Angehörigen indischer Kasten, die für die Modalitäten von Kauf und Verkauf der Ware zuständig waren.

Kairo war zu der Zeit, aus der die Informationen über den von Ägypten gelenkten Fernhandel stammen, nicht nur ein religiöses, sondern auch ein wirtschaftliches Zentrum. Über Kairo hinaus war es allgemein für die jüdischen Handelskolonien kennzeichnend, daß sich in ihnen nicht nur eine Synagoge, sondern auch eine Jeschivah befand. So gab es im 10. und 11. Jahrhundert auch in Mainz und Worms berühmte Talmudschulen, in jenen Städten, in denen die von Kiew kommende Handelsstraße endete. In Mainz wirkte neben anderen auch der berühmte Rabbi Gerschom. Das erklärt die Entstehung jener Tendenzen, die auf eine Trennung von den Gaoniten in Mesopotamien hinzielten. Mit dem Beginn des 11. Jahrhunderts hören daher die Anfragen der „Leute vom Rhein", der Aschkenasim, bei den Gaoniten der Akademien von Sura und Pumbedita auf. An ihre Stelle trat jetzt die talmudische Akademie von Mainz, die später von der in Troyes abgelöst wurde. Beide Städte erhielten durch jene Handelsstraße, die sie über Regensburg und Prag mit Kiew verband, wichtige Informationen aus Osteuropa, und der Schriftgelehrte Josef ben Simon Qara in Troyes gebrauchte sogar bei seinen Glossen zu Teilen des Alten Testaments das in Kiew gesprochene Altrussisch. Mainz, das die Juden *Magenza* nannten, das der jüdische Gelehrte Raschi aus Troyes noch vor den Pogromen des ersten Kreuzzuges besucht hatte, um dort an der Jeschivah zu studieren, verlor für die Juden seine Stellung als religiöser und wirtschaftlicher Mittelpunkt an Troyes. Die alte Handelsstraße nach Kiew wurde damals für viele Juden der Fluchtweg nach Osten, wo sie sich neue Wohnsitze suchten. Hier hatte die ein Jahrhundert vorher erfolgte Vernichtung des Chasarenreiches vollständig neue Verhältnisse geschaffen. Auch die vom Rhein dorthin geflüchteten Juden hatten damals die Ukraine wieder verlassen und waren nach Norden oder in die von den Byzantinern geschützten Küstenstädte am Schwarzen Meer ausgewichen.

Als Petachia, der Rabbiner aus Regensburg, zwischen 1170 und 1180 über Prag nach Kiew und von dort weiter zur Krim reiste, wußte er von rechtgläubigen jüdischen Gemeinden wenig zu berichten. An ihre Stelle waren die der Karäer getreten.

Unmittelbar vor Petachia hatte Abu Hamid Garmati aus Granada Südrußland besucht. Er war nicht nur in Kiew, sondern auch in Bolgar an der Wolga gewesen, wo sich die russischen Kaufleute aus Nowgorod und anderen Städten im Nordwesten mit sibirischen Pelzjägern und Händlern mit Orientwaren aus Mittelasien und dem Iran trafen. Im Gegensatz zu Petachia und dem wie er aus Spanien kommenden Benjamin von Tudela war er ein guter Beobachter, der auch einen scharfen Blick für die wirtschaftlichen Verhältnisse besaß. Nach ihm hatte sich der Zahlungsverkehr trotz des fehlenden Dirhems und der ungenügenden Verbreitung des deutschen Pfennigs und des byzantinischen Milaresion, das hier *Aspron* genannt wurde, weitgehend normalisiert. Man hatte das vorher in der Zeit des Übergangs in freier Vereinbarung festgesetzte Fellgeld auf einen Umrechnungskurs stabilisiert, bei dem für ein Bündel von achtzehn Marderfellen ein in Silber geprägter Pfennig gezahlt wurde.

IX. DIE BEGEGNUNG VON WARÄGERN UND DEUTSCHEN MIT CHASAREN UND KOMANEN IN OSTEUROPA IN IHRER BEDEUTUNG FÜR DIE ENTWICKLUNG DES HANDELS MIT DEM ORIENT

Trotz der nach dem Untergang des Chasarenreiches in den letzten Jahrzehnten des 10. Jahrhunderts bestehenden Unsicherheit hatte sich die wirtschaftliche Lage in Osteuropa weitgehend gefestigt. Neben Nowgorod und Bolgar, die Handelspartner waren, hatte im Süden Kiew, das enge wirtschaftliche Beziehungen zu den Pontushäfen besaß, an Bedeutung gewonnen. Einer der Hauptgründe hierfür war der byzantinische Vertrag von 1082, der der Republik Venedig mit dem Zugeständnis des freien Handels in allen byzantinischen Städten auch den Zugang zu den Pontushäfen und damit den Weg nach Kiew öffnete. In Kiew kam es dadurch bald zu Niederlassungen levantinischer Kaufleute, denen von Norden die Deutschen folgten. Nach dem sogenannten Bayerischen Geographen gab es schon in der Mitte des 9. Jahrhunderts für die Kaufleute aus Mitteleuropa einen ständig benutzten Weg zu den Chasaren. Auf ihn weist indirekt das etwas ältere Raffelstätter Zollweistum, das schon den Handel mit den Rus (Rugiis) erwähnt. Vor allem weitete sich der deutsche Handel mit Kiew und den Chasaren aus und erreichte im 13. Jahrhundert seinen Höhepunkt. Mit ihm eng verbunden war der Versuch der Bekehrung der Turkvölker im Süden Rußlands zum Christentum. Da sich die Chasaren für die jüdische Religion entschieden hatten, blieben für die Bekehrungsversuche zunächst nur die Petschenegen, die sich damals zwischen Sereth und Bug niedergelassen hatten, nachdem die Ungarn dieses Gebiet aufgegeben und innerhalb des Karpatenbogens eine neue Heimat gefunden hatten. Zu Beginn des 11. Jahrhunderts erreichten, von Brun von Querfurt gesandt, die ersten Missionare unter einem Bischof die Petschenegen. Hinter dieser Mission stand offensichtlich die Absicht, den Sklavenhandel, der von den Turkvölkern ausging, zu unterbinden. Zur gleichen Zeit hatten sich Priester zur Bekehrung der skandinavischen Sklavenhändler der Suigi im Norden im Auftrag des Bischofs aufgemacht.

Es waren aber nicht die Anstrengungen der christlichen Missionare aus dem Abendland, die den Sklavenhandel zwischen Kiew und Mainz zum Erliegen brachten. Durch das Erscheinen der levantinischen Kaufleute in den Häfen des Pontus nahm der Sklavenhandel eine andere Richtung. Der größere Teil der verkauften Sklaven ging jetzt auf venezianischen Schiffen nach Ägypten. Handelssprache auf den Märkten war jetzt das Komanische, das auch die europäischen Kaufleute verstanden.

Die Entwicklung des Komanischen zur Geschäftssprache der Nordroute der Seidenstraße war offenbar eine Folge der Ausbreitung der römisch-katholischen Religion. Bei Kiew, vor allem aber in den genuesischen und venezianischen Niederlassungen kam es vor der mongolischen Eroberung Südrußlands zu Klostergründungen. Neben ihrer Aufgabe, das Christentum unter den Komanen zu verbreiten, sollten die Mönche nach Möglichkeit christliche Sklaven, die von den Häfen der Krim auf den Seeweg nach Ägypten gebracht werden sollten, vor diesem Schicksal bewahren.

Außer diesen von italienischen Mönchen gegründeten Klöstern gab es auch andere, für die die Bekehrung der Komanen im Mittelpunkt stand. Die Missionare kamen hier aus dem Osten Deutschlands, aus Schlesien oder aus Sachsen. Aus einer späteren Phase ihrer Missionstätigkeit, den letzten Jahrzehnten des 13. Jahrhunderts, stammen Teile einer wegen ihres Inhalts *Codex Comanicus* genannten Handschrift. Ihr erster Teil enthält eine Preisliste, die die wichtigsten auf der Seidenstraße gehandelten Waren umfaßt, wobei die einzelnen Artikel in komanischer, neupersischer und lateinischer Sprache aufgeführt sind. Der zweite Teil umfaßt neben einem komanisch-deutschen Glossar

Predigtvorlagen und andere für die Bekehrung der Komanen bestimmte theologische Aufzeichnungen. Wenn auch beide Teile des Codex nicht von der gleichen Hand und auch nicht zur gleichen Zeit niedergeschrieben wurden, so deutet doch das Zusammenbinden ihrer Blätter zu einem Codex auf die gleiche Herkunft. Sie stammen aus einem deutschen Kloster in Südrußland, dessen Insassen aus uns unbekannten Gründen – vielleicht auf der Flucht vor Feinden der Mission – diesen Codex in einem italienischen Kloster deponierten, über das er dann nach Italien in die Hände des Dichters und Büchersammlers Petrarca gelangte.

Der Codex zeigt, daß Mission und Fernhandel zunächst nicht getrennt waren. Die Händler brauchten offenbar die Mönche, die sich eine immer größer werdende Kenntnis des Komanischen verschafften. Es kann daher nicht überraschen, daß z. B. Marco Polo einem dieser Klöster große Zuwendungen in Form von Stiftungen machte.

Die Preisliste mit der Wiedergabe der komanischen Warenbezeichnungen läßt vermuten, daß Komanen an der Zusammenstellung der Warenliste mitgearbeitet haben. Aus ihr kann man u. a. entnehmen, daß auf diesen westlichen Stationen der Seidenstraße auch Waren angeboten wurden, die bisher nur in der Levante und in Mitteleuropa gehandelt wurden. Das erklärt sich aus der Erweiterung des Kundenkreises der Kaufleute, nachdem die Mongolen neue Verkehrsverbindungen eröffnet hatten.

Der Handel zwischen Mainz und Kiew befand sich zur Zeit der Reise des Petachia zwar noch in der Hand deutscher und russischer Juden, aber Veränderungen kündigten sich auch hier an, nachdem die Petschenegen die Verbindungen von Kiew mit den Häfen an der Küste des Schwarzen Meeres durch ihre Landnahme blockiert hatten.

Größer waren diese Veränderungen an der erst entlang der Wolga und dann über das Kaspische Meer zu den Häfen des islamischen Irans führenden Handelsstraße. Sie blieb nicht mehr unter der Kontrolle der Waräger und der mit ihnen zusammenarbeitenden jüdischen Kaufleute der Radanijja. Was um 880 Ibn

Churdadbih über die Ausdehnung des Handels der Radanijja in Südrußland geschrieben hatte, besaß zweihundert Jahre später keine Gültigkeit mehr. Nach ihm hatten sich die Waräger, die man schon damals *Rus* nannte, damit begnügt, außer Biber- und Fuchsfellen nur noch Schwerter zu verkaufen, von denen durch Bodenfunde bekannt ist, daß die besten von ihnen durch deutsche Waffenschmiede in Köln angefertigt worden waren. Der Warenkatalog war aber damals sicher noch größer, als der arabische Geograph hier mitteilt. Außer Pelzen, Bernstein und Sklaven wurden auch Walroßzähne, Wachs, Flachs und Honig verkauft, wie wir aus anderen Quellen wissen. Die damals Mächtigen, das byzantinische Imperium, das Ostfränkische Reich und der Staat der Chasaren, berechneten für alle diese Waren zehn Prozent Durchgangszoll.

Außer dem Dnjepr-Düna-Handelsweg wurden schon von den Warägern zwei andere Verkehrswege nach dem Süden benutzt. Der eine folgte der Wolga bis zur Mündung und von dort der Westküste des Kaspischen Meeres zu einem Hafen in der Provinz Gīlān. Der andere verließ das Kaspische Meer bei dem Hafen Derbent und erreichte auf dem Landweg Mesopotamien, nachdem vorher die Fracht von Schiffen auf Kamele umgeladen worden war. Auch von diesen Routen hatten sich die Waräger zurückgezogen und die beiden Handelsverbindungen zum Reich der Wolgabulgaren den arabischen und uigurischen Kaufleuten überlassen. Den Teil des Weges von der Ostsee zum Reich der Wolgabulgaren hatten sich deutsche und russische Kaufleute geteilt. Die Russen brachten die Waren bis Nowgorod am Wolchow, die Deutschen kamen über die Newa nach Alt-Ladoga und zogen von dort über den Wolchow nach Nowgorod. Hier war der Umschlagplatz der Waren. Die Russen waren, um die Waren einzukaufen, über den Ilmensee der Msta nach Twer gefolgt und hatten von dort aus, die Wolga abwärts ziehend, die Märkte der Wolgabulgaren erreicht. Hier boten ihnen jetzt Araber aus Mesopotamien und Uiguren aus Mittelasien Seide verschiedenster Sorten, aber auch Pfeffer und andere Gewürze, die aus den Häfen am Persischen Golf kamen, an.

Angesichts dieser Situation ist die Frage zu stellen, was die Waräger veranlaßte, sich aus dem Handel in Rußland zurückzuziehen. Der Zusammenbruch des Reiches der Samaniden in Mittelasien um das Jahr 1000, der das Verschwinden der bis dahin dort geprägten Dirhems aus dem Ostseeraum und dem Norden Rußlands bedingte, war nur ein Grund und nicht einmal der entscheidende. Von viel größerer Bedeutung war das Fehlen des Angebots von Sklaven als Handelsware, eine Folge der Verbote der Bischöfe und der christlichen Mission in Schweden und Norwegen. Seit in Sigtuna ein christlicher Bischof amtierte und der Christenglaube auch in Gotland über die germanischen Götter gesiegt hatte, gab es dort keinen Sklavenhandel mehr.

Für den Rückzug des Dirhems bestanden noch andere Gründe als der Untergang der Samaniden und die Einschränkung des Sklavenhandels. Hierzu gehörte in erster Linie das Steigen der Preise. Während bei den Wolgabulgaren die hohen in Dirhem festgesetzten Preise angesichts des großen Umsatzes allein im Pelzhandel ohne Mühe bezahlt werden konnten, war das auf Märkten wie Przemysl und Prag an der Straße von Kiew nach Regensburg nicht der Fall. Hier gab es wertmäßig keinen besonders großen Warenumsatz, der eine Steigerung der Preise für Einfuhren aus dem Orient als Folge einer Verknappung der Dirhemprägungen tolerieren konnte. Diese Verknappung des Dirhems war durch Erschöpfung der Silbervorkommen, aber auch durch mangelhafte Förderung des Silbers in den Zentren des Bergbaus bedingt. Es lohnte sich damals, in Nordchina billiges, aus Tributzahlungen stammendes Silber zu kaufen und in Mittelasien mit großem Gewinn an die Prägestätten zu verkaufen. Trotzdem blieb die Knappheit des Dirhems bestehen und damit auch die Höhe der Preise im Warenverkehr. Man nutzte diese Situation zu Spekulationen in großem Stil aus, indem man Dirhems – zum Teil im Umfang von über einer Million – auf einige Horte in Nordwestrußland verteilte, um durch ihren Einsatz die Preise z. B. im Angebot von Pelzen zu drücken. Schwerpunkt dieses Handels waren die Märkte im Kama-Wolga-Gebiet zwischen Kasan und Perm. Hier wurden die größten Umsätze erzielt. Man war daher in der Lage, Schwerter aus Köln und kostbares Tafelsilber aus Mittelasien zu kaufen. Es ist also kein Zufall, daß beide Warengruppen in diesem Gebiet in verhältnismäßig großer Zahl unter den Bodenfunden auftauchen.

Für die Städte im Nordwesten Rußlands einschließlich Nowgorod war diese Situation auf die Dauer von Nachteil, der vor allem nach dem Rückgang des Sklavenhandels besonders fühlbar wurde. Man trennte sich von der Bewertung des Dirhems nach dem Nominalwert und benutzte die Münzen nur noch in der Form von Hacksilber unter Zugrundelegung ihres Metallwertes, wobei man sich ständig mitgeführter Feinwaagen bediente. An die Stelle des Dirhems trat jetzt im Nordwesten Rußlands der deutsche Pfennig als Zahlungsmittel und im Süden das im Byzantinischen Reich geprägte Milaresion, das auch *Aspron* (Asper) genannt wurde. Es wurde wegen seiner dem Gold gegenüber helleren Farbe von den Turkstämmen *aqči* und von den Ostslawen *Bela* genannt.

1. Die beiden Gruppen der Waräger, die von Nowgorod mit der Verbindung über den Wolgaweg zur Seidenstraße und die von Kiew mit den Beziehungen nach Konstantinopel und Mainz

Nach dem Codex Hypatianus der Nestorchronik residierte Rurik in Staraja Ladoga, dem Aldeigia der altnordischen Überlieferung. Weder Staraja Ladoga noch das spätere Nowgorod, das die Laurentiuschronik als seinen Wohnsitz nennt, werden in Verbindung mit Olegs Feldzug gegen Konstantinopel erwähnt. Das gilt auch für die Stadtburgen seiner Brüder, die des Sineus in Beloozereo und die des Truvor in Izborsk südlich des Peipussees. Der Grund läßt sich unschwer durch ihre sich voneinander unterscheidenden Beziehungen zur Seidenstraße erraten. Rurik und seine Brüder besaßen über die Nebenflüsse der oberen Wolga und der Oka enge Verbindungen zu den Märkten des Wolgaweges (der bei Itil die Nordroute der Seidenstraße erreichte) und damit Beziehungen zu Mittelasien. Das erklärt die überaus zahlreichen Horte von Dirhems, die, gemessen an der Höhe des deponierten Geldes, die aller Anrainer der Ostsee übertreffen. Die Dirhemhorte, die sich an den Stationen Kiew, Przemysl, Krakau und Prag an der Straße nach Mainz fanden, sind weit geringer und weisen vor allem auf Münzprägungen in Mesopotamien hin, Importe über den Kaukasus, Sarkel und Majaki. Wenn die Gesandten der Waräger von Kiew im Jahre 839 nicht den kürzeren Weg über die Ostsee, sondern mit den Byzantinern zusammen den Umweg über das Mittelmeer, Konstantinopel und die Krim für die Rückkehr nach Kiew wählten, so weist das auf einen tiefgreifenden Konflikt hin, der, wie das Fehlen der nordwestrussischen Städte im Heer des Oleg zeigt, auch zu dieser Zeit noch unvermindert bestand. Die Nachfolger Ruriks im Nordwesten wollten für sich das Monopol des Orienthandels über den Wolgaweg sichern. Sie sahen durch die Straße von Kiew nach Mainz und die Seeverbindung der Waräger von Kiew über Konstantinopel mit dem Mittelmeer ihre wirtschaftliche Stellung bedroht. Die Verträge von Oleg und Igor dienten dazu, den Handelsverkehr der Waräger von Kiew mit dem Mittelmeerraum einschließlich des Sklavenhandels zu sichern. In den Komplex dieser Verhandlungen gehörten jene Vereinbarungen und die sie ergänzenden Kommentare, die über die Nestorchronik erhalten sind.

Neben der Neutralisierung der Dnjepr-Mündung und dem Verbot von Piraterie in den Küstengewässern waren es vor allem der Transfer und der Verkauf von Sklaven, über die feste Regelungen getroffen wurden. Sie galten auch für jene warägischen Kaufleute, die in dem für sie vorgesehenen Mitaton in dem Stadtteil an der Kirche des heiligen Mamas in Konstantinopel Handel treiben wollten. Außerdem wurden Abreden über den Kauf von Seidenballen für die Erneuerung der Segel und über Hanfseile für die Takelage getroffen. (Bei der hier *pavoloke* genannten Seide dürfte es sich um in Kleinasien hergestellte Wildseide gehandelt haben, die man in der Antike unter dem Namen „Koische Seide“ kannte.) Die Verwendung von Seide für die Segel sicherte durch die Leichtigkeit des Materials die größtmögliche Ausnützung des Windes. Die *lodja* genannten slawischen Boote benutzten Leinensegel.

Die Abmachungen lassen erkennen, daß Waräger und Slawen zu dieser Zeit noch als zwei getrennte Gruppen auftraten. Beide benutzten auch verschiedene Schiffstypen und wurden bei der Kriegsentschädigung verschieden behandelt. Die warägischen Krieger erhielten durch den byzantinischen Kaiser eine Vergütung von zwölf Griwnjas. Damit sind nicht die Halsringe dieses Namens gemeint, die von der kaiserlichen Garde, zu der später auch Waräger gehörten, getragen wurden, sondern jene Silberbarren, die wir aus späteren Handelsverträgen kennen. Die Griwnja wurde von den slawischen Kaufleuten mit der deutschen Mark gleichgesetzt. Von den Städten, deren Kontingente an dem Feldzug teilgenommen hatten, erhielten Kiew, Černigow und Perejslavl einen nach seinem Umfang nicht näher angegebenen Tribut. Aus dem Fehlen der Städte im Nordwesten, wo Söhne und Enkel Ruriks und seiner Brüder regierten, läßt sich entnehmen, daß sie sich ebenso wie diese von einem Zusammengehen mit den Warägern von Kiew fernhielten.

2. *Slawen (Russen) und Waräger (Skandinavier) als Partner im Sklavenhandel*

Die slawischen Kaufleute waren ebenso wie die warägischen Händler am Sklavenhandel beteiligt. Man unterschied bei den Byzantinern die verschiedenen Sprachen der beiden Gruppen: *Rusisti* hieß die Sprache der Waräger und *Slawinisti* die der slawischen Stämme.

Die Slawen gebrauchten für das in Gold geprägte byzantinische Nomisma die Bezeichnung *zolotnik*. Offensichtlich waren auch die Warenlisten mehrsprachig. Waräger und Slawen bildeten innerhalb ihres gemeinsamen Staates getrennte Gruppen, die, wie schon Ende des 7. Jahrhunderts die bulgarischen Onoguren und die sieben slawischen Stämme, ihre Rechte im Rahmen eines Paktes gegeneinander abgrenzten.

Für die Sklaven läßt sich der Marktpreis durch die Angaben über die für das Loskaufen christlicher Sklaven erforderlichen Geldbeträge indirekt erschließen. Hiernach war er nach Alter und Geschlecht der „Ware“ gestaffelt, wobei außerdem der Grad der Arbeitsfähigkeit und besondere Ausbildung bei der Preisfestsetzung berücksichtigt wurden. Allgemein mußten bei der Durchfahrt durch den Bosporus zehn Prozent des Wertes jeder deklarierten Ware gezahlt werden. Das betraf auch die Sklaven.

Die Kaufleute, die in das Gebiet der Rus von Kiew oder der Chasaren von Sarkel kamen, besaßen Kreditbriefe, die neben dem kreditierten Betrag oft auch jene Waren nannten, für deren Kauf man den Kredit in Aspruch genommen hatte. Die bei dem Verkauf erzielten Gewinne wurden entsprechend dem vereinbarten Anteil an den Kreditgeber überwiesen. Dieser bargeldlose Überweisungsverkehr ist zwar erst seit dem Vorhandensein der Notariatsakten, also seit dem Beginn des 13. Jahrhunderts, durch Urkunden nachweisbar, er muß aber schon für die frühere Zeit angenommen werden.

Rückschlüsse auf das Verhältnis von Warägern zu Slawen und Byzantinern läßt ein 945 an den Großfürsten der Rus gerichtetes Schreiben zu, dessen Inhalt die Nestorchronik wiedergibt. Hier wird Igor, dem Nachfolger Olegs, der Auftrag erteilt zu verhindern, daß die „Schwarzen Bulgaren“, mit denen hier die Petschenegen gemeint sind, auf die Krim vordringen und um Cherson, dem Korsun der russischen Chroniken, byzantinisches Gebiet verwüsten können. Demnach muß der Großfürst die Landenge von Perekop unter seiner Kontrolle gehabt haben. Da ihm weiter Polizeiaufgaben im Seegebiet um die Dnjepr-Mündung zugemutet wurden, kann angenommen werden, daß es hier Flottenstationen der Rus gab. Auch auf der Halbinsel Taman läßt sich Tmutorokan als Stützpunkt der Waräger nachweisen.

Zusammenfassend kommt man zu dem Ergebnis, daß die Waräger eine überregionale Verteidigungsorganisation besaßen, während die slawische militärische Abwehr nur regional im Rahmen des Stammes erfolgte. Die Niederlassungen der Kaufleute lagen bei Warägern und Slawen in gleicher Weise in den Städten.

3. Der Beginn des Handels deutscher Kaufleute mit Nordwestrußland

Im Gegensatz zu anderen Handelswegen konnten sich auf der Straße von Kiew nach Mainz der Sklavenhandel und der uneingeschränkte Export der Seide bis zum Ende des 11. Jahrhunderts behaupten. Der Fernhandel hatte in Prag, Regensburg und Mainz Anschluß an wirtschaftlich besonders stark entwickelte Gebiete. Hier gab es im Gegensatz zu Nowgorod Kunden, die in der Lage waren, auch hohe Preise für Luxuswaren zu zahlen.

Die Lage im Osten änderte sich erst mit der zweiten Hälfte des 12. Jahrhunderts. Das erste Signal kam aus dem Westen. Durch Privilegien Heinrichs des Löwen kam es, geschützt von seiner politischen Macht, an der Südküste der Ostsee zur Gründung einer großen Zahl deutscher Kaufmannssiedlungen. Sie fanden sich sehr bald zu einer wirtschaftlichen und politischen Gemeinschaft zusammen, der späteren Hanse, der sich nicht nur die Ostseestädte, sondern auch die Häfen an der Nordsee anzugliedern suchten. Doch nicht nur die Häfen an der Küste, auch Städte an den großen Flüssen, wie z. B. Köln, schlossen sich dem Bund an. Diese wirtschaftliche Vereinigung wurde begleitet von der Entwicklung eines neuen Schiffstyps, der Kogge. Sie war in der Lage, erheblich mehr Fracht aufzunehmen als die bisher im Fernhandel benutzten Schiffe. Auch England mit dem großen Markt London, das das Monopol für die Lieferung der Wolle an die flämischen Tuchmanufakturen besaß, war mit der neuen Wirtschaftsmacht verbunden.

X. WANDLUNGEN IN DER STRUKTUR DES HANDELS UND IN DER TECHNIK DES ZAHLUNGSVERKEHRS IN NORDWESTRUSSLAND

Der Sklavenhandel in Rußland kam jetzt, nachdem sich die Waräger aus ihm zurückgezogen hatten, zum Stillstand. Rußland lieferte nun Pelze und den Flachs als Rohmaterial für Leinen. Die Erschließung von Fürstentümern wie Smolensk und Halitsch für den Getreideanbau, eine Folge der durch die Festsetzung der Petschenegen und später der Polowzer ausgelösten Binnenwanderung nach Norden, machte Getreide zum Exportartikel. Auch wurde jetzt in erheblichem Umfang Bauholz geschlagen. Der Honig- und Wachsexport stieg weiter. Beide, der eine zum Süßen der Speisen und das andere zur Beleuchtung, vor allem der Kirchen, waren im Abendland sehr begehrte Waren. Diese Handelsartikel wurden von Nowgoroder Kaufleuten an die Deutschen, die in ihrer Stadt eine Handelsniederlassung besaßen, verkauft. Man verfügte hierfür in Gestalt der Griwnja über ein konvertierbares Zahlungsmittel. Wir kennen die Griwnja zuerst aus dem Rechtsbuch ›Russkaja Prawda‹ von 1051 für Kiew, dann für Nowgorod aus dem Vertrag des Fürsten Jaroslav von 1189, der sich mit den Privilegien und Pflichten der deutschen Kaufleute und der Gotländer in Nowgorod beschäftigt. Sie wird in dieser zweisprachigen Urkunde mit der deutschen Mark gleichgesetzt. Beide waren Prägungen in der Form von Silberbarren. Die Griwnja hatte sich wahrscheinlich als Zahlungseinheit für Tribute der warägischen Fürsten an die Chasaren entwickelt und war auch zu dem gleichen Zweck für die Zahlungen an Petschenegen und Polowzer verwendet worden. Das Gewicht der Griwnja schwankte und damit auch ihre Bewertung als Zahlungsmittel. Wenn trotzdem in dem Vertrag des Fürsten Jaroslav von 1189 die Griwnja mit der Mark gleichgesetzt wurde, muß man daraus schließen, daß Nowgorod nur Silberbarren als Griwnja herstellte, die im Gewicht der damaligen deutschen Mark entsprachen.

1. Privilegierte deutsche Kaufleute als Partner der Russen in einem mit Zahlung auf Silberbasis durchgeführten Handelsverkehr

Die russischen (slawischen) Kaufleute bedienten sich anstelle der Dirhems und der byzantinischen Münzen des deutschen Pfennigs. Hierbei ist es für die Bestimmung des Exportes aus Mitteldeutschland nach Osteuropa von Bedeutung, ob die Münzen von den sächsischen Kaisern in Goslar oder von den Saliern, wie Heinrich III. und Heinrich IV., in Regensburg geprägt wurden. Kaufleute, die mit diesen Münzen bezahlten, waren mit den Gotländern nach Nowgorod gekommen und hatten hier wie sie die Erlaubnis zur Anlage einer eigenen Niederlassung erhalten. Die von ihnen verwendete ältere Gruppe der deutschen Münzen weist auf Kaufleute hin, die zunächst über die Waräger von Sigtuna und die Gotländer Waren aus Rußland bezogen hatten, wobei das Schwergewicht bei den aus dem Orient kommenden Luxuswaren lag. Dieser Transfer über die Waräger und Gotländer erklärt Umfang und Zusammensetzung der in Skandinavien und Gotland gefundenen Horte an Dirhems und deutschen Münzen. Sie stammen aus dem 10. Jahrhundert. Die zweite Gruppe umfaßt neben anderen süddeutschen Münzprägungen aus der Zeit Heinrichs III. und des IV., die in Regensburg geprägt wurden, auch Münzen aus Köln. Sie wurden meist in Weißrußland gefunden. Sie gelangten über eine bei Przemysl im russischen Fürstentum Halitsch von der Route von Mainz nach Kiew abgehende Verkehrsverbindung dorthin, wo man sie etwa um 1090 vergrub.

Diese Münzfunde deuten das damals beginnende Engagement der deutschen Kaufleute an den beiden wichtigsten Abzweigungen der Nordroute der Seidenstraße in Osteuropa an. Es ist die

Zeit noch vor der Entstehung der Hanse, deren Initiative bald nach der Gründung von Lübeck im Jahre 1147 begann.

Damit kam es in Osteuropa auch auf monetärem Gebiet zu einer Trennung des Nordens vom Süden. Hierbei gehörte die Straße von Kiew nach Mainz ebenso wie die von Kiew zu den Märkten an der Düna zu dem Geltungsbereich des Pfennigs, während die Straße von Sarkel nach Majaki und die von Tamatarcha am Bosporus über den nördlichen Kaukasus bevorzugt das Geltungsgebiet des Asper war. Das galt auch für die Häfen an der Küste des Schwarzen und des Asowschen Meeres bis nach Tana an der Don-Mündung. Der Wolgaweg von Itil an der unteren Wolga bis Bolgar und weiter nach Bjarma blieb Geltungsbereich des Dirhems.

2. *Die Schrift (Stutzrunen) im Geschäftsverkehr der Waräger*

Auch im Geschäftsverkehr brachte die neue monetäre Situation Veränderungen. Er wurde jetzt nicht mehr nur mündlich, sondern auch in schriftlicher Form durchgeführt, bei den Warägern vermutlich überwiegend auf Holzstücken, auf denen man Geschäftsmitteilungen mit Stutzrunen, einer für den täglichen Gebrauch vereinfachten Runenschrift, aufzeichnete. Diese Aufzeichnungen stammen, soweit sie uns erhalten sind, überwiegend erst aus dem 13. Jahrhundert, und zwar hauptsächlich aus dem Westen Skandinaviens. Sie geben aber auch eine Vorstellung von der schriftlichen Seite des Handelsverkehrs in den Warägermärkten im Nordosten Rußlands. Es handelt sich hierbei um Mitteilungen an Geschäftspartner *(félagi)*. Die älteste noch nicht vollständig gedeutete Mitteilung dieser Art stammt aus Hedeby bei Schleswig und ist in die Zeit um 900 zu datieren; die jüngeren Mitteilungen sind teils Antworten auf Anfragen über das Vorhandensein bestimmter Waren wie Garn oder Fäden und lassen damit erkennen, daß hier Weber die Käufer von Textilrohstoffen waren, oder sie sind Quittungen über die Rückzahlung geschuldeter Summen. Andere wiederum sind als Warenbegleitscheine zu deuten, wie jene, die der Münzmeister Torkjell einer Sendung Pfeffer beilegte. Hiervon zu unterscheiden sind aber jene als Etikett verwendeten Holzplättchen, die den Besitzer einer Ware anzeigten.

Auch wenn der größte Teil der bisher bekannten Mitteilungen in Geschäftsrunen auf Holz sich auf Norwegen beschränkt, so gibt indirekt der Umfang der Verwendung der als Stutzrunen bezeichneten Geschäftsschrift auf anderem Material einen Hinweis auf ihre weite Verbreitung im Fernhandel. Neben Staraja Ladoga, dem ältesten Markt der Waräger, sind Gotland, Birka, Aarhus auf Schonen, Haithabu und Kaupang am Ausgang des Skagerraks zu nennen.

Die Frage nach einem Weiterleben des Schriftverkehrs mit Stutzrunen auf Holz ist schwer zu beantworten. Mit dem Ausscheiden der Waräger aus dem Fernhandel verschwanden auch ihre Runen. Zwischen den jüngsten auf russischem Boden gefundenen Aufzeichnungen in Runenschrift und den ältesten erhaltenen, auf Birkenrinde in Kyrilliza russisch geschriebenen geschäftlichen Mitteilungen liegen fast zwei Jahrhunderte. Daß es auch in dieser Zeit bei den Kaufleuten eine Geschäftssprache und eine Schrift gegeben hat, steht außer Zweifel. Anscheinend hat man dafür das Griechische benutzt. Das gilt auch für die warägische Gesandtschaft aus Kiew, die im Januar 839 auf dem fränkischen Reichstag in Ingelheim eintraf, und auch für die Vereinbarungen von 911, 944 und 971, die zwischen den Warägerfürsten und Byzanz getroffen wurden, die nur in der Nestorchronik in altrussischer Sprache erhalten sind.

Oleg, für den 911 (912) Gesandte in Konstantinopel eine Vereinbarung aushandelten, nachdem schon vorher eine Regelung über finanzielle Vergütungen für die Krieger seiner Gefolgschaft und Tribute für die wie sie an dem Feldzug gegen Konstantinopel beteiligten slawischen Städte vereinbart worden war, besaß offenbar ebenso wie der bulgarische Zar Simeon eine griechische und slawische Kanzlei. Einen Hinweis auf sie gibt jene griechische Inschrift aus dem Jahre 904, die sich auf einer Stele befindet, die einen Punkt der ehemaligen bulgarisch-byzantinischen Grenze bezeichnet. Nach dieser Inschrift erfolgte die Festsetzung in Anwesenheit des im Auftrag des Großfürsten Oleg hierzu abgeordneten Tarchan Theodor. (Der Grieche Theodor führt hier, ebenso wie Oleg in der ›Nestorchronik‹, der dort als *Qagan/Kakanus* bezeichnet wird, einen türkischen Titel. Theodor stammte vielleicht aus dem Kreis der griechischen Kaufleute, deren Niederlassung schon zu dieser Zeit bei der Kirche des heiligen Elias lag.)

Wie schon die Verbindung der warägischen Gesandten, die im Januar 839 auf dem Reichstag in Ingelheim vor Ludwig dem Frommen erschienen, mit den Gesandten des byzantinischen Kaisers Theophilos vermuten läßt, verfügten die Waräger über griechische Übersetzer. Das bestätigen auch die in Haithabu erhalten gebliebenen Bleisiegel einer griechischen Urkunde, die, nach den Siegeln zu urteilen, von einem hohen byzantinischen Beamten ausgestellt worden war.

Gegenstand der Verhandlungen in Ingelheim war vermutlich die Sicherung jener Abzweigung der Nordroute der Seidenstraße, die von Sarkel über Majaki, Kiew, Krakau, Prag und Regensburg nach Mainz führte. Es scheint kein Zufall zu sein, daß zu der gleichen Zeit, in der der Kaiser Theophilos in Sarkel von byzantinischen Handwerkern eine Zitadelle aus Stein errichten ließ, auch in Kiew, Krakau und Prag Verteidigungsanlagen aus Stein gebaut wurden.

Bei den Verhandlungen von Ingelheim wird schon deutlich, was auch die Vereinbarungen von 911/912 und ihre Kommentare durch den Chronisten bestätigen, daß nämlich die Waräger, die sich im Nordwesten Rußlands niedergelassen hatten, an den Verhandlungen der Fürsten von Kiew mit Byzanz und mit den Franken nicht beteiligt waren.

3. *Die Verbreitung der religiösen Bekenntnisse bei den Turkstämmen in Osteuropa*

Von den Handelsbeziehungen ist die Verbreitung der einzelnen religiösen Bekenntnisse nicht zu trennen. Der Teil der Krim südlich des Jailagebirges war ebenso wie die Halbinsel Kertsch christlich. Beide unterstanden dem in der Stadt Doros residierenden byzantinischen Erzbischof. Die Missionsbistümer an der Straße von Tamatarcha bis Chwarezm gehörten ebenfalls zu seiner Kirchenprovinz. Dagegen bekannten sich die Bewohner der Stationen des Wolgaweges einschließlich der Wolgabulgaren seit der zweiten Hälfte des 9. Jahrhunderts zum Islam.

Die im 8. Jahrhundert zum Judentum übergetretenen türkischen Chasaren scheinen, auf den ersten Blick gesehen, als Religionsgemeinschaft untergegangen zu sein. Das trifft aber nur für die Anhänger der orthodoxen Richtung, der Rabbaniten, zu. Die zur Sekte der Karäer bekehrten Teile der Chasaren haben als Religionsgemeinschaft überlebt. In Eupatoria an der Westküste der Krim und in einzelnen Städten in der südlichen Ukraine gibt es noch heute karäische Religionsgemeinschaften. Demnach scheinen sich die Chasaren später der karäischen Sekte zugewandt zu haben. Nach einigen nicht unbestrittenen Überlieferungen muß es dazu im 10. Jahrhundert gekommen sein. In Eupatoria steht noch heute eine karäische Synagoge. Auch gibt es auf der Krim alte jüdische Bestattungsplätze, die nach den Inschriften der Grabsteine bis zurück in das 10. Jahrhundert zu datieren sind. Die Handschriften der in einzelnen Synagogen noch aufbewahrten Targumim, der freien Wiedergaben des Toratextes in chasarisch-türkischer Sprache, gehen bis in das 12. Jahrhundert zurück. (Die karäische Gemeinde in Troki in Litauen ist vielleicht von Flüchtlingen, die aus Südrußland nach dort ausgewichen waren, gegründet worden.)

Größer noch als die der Sprache der Chasaren war die Bedeutung des Komanischen, eines osttürkischen Dialektes, für das Entstehen einer türkischen Geschäftssprache auf dem Westteil der Seidenstraße, soweit er Südrußland berührte.

4. Die Handelspraxis der deutschen Kaufleute in Nordwestrußland

Während Südrußland und die dort beginnende Route der Seidenstraße von genuesischen und venezianischen Kaufleuten für ihre Handelsreisen nach Ostasien in Anspruch genommen wurden, bediente sich die Hanse des schon von den Warägern benutzten Seeweges von der Mündung der Newa bis zum Ladogasee. Hier ankerten ihre Schiffe bei Staraja Ladoga, weil die Fracht wegen der Stromschnellen des Wolchow auf kleinere Schiffe umgeladen werden mußte, die dann von den in einer Genossenschaft organisierten Treidlern stromaufwärts nach Nowgorod gezogen wurden.

Der zweite Weg, der über Land führte, benutzte die Route, die in Riga begann, der Düna folgte und über Pleskau Nowgorod erreichte. Nach der von ihnen gewählten Route unterschied man bei den deutschen Kaufleuten Wasser- und Landfahrer. Eine weitere Unterscheidung wurde nach der Zeit des Aufenthaltes getroffen. Man bezeichnete die Kaufleute, die im Herbst kamen und den Winter über in ihrer Niederlassung bis zum Beginn des Frühjahrs blieben, als Winterfahrer. Zu ihnen gehörten z. B. die Pelzhändler und die Käufer des im Winter geschlagenen Holzes. Die als „Sommerfahrer" bezeichnete Gruppe blieb vom Ende des Frühjahrs bis zum Herbst. Zu ihnen gehörten vor allem die Getreidehändler. Beide Gruppen kauften auch die von den Kaufleuten aus Nowgorod von ihren Handelsreisen in das Reich der Wolgabulgaren mitgebrachten orientalischen Luxuswaren wie chinesische und persische Seiden, aber auch Gewürze, Apothekerwaren und Weihrauch. Sie brachten dafür Tuche aus Flandern, Glas, Schwerter aus Köln und Bernstein von der Ostseeküste. Sie bezahlten in der schon erwähnten deutschen Mark und verkauften zu Preisen, die von den russischen Kaufleuten in Griwnja angegeben waren.

1224 war Dorpat zur Stadt erhoben worden. Die erhaltenen Aufzeichnungen seines Zollbuches enthalten ebenso wie die Aufzeichnungen des Londoner Zolls Angaben über die Bewertung der aus dem Orient eingeführten Luxuswaren, darunter auch der verschiedenen Sorten der Seide, die über Nowgorod eingeführt worden waren. Die Hanse vermittelte jetzt die Verteilung eines großen Teils der Luxusgüter des Orients an die Wirtschaftszentren des Abendlandes, wie das Rheintal, Flandern, Ostfrankreich und England.

Der Transfer dieser Waren über Nowgorod hat zu einer weitgehenden wirtschaftlichen Erschließung Nord- und Weißrußlands geführt. Diese Entwicklung verstärkte sich noch, als es den deutschen Kaufleuten gelang, einen Teil des russischen Zwischenhandels auszuschalten, nachdem sie, von Riga aus der Düna folgend, auf den russischen Handelsplätzen Polotzk und Witebsk Fuß gefaßt hatten. Mit Smolensk gewannen sie den Zugang nach Kiew und damit zu dem bisher nach Konstantinopel orientierten Teil Rußlands, der mit der Landnahme der Petschenegen und Komanen von dem Zugang zu den Häfen an der Küste des Schwarzen Meeres ausgeschlossen war. Das Schwergewicht des Außenhandels der russischen Fürstentümer wurde dadurch vom Dnjepr und der Düna – als Verbindung von Ostsee und Schwarzem Meer – zur Wolga und der an ihr entlang nach dem Kaspischen Meer führenden Handelsstraße verlagert.

Damit steigerte sich auch der Absatz der persischen und der chinesischen Seide in den aus den Gorodischten der Waräger entstandenen russischen Städten. Das zeigen indirekt die Reliefplastiken, die vor allem an den Fassaden der im 12. und 13. Jahrhundert zwischen der mittleren und unteren Oka und der oberen Wolga errichteten Kirchen erhalten geblieben sind. Man denke etwa an die zwischen 1194 und 1197 gebaute Demetrios-Kathedrale in Wladimir. Der Reliefkünstler hat hier Muster der im Iran und in China entstandenen Seidenstoffe übernommen und als belebende Elemente der Fassade in die Form des Reliefs übertragen.

Während im eigentlichen Rußland als Folge der Einfälle der Mongolen und später der Goldenen Horde aus dieser Zeit wohl keine Seidenstoffe im Original erhalten geblieben sind, gibt es im Schatz der Kathedrale von Uppsala noch zwei Seidenstoffe, wahrscheinlich chinesischer Herkunft, die über Rußland nach Skandinavien gekommen sind. Der eine war ursprünglich für eine Tunika bestimmt und hat ein Muster aus Drachen und Hasen. Bei dem zweiten Stück besteht das Muster aus geöffneten Blüten zwischen Laubwerk. Beide Stoffe gehören allerdings schon in das 13. Jahrhundert.

In Italien (Venedig, Florenz, Lucca) und in Deutschland (Regensburg, Köln) wurden in dieser Zeit schon selbst Seiden hergestellt, so daß der Markt für orientalische Seide in Europa allmählich zu schrumpfen begann.

5. Die Emanzipation der Städte im Orient und im Abendland aus dem Rahmen der Staatsverfassung durch Herausbildung eigener Strukturen

Für die Zukunft bedeutungsvolle Veränderungen kündigten sich damals auch in der politischen Struktur der abendländischen, osteuropäischen und islamischen Städte an. Man kann sie in dem Rückzug der Fürsten oder Landesherren aus der städtischen Regierung sehen, die sich jetzt ein Bürgermeister mit einem Rat teilte. Der Anstoß für diese Entwicklung ist wahrscheinlich in der immer mehr zunehmenden Kapitalisierung der kaufmännischen Führungsschicht in den Städten zu suchen. Der Fernhändler war mit einem Teil seiner Firma seßhaft geworden. Er verkaufte – neben importierten Luxusartikeln – nur zu einem Teil von anderen hergestellte Waren. Ein großer Teil seiner Waren wurde jetzt durch von ihm abhängige Handwerker hergestellt. Diese Abhängigkeit reichte von der vermieteten Werkstatt und den zur Verfügung gestellten Werkzeugen und Rohstoffen bis zu der in die Dörfer des Umfeldes der Stadt vergebenen Heimarbeit zur Vorbereitung der Wolle für die Wollweber.

Kauf und Verkauf und die Sicherheit eines innerhalb der Mauern der Stadt gelegenen Grundstücks garantierten schon bei mittleren merkantilen Erfolgen dem einzelnen das Anwachsen von Geldvorräten. Sie ermöglichten es aber auch den Städten, eine eigene, auf gemietete Söldner gestützte Politik zu machen. In der weiteren Entwicklung kaufte die Gruppe der merkantilen Unternehmer durch Anleihe und Kredite dem zahlungsunfähig gewordenen Fürsten einen Teil seiner Rechte ab. Der Versuch mancher Mitglieder des Hochadels, diese Entwicklung aufzuhalten, scheiterte in den meisten Fällen, wie z. B. die Niederlagen Friedrich Barbarossas gegen den Bund der lombardischen Städte zeigen.

Die Emanzipation der Städte innerhalb des Staatsverbandes vollzog sich in mehr oder weniger großen Zeiträumen. Für ihre Dauer maßgebend war die wirtschaftliche Entwicklung, zu der es in relativ kurzer Zeit in Mittelitalien kam, wo z. B. in Florenz und Lucca nicht nur die Tuchweberei, sondern auch die Herstellung der Seide auf Kosten der islamischen Manufakturen einen immer größeren Umfang angenommen und damit einen großen Teil des europäischen Marktes erobert hatte. Der Stellung von Florenz in der abendländischen Wirtschaft entsprach die von Nowgorod in Osteuropa und die in Damaskus in der islamischen Welt. Florenz wurde reich durch den Export seiner Seiden und Tuche, Nowgorod als der wichtigste Markt für Pelze und Damaskus als das Zentrum des Gewürzhandels. Politisch stand entweder wie in Nowgorod der Rat oder wie in Italien der Podestà oder wie im islamischen Syrien der Reis *(ra'īs)* an der Spitze der Stadt. Nowgorod und Damaskus waren durch Abzweigungen mit den Routen der Seidenstraße verbunden, Nowgorod durch die von der Nordroute, Damaskus durch die von dem Hafen Basra am Persischen Golf ausgehende.

Damaskus war nicht nur das Zentrum des Gewürzhandels; auch eine Reihe anderer Waren, die aus Ostafrika, Indien und der Insulinde stammten, wurden in seinem Bazar angeboten, und für Nowgorod ist z. B. aus der Zoll-Liste von Dorpat zu erschließen, daß seine Kaufleute nicht wenige der Waren, die in Damaskus zu kaufen waren, in ihr Angebot aufgenommen hatten. Sie gehörten zu jenen Handelsartikeln, die die deutschen Kaufleute, die sie von den Russen erworben hatten, jetzt in Dorpat verzollen mußten. Sie lassen sich bis an die Südküste des

Kaspischen Meeres verfolgen. Dort, nicht weit von der Küste aus, lagen die großen persischen Manufakturen, die Gewebe aus Seide und Baumwolle herstellten.

6. Die Erschließung von Häfen für armenische Waren an der Südküste des Pontus

Vieles von dem, was in Derbent auf Schiffe geladen wurde, kam aus Armenien. Armenien war nicht nur Zentrum des Transfers aus Mesopotamien, sondern zunächst überhaupt Aufnahmeplatz der in Basra an Land gebrachten Waren der Seefahrer aus Ostafrika, Indien, der Insulinde und China. Hier befand sich auch eines der wichtigsten Verarbeitungsgebiete für die als Rohstoffe oder Halbfertigwaren herangebrachten Erzeugnisse jener fernen Länder, die die Routen der Seidenstraße und ihre Abzweigungen berührten. Der Export aus Armenien ging nach zwei Richtungen: einmal über Derbent und von dort auf dem Seeweg zur Wolgamündung, von wo er dann über den schon beschriebenen Weg nach Nowgorod gelangte. Der andere Weg führte nach Trapezunt und von dort über den Pontus nach Norden zu den Häfen der Krim und zu denen an der Donmündung. Auch nach Konstantinopel konnte man von Trapezunt aus auf dem Seeweg reisen. Die Verbindung von Trapezunt nach Derbent ging über Erzerum, von dem aus man auch Rayj in Persien erreichen konnte.

Armenien besaß neben einer Reihe wichtiger Bodenschätze eine große Zahl von Facharbeitern, die teils in Manufakturen, teils auf eigene Rechnung arbeiteten. Man war auch angesichts ausreichender Selbsterzeugung nicht auf den Import von Lebensmitteln angewiesen, sondern war sogar in der Lage, sie nach Mesopotamien auszuführen. Auch wurden Gewinne aus dem Verkauf von Wein in Amphoren und von Heringen aus dem Van-See, die entweder eingesalzen in Tongefäßen oder geräuchert exportiert wurden, erzielt. Die Entdeckung ertragreicher Silberminen am Ende des 8. Jahrhunderts vermehrte den Reichtum des Landes noch. Ein Teil jener nach Norden gelangten Dirhems scheint aus dem in Armenien geförderten Silber geprägt worden zu sein. Auch Kupferminen wurden in dieser Zeit hier ausgebeutet. Sie lieferten das Rohmaterial für das nicht nur im islamischen Orient weit verbreitete Kupfergerät. Besonders berühmt waren die häufig mit Drachenmuster dekorierten armenischen Teppiche. Ihr Purpurrot, das Werk eigener Färbereien, war überall bekannt, ebenso wie die hier hergestellten Seidenstoffe, die sich durch die in mehreren Farben gewebten Blumenmuster auszeichneten.

Der Verkauf ihrer wegen der hohen Qualität überall gesuchten handwerklichen Erzeugnisse brachte den Armeniern große Gewinne und setzte sie finanziell in die Lage, die aus dem Orient nach Mesopotamien gebrachten Luxusartikel zu kaufen und über den Seeweg von Trapezunt aus nach Konstantinopel oder über Derbent an die Wolgamündung zu bringen, wo der Weg zu den Märkten im Reich der Wolgabulgaren begann. Mit diesen aus dem Orient importierten Waren gaben sie Erzeugnisse ihrer eigenen Manufakturen – Seidenstoffe und bunt gemusterte Kleider, wie z. B. Kaftane – mit, die im Norden immer ihre Abnehmer fanden. Von der Wolgamündung aus gelangten diese Waren durch die Vermittlung der Russen zu den Deutschen.

Nach dem Vorstoß der Seldschuken, die auch einen Teil Armeniens besetzt und dort ein eigenes Fürstentum errichtet hatten, zog eine große Zahl Armenier nach Kilikien, das sich dadurch als Brückenkopf des Christentums bis in das 13. Jahrhundert behaupten konnte.

XI. DIE AKTIVIERUNG DES HANDELS MIT CHINA ÜBER DEN SEEWEG, EINE FOLGE DER POLITISCHEN UND WIRTSCHAFTLICHEN VERÄNDERUNGEN IM VORDEREN ORIENT

Damit ist jetzt auf die Rolle des Seewegs im Rahmen der über die Routen der Seidenstraße bestehenden Verbindung mit China einzugehen. Ein grundsätzlicher Unterschied zwischen den Routen des Landwegs und denen des Seewegs bestand darin, daß der Seeweg über weite Strecken auch von den Chinesen benutzt wurde. Chinesische Seeleute haben schon im 12. Jahrhundert den Eingang des Persischen Golfes erreicht.

Der Seeweg nach China begann in den syrischen und ägyptischen Häfen an der Küste des Mittelmeeres. Durch die Kreuzzüge waren die syrischen Häfen den arabischen Kaufleuten verlorengegangen. Sie standen jetzt unter der Kontrolle der Kreuzfahrer. Nur Ägypten war dem islamischen Handel geblieben. Die Reaktion auf diese Situation war, daß ein Teil des Indienhandels nun nach Ägypten umgeleitet wurde oder daß die Waren von den iranischen Häfen am Persischen Golf auf dem Landweg zu den Häfen des Schwarzen oder des Kaspischen Meeres gebracht wurden. Die in der Hand der Christen befindlichen Häfen am Mittelmeer benutzte man zunächst nicht mehr. Ein großer Teil der Luxuswaren ging jetzt über Armenien entweder nach Trapezunt oder nach Derbent. Es war kein Zufall, daß nach der Eroberung Konstantinopels durch die Kreuzfahrer im Jahre 1204 die byzantinische Familie der Komnenen ein neues Kaiserreich mit Trapezunt als Zentrum begründete, das die Eroberung Konstantinopels durch die Türken um wenige Jahre überlebte, und das Vorhandensein eines seldschukischen Fürstentums in Erzerum, einer Station an dieser Abzweigung der

Südroute der Seidenstraße, läßt auch auf der islamischen Seite eine Einsicht in die strategische und merkantile Bedeutung dieser Straße erkennen.

Die Besetzung der syrischen Häfen durch die Kreuzfahrer bedingte aber auch eine Aktivierung des Warenumsatzes auf der südlich des Elburs entlangführenden Route der Seidenstraße. Die Waren gingen jetzt nicht mehr über Damaskus durch die Bekaa-Ebene nach Beirut, Tyrus oder Sidon, sondern auf der früheren achämenidischen Königsstraße über den Paß von Hulwan und Asadabad durch das Zagrosgebirge nach Hamadan, dem alten Ekbatana, von dort nach Täbris und dann entweder über Bailaqan nach Derbent an das Kaspische Meer oder nach Westen über Nachitschewan und Erzerum nach Trapezunt. Auf diesen beiden Wegen erreichte man zwei verschiedene Abnehmer der aus Indien eingeführten Waren: einmal die Wolgabulgaren und über sie durch Vermittlung der russischen Fernhändler die deutschen Kaufleute und zum anderen über Trapezunt die Häfen des Pontus, wohin die Schiffe der Genuesen und Venezianer kamen. Hamadan war der zentrale Umschlagplatz für jene Waren, die für den Weg über den Pontus oder das Kaspische Meer bestimmt waren. Hier trafen auch die Karawanen aus Mittelasien ein, die bei Amul den Amu darya überschritten hatten und bis zum Umschlagplatz Hamadan auf den Stationen Merw, Nishapur, Damgan und Rayj weitere Waren eingekauft hatten.

Ungeachtet dieser neuen Ausweichwege, die jetzt wegen der Besetzung der Häfen Syriens und Palästinas durch die Kreuzfahrerstaaten benutzt wurden, blieb Ägypten für einen großen Teil der Kaufleute der gegebene Vermittler des Warenaustausches zwischen Orient und Okzident.

1. Die nautischen Helfer der arabischen Kaufleute auf dem Seeweg nach China

Dieser arabische Handel hatte hier nicht wie im Westen das Erbe der Griechen übernommen. Keines der Wörter, die die verschiedenen Schiffstypen bezeichnen, auf denen die Araber zunächst nach Indien und dann weiter nach China reisten, weist auf ein griechisches Vorbild hin. Trotz der großen Zahl griechischer Lehnwörter im Arabischen sucht man vergeblich nach Entlehnungen, die sich auf die Technik des Schiffsbaus oder auf die Nautik beziehen. Das erklärt sich daraus, daß der Indische Ozean wohl von griechischen Kaufleuten, nicht aber von griechischen Schiffen befahren wurde. Das nautische Personal im Roten Meer bestand fast nur aus Ägyptern. Zwischen Südarabien und Indien waren, soweit die Fahrten überwiegend im Bereich der Küsten durchgeführt wurden, südarabische Schiffsmannschaften eingesetzt. Die Fahrt über den Indischen Ozean unter Ausnutzung des Monsuns war dagegen drawidisch-indischen Seeleuten vorbehalten. Nach Ostafrika stellte wieder Südarabien die Besatzungen. Dort gab es eine Reihe arabischer Stützpunkte. In Kilwa ist schon für die zweite Hälfte des 10. Jahrhunderts ein arabischer Statthalter nachweisbar, der hier offenbar residierte. Kufische Inschriften an den Ruinen der Moschee sind ein weiteres Zeugnis. Chinesische Quellen lassen erkennen, daß auch menschliche „Ware", Sklaven, nach China ausgeführt wurde. Aus einem chinesischen Bericht aus Guangzhou (Kanton) ist bekannt, daß im Jahre 1119 der größte Teil der Vornehmen der Stadt Negersklaven besaß. Das wird auch indirekt durch einen chinesischen Seidenstoff bestätigt, auf dem zu beiden Seiten eines Lebensbaumes zwei Neger dargestellt sind.

Was Herodot über den Handel von Südarabien nach Indien berichtet, setzt die Ausnutzung des Monsuns bereits voraus und bezieht sich auf die drawidisch-indischen Kaufleute, deren Schiffe früher auch von den griechischen Händlern benutzt wurden. Die arabischen Kaufleute und ihre Seeleute folgten bei ihrer Fahrt nach Indien der Küste bis zur Mündung des Indus, wo Dabhol, die östlichste Zollstation des Kalifenreichs, lag. Hier stiegen die Kaufleute auf die drawidisch-indischen Schiffe über, die auch ihre Ladung übernahmen. Diese Schiffe fuhren nun von Dabhol entlang der Malabarküste nach Süden, weiter durch die Meeresstraße zwischen dem indischen Subkontinent und der

Insel Ceylon und dann an der Küste entlang in nördlicher Richtung zum Golf von Bengalen. Von dort folgten sie der Küste weiter bis zu der Halbinsel Malakka. Sie fuhren um deren Südspitze herum und dann nach Norden bis zu den Küsten Siams, Kambodschas und Vietnams. (Die Vorläufer der heute dort bestehenden Staaten hatten im 10. und 11. Jahrhundert, der Zeit des stärksten Handels zwischen China und dem Westen, den Buddhismus angenommen. Die unter seinem Zeichen errichteten Bauten und Standbilder weisen gleichzeitig auf eine unter dieser Religion entstandene neue Staatlichkeit.) Von einem Hafen an der Ostküste des heutigen Vietnam segelte man dann durch den Golf von Dongjing (Tongking) über das südchinesische Meer bis Guangzhou (Kanton). Hier erblickten die Reisenden vielleicht schon einen Vorgänger des im Jahre 1131 errichteten, heute noch stehenden Leuchtturms. In Guangzhou trafen sie auf eine große Gemeinde islamischer Kaufleute mit einer eigenen Moschee. Gräber und Darstellungen von Gottheiten geben indirekt einen Hinweis auf die verschiedenen Stationen, an denen die Schiffe auf ihrem Weg vom Persischen Golf nach China angelegt hatten. Sie geben aber auch Hinweise auf die Herkunft der Mannschaften. So weisen die syrisch-nestorianischen Grabinschriften aus Guangzhou auf die großen nestorianisch-christlichen Gemeinden an der Malabarküste, ebenso wie die dort gefundenen Bilder von Hindu-Gottheiten auf die Herkunft von Mannschaften aus dem drawidischen Teil Indiens schließen lassen, denn nur ein Teil der drawidisch-indischen Besatzungen bekannte sich zum nestorianischen Christentum; der andere hatte weiter am Hinduismus festgehalten. Die in Guangzhou ebenfalls nachweisbaren Manichäer kamen wahrscheinlich aus den südpersischen Häfen an der Küste des Persischen Golfes. Hier hatten sie ebenso wie die Zoroastrier lange Zeit an ihrer Religion festhalten können.

2. *Die älteste bekannte arabische Beschreibung des Seewegs nach China*

Die von arabischen, syrischen, persischen und indischen Kaufleuten benutzte, über das Meer führende Route der Seidenstraße wurde zuerst von Sulaiman ibn abi Karima, einem Kaufmann, der in der Mitte des 9. Jahrhunderts mehrmals Indien und China besucht hatte, beschrieben. Sein Werk ›Silsilat al-tawarich‹, (Silsilat al tawārīḫ), die „Kette der Geschichte“, ist nicht in der Gestalt, in der er es wahrscheinlich verfaßt hat, sondern in einer später überarbeiteten und ergänzten Fassung erhalten.

Die auf diesem und anderen Berichten beruhenden arabischen Weltkarten lassen sich mit den in griechischer Überlieferung erhaltenen Kartenblättern des Ptolemaios nicht vergleichen. Ptolemaios und seine Vorgänger benutzten die in der Levante als *Portolanen* bezeichneten Küstenbeschreibungen der Kapitäne der Handelsschiffe. Ihre Karten zeichnen sich durch eine genaue Wiedergabe des Küstenverlaufs aus. Sie machten daher eine umrißgetreue Wiedergabe von Teilen der Kontinente und Subkontinente möglich. Vergleicht man z. B. die Wiedergabe der Umrisse des indischen Subkontinents bei Ptolemaios mit dem modernen Kartenbild, so findet man kaum größere Abweichungen, obwohl bei Ptolemaios die Kartenbilder auf eine Gradeinteilung übertragen wurden. Anders ist es bei den arabischen Weltkarten. Sie gehen zwar von der Kugelgestalt der Erde aus, übertragen aber die Umrisse der Erdteile ohne die Zuhilfenahme einer Gradeinteilung. Dadurch werden die Küstenlinien verzerrt wiedergegeben und entsprechen nicht der Wirklichkeit.

Die von den Arabern angeheuerten indischen Kapitäne kannten nicht in dem Umfang wie die Griechen das Segeln an der Küste entlang. Sie benutzten den Monsun zur Fahrt quer über das Meer und berechneten den Kurs ihrer Schiffe nach der Stellung der Gestirne, ein Verfahren, das eine hochentwickelte Astronomie voraussetzte. So erklärt sich auch, daß z. B. bei der Beschreibung des Weges von der Südspitze Indiens nach Südchina durch den arabischen Reisenden Sulaiman die verschiedenen

Abschnitte seiner Reise pauschal durch die Namen der Meere angegeben sind, so daß eine Identifizierung des Reiseweges nach dem Kartenbild heute auf Schwierigkeiten stößt.

Zu den wichtigsten Häfen am Persischen Golf gehörten Basra, das an der iranischen Küste gelegene Siraf und, nachdem ein Erdbeben 977 Siraf vernichtet hatte, das in seiner Nähe errichtete Kisch. Es teilte sich mit Ormuz die Ein- und Ausfuhr der Waren nach und von dem Iran und seinen Nachbarländern im Norden und Nordosten. Im Norden besaß Trapezunt eine ähnliche Bedeutung für die Ausfuhr nach dem Westen über das Schwarze Meer. Es war gleichzeitig die letzte Station der Südroute der Seidenstraße. Dort wurden die Waren aus Siraf und seit dem 10. Jahrhundert auch die aus Kisch und Ormuz zusammen mit denen aus Mittelasien zur Weiterfahrt nach Europa verschifft.

Ormuz vermittelte aber auch den Transport der Waren vom Persischen Golf über Nishapur nach Herat, Samarkand und Buchara. Basra erfüllte die Aufgabe eines Hafens sowohl für Bagdad wie für Damaskus. Über beide Städte wurden auch die Waren aus Syrien und von der Küste des Mittelmeeres an den Persischen Golf gebracht.

Auf der arabischen Seite des Golfes befand sich im Staat Oman der Hafen Suhar. Hier trafen die Schiffe aus dem Jemen, die die Waren aus Ostafrika und Ägypten brachten, mit denen aus Basra, Siraf/Kisch und Ormuz zusammen. Gegen Ende des 10. Jahrhunderts begann Masqaṭ die Stellung von Suhar als Markt für den Fernhandel zu übernehmen.

Der Persische Golf besaß für die arabischen Geographen als das Meer von Fars eine zentrale Bedeutung für die Fahrten nach Indien und China. In ihren Beschreibungen schloß sich daran das Meer von Larwi, das im Nordosten Dabhol, die 712 von den Arabern eroberte Stadt an der Mündung des Indus, berührte und im Osten durch die Küste von Malabar begrenzt wurde. Das dritte Meer begann bei der Insel Ceylon und wurde das „Meer von Harkand“ genannt. Es entspricht dem Golf von Bengalen. Die sich hier im Südosten anschließende Straße von Malakka trug den Namen „Meer Salahit". Zwischen Sumatra und Borneo lag das „Meer von Kardang". Das sechste Meer mit dem Namen „Suf" ist mit dem Golf von Siam identisch. Das letzte, siebente Meer, das die Araber „Sangi" nannten, ist der Golf von Dongjing (Tongking). Von ihm aus erreichte man über die Straße von Hainan den nördlichen Teil des Südchinesischen Meeres und lief, wie aus den chinesischen Quellen bekannt ist, den Hafen von Guangzhou (Kanton) an oder ankerte in dem weiter nördlich gelegenen Hangzhou (Hang-chou).

Diese Beschreibung der Fahrtroute von einem Hafen am Persischen Golf bis zum Golf von Dongjing (Tongking) folgt einer Seekarte, für die der 1039 von al-Biruni geschriebene ›Kitab al Tafhim‹ das Vorbild war. Sie hat ebenfalls die Form jener schematischen Darstellung, bei der auf eine genaue Wiedergabe der Küstenlinie verzichtet wird.

3. Die von den arabischen Kaufleuten für ihre Reisen benutzten Schiffstypen und ihre Besatzungen

Aus der Beschreibung, die der Kaufmann Sulaiman von seiner Seereise nach China gibt, könnte man die Vorstellung gewinnen, daß für die Fahrt von Basra bis nach China das gleiche Schiff benutzt wurde. Das war aber sicher nicht der Fall. In der durch Korallenbänke außerordentlich schwierigen Fahrtrinne im Roten Meer, aber auch in den nicht minder gefährlichen Küstengewässern des Persischen Golfes konnte man mit dem fast fünfhundert Tonnen umfassenden, *kadis* genannten arabischen Schiffstyp nichts anfangen. Hier benutzte man die zweimastige *batil.* Sie hatte trotz der durch zwei lateinische Segel gegebenen relativ großen Segelfläche nur einen geringen Tiefgang. Dieser Schiffstyp wurde für die Fahrt bis zu den südarabischen Häfen oder im Persischen Golf bis Masqaṭ benutzt. Dort wurde die Fracht auf ein Schiff mit größerem Laderaum umgeladen. Hierbei dürfte es sich um die aus zahlreichen Miniaturen bekannte

Baqara gehandelt haben, die etwa hundert Tonnen Wasserverdrängung hatte. Aber weder sie noch die erheblich schnellere *fulk*, die von den Venezianern *felucca* genannt wurde, konnte es wagen, die Küstengewässer zu verlassen und mit Hilfe des Monsuns die Fahrt über das offene Meer zu unternehmen. Die arabischen Kaufleute mieteten daher von den indischen Fernhändlergilden für diesen Zweck geeignete Schiffe, die sogenannten *kotias*. Sie konnten – mit einem indischen Kapitän und einer indischen Schiffsbesatzung – die Fahrt über den Indischen Ozean wagen. Die gleiche Seetüchtigkeit besaßen die chinesischen *Dschunken*, die nach Segelfläche und Bauart als die besten der damals benutzten Schiffe bezeichnet werden müssen. Die Dschunke war das einzige Schiff, das in der Lage war, die Strecke von den chinesischen Häfen bis zur arabischen oder ostafrikanischen Küste ohne größere Schwierigkeiten zurückzulegen.

1974 wurde bei Guangzhou (Qanzhou) eine chinesische Dschunke aus der Zeit der Song-(Sung)Dynastie (1127–1279) freigelegt. Sie hat eine Länge von 24,2 und eine Breite von 9,15 Metern. Als Aufbauten sind dreizehn Kammern erkennbar. Von der Ladung ließen sich noch Gewürze und Heilkräuter identifizieren.

Der Gebrauch verschiedener Schiffe für eine Fahrt über Indien nach China erforderte ein mehrfaches Umladen der Fracht, so daß außer den Kosten für die Anmietung der Schiffe und die Heuer der Besatzungen auch noch Zahlungen für das Umladen und für die zeitweilige Aufbewahrung in einem Speicher geleistet werden mußten.

4. Die bei der Festsetzung der Preise für die Fernhandelswaren berücksichtigten Faktoren

Während bei anderen Routen der Seidenstraße Angaben über die Preise der Waren und die Finanzierung des Handels nur sporadisch zu finden sind, gibt es für die zweite Hälfte des 10. und für das 11. Jahrhundert über den Handel auf dem Seeweg der Seidenstraße von Ägypten über Indien nach China recht gute Informationen. Es sind Aufzeichnungen, die aus der schon erwähnten Geniza der Synagoge von Alt-Kairo stammen und sich auf Verträge im Rahmen der Commenda beziehen. Sie werden zum Teil durch Privatbriefe ergänzt, die über die Ertragslage bei den damals wichtigsten Handelsartikeln Aufschluß geben. Besonders diese Briefe geben oft indirekt auch eine Marktanalyse, die z. B. über den Umfang des Angebots von Pfeffer oder Seide oder über die Bewertung von Geldsorten informiert. Diese Marktanalyse geht nicht nur auf die Situation bei den Erzeugerländern ein, sondern berücksichtigt auch die Handelspartner und ihre Kaufkraft. Hier zeigt sich, daß der Markt in Fustat bei Kairo vor allem für den sich zum Islam bekennenden Teil der Küstenländer des Mittelmeres – neben dem Maghreb (Nordafrika) für Sizilien und den größten Teil Spaniens – sowohl als Waren- wie als Geldbörse eine entscheidende Rolle spielte. Sie ergibt sich aus der beherrschenden Stellung von Seide und Pfeffer als Spitzenwerte bei der Notierung der Preise der anderen Handelsartikel. Der Preis der Seide aus Spanien, dem Maghreb, Sizilien, dem Iran, Indien und China wurde hier auf Grund der Angebote und der Nachfrage notiert. Für die zwölf damals angebotenen Seidensorten bestimmte Fustat den Preis. Etwas anders, aber in der Wirkung ähnlich war die Preisgestaltung beim Pfeffer. Auch hier gab es eine größere Anzahl von Sorten. Aufgrund der Höhe der Angebote verschiedener Kaufleute wurde der Preis bestimmt. Dabei spielten die in der Form von Privatbriefen gegebenen Informationen durch Aufkäufer in den Erzeugerländern eine große Rolle. Man muß hierbei davon ausgehen, daß sich ein Teil der notierten Waren noch nicht in Fustat befand und offenbar vorher den Besitzer gewechselt hatte. Hierzu kam es, wenn Investoren einer Commenda über ihren Anteil möglichst schnell verfügen wollten, weil sie das Geld brauchten. In diesem Fall verkauften sie die Fracht an einen Interessenten und zahlten den übrigen Teilhabern der Commenda ihren Anteil am Gewinn aus.

5. *Die Wahl des von Kursschwankungen relativ unabhängigen ägyptischen Gold-Dinars als Münze für die Angabe der Geldbeträge im bargeldlosen Zahlungsverkehr*

Der Gewinn der Mitglieder der Commenda wurde angesichts des hohen Risikos des Fernhandels meist mit achtzig Prozent kalkuliert. Die Preise wurden bei Seide und Pfeffer in Dinar festgesetzt. Die Zahlung erfolgte teilweise in Beuteln, die auf einer Plakette Zahl und Gewicht der Münzen des Inhalts vermerkt hatten. Man ging dabei von der Erfahrung aus, daß ein Teil der Goldstücke durch längeren Gebrauch an Gewicht verlor. Andererseits benutzte man im Zahlungsverkehr auch prägefrische Goldstücke. Bei der Ausstellung von Schecks *(sakka)* oder Kreditbriefen *(suftaya)* wurde die Auszahlung in prägefrischen Geldstücken ausdrücklich festgelegt.

Bei der Bewertung des Dinars nach dem Goldgehalt spielte die Herkunft des Metalls eine große Rolle. Ein Teil der Herkunftsländer im Westen Afrikas war in die Hand der Spanien und Marokko beherrschenden Almoraviden gefallen. Die almoravidischen Münzprägungen, die Murabiti-Dinare, wurden in den islamischen Ländern des Mittelmeerraumes wegen der Qualität der Prägung und der Höhe des Goldgehaltes hochgeschätzt. Trotzdem wurden sie im Wert niedriger notiert als die ägyptischen Dinare. Ägypten war nach dem Verlust der westafrikanischen Goldquellen auf die Goldlieferungen aus Zimbabwe angewiesen, die bei Sofala an die Küste gebracht wurden und über Kilwa auf dem Seewege nach Südarabien gelangten.

Abnehmer des Pfeffers und der Seide waren jetzt auch europäische Kaufleute aus Venedig, Genua, Gaeta, Sorrent und Neapel geworden. Fustat spielte bei dem hierfür notwendigen Transfer von größeren Geldsummen ebenfalls eine wichtige Rolle. Beispiele hierfür gibt es auch auf dem sozialen Sektor. Bei der Stiftung eines Mannes aus Toledo für die Armen in Jerusalem erfolgte die Überweisung der Geldsumme bargeldlos mit einem Scheck, der auf eine Bank in Fustat ausgestellt war.

Es ist kennzeichnend für die Entwicklung der Geldwirtschaft im Ägypten des 11. Jahrhunderts, daß zu dieser Zeit offenbar schon der größere Teil des Vermögens der Kaufleute in Wertpapieren bestand. Hierunter sind Schuldforderungen, limitierte und unlimitierte Schecks und durch Kreditbriefe *(suftaya)* erworbene Besitztitel über gekaufte Waren, die entweder in Speichern lagerten oder sich als Schiffsfracht auf dem Wege nach ägyptischen Häfen befanden, zu finden.

Die gleiche Entwicklung zum bargeldlosen Verkehr läßt sich auch am Ostende der Seidenstraße feststellen. So kannte man in Südchina das Inhaberpapier unter der Bezeichnung „fliegendes Geld". Die Verwendung dieser Zahlungsmittel hat sich überall dort durchgesetzt, wo die Prägestelle wegen der Höhe der Beträge nicht in der Lage war, einen schnellen Zahlungsverkehr zu garantieren. Hinzu kam, daß bei großen Zahlungen Verluste entstanden durch Münzen, die durch den Gebrauch an Gewicht verloren hatten. Die Verwendung von etikettierten Beuteln mit Zahl- und Gewichtangabe konnte nur bedingt helfen, da es hier Schwierigkeiten bei der Verbuchung der in Münzen angegebenen Beträge geben mußte.

6. Die Handelsfiliale als Mittel wirtschaftlicher Expansion und Sicherung des Geschäftsvermögens

Die Deckung der ausgestellten Wertpapiere war nur dann in Frage gestellt, wenn die Firma, von der sie ausgestellt worden waren, Konkurs anmelden mußte. Anlaß konnten der Tod des Inhabers oder kriegerische Ereignisse sein. Um dem zu begegnen, wurde es üblich, daß Mitglieder der Familie, meistens die jüngeren Brüder des Inhabers, in die Firma eintraten und damit weitere Niederlassungen der Firma mit einem eigenen Geschäftsvermögen eingerichtet wurden. Schon im 11. Jahrhundert werden derartige Firmen, an deren Spitze mehrere Mitglieder einer Familie standen, erwähnt. Auch kam es damals schon zu der Anlage von Gewinnen in mehreren Betrieben sehr unterschiedlicher Art, wie z. B. durch den Zuerwerb von Bäckereien, Färbereien, Bädern oder Unternehmen zur Herstellung von Schönheitsmitteln und Parfüm. Diese Entwicklung, die seit der zweiten Hälfte des 13. und im 14. Jahrhundert bei fast allen Anrainerstaaten des Mittelmeeres festzustellen ist, war die Folge der Auflösung der alten, vom Staat kontrollierten Gilden, der *collegia* im lateinischen Sprachgebiet und *systemata* der Griechen.

XII. DIPLOMATEN ALS VERMITTLER VON HANDELSBEZIEHUNGEN AUF DEN ABZWEIGUNGEN DER SEIDENSTRASSE

1. Hispano-arabische und deutsche diplomatische Missionen zur gegenseitigen Förderung des Handels

Neben den Privatbriefen als Quelle wirtschaftlicher Informationen, die bei den in der Alt-Kairoer Geniza erhaltenen Aufzeichnungen eine große Rolle spielen, kommt noch eine andere Form der Überlieferung in Frage, die sich auch auf die Stationen an den Routen der Seidenstraße bezieht. Es sind jene Berichte, die von Informanten im Dienste des Staates stammen. Diese waren als Gesandte vor allem von islamischen Fürsten, aber auch von abendländischen Herrschern ausgesandt worden. Sie sollten unter dem Schein eines Höflichkeitsbesuches Informationen über den anderen Staat und seine Wirtschaftsbeziehungen sammeln. Das betraf zunächst jene wichtige Handelsstraße, die von Kiew nach Mainz führte und dann über das Frankenreich das islamische Spanien erreichte. Es war die Straße, die der Sklavenhandel von Osteuropa nach Spanien benutzte. Mit ihr beschäftigen sich die Berichte von Gesandtschaften, die zwischen 951 und 966 von dem Kalifen ʿAbd-al-Raḥman III. in Spanien und von dem deutschen Kaiser Otto I. abgesandt worden waren. Sowohl von der spanisch-islamischen wie von der deutschen Seite ist hier ein Bericht erhalten. Der ältere von ihnen stammt von Johannes von Gorze. (Johannes war später wegen des Erfolges seiner Gesandtschaft zum Abt dieses Klosters ernannt worden.) Dem Bericht ist zu entnehmen, daß Johannes von der Stadt Verdun aus, wohin die Sklaven von Mainz zu dem dort abgehaltenen Sklavenmarkt gebracht wurden, eine Reise bis Cordoba unternahm. Er folgte vermutlich dem Weg der Sklavenhändler nach Spanien, indem er von Verdun über Toul, Langres, Dijon und Beaune nach Châlons und von dort, der Saone folgend, nach Lyon reiste. An der Rhone entlangziehend, erreichte er einen Hafen in der Nähe ihrer Mündung. Von hier aus setzte er die Reise zu Schiff nach Barcelona fort. Auf dem Landweg erreichte er dann, nachdem er den Ebro überschritten hatte, den Boden des Emirats von Tortosa, von wo er bis Cordoba weiterzog.

In Cordoba unterhandelte er mit Chasdaj ibn Schaprut, jenem Juden, der im Auftrage des Kalifen um 961 einen Brief an den Qagan der Chasaren geschrieben hatte, auf den der Qagan unmittelbar antwortete. Auch sein Brief diente neben der Information dem Zweck, den Kalifen zur Aufnahme von Handelsbeziehungen zu bewegen. Es ist bezeichnend, daß einer der Antwortbriefe des Qagans auch in dem Aktendepot der Geniza von Alt-Kairo gefunden wurde. Man erinnert sich bei diesem Briefwechsel zwischen Sarkel und Cordoba jener Beschreibung, die Ibn Churdadbih von den Fahrten der als Fernhändler bekannten jüdischen Radanijja gegeben hatte, bei der auch das Chasarenreich und das Kalifat von Cordoba eine Rolle spielten.

Außer dem Bericht der deutschen Gesandtschaft nach Cordoba sind auch die entsprechenden Aufzeichnungen des Gesandten ʾIbrāhim ibn Jaʿqūb al ʾIsrāʾīlī al Tagṭusi erhalten. Er war, wie seine Bezeichnung sagt, ein getaufter Jude aus dem Emirat von Tortosa. Er reiste mit dem gleichen Informationsauftrag, wie ihn Johannes von Gorze für den Kalifen erhalten hatte, zu dem deutschen Kaiser Otto dem Großen. Er traf den Kaiser 965 in Magdeburg. Dort befand sich damals eine der größten jüdischen Siedlungen in Deutschland. Der Schwerpunkt seiner Informationen bezog sich vor allem auf jene zum größten Teil aus dem sogenannten Bayerischen Geographen bekannte Handelsstraße, die von Haithabu über das Gebiet der Westslawen nach Böhmen und Polen und weiter zu den Chasaren führte.

Zwischen der Aufzeichnung des Bayerischen Geographen und dem Bericht ʾIbrāhims liegt mehr als ein Jahrhundert. Während der Geograph seine Beschreibung an dem Namen von

Stämmen orientierte, fand 'Ibrāhim schon Städte mit aus Steinen errichteten Häusern vor, deren Namen er mitteilt. Er beginnt wie der Bayerische Geograph seine Beschreibung an der Ostsee, die er „Meer der Warenk" (gemeint sind die Waräger) nennt. Er kennt wie der Bayerische Geograph den Weg durch das Gebiet der Abodriten und nennt hier Mecklenburg (Mikilin) und Schwerin. Weitere Angaben beziehen sich auf Thüringen. Dann erwähnt er mit Prag und Krakau zwei wichtige Stationen der Straße von Mainz nach Kiew. Er kennt unter den Kaufleuten in Krakau neben den Rus auch die Chasaren, die er wie die Byzantiner als *Türken* bezeichnet. Moslems und Juden werden von ihm gesondert genannt. Außer dem Sklavenhandel registriert er auch den Handel mit Zinn und Fellen. Wie er ausdrücklich betont, erfolgte die Bezahlung mit Münzen in einer gängigen Währung. (Damals gehörte Krakau noch zu Böhmen unter Boleslav II., während Polen zu dieser Zeit von Mieszko I. regiert wurde und nach seiner Beschreibung im Norden an die Pruzzen [Preußen] und im Osten an das Reich der Rus grenzte.) In Merseburg traf 'Ibrāhim die Gesandten des damals regierenden bulgarischen Zaren Peter. Er berichtet auch von der Leitung eines Salzbergwerks durch jüdische Kaufleute, erzählt aber nichts von der 965/66 begonnenen Erschließung der Silbervorkommen am Rammelsberg bei Goslar durch Otto den Großen, die zu einer weiteren Ausbreitung der damals geprägten sächsischen Münzen im Ostseeraum führte.

2. *Erkundungen über die Wolgabulgaren im Auftrag des Kalifen von Bagdad*

Über eine weitere Abzweigung der Nordroute der Seidenstraße berichtet Ibn Fadlan, ein anderer arabischer Diplomat. Er war auf ihr im Jahre 922 von Chwarezm aus entlang der Wolga nach Bolgar, dem Hauptort der Wolgabulgaren, gereist, nachdem sich vorher der dort regierende Khan in einem Schreiben an den Kalifen bereit erklärt hatte, den Islam anzunehmen. Ibn

Fadlan begleitete wahrscheinlich die von einem hohen Würdenträger des Kalifen geführte Gesandtschaft als Protokollant und Schreiber des Reisetagebuches. Nach seinen Aufzeichnungen war die Karawane am 21. 8. 921 in Bagdad aufgebrochen und nach der Reise über Chwarezm am 12. 5. 922 in Bolgar eingetroffen. Er bezeichnet den Khan als Herrscher über die Slawen und wiederholt damit offenbar den Titel, den sich der Khan in seinem Brief an den Kalifen beigelegt hatte. Vielleicht befand sich damals ein Teil der slawischen Stämme am Unterlauf der Oka, wie vorher die Merjer, unter der Herrschaft der Wolgabulgaren. Ihre Hauptstadt Bolgar lag etwa hundertfünfzehn Kilometer vom heutigen Kasan entfernt. Die andere Stadt der Wolgabulgaren, Suwar, lag nur wenige Kilometer weiter südöstlich.

Von großer Bedeutung ist der Bericht Ibn Fadlans über die Fortsetzung des Handelsweges zu den von ihm Jugra genannten Syrjänen, die nach seiner Beschreibung mit Hundeschlitten und Skiern, die aus Knochen gefertigt waren, Pelze, Robbenfelle und Walroßzähne von der Küste des Weißen Meeres in das Gebiet von Perm, dem Bjarmaland der Sagas und Runeninschriften, brachten. Seine Angaben beziehen sich auf jenen nördlichen Handelsweg, der an der Mündung der Dwina in das Weiße Meer begann, dem Fluß nach Süden folgte, dann an seinen Nebenflüssen entlangführte und schließlich auf dem Landweg das Gebiet von Perm erreichte. Einzelheiten über diesen Handelsweg, der auch den Skandinaviern bekannt war, erfuhr Ibn Fadlan von dem Khan der Wolgabulgaren. Die Angaben lassen erkennen, daß dieser Handelsweg an einer uns unbekannten Stelle den Polarkreis überschritt. Das weist nicht auf die Syrjänen und ihre nördlichen Nachbarn, sondern deutet auf eine Handelsverbindung mit den aus Norwegen kommenden Nordmännern. Sie befanden sich bei ihrer Fahrt zum Weißen Meer nördlich des Polarkreises. Offensichtlich wurde Bjarma (Perm) also nicht von ihnen selbst besucht. Die Verbindung zwischen ihnen und den arabischen Kaufleuten bei den Wolgabulgaren stellten hier die Vorgänger der heute dort lebenden Syrjänen her.

Auch über die Gruppe der aus Halogaland kommenden norwegischen Kaufleute ist ein Bericht erhalten, der ebenso wie der Ibn Fadlans im Auftrag eines an dieser Handelsverbindung interessierten Fürsten angefertigt wurde. Hier war es der englische König Alfred der Große (871–901), der den norwegischen Pelzhändler Ottar beauftragte, den Weg um Skandinavien durch das Weiße Meer zu erkunden, um von dort Bjarma zu erreichen. Zur gleichen Zeit, zwischen 870 und 890, ließ er sich von einem anderen norwegischen Pelzhändler, Wulfstan, über den Weg nach Truso, dem damaligen Zentrum der Bernsteinförderung, informieren.

Die Boote der Nordmänner waren, wie das Schiffsgrab von Gogstad zeigt, größer und seetüchtiger als die der Waräger, die sich auf die Schiffahrt an den Küsten entlang oder über die Inselbrücke der Ålandinseln nach der finnischen Südküste beschränkten. Eine Vorstellung von der Größe ihrer Boote vermittelt auch das Osebergschiff.

Auf die damalige politische Situation weist der von der Gesandtschaft des Kalifen eingeschlagene Weg zu den Wolgabulgaren. Sie benutzte nicht den kürzesten Weg über das Kaspische Meer und dann die Wolga aufwärts, sondern wählte statt dessen den Umweg über Chwarezm und hielt sich auf der östlichen Seite der Wolga, in der Absicht, den Durchzug durch das Reich der Chasaren und die Benutzung der Verkehrsverbindungen der Waräger zu vermeiden.

3. Arabische Informationen über die in das ehemalige Gebiet der Osttürken eingewanderten mongolischen Stämme

Die Initiative der Kalifen, den Handel auf den Abzweigungen der Nordroute der Seidenstraße zu intensivieren, richtete sich nicht nur auf den Norden Europas. Man bemühte sich auch, das Gebiet von Tuwa und das der heutigen Mongolischen Volksrepublik durch Gesandtschaften für den Handel zu erkunden.

Zu diesen Bemühungen gehörte auch die Reise des schon erwähnten Tamim Ibn Bahr aus der Truppenformation, die zur Verteidigung der Grenze des zum Islam bekehrten Teils Mittelasiens gegen die heidnischen Turkstämme eingesetzt war. Er stammte aus einer der Garnisonen in den Ribats, die man an den Grenzen errichtet hatte. Seine Reise ging auf der Nordroute der Seidenstraße von Talas aus durch das Siebenstromland entlang dem Ili über Yar-khoto nach Bish-baligh, der damaligen Hauptstadt der Toquz oghuz. Das Hauptinteresse dieser Gesandtschaft scheint dem Gold gegolten zu haben, das im Altai aus dem dort von Flüssen angeschwemmten Sand gewonnen wurde. Interessant sind aber auch die Beobachtungen Tamims über den Anbau von Getreide und anderen Feldfrüchten durch diese Turkstämme. Seine Angaben darüber werden durch den Bericht Theophylakts für das 7. und durch die Inschrift von Terkhin für das 8. Jahrhundert bestätigt. Diese Nachrichten widerlegen die Annahme, daß es bei den ältesten bekannten Turkstämmen keinen Anbau von Getreide gegeben habe. Wie die Gräber in Tuwa und in der Mongolei bezeugen, waren dort vom 6. bis zum 8. Jahrhundert auch Luxuswaren, wie z. B. iranische Seide oder Zandaniji-Seide aus Mittelasien, sehr verbreitet.

XIII. DIE ENTSTEHUNG ETHNISCHER UND RELIGIÖSER MINDERHEITEN ALS FOLGE DER OSTTÜRKISCHEN WESTWANDERUNG

1. Die zivilisatorische und religiöse Assimilierung der in Zentral- und Mittelasien eingewanderten osttürkischen Stämme

Von großer Bedeutung für die Routen der Seidenstraße waren die Eroberungen der Sultane von Gazna. Als Nachfolger des Türken Sebük tegin hatten sie das Gebiet des heutigen Afghanistan und den Norden Indiens entlang der Flüsse Indus und Ganges unterworfen. Um die gleiche Zeit war vom Norden her durch Saduk Bugra Chan, den ersten Karachaniden, der sich zum Islam bekehrt hatte, der Westen des Tarimbeckens erobert worden. Beide Stämme waren zwar Türken; in ihrem Verhältnis zum Islam unterschieden sie sich aber, und während der Karachanide Saduk, dessen Clan als Tamga (Sippenzeichen) *bugra*, den Kamelhengst, führte, ein Angehöriger der alten türkischen Fürstensippe der Aschina war und sich als Verwandter des chinesischen Kaiserhauses der Wei (Tuoba, T'o-pa) betrachtete, waren Sebük tegin und mit ihm auch seine Nachfolger mit dem Makel behaftet, einige Jahre „Kriegssklave" gewesen zu sein. Wie sein Titel *tegin* (Prinz) beweist, stammte auch er aus einer Fürstensippe, war aber trotzdem Saduk und seinen Nachfolgern an Rang unterlegen, denn sie bezeichneten sich als Führer des Stammesverbandes der Karachaniden noch immer als *Tabgač Qagan* (Herrscher von China) wegen der chinesischen Prinzessinnen, die sich unter ihren Ahnen befanden. Dieser Saduk, der sich zur sunnitischen Richtung des Islams bekehrt hatte, wurde im Tarimbecken später zum Heiligen der neuen Religion, zu dessen Grab die Uiguren noch heute wallfahren. Sebük tegin und sein Sohn Mahmud waren zwar ebenfalls Sunniten, aber sie übernahmen nicht alle Forderungen dieser Richtung des Islams, wie die in unserem Jahrhundert ausgegrabenen Prunkräume ihres Palastes durch ihre Fresken zeigen. Die in Lebensgröße dargestellten Mitglieder des Hofstaates und der Leibwache machen deutlich, daß die Sultane von Gazna noch weitgehend den Traditionen der vorislamischen Zeit folgten.

2. *Jüdische Gemeinden im Tarimbecken in Dandan Uilik bei Chotan, in Dunhuang und in Herat in Mittelasien*

Bei den Juden auf den Routen der Seidenstraße hat man verschiedene Gruppen zu unterscheiden: einmal jene, die als Gemeinden in festen Ansiedlungen lebten. Zeugnisse für ihre Anwesenheit sind neben den mit hebräischen Buchstaben geschriebenen neupersischen Grabinschriften vor allem Kommentare zu der Heiligen Schrift, die ebenfalls in neupersischer Sprache geschrieben sind. Hier erlauben Kolophone und Dialekteigentümlichkeiten eine Bestimmung der Herkunft. Bei jüdischen Geschäftsbriefen ist das dagegen wesentlich schwieriger, da man sich bei ihnen offenbar meistens einer lingua franca bedient hat. Das gilt auch für das Fragment der schon erwähnten, in neupersischer Sprache mit hebräischer Schrift geschriebenen Verkaufsurkunde des 7. Jahrhunderts aus Dandan-Uilik. Das Neupersische verbunden mit einer Reihe von sogdischen Wörtern und einigen arabischen Termini deutet auf eine jüdische Gruppe, die wahrscheinlich in der Sogdiana beheimatet war. Sie sprach vielleicht die gleiche Sprache, die seit dem 11. Jahrhundert von den Juden in Buchara als Literatursprache verwendet wurde und die dem Tadjikischen sehr nahe steht.

Jüdische Kaufleute aus Buchara waren offenbar auch jene, die sich durch Inschriften auf der Karakorumstraße und später durch Fragmente von Aufzeichnungen von Gebeten auch in

Dunhuang (Tun-huang) nachweisen lassen. Bei den schon erwähnten drei jüdischen Gräbern mit datierten neupersischen Inschriften, die sich in Tang-i Azao zweihundert Kilometer von Herat entfernt befinden und aus den Jahren 752/53 stammen, handelt es sich offenbar um die Gräber von Kaufleuten, die auf einer Karawanenreise aus uns unbekannten Gründen hier ihr Leben verloren hatten.

3. Die im Iran zurückgebliebenen jüdischen Gemeinden nach dem durch die Landnahme der Seldschuken ausgelösten Exodus eines Teils der Juden nach Ägypten

Eine andere judeo-persische Gruppe läßt sich im Westen des Irans nachweisen, dort, wo von der Nordroute der Seidenstraße aus eine Abzweigung zu einem Hafen am Persischen Golf führte. Hier befand sich in Hamadan eine rabbinische Akademie, in der vielleicht jene neupersischen, sich sprachlich aber noch weitgehend an das Mittelpersische anlehnenden Kommentare zur Heiligen Schrift (Ezechiel und Daniel) entstanden sind. Auf die schon erwähnte jüdische Gemeinde von Buchara scheint vielleicht die sich lange Zeit mit Baumwollweberei ernährende Judengemeinde von Kaifeng in China zurückzugehen. Sie ist dort seit der Song-Zeit nachweisbar.

Auch die Provinz Kermān und der südliche Irak waren von der Auswanderungsbewegung betroffen, der sich besonders die religiösen Minderheiten – neben den Juden auch Christen und Zoroastrier – anschlossen.

Die in einzelnen Schüben sich vollziehende Ausbreitung der Nestorianer im 11. Jahrhundert in Zentralasien war wahrscheinlich die Folge von Religionsverfolgungen im Irak und im Westen des Irans. Auch für die Südroute der Seidenstraße waren diese Binnenwanderungen von großer Bedeutung. Waren doch die Nordroute und auch der Weg zwischen Alai- und Transalaigebirge nach Kaschgar durch die Ausdehnung des Reiches der Karachaniden offenbar nur unter Schwierigkeiten zugänglich.

Die eine der beiden Residenzen der Karachaniden befand sich in Balasaghun zwischen der Stadt Talas und dem Issyk-Köl, die andere lag in Kaschgar, das 893 in die Hände der Karachaniden gefallen war. Chotan und der Süden des Tarimbeckens ebenso wie Kutscha und Karashahr im Nordosten hatten sich dagegen behauptet.

XIV. DAS VORRÜCKEN DES ISLAMS IN ZENTRALASIEN UND DIE RÜCKZUGSSTELLUNGEN DER BUDDHISTEN IN LADAKH UND IM GANSU-KORRIDOR

Erst in der ersten Hälfte des 11. Jahrhunderts wurde auch Khotan karachanidisch und damit dem Islam unterworfen. Wenige Jahre vor der Eroberung hatte der König von Khotan ein Schreiben in tibetischer und sakischer Sprache an den uigurischen Fürsten in Ganzhou (Kan-chou) gesandt, das sich erhalten hat. Nur wenig älter ist ein Itinerar, in dem die Stationen zwischen Chotan und Ganzhou im Gansu-Korridor in sakischer Sprache aufgezeichnet sind. Die Beschreibung der Fortsetzung des Weges von Chotan nach Kaschmir ist in Gestalt eines Itinerars aus dem 10. Jahrhundert erhalten.

Die Straße über das Karakorumgebirge, die in Gilgit begann, hatte nicht nur eine Verbindung mit Barygaza, dem Hafen am Indischen Ozean, den auch die Aufzeichnungen aus dem Tarimbecken als letzte Station dieser Route erwähnen, sondern auch Abzweigungen, die über Wakhan nach Tocharestan in das Tal des Amu darya und weiter in die Sogdiana führten. Wenn an den Felswänden längs der Straße sogdische und sakische Graffiti vorhanden sind, so kann das angesichts dieser Verbindungen zwischen dem Industal und Mittelasien nicht überraschen.

1. Die Emigration christlicher, jüdischer und zoroastrischer Flüchtlinge nach dem Westen Zentralasiens

Auch die jüdischen Gemeinden in Baktrien und im Ostiran bestanden aus Flüchtlingen, die ähnlich wie Nestorianer und

Zoroastrier vor den Verfolgungen durch den radikalen Flügel des Islams nach Osten ausgewichen waren, angelockt vielleicht auch von den Mythen vom Reichtum dieser Länder, über den schon Herodot in seinen Erzählungen von den Gold grabenden Ameisen berichtet. Er meinte das Land der vom älteren Plinius erwähnten Darden, die das Gold aus den Gebirgsflüssen wuschen, deren Wohnsitze in Baltistan und Ladakh lagen. Hier traf man jene religiösen Minderheiten wieder, die die Karmaten aus Mesopotamien und dem Westen des Irans vertrieben hatten. Sie lebten an den Stationen der Straße als Händler, für die die Karawanen den gefährlichen Transport über den Karakorumpaß zu den Städten Jarkänd und Chotan im Tarimbecken übernahmen. Ihre Spuren sind nur wenige Worte oder auch nur Symbole, in die Felswände geritzt, die einen Teil der Straße begleiten. Sogder, zoroastrische Perser, nestorianische Syrer und Juden sind auf diese Weise als Benutzer der Straße nachweisbar.

Die Karakorumstraße, die Gilgit mit Jarkänd verband, wurde von den Chinesen als die „Straße der hängenden Brücken" bezeichnet. Über sie zog um 170 v. Chr. ein Teil der von ihnen *Saiwang* (königliche Skythen) genannten Saken aus dem Westen des Tarimbeckens nach Indien. An sie könnten jene in die Felswände eingemeißelten Darstellungen der Axt, der Hauptwaffe der Saken, erinnern.

Der Karakorumpaß war immer umkämpft. Schon im 1. und 2. Jahrhundert n. Chr. versuchten die Kuschana von dort aus das Tarimbecken zu erobern. Erst 634/35 n. Chr. gelang es den Tibetern durch die Eroberung von Gilgit und Ladakh. Damit konnten sie nicht nur die Pässe in das Tarimbecken kontrollieren, sondern sich auch den Goldreichtum des Landes für ihre Politik nutzbar machen. Nach den tibetischen Reichsannalen aus Dunhuang (Tun-huang) wurde Ladakh, dessen Name „Goldland" bedeutet, zusammen mit dem Reich Žan-Žun von den tibetischen Königen zur Steuer herangezogen.

Aus den islamischen Geographen der gleichen Zeit ist für die Verbindungsstraße von Samarkand über den Baroghil- und den Darkot-Paß nach Gilgit bekannt, daß dort die gleichen Gruppen von Kaufleuten auftraten, die sich durch die Graffiti auch auf der Karakorumstraße nachweisen lassen. So berichtet das ›Ḥudūd al-ʿĀlam‹ von den Zoroastriern, daß sie im Vakhan-Tal *Vakhis* genannt werden und ebenso wie die Juden und die christlichen Sogder in Samarkand mit den Moslems in Frieden leben. Diese in Mittelasien noch verbreitete Toleranz scheint der wichtigste Grund für die Einwanderung der Flüchtlinge aus dem Westen des Irans nach Mittelasien gewesen zu sein. Die Straße von Samarkand nach Gilgit und von dort über den Karakorumpaß nach Jarkänd und Chotan blieb bis in die Mitte des 11. Jahrhunderts einer der wichtigsten Zugangswege zum Tarimbecken, um von dort aus nach China zu gelangen. Damals berührte die Fortsetzung der Karakorumstraße die alten Stationen des südlichen Karawanenweges im Tarimbecken. Am Lopnor erreichte sie das dort lange von den Sogdern verwaltete Territorium, von wo aus man den Weg nach Dunhuang (Tun-huang) einschlagen konnte und damit den Zugang zu den Reichen der Uiguren, Tibeter und Tanguten gewann. Durch sie führte das letzte Stück des Weges nach China.

2. Ladakh mit Gilgit im Besitz der Kontrolle des Wegs über den Karakorumpaß nach Chotan und Jarkänd, wirtschaftliche Zentren und Bastionen des Buddhismus

Gilgit, das an der Straße lag, die von Samarkand über den Karakorumpaß führte, war nicht nur ein wichtiger Handelsplatz. Von hier führte auch ein Weg den Indus aufwärts zur Wasserscheide zwischen ihm und dem Tsangpo, dem Brahmaputra, und von dort weiter nach Osten bis nach Lhasa. Auch Kaschmir, eine Hochburg des Buddhismus, besaß eine Verbindung mit Gilgit. Nach dem ›Hudūd al-ʿĀlam‹ soll es in Lhasa im 10. Jahrhundert eine Moschee für die moslemischen Kaufleute gegeben haben. Das deutet darauf hin, daß sich dort damals ein Zentrum des islamischen Handels befand. Da Tibet, das von einem machtlosen König regiert wurde, damals ein Bild der Anarchie bot, bei der erbliche buddhistische Äbte ebenso wie Vorsteher von Bon-Klöstern jeweils für kurze Zeit die Macht besaßen, erscheinen derartige Konzessionen an fremde Kaufleute angesichts des Chaos in der Führung nicht unwahrscheinlich.

3. Die von Ladakh nach Nordosten über die Wasserscheide von Indus und Tsangpo nach Lhasa und über den Baroghil- und Darkotpaß nach Samarkand führenden Karawanenwege

Lhasa scheint durch die Verbindungen mit Südostindien und als Ausgangspunkt der mit Hilfe von Yak-Karawanen benutzten Handelswege zu den Städten des Gansu-Korridors von großer Bedeutung gewesen zu sein. Ähnlich war die Stellung von Suzhou (Su-chou) für den Transfer aus dem Gansu-Korridor nach Norden. Von hier gelangten die Waren auf einer Straße am Ufer des Edsin gol zu dem fast an seiner Mündung liegenden Chara Choto, einer Stadt, deren Ruinen noch heute aus der sie umgebenden Sandwüste herausragen. Sie war damals eine der wichtigsten Städte der Tanguten. Die aus dem Sand geborgenen Gegenstände lassen den tibetischen Einfluß deutlich erkennen und bestätigen damit indirekt die von Lhasa über das unwegsame Bergland bis in den Gansu-Korridor führende Verbindung.

4. Die ethnischen Veränderungen im Gansu-Korridor nach seiner Eroberung durch die Tanguten

Ähnlich wie die Verbindungen des Tarimbeckens mit Indien und Mittelasien war auch die Route, die von Dunhuang nach China führte, durch die Folgen von Völkerverschiebungen belastet. Trotz der zeitweise erreichten Abwehrerfolge der Uiguren von Ganzhou (Kan-chou) und Shazhou (Sha-chou) war der politische Untergang dieser Reiche vorauszusehen. 1028 wurde Ganzhou von den Tanguten erobert, 1030 fielen Shazhou und Suzhou, und 1036 mußte sich ihnen auch Liangzhou (Liang-chou) ergeben. Damit waren die Uigurenreiche im Gansu-Korridor politisch ausgeschaltet. Jetzt besaßen allein die Tanguten die Kontrolle über den Transithandel zwischen dem Tarimbecken und China. Sie verstärkten ihre Machtstellung noch dadurch, daß sie einen großen Teil der Uiguren und ebenfalls in Stadtgemeinden lebenden Tibeter aus dem Gansu-Korridor evakuierten und voneinander getrennt innerhalb des von ihnen eroberten Gebietes ansiedelten. Die Folge war eine weitere Verbreitung der von den Uiguren getragenen Zivilisation und der von ihnen praktizierten Wirtschaftsordnung.

Damals begann auch eine uigurische Auswanderung aus dem Gansu-Korridor und dem Orchongebiet nach Westen und Osten, der die Aufgabe der bisher bewahrten Religion Manis vorangegangen war. Im Osten trat an die Stelle des Manichäismus die Lehre Buddhas und im Westen die des Islams. Einige Gruppen der Uiguren ließen sich damals bei den mongolischen Stämmen im Norden der Gobi, andere im Reich der Kitan im Norden Chinas nieder. Nur der uigurische Staat in der Turfanoase und die ehemaligen Stadtstaaten Kutscha und Karashahr konnten ihre Unabhängigkeit auch jetzt noch behaupten. Aber auch in Turfan hatte die Lehre Manis ihre Stellung als Staatsreligion verloren. Doch auch der an ihre Stelle getretene Buddhismus konnte sich auf die Dauer gegen den von Westen vordringenden Islam nicht behaupten.

Sowohl die Handelsroute zu den Kitan, die über Hami und das Mündungsgebiet des Edsin gol nach Datong (Ta-t'ung) führte, als auch der Weg über die Städte des Gansu-Korridors nach der alten chinesischen Hauptstadt Chang'an passierten das Reich der Tanguten. Aus dieser Situation heraus kam wohl der Rat des südchinesischen Song-(Sung-)Kaisers an die westlichen Kaufleute, nicht mehr den Landweg zu benutzen und nur mit Schiffen nach China zu reisen. Trotzdem ist es niemals zu einem vollständigen Abbruch der Handelsbeziehungen auf dem Landweg der Seidenstraße gekommen.

5. Die Praktiken der Kaufleute des Uigurenstaates von Ganzhou (Kan-chou) im Handelsverkehr mit China

Man muß zur Erklärung davon ausgehen, daß der Chinahandel in der Form, wie er vor allem im 10. und 11. Jahrhundert von den Uiguren praktiziert wurde, einen offiziell vom Staat und einen auf privater Basis durchgeführten Warenaustausch kannte. Die erste Form wird in den chinesischen Quellen als Tribut mit der Bezeichnung *kung* registriert. Hinter diesem Wort versteckt sich das staatliche Außenhandelsmonopol, das in China fast immer bestand. Damit verbunden war der Zwang, die Waren in staatlichen Warenspeichern zu deponieren, nachdem vorher eine Liste ihrer Zusammensetzung übergeben worden war. Daraufhin pflegte die chinesische Seite, die über die Wünsche der Kaufleute unterrichtet war, eine Warenliste mit sogenannten „Geschenken", die angeblich für das Staatsoberhaupt der als Gesandte auftretenden Kaufleute bestimmt waren, zusammenzustellen. Diese Warenlisten sind in den chinesischen Quellen registriert. Das gilt sowohl für die sogenannten „Tribute", die von den als Gesandte auftretenden Kaufleuten mitgebracht wurden, wie für die angeblichen Geschenke des Kaisers an das fremde Staatsoberhaupt. Die den Bedarf des Kaisers übersteigenden Warenmengen durften in privaten Speichern deponiert werden und standen damit dem Handel der privaten Kaufleute zur Verfügung. Außer dem Staatsoberhaupt, wie z. B. dem Qagan von Ganzhou (Kan-chou), wurden auch seine Verwandten mit den sogenannten Geschenken bedacht. Wenn man in diesem Fall die für sie und andere Adressaten in Ganzhou bestimmten Gegenstände zusammenzählt, kommt man auf die Zahl von elfhundert Gewändern und neunhundert Liang Silbergeräten. Ein persönliches Geschenk für den Qagan in dieser Sendung war ein Brokatgewand mit breiten Einfassungen und einem goldenen Gürtel.

Die Zusammenstellung der Waren auf den Tributlisten zeigt ein überaus reiches und auch regional sehr verschiedenes Angebot. Vertreten waren neben Bernstein von der Ostsee Weihrauch aus Südarabien, Korallen und Perlen vom Persischen Golf, Marder- und Zobelfelle aus dem Norden Rußlands und dem Westen Sibiriens, Baumwolle und Messing aus Indien, Hu-Seide (gemeint sind damit sowohl iranische Seide wie die Seidengewebe aus Zand bei Buchara), Jade aus Chotan, Lapizlazuli und Rubine aus Mittelasien und Pferde und Kamele aus der Mongolei. Hinzuzufügen sind noch: Glasgefäße und besonders feine Baumwollstoffe aus Persien und wertvolle, aus dem Westen importierte Medikamente, darunter das als krampflösendes Mittel verwendete Bibergeil und der als Aphrodisiakum geltende Duftstoff Moschus aus Tibet.

Die sogenannten Tributlisten zeigen, daß Waren von allen Stationen der Seidenstraße nach China gebracht wurden. Ostafrika, der Persische Golf, der Iran, Nordrußland und die Ufer der Ostsee waren hier ebenso vertreten wie Mittelasien, das Tarimbecken, Tibet und die Mongolei.

XV. DER PROZESS DER ANNÄHERUNG ZWISCHEN ABENDLÄNDISCHER UND ISLAMISCHER OIKUMENE DURCH ÖFFNUNG DER HANDELSMETROPOLEN DES ORIENTS FÜR DEN KAUFMANN AUS DEM ABENDLAND

Die Blockierung eines Teils der Landwege der Seidenstraße war nicht nur die Folge von Völkerverschiebungen im Umkreis ihrer Routen, sondern auch von Strukturveränderungen in den Städten, die wiederum die Folge von Binnenwanderungen waren. Die Eroberungen der Byzantiner und später der Kreuzfahrer in Syrien und Palästina können aber in diesem Zusammenhang nicht nur als negative Faktoren für die Entwicklung des Warenverkehrs angesehen werden. Das Positive kann man vielleicht darin sehen und damit erklären, daß die neuen Herren der syrischen Städte zum Teil aus Flandern, Lothringen und Südfrankreich kamen, wo das Verhältnis der Landesherren zu den Städten in mancher Beziehung freier war als in den meisten islamischen Städten des Vorderen Orients. Sie brachten eine neue städtische Ordnung, die besonders für die orientalischen Christen innerhalb der städtischen Bevölkerung ein Anreiz zur Auswanderung aus dem Irak nach Syrien war. Die ersten dieser christlichen Auswanderer kamen schon, als die byzantinischen Kaiser Nikephoros Phokas und Johannes Tzimiskes die bisher arabischen und kurdischen Herren aus Syrien und dem Norden Palästinas vertrieben hatten. War doch auch die byzantinische Stadtherrschaft erheblich freier als das Leben, das man als Christ im Reich des Kalifen führen mußte.

Es wäre aber, wie schon gesagt, falsch, die Bereitschaft zur Auswanderung aus dem Irak nach Syrien in die erst von den Byzantinern und dann von den Kreuzfahrern befreiten Städte nur bei den orientalischen Christen zu suchen. Auch jüdische Kaufleute und Gewerbetreibende waren aus dem Irak ausgewandert. Sie wählten aber nicht Syrien und Palästina als Ziel, sondern Ägypten, wo sie durch die aus dieser Zeit erhaltenen Akten der Geniza der Synagoge von Alt-Kairo als Zuwanderer nachweisbar sind.

Eine dritte Gruppe der Auswanderer waren islamische Kaufleute. Sie verließen ihre Heimat, um sich neue Märkte durch Kontakte mit europäischen Händlern zu verschaffen. Diese Begegnung der islamischen mit den abendländischen Kaufleuten in Syrien und Palästina brachte zwei Welten zusammen, die die gleichen Grundlagen hatten, aber durch eine Periode der Trennung gegangen waren.

1. Gleichlaufende Entwicklungen in der islamischen Polis und der abendländischen Stadt

Beide, die syrische Stadt und die des Abendlandes, hatten sich aus der griechisch-römischen Polis der Spätantike entwickelt. Ein Vergleich der Struktur beider weist auf eine überwiegend parallel verlaufende Entwicklung. Während man nicht weiß, ob man die als *Diwan* bezeichneten Staatsämter der Kalifen mit den *Officia* des spätrömischen Staates gleichsetzen kann, lassen sich innerhalb der städtischen Entwicklung die gleichen Erscheinungen nachweisen. Die Gemeinsamkeit zeigt sich in der Übereinstimmung bei der Entwicklung der Stadt. Das für die großen Städte der Spätantike nachzuweisende Amt des Eparchen mit seinem doppelten Aufgabenbereich, der Kontrolle der Wirtschaft und der Ausübung der Polizeigewalt, war das gemeinsame Erbe, das die ehemals römischen Länder des Islams und des christlichen Abendlandes aus der Epoche der Spätantike übernommen hatten. Auch die Veränderungen, die Islam und Abendland an diesen ererbten Institutionen vorgenommen hatten, bewegten sich in der gleichen Richtung. Hier ist zunächst die Auflösung eines Teiles der *collegia* oder *systemata* zu nennen.

Man kann das als eine Art von Reprivatisierung der in Zwangskörperschaften zusammengefaßten Gewerbebetriebe bezeichnen. Dieser Prozeß war im byzantinischen Europa im 9. und 10. Jahrhundert zum größten Teil abgeschlossen. Als das sogenannte ›Buch des Eparchen‹, eine Beschreibung der Wirtschaftsordnung des Byzantinischen Reiches, verfaßt wurde, befand sich diese Struktur schon in der Auflösung. Während aber in Byzanz diese Entwicklung unter der Kontrolle des Kaisers blieb, kam es unter dem Islam und im Abendland zu einer echten Befreiung aus den vom Staat verordneten Strukturen. Sichtbares Zeichen waren hierfür die Anlage und Funktion des Marktes im Abendland und des Bazars in der islamischen Stadt. Von beiden Plätzen gingen die Gassen mit den Läden der Händler und den Werkstätten der Handwerker aus. Am Markt oder am Bazar lagen die Geschäftsräume der Fernhändler und Großkaufleute, in denen man politisch und wirtschaftlich die Elite der Stadt sehen kann. Die Moschee im Islam und die Kirche im Abendland waren nicht, wie bei Forum und Agora der Tempel, Teil des Bazars oder Marktes. Dagegen behielt der Vertreter der Polizei- und Justizgewalt in der Stadt mit seinem Amtsgebäude den gleichen Platz wie in der Spätantike. Der Inhaber dieser Polizeigewalt war in der islamischen Stadt der *muḥtasib*, im Abendland meist der Graf. Das Streben von Personen aus der städtischen Elite, mit der Polizeigewalt auch die politische Macht in die Hand zu bekommen, ist für einzelne Städte im Islam früher nachzuweisen als im Abendland. Dort verband man diese Stellung offenbar mit der Bezeichnung *ra'is*. Der *Ra'is* läßt sich in Syrien auf Grund der Fülle seiner Macht, die ihm auch als Stadtherrn die Anwerbung von Söldnern gestattete, schon in der zweiten Hälfte des 10. Jahrhunderts nachweisen.

Im Abendland ist diese Entwicklung zunächst in Italien festzustellen, wo mit dem *Ra'is* vielleicht in der ersten Hälfte des 12. Jahrhunderts der *consul* und später der Podestà zu vergleichen ist. Für diese in der Struktur vollzogene Angleichung war die Neuorientierung des Fernhandels, als Folge der Italienpolitik der sächsischen und salischen Kaiser, für den wirtschaftlichen Anschluß der abendländischen an die islamischen Städte der Seidenstraße der letzte Schritt. Hierdurch kam es zur Öffnung des Südweges über die Alpen. Statt über Regensburg und Prag mit Kiew begann jetzt der Handel mit Venedig, Gaeta, Amalfi und Neapel. Die italienischen Kaufleute unterhielten damals bereits Funduqs (Herbergen und Warenspeicher) in den Häfen Syriens und später Ägyptens. Damit waren jetzt die Städte im Reich der Ottonen an die Seerouten der Seidenstraße angeschlossen.

2. Der Bruch bisher bestehender islamischer und byzantinischer Monopole durch die Herstellung von Seide im Abendland

Mit der Öffnung des Weges über die Alpen durch die Italienpolitik der deutschen Kaiser wurde für die Seidenstraße eine neue Abzweigung in das Abendland erschlossen. Auch für die eigene Herstellung der Seide wurde damals der Grund gelegt. Zwar war schon vorher byzantinische, persische und mittelasiatische Seide über Osteuropa in das Reich der sächsischen Kaiser und ihrer karolingischen Vorgänger gekommen. Auch hatte Seide aus dem von Arabern besetzten Spanien in der zweiten Hälfte des 9. Jahrhunderts im fränkischen Imperium weite Verbreitung gefunden, so daß sogar das arabische Wort für Seide, *sindal*, das auf eine indische Bezeichnung zurückgeht, in der Form *cendalum* einen festen Platz in der mittellateinischen Sprache des Hofes und der Geistlichkeit gefunden hatte. (Das mittellateinische *cendalum* und das mittelhochdeutsche *Zindel* gehen vielleicht auf ein arabisches Wort für Seide, *sindal* zurück, das aus dem Sanskrit entlehnt wurde.)

Aber der immer größer werdende Import hatte auch deutlich gemacht, daß das christliche Mitteleuropa nur ein Importland für Seide war, das ständig große Summen Geldes zu ihrem Erwerb aufwenden mußte. Erst aufgrund der Italienpolitik der Ottonen und Salier begannen zuerst in Regensburg deutsche Seidenmanufakturen zu arbeiten, die das Material, die Seidenfäden, importierten und hieraus Gewebe herstellten. Dabei überwogen zunächst, wie schon erwähnt, die in Brettchenweberei angefertigten Borten, die meist auf Gewänder aus Leinen aufgenäht wurden. Wir wissen aber aus Regensburg auch von Wappenrökken für Ritter, die z. B. in dem 1204 geschriebenen ›Parzival‹ des Wolfram von Eschenbach erwähnt werden, bei denen man die Wappen in Seidenstickerei hergestellt hatte.

3. Die Rezeption islamischer Modeformen durch das Abendland

Für eine Erweiterung des Seidenimportes aus dem islamischen Orient und aus China sorgte dann eine Veränderung der Mode. Der nach byzantinischem Vorbild in Brokatstickerei mit Gold- und Silberfäden hergestellte Seidenbesatz der Männer- und Frauenkleidung machte einer neuen Mode Platz, die seit Öffnung der neuen Verbindung zur Seidenstraße, des Weges über die Alpen und Italien auch in Mittel- und Westeuropa weite Verbreitung fand. Da war zunächst der unter dem Namen *Rise* bekannte weibliche Kopfputz, der seine Vorbilder im islamischen Orient hatte. Er bestand aus einem um Kopf und Hals geschlungenen Tuch, das bei den kostbarsten Stücken, ebenso wie die Turbane der Araber, aus einer sehr leichten Florseide chinesischer Herkunft bestand. Doch wurden auch Seidentücher aus einer geringeren, in islamischen Werkstätten hergestellten Qualität getragen. Diese Stücke verraten oft durch Lobpreisungen Allahs, die man eingestickt hatte, ihre Herkunft. Ein solches Stück – als Fragment erhalten – ist in dem Grab Papst Clemens' II. in Bamberg gefunden worden. Es bedeckte den Kopf des Toten. Andere Stücke dieser Florseide stammen aus den frühmittelalterlichen islamischen Gräbern in Fustat bei Kairo. Es handelt sich bei diesen aus China eingeführten Geweben meist um Stoffe ohne Muster. Weitere von der Mode diktierte Teile der Frauenkleidung gehörten ebenfalls zum Kopfputz, wie das Kopftuch und der vor dem Gesicht getragene Schleier. Beide wurden in eine große Zahl von Falten plissiert getragen.

4. Die Einführung neuer Formen in die Mode als eine der Ursachen für die Erweiterung des Seidenbedarfs im Abendland

Die Mode des Plissierens folgte orientalischen Vorbildern. Es sei in diesem Zusammenhang auf diese ursprünglich aus Griechenland stammende Behandlung des Stoffes hingewiesen, die schon in hellenistischer Zeit den Weg nach Mittelasien gefunden hatte und sich von dort aus auch in Indien verbreitet hatte. Selbst die Kleidung Buddhas zeigt auf Darstellungen aus Mittelasien diese modische Ausschmückung.

Bei den Griechen wurden der Chiton und der übergeworfene Mantel, oft sogar das Untergewand, der Sindon, in Falten plissiert getragen. Die Bilder auf den Vasen aus Athen mit den Darstellungen nach letzter Mode gekleideter Stutzer geben hier ein reiches Anschauungsmaterial.

Bei der abendländischen Frauenkleidung des Mittelalters wurde vor allem der Überrock plissiert. Er bestand aus einer sehr dünnen Seide, damit man den darunter getragenen, reich bestickten eigentlichen Rock sehen konnte. Bei dem Kopftuch wurden die Falten verschieden tief in den Stoff gepreßt. (Aus den Kleiderordnungen der Städte ist zu entnehmen, daß bis zu hundert Falten in ein seidenes Tuch gepreßt wurden.) Die Fältelung des Gesichtsschleiers war dagegen einfacher gehalten, da er das Gesicht nicht zu stark verbergen sollte. Schleier und Kopftuch waren besonders dazu bestimmt, auch beim Besuch der Kirche modegerecht gekleidet zu sein. (Ein Beispiel für die noch im Spätmittelalter ausgeübte Form des Plissierens von seidenen Kopftüchern zeigt die Maria der Verkündigung an einem Portal des Regensburger Doms.)

XVI. DIE WEITERFÜHRUNG DES HANDELS DER NORDCHINESISCHEN REICHE DER QITAN (LIAO) UND DER DSCHURDSCHEN (KIN) ÜBER DEM LANDWEG MIT DEN ISLAMISCHEN MÄRKTEN IN MITTELASIEN

Mit dem Ende des 10. Jahrhunderts wurden die arabischen Küstenstädte am Mittelmeer zu den wichtigsten Endpunkten der Routen der Seidenstraße, und die Nordroute verlor zur gleichen Zeit für Europa ihre Bedeutung. Die Ursachen dafür liegen in einer Verlagerung des Handelsverkehrs vom Land- auf den Seeweg zu der gleichen Zeit, als in Europa die Öffnung des Südweges über die Alpen nach Italien der Seidenstraße ein neues Absatzgebiet erschloß. Die Ursache lag letzten Endes im Zerfall des Tang-Reiches in der zweiten Hälfte des 9. Jahrhunderts. Er hatte zu einem starken Rückgang der chinesischen Ausfuhr geführt. Es kam, wenn auch nicht sofort, zu einer Umstellung des Handels auf den Seeweg. Zunächst allerdings erfolgte eine Verlagerung nach Norden. Jener Machtkomplex, der Nordchina, die Mandschurei und die Mongolei umschloß, trat im Fernhandel unter den Qitan, die von den Chinesen *Liao* genannt wurden, an die Stelle der untergegangenen Tang-Dynastie. Der bisher für China gebrauchte türkische Name *Tabgač* verschwand, und an seine Stelle trat, wie schon erwähnt, der Name *Qitan* in den Formen *Hitai*, *Hatai* und *Chatay*, der in den folgenden Jahrhunderten zur Bezeichnung Chinas gebraucht wurde, obwohl der Handelsverkehr längst zum größten Teil über den Seeweg und die Häfen des von der Song-Dynastie regierten Südchina abgewickelt wurde.

Die letzte Phase des Handelsverkehrs auf dem Landweg der Seidenstraße vor den mongolischen Feldzügen nach Westen hat das mit den Mongolen anbrechende neue Zeitalter vorbereitet und verdient schon daher besondere Beachtung. Sie ist eng mit der Nordostroute verbunden. Über diese Straße, die, wie erwähnt, von der Turfanoase nach Datong (Ta-t'ung) und weiter nach Korea führte, war jene zivilisatorische Mobilisierung erfolgt, die erst das Osttürkische Reich und dann nach seinem Untergang im Jahre 630 die Nachfolgestaaten der Köktürken, Uiguren und Kirgisen erfaßte.

1. *Die Nestorianer aus Merw und die Buddhisten aus Turfan als Vermittler ihrer Religion und Zivilisation an Qitan und Mongolen*

Die Nordostroute hatte nicht nur dem Austausch der Waren gedient, sondern war auch eine Straße der Religionen gewesen. Christliche Missionare reisten aus den Klöstern, die im Giaur Qala, dem Stadtteil der „Ungläubigen" in Merw, lagen, über sie und die Nordroute zu jenen Mongolen, die die Wohnsitze der nach Westen ausgewanderten osttürkischen Stämme in Besitz genommen hatten. Diese Mongolen hatten die zurückgebliebenen Teile der Osttürken in ihre eigenen Stammesverbände aufgenommen und sie hierdurch integriert. Von diesen mongolischen Stämmen hatten im Jahre 1009 die Kerait (nach dem Bericht der syrischen Chronik des wegen seiner jüdischen Herkunft *Bar Hebräus,* Sohn eines Hebräers, genannten jakobitischen Patriarchen von Tagrit in Persien) das Christentum angenommen, nachdem ihrem Khan der heilige Sergius erschienen sein soll. Das geschah zwischen 1114 und 1125, mehr als hundert Jahre vor der Unterwerfung der Qitan durch die ebenfalls tungusischen Dschurdschen, die Jin (Kin).

2. Die Dezentralisierung nordchinesischer Manufakturen für Seide und Porzellan und ihre Folgen

Man kann also davon ausgehen, daß der Name *Kitai* und die von ihm abgeleiteten Formen als Bezeichnung für China zwei Jahrhunderte lang ihre Berechtigung hatten. Solange bestand das Reich der Kitai, das, nach der Verbreitung des Namens zu urteilen, der wichtigste Handelspartner der aus dem Westen kommenden Kaufleute gewesen sein muß. Der Grund liegt darin, daß die Auflösung des chinesischen Staatsverbandes, der unter der Tang-Dynastie bestanden hatte, für einen großen Teil der Manufakturen und anderer Wirtschaftsbetriebe den Verlust ihrer Märkte und ihrer Arbeitskräfte bedeutete, so daß sie gezwungen waren, sich einen neuen Standort zu suchen. Sie waren in der Hauptsache um die alte Hauptstadt Chang'an konzentriert gewesen und hatten sich, nachdem sie den Status eines Hoflieferanten verloren hatten, den politischen und wirtschaftlichen Schwerpunkten des Südreiches der Song und des Nordreiches der Kitai zugewandt und hier einen neuen Standort gefunden.

Durch die infolge der Bürgerkriege entstandenen Binnenwanderungen kam es zu Engpässen bei den Warenlieferungen, eine Folge der unter den Belegschaften entstandenen Lücken, so daß man zu dem Mittel der Anwerbung ausländischer Facharbeiter greifen mußte.

Ein Beispiel hierfür ist die jüdische Gemeinde von Kaifeng, die man zur Inganghaltung einer Manufaktur für Baumwollstoffe wahrscheinlich aus Persien für den Aufenthalt in China gewonnen hatte. Ihr war offenbar die freie Religionsausübung garantiert worden, denn 1163 hatte man ihnen gestattet, eine eigene Synagoge zu bauen. (Zu den von ihnen gebrauchten Sprachen gehörte neben Hebräisch auch Neupersisch.)

Auch die Verlegung vieler Betriebe hing mit dem Facharbeitermangel zusammen. Das war z. B. bei der Anlage neuer Brennöfen für das Porzellan der Fall, die in entfernten Provinzen, wo man auch Kaolin gefunden hatte, eingerichtet wurden. Diese Situation, die den Außenhandel erschwerte, mußte durch das in beiden chinesischen Staaten bestehende staatliche Außenhandelsmonopol noch verschärft werden. Die ausländischen Kaufleute waren hierbei, wie schon erwähnt, gezwungen, ihre Waren in staatlichen Speichern einzulagern. Nur wenn deren Aufnahmefähigkeit erschöpft war, blieb ihnen die Möglichkeit, private Speicher in Anspruch zu nehmen.

3. Der große Anfall von Silber infolge von Tributzahlungen in Nordchina und seine Auswirkungen

Der aus den oben geschilderten Gründen häufig auftretende Warenmangel zwang offenbar die chinesischen Behörden dazu, statt mit Austauschware die Importe der Ausländer mit Silberbarren zu bezahlen, die wohl überwiegend aus Tributzahlungen stammten. Zu diesem Mittel scheint man, wie das von den uigurischen Kaufleuten aus dem China der Song eingeführte Silber zeigt, sehr häufig gegriffen zu haben.

Beim Handel mit den Kitai, der in der Hand uigurischer Kaufleute aus der Turfanoase und aus dem Gebiet von Hami lag, bestanden, wie schon erwähnt, andere Zahlungsprobleme. Es ging hier um die Einhaltung und Sicherung der Zahlungen der Käufer. Zu diesem Zweck suchte man die abgeschlossenen Handelsgeschäfte durch die Registrierung der Verkaufsprotokolle bei dem uigurischen Khan in Qočo, dem Gaochang (Kaochang) der chinesischen Quellen, rechtsgültig zu machen. Wie der im 11. Jahrhundert in Bagdad veröffentlichten türkischen Enzyklopädie des Mahmud al Kaschgari (Maḥmūd al-Kāšgharī) zu entnehmen ist, wurden je fünf Kaufverträge auf einem quadratischen Stück Tuch von dem Khan der Uiguren durch sein Siegel beglaubigt und waren damit als rechtsverbindliche Urkunden einklagbar. Sie konnten aber auch wie ein Scheck als Zahlungsmittel verwendet werden. Die *Qamdu* genannten Beglaubigungen galten für fünf Jahre. Für die Verlängerung der Geltungsdauer über diesen Zeitraum hinaus mußten neue Urkunden ausgestellt werden. Es handelt sich hier um Eintragungen zu dem gleichen Zweck wie bei den Notariaten in Kaffa am westlichen Ende der Nordroute, die dort nicht ganz dreihundert Jahre später nachzuweisen sind.

XVII. DIE ISLAMISCHE HANDELSEXPANSION AUF DEM SEEWEG UND DAS DURCH SIE BESTIMMTE CHINABILD

1. Chinesische Praktiken bei der Aufnahme eines Handelsverkehrs mit dem Vorderen Orient und Ostafrika

Neben den *Kitai*, den zu Kaisern arrivierten Häuptlingen aus dem Clan Yelü (Eber) der Qitan (Liao), die das Nordreich regierten, hatte auch das chinesische Südreich unter den Song Handelsverbindungen mit dem Westen unterhalten. Aus den Fundstellen der chinesischen Keramik lassen sich die verschiedenen Phasen der chinesischen merkantilen Aktivitäten ablesen.

Die Philippinen waren für die Inder ein altes Kolonial- und Missionsgebiet, dem sie ihre Kultur und Sprache gebracht hatten und mit dem sie auch durch Handel verbunden waren. Die Funde chinesischer Keramik auf den Philippinen lassen nun vermuten, daß die Chinesen den auf tamilischen und malabarischen Schiffen fahrenden islamischen Kaufleuten, die seit dem 8. oder 9. Jahrhundert südchinesische Häfen besuchten, bei ihrer Rückfahrt gefolgt sind. Das gilt auch für deren nächste Stationen bei der Rückkehr, Sumatra, Java und die Halbinsel Malakka. In den Ruinen der dort stehenden hinduistischen und buddhistischen Heiligtümer wurden Scherben chinesischen Porzellans und chinesischer Keramik gefunden, Zeugen eines intensiven Handels, der sich über Indien weiter hinaus bis nach Südarabien und den Persischen Golf verfolgen läßt. Selbst entlang der Weihrauchstraße, auf dem Abschnitt zwischen Mekka und Medina, und in Fustat bei Kairo fand man chinesisches Porzellan.

Auf dem Landweg hatte der Export chinesischen Porzellans seit dem Untergang der Tang-Dynastie stark abgenommen.

Schuld daran war zum größten Teil die schon erwähnte Situation nach der Spaltung des chinesischen Großreichs, denn unter den neuen Machthabern wurden die während der Tang-Zeit im Umkreis der Hauptstadt liegenden Brennöfen aufgegeben und die neuen von der Seidenstraße entfernt an schwerer erreichbaren Stellen errichtet. Entscheidend bei der Wahl der Standorte war das Vorkommen von Kaolin.

2. Chinesisches Verpackungsmaterial (Tongefäße mit Unterglasurmalerei) als Hülle für besonders kostbare Waren

Der Rückgang des Porzellanimportes aus China steigerte in den Städten an der Südroute der Seidenstraße die Anzahl von Versuchen, das chinesische Porzellan durch Tongefäße mit einer mehrere Farben verwendenden Unterglasurmalerei zu ersetzen. Die ersten Nachahmungen mit noch durch chinesische Vorbilder angeregten Motiven kamen aus Afrasiab bei Samarkand. Später überwogen bei der Keramik aus Nishapur in Chorassan uigurische Miniaturen als Vorbilder, die offenbar durch das Medium des Blockdrucks aus der Turfanoase über Mittelasien vermittelt worden waren.

Von der erwähnten mehrfarbig bemalten und dann glasierten Tonware ist jenes Gebrauchsgeschirr zu unterscheiden, das von den arabischen Kaufleuten *Rhazaf* genannt wurde. Es wurde vor allem für den Transport auf dem Seeweg von besonders kostbaren Waren, wie Duftstoffen auf Moschusbasis, seltenen Gewürzen und Arzneimitteln, verwendet. Was uns davon erhalten ist, sind meist islamische Nachahmungen oder Umschöpfungen chinesischer Vorbilder. Um der Kostbarkeit des Inhalts gerecht zu werden, wurde die Außenwand dieser Gefäße zuweilen auch mit mehrfarbigen Motiven verziert. Sie waren so beliebt, daß man sie sogar in Europa (Spanien) nachahmte. Dort wurden diese für den Transport und die Aufbewahrung von Apothekerwaren verwendeten Gefäße *albarello* genannt.

3. Beispiele für die in islamischer Zeit eingetretenen Verluste im geographischen Bild von China

Die Umorientierung, die mit der Verlagerung des Schwergewichtes des Handels von den Landrouten der Seidenstraße auf den Seeweg einsetzte, begann noch vor dem Sturz der *Liao* genannten Kitai. Sie kündigte sich schon dadurch an, daß man die westlichste Residenz der Kitai an der Mündung des Huang He (Hoang-ho) mit dem gleichen Namen, *Khumdan*, bezeichnete, der für die alte Hauptstadt der Qin-(Ts'in)-Dynastie gebraucht wurde. Die falsche Angabe über den Namen der Hafenstadt des Kitan-Reiches zeigt, daß man zu dieser Zeit keine klaren geographischen Vorstellungen von China bei den Geographen Mittelasiens besaß. Das erklärt sich dadurch, daß damals schon die unmittelbaren Beziehungen Mittelasiens mit China fehlten. Schon lange waren die Uiguren in der Turfanoase und im Westen von Gansu zu Vermittlern des Handels auf den Routen der Seidenstraße geworden. Ihre Kaufleute reisten nicht mehr nach Chang'an, der alten, damals schon verödeten Hauptstadt der Tang-Dynastie, sondern zu den Städten der Qitan (Kitan), zu denen auch die Vorgängerin des heutigen Beijing (Peking) gehörte. Damals wurde der für das Reich der Chitai (Kitai) gebrauchte Name *Chathay* auch für die Araber des Seeweges zur Bezeichnung von China.

4. Verlorenes Wissen über die in der Spätantike aufgegebenen Wege und verlassenen Stationen der Seidenstraße aus hellenistischer Zeit

Die Unsicherheit über die Lage der chinesischen Hauptstadt macht deutlich, daß jenes Bild von China, das Europa und Mittelasien ursprünglich besaßen, im 12. Jahrhundert schon verlorengegangen war. Es war, als wenn Zentralasien in eine Nebelbank eingehüllt war, hinter deren Schleiern, von den islamischen

Staaten Vorderasiens unbemerkt, jenes Reich der Mongolen errichtet werden konnte, das die Nachfolge der osttürkischen Staaten in Nordostasien antrat.

Es war in den Jahrhunderten vorher zu einem entscheidenden Wandel gekommen. Nicht mehr verließen hellenistische Kaufleute in Barygaza ihre Schiffe, um am Indus entlang über Mittelasien oder direkt über den Karakorumpaß in das Tarimbecken zu ziehen, wohin die Karawanen der Serer oder Issedonen aus China die Seide brachten. Auf sie warteten dort die ägyptischen Kaufleute, die mit drawidischen Schiffsbesatzungen nach Barygaza an der Mündung der Namada gekommen waren. Das Holz ihrer im trockenen Sand der Wüste Taklamakan errichteten Häuser blieb wie ihr Mobiliar aus dem gleichen Material, vom Sand zugedeckt, bis heute ebenso erhalten wie ihre Gräber. Die Toten lagen dort in aus Baumwolle gewebten Tüchern, auf denen Hermes als Totenführer dargestellt war oder Tyche mit dem Füllhorn inmitten einer Landschaft mit Wasserstellen, an denen Enten und andere Wasservögel zu sehen sind. Diese Bilder auf den Totentüchern ebenso wie die hölzernen griechischen Kapitelle korinthischer und äolischer Provenienz und die aus der oströmischen Architektur bekannten Säulensockel mit vier Eckblättern bezeugen die Anwesenheit hellenistischer Kaufleute, die mit ihren Handwerkern und Karawanenknechten nach Loulan und Niya, Oasenstädten inmitten des großen Sandmeeres, gekommen waren, um auf das Eintreffen der Karawanen aus China zu warten. Die Oasenstädte der Griechen wurden in der Mitte des 4. Jahrhunderts n. Chr. verlassen, als der Südfluß auszutrocknen begann. Kaufleute und Pilger bedienten sich seit dieser Zeit des nördlich des Tarim entlangführenden Karawanenweges. Die Städte gab es in dieser Zeit nicht mehr. Den reich geschnitzten Fassaden der Häuser mit ihren kunstvoll gearbeiteten Türrahmen begegnet man erst viel später wieder als Werk der Kopten bei islamischen Sakralbauten, wie z. B. bei den reichverzierten Holzpaneelen, Fensterfüllungen und Balken der Al-Aqsa-Moschee aus dem 11. Jahrhundert, die bei der großen Restaurierung des Gotteshauses zwischen 1935 und 1943 wieder ans Licht gekommen sind.

Ebenso wie bei den Griechen kann auch bei den jüdischen Kaufleuten von Karawanenreisen nach China keine Rede sein. Uigurische Kaufleute lieferten auch für sie die Ware aus China, während sie an der Grenze in Dunhuang auf die Karawanen warteten. Von diesen Wartenden stammen wahrscheinlich jene dort gefundenen Fragmente religiöser Literatur in hebräischer Sprache und Schrift. Man kann sie als Zeugnisse einer jüdischen Gemeinde auffassen.

5. Chinesische Mehlspeisen in einem rabbinischen Kommentar zu jüdischen Speisevorschriften

Die engen Kontakte dieser Juden mit den Uiguren wird vor allem durch die Übernahme chinesischer Kochrezepte für Teigwaren in der Form von Nudeln, Ravioli und Pasteten bezeugt. In den Glossen der Rabbiner Südrußlands zu den jüdischen Speisevorschriften aus dem 13. Jahrhundert wird diese Rezeption schon vorausgesetzt. Hiernach trifft man die aus den uigurischen Texten der Turfanoase bekannte Bezeichnung für Nudeln, *Lakscha*, als Lehnwort im Jiddischen in der Form *Lokschn* an. Das uigurische Wort *lakscha* bezeichnete auch jene Teigwaren, die man als Totenopfer den Verstorbenen mit in das Grab gab und die bei den Ausgrabungen der uigurischen Begräbnisstätte Astana in der Turfanoase gefunden wurden. Speisen aus Teigwaren waren bei den türkischen Stämmen in Zentralasien sehr beliebt. So erwähnt z. B. Mahmud al Kaschgari als besonders wohlschmeckendes Gericht eisgekühlte Nudeln, für die man die Bezeichnung *latü* gebrauchte. Die Übernahme der Nudelspeisen spricht zwar für einen engen Kontakt jüdischer Gemeinden mit den Uiguren, nicht aber für direkte Beziehungen zu den Chinesen.

XVIII. EINBLICKE IN DIE BISHER UNBEKANNTE WELT EINER HELLENISTISCH-IRANISCH-INDISCHEN RENAISSANCE AUF DARSTELLUNGEN VON SILBERSCHALEN AUS DEM WOLGA-KAMA-GEBIET

Nicht nur die Namen von Speisen, auch die zu silbernen Tafelgeschirren gehörenden Schalen, Krüge, Becher und Tassen geben Hinweise auf die Art der durch die Seidenstraße hergestellten Verbindungen. Sie betreffen Kultur und Zivilisation. Die Häufung der Funde von Silberschalen und silbernem Gerät im Gebiet und Umfeld des ehemaligen Reiches der Wolgabulgaren ist, wie schon bemerkt, nicht allein durch eine von ästhetischen Gründen bestimmte Sammelleidenschaft zu erklären, sondern vor allem aus dem Bestreben, anstelle der Kleinmünzen, zu denen auch der Dirhem gehörte, größere Geldeinheiten zur Verfügung zu haben, die eine Bezahlung von Objekten mit höherem Wert erleichterte. Die eingeritzten Angaben, z. B. sogdischer Zahlzeichen und vortürkische und türkische Runen, beziehen sich vielleicht auf die Funktion dieser Gegenstände als Geldersatz. Bei der Kalkulation des Wertes des Silbergefäßes auf Grund seines Gewichts blieb sicher auch die künstlerische Ausführung des auf ihm dargestellten Motivs nicht unberücksichtigt.

Man kann auf Grund der dargestellten Motive von drei verschiedenen Gruppen ausgehen, die annähernd aus den gleichen Ländern stammen, in denen auch jene Dirhem-Münzen geprägt wurden, die sich vor allem an der oberen Wolga und an der Oka finden. Es waren das Reich der Samaniden in der Sogdiana, Baktrien unter den Kabulschahis und der Osten Syriens unter den Hamdaniden, deren Gebiet in der Zeit von 929 bis 1003 den größten Teil des damals noch überwiegend christlichen Syriens umfaßte. Die Fürsten Baktriens und der Sogdiana bekannten sich zwar zum Islam, nicht aber ihre Untertanen. So waren die Einwohner des südlich des Hindukusch liegenden Reichs der Kabulschahis in der ersten Hälfte des 11. Jahrhunderts bis zu seiner Eroberung durch Mahmud von Gazna überwiegend Buddhisten. Auf den von hier kommenden Schalen sieht man daher den vierarmigen Gott Mahehvara auf dem Stier Nandi, eine Krone mit dem Zeichen des Mondes tragend. Bei den Schalen aus Syrien überwiegt dagegen eine byzantinisch-christliche Ikonographie.

Bei den Schalen aus dem Herrschaftsbereich der Samaniden überwiegt trotz der häufig benutzten kufischen Schrift das sasanidische Kulturerbe. Gegenstände aller drei Gruppen wurden in zum Teil unterschiedlicher Qualität im Gebiet von Perm gefunden. Ursprünglich hatten sie vielleicht die Audienzräume der Jurten und der aus Holz errichteten Paläste der Fürsten geschmückt, bevor sie ein uns unbekanntes Schicksal zu dem Teil eines vergrabenen Hortes werden ließ.

Kulturgeschichtlich gehören die Bilder und Dekorationen auf den silbernen Gefäßen in jene schon erwähnte Renaissance-Bewegung, deren Spuren auch beim Fresko und den Arbeiten der Bildhauer wahrnehmbar sind. Die Bilder religiösen Inhalts, seien sie nun Darstellungen griechischer Mythen wie der des Bellerophon (Ganymed), des Dionysos, des Herakles, des Zeus und der Kybele oder iranischer Überlieferungen in Gestalt des Gopat-Schah oder der Nanai, zu der man von Motiven indisch-buddhistischer Herkunft Garuda und die Nagafrauen rechnen kann: Sie alle haben miteinander gemeinsam, daß man ihren Zusammenhang nicht nur als synkretistische Verbindung bezeichnen kann, sondern vielmehr als eine ästhetische Zusammenstellung, die dem Kunstwollen der Zeit entsprach. Eine derartige Kunstrichtung verbindet gern das Historische mit dem Religiösen. Sie wird zu einem Kaleidoskop der Motive. In ihr spiegelt sich die ganze Vielfalt der Motive der Länder, die durch die Seidenstraße miteinander verbunden wurden, Motive, die bei den Bulgaren des 9. Jahrhunderts ebenso anzutreffen sind wie in Mittelasien und China. Ob man den Goldschatz von Nagy-Szent Mikloś, die aus Mittelasien stammenden Silbergefäße im Gebiet von Perm oder Fundstücke mit diesen Motiven in China betrachtet, überall begegnet man dieser Oikumene, die sich aus der Renaissance verschiedener regionaler Kulturen zusammensetzt. Zu der Verbreitung dieser Renaissance wäre es aber ohne die Seidenstraße nicht gekommen.

1. Spuren von Restaurierungen des 11. und 12. Jahrhunderts an Silberschalen aus Mittelasien und China als Beweis für die lange Wertschätzung jener Renaissance-Motive

Es bleibt für den Historiker hier zweierlei zu tun: einmal die Grenzen dieser Oikumene durch eine Analyse der Darstellungen auf den ausgegrabenen Gegenständen deutlich zu machen und dann aus dem Umfang der Nachahmungen und dem verwendeten Material die Intensität der Bewegung zu messen.

Ein Teil der Kopien der Silbergefäße gibt indirekt Hinweise auf den Zustand des verlorengegangenen Originals. In einigen wenigen Fällen ist sogar das Original neben der Kopie erhalten. Bei Kopien in Silber ist mehr noch als bei den Nachahmungen in Ton die Arbeit des Restaurators an Einzelheiten festzustellen. Sehr häufig kam es vor, daß bei Silbergefäßen infolge des langen Gebrauchs herausragende Teile der Darstellung verwischt worden waren. Die Zerstörung des ursprünglich Vorhandenen ging hierbei oft so weit, daß der Restaurator manche der zerstörten Partien nicht mehr erkennen konnte und die Darstellung durch eigene Erfindung ersetzen mußte. Hierdurch erklären sich bei ein und demselben Gefäß Unterschiede in der Qualität der darauf angebrachten Darstellungen, für die es auf den ersten Blick keine Erklärung zu geben schien. Diese Erscheinung findet sich verstärkt bei Gefäßen, die in Ton die Vorlage nachahmen wollten. Der Ton gibt die Schäden am Original noch stärker wieder, als sie an einem restaurierten Silbergefäß erkennbar wären. Meist liegt zwischen dem Kopieren oder Restaurieren eines

Gefäßes und der Zeit seiner Entstehung ein größerer zeitlicher Abstand. So ist z. B. von einem Goldgefäß, das bei Poltawa ausgegraben wurde, eine Kopie in Ton in Nordchina gefunden worden, die in das 6. oder die erste Hälfte des 7. Jahrhunderts zu setzen ist. Es ist die Zeit, die im Iran und seinen Nachbarländern von der Regierung der Könige Chosrau I. und Chosrau II. geprägt wurde. Auf die in dieser Zeit entwickelten Formen und Motive griff man dann im 9. und 10. Jahrhundert, der Epoche der von Mittelasien ausgehenden Renaissance, zurück.

2. *Das durch Bilder auf Silberschalen christlicher und jüdischer Gemeinden zu erschließende Verbreitungsgebiet der Renaissance an der Südroute der Seidenstraße*

Die geistigen Väter dieser Renaissance scheinen die Gelehrten und Künstler im Reich der Samaniden gewesen zu sein. Eine schwache Resonanz dieser Kulturströmung ist auch im Herrschaftsbereich der Hamdaniden und dem der Kabulschahis feststellbar. Zu dem Ende dieser Renaissance kam es dann, als im iranischen Islam rigoristische Kräfte die Oberhand gewannen. Die Bilder nackter Göttinnen wie z. B. der Fruchtbarkeitsgöttin Nanai, die für das 6. und 7. Jahrhundert kennzeichnend sind, verschwanden. Andere Motive und Darstellungen, wie der in acht Zeitabschnitte aufgegliederte sasanidische Kalender und die Kunstuhr Chosraus II., wurden nachgeahmt, ebenso wie Themen aus dem Kreis der jüdischen und der christlichen Religion. Eine Analyse der Motive läßt erkennen, daß einzelne von ihnen noch aus dem 2. Jahrhundert, der Zeit der Kuschana, stammen. Das gilt vor allem für die griechische und indische Motive verbindenden Darstellungen. Man bemerkt es aber auch bei jenen Motiven, die Erzählungen aus dem Pentateuch illustrieren, wie z. B. die Darstellung der Eroberung Jerichos auf einer Silberschale, die in Bolschaja Anikowa im Gebiet von Perm gefunden wurde. Die Schale mag vielleicht für die ungesäuerten

Brote beim Pessach bestimmt gewesen sein. Ihre Bedeutung liegt darin, daß sie die verschiedenen in Mittelasien wirksamen Einflüsse sichtbar macht. Man sieht auf ihr „Posaunen" blasende Israeliten, daneben einige berittene Krieger. Die Stadt Jericho zeigt die gleiche Architektur wie in Chwarezm ausgegrabene Palastburgen. Die berittenen Krieger tragen die gleichen Rüstungen und Helme, wie sie von den Figuren chinesischer Soldaten aus den Kaisergräbern der älteren Han-Dynastie bekannt sind. Es handelt sich um Rüstungen aus rechteckigen, miteinander verbundenen Metallplättchen.

Bei den Bildern der Synagoge von Dura Europos wurde eine Darstellung der Eroberung von Jericho nicht gefunden. Es könnte sich bei dem Bild auf der Schale um die Wiedergabe einer anderen jüdischen Ikonographie als in Dura Europos handeln. Wir können nur registrieren, daß es in Mittelasien zur gleichen Zeit wie in Mesopotamien eine Nichtbeachtung des Verbotes der bildlichen Darstellungen an Kultstätten gegeben hat. Sie scheint sich, wie die Silberschale von Bolschaja Anikowa zeigt, an der ostiranischen Peripherie länger gehalten zu haben, als es in Mesopotamien unter den Augen des Exilarchen möglich war.

Der Zeit der Kuschana, auf die man in jener Renaissance des 9. und 10. Jahrhunderts zurückgriff, scheint vielleicht auch ein Teil der Darstellungen griechischer Götter auf den Silbergefäßen zuzuordnen zu sein. Wenn auch die ursprüngliche Komposition nicht mehr nachgeahmt wurde, bleibt der Zusammenhang doch erkennbar. Ein Vergleich der Darstellung der Hochzeit des Dionysos auf der Schale, die in Alkino bei Perm gefunden wurde, mit der mit dem gleichen Thema bei den goldenen Figürchen von Tillja Tepe zeigt, daß die Silberschale zu einer Überlieferung gehört, auf die auch Tillja Tepe zurückgeht. Die Silberschale gehört vermutlich in das 9. oder 10. Jahrhundert.

In die gleiche Zeit hat man ein Beispiel der christlichen Ikonographie auf einer Patene, die bei Grigorowskoje im Gebiet von Perm gefunden wurde, zu setzen. Die Patene stammt wahrscheinlich von syrischen Christen aus dem Reich der Hamdaniden. Die Bilder haben Unterschriften in der syrischen Estrangelo-Schrift. Sie richten sich in ihrer Reihenfolge und der Art ihrer Ausführung nach einem ikonographischen Schema, das z. B. auch bei der Kreuzigungsszene auf einer Miniatur im Codex des Rabbula aus dem Jahre 586 angewendet wurde. Es ist sehr wahrscheinlich, daß diese Patene, bevor sie vergraben wurde, längere Zeit im liturgischen Gebrauch war. Vielleicht ist sie mit Missionsversuchen syrisch-jakobitischer Christen im Gebiet von Perm in Verbindung zu bringen.

Diese Patene mit den Darstellungen verschiedener Ereignisse aus dem Alten und Neuen Testament (Daniel mit den Löwen, Maria und Magdalena, Verrat des Petrus, Christus am Kreuz und die Frauen am Grabe) bildet eine Brücke zu anderen mit Sicherheit dem 6. Jahrhundert angehörenden christlichen liturgischen Geräten in Nordchina. Es sind zwei für das Spenden des Weins verwendete Flaschen. Die eine ist goldbraun glasiert. (Ihr Schöpfer war offenbar bestrebt, das Original, ein goldenes Gefäß, möglichst täuschend nachzuahmen.) Sie zeigt, wie andere Flaschen, die in Südrußland gefunden wurden und dem gleichen Zweck dienten, am Hals jene Ösen, durch die eine Schnur gezogen werden konnte, so daß es auch einem Reiter möglich war, das Gefäß mit sich zu führen. Dargestellt ist auf ihr der Tanz Davids vor der Bundeslade, den Musikanten auf Instrumenten aus Mittelasien begleiten. Die zweite Flasche zeigt, wie die schon erwähnte jakobitische Patene, Daniel zwischen zwei Löwen.

Die Zeugnisse christlicher und jüdischer Religion auf den Gefäßen gehören zwar zeitlich nicht zusammen, dafür ist aber ein innerer Zusammenhang anzunehmen, der sich aus der Rolle der Jakobiter und ihrer Erzbischöfe in Merw und Balch ergab. Er war durch die Kulturgemeinschaft gegeben, die Mittel- und Zentralasien miteinander verband. Wie eng dieser Zusammenhang gewesen sein muß, kann man der schon erwähnten Bezeichnung eines jakobitischen Patriarchen als *Bar Hebräus* entnehmen. Dieser Mann stammte demnach aus einer jüdischen Familie. Die Schalen und andere Gefäße aus Silber, die im Gebiet von Perm in so reichem Umfang gefunden wurden, lassen erkennen, wie weit diese Kulturgemeinschaft nach Osten reichte. Sie ist außer in China auch in Japan nachweisbar.

3. Die Spuren der Renaissance an den Abzweigungen der Nordroute in Tschernigow und Nagy-Szent Mikloś

Im Nordwesten, in Europa, kennzeichnen die Bestandteile des Schatzes von Nagy-Szent Mikloś beides, die Vielfalt und die Grenze der Kulturströmung. Dieser Schatz enthält Elemente, die, wie Garuda und die Nagas, auf das Reich der Kabulschahis weisen, aber mit der Entführung des Ganymed durch Zeus gleichzeitig die hellenistische Komponente deutlich machen. Hinzu kommt der Einfluß des alten Irans, auf den die Darstellung des Gopatschah weist. Die Gegenstände des Schatzes gehören in die zweite Hälfte des 9. Jahrhunderts. Sie stammen demnach aus der gleichen Zeit wie die im Umkreis von Perm gefundenen Silberschalen. Diese Oikumene grenzte im Westen an das Byzantinische Reich, das über Handelsverbindungen auch seine eigene Kultur vermittelte, vor allem auf jenen Straßen, die nach Tschernigow und Vilgord führten. Die Kaufleute von Tschernigow werden in einem der Verträge der Byzantiner mit den Rus als Handelspartner erwähnt. Die in den beiden Städten gefundenen Darstellungen des auf der Harfe spielenden David passen in die byzantinisch-makedonische Renaissance.

XIX. MARKTVERÄNDERUNG IN OSTEUROPA DURCH DEN RÜCKGANG DES SKLAVENHANDELS UND EINE VERSCHIEBUNG BEIM GLEICHGEWICHT VON WARENANGEBOT UND NACHFRAGE

Die Bilder auf den Silberschalen werden erst durch das Wissen um ihre Fundorte zu einer Chronik dieser Renaissance und als historische Quelle auswertbar. Auf eine Karte übertragen, zeigen die Fundplätze jene Märkte sibirischer Pelze und die Schwerpunkte des Sklavenhandels, auf die sich die Interessen islamischer Kaufleute konzentrierten. Die von Gorodischten geschützten Märkte der Waräger im Nordwesten Rußlands waren zum Teil aufgegeben worden. Die Schlußmünzen der großen Horte mit Dirhems deuten auf eine Zeit der Emission, die mit dem Beginn der Christianisierung in Skandinavien im wesentlichen übereinstimmt. Die Folge war eine Verlegung der Märkte, die jetzt im Norden von Kama und Wolga angelegt wurden. An die Stelle geprägten Geldes scheint, nach den Funden von Silbergefäßen zu urteilen, wie bei den Handelsplätzen für sibirische Pelze auch hier das ungeprägte Silber getreten zu sein. Lehnwörter im Mordwinischen wie das römische Wort *pondus* lassen erkennen, daß hier schon sehr früh statt der geprägten Münze der Barren oder ihn ersetzende andere Gegenstände aus Edelmetall für Zahlungen verwendet wurden. Im Nordosten Rußlands waren an die Stelle der skandinavischen Sklavenhändler Russen und Deutsche getreten, die aber, wie schon gezeigt wurde, mit anderen Waren handelten.

Der Sklavenhandel und der Verkauf der über Rußland transferierten Seide hörten in Skandinavien fast zur gleichen Zeit auf. Einer der letzten Sklavenhändler, den man aus der literarischen Überlieferung kennt, Gilli der Russe, scheint vor allem von den Brennö-Inseln aus Sklaven, die nicht freigekauft worden waren, für den Transport über Rußland nach Itil an der unteren Wolga bereitgestellt zu haben.

Bei der Seide läßt sich der Rückgang des Handels über Skandinavien vor allem durch das Verschwinden der von den Seiden vermittelten Muster in Skandinavien feststellen. Die Zeit, in der eine vermutlich aus Mittelasien für die Seide entlehnte Bezeichnung in der Form *Silki* in das Altnordische übernommen wurde, lag damals schon lange zurück. Die Stoffreste, wie die Seidenfunde aus Haithabu, im Osebergschiff und von Dublin, reichen nicht aus, um eine genaue Datierung und Bestimmung ihrer Herkunft vorzunehmen. Das gilt auch für Birka und die an der unteren Wolga bis hin zur ehemaligen Wolgadeutschen Republik entdeckten Stoffreste. Muster, die nach Darstellungen auf Seidenstoffen nachgeahmt wurden, finden sich z. B. auf dem Helm von Valsgärde und dem Deckel einer Geldbörse aus Sutton Hoo, die beide das gleiche Motiv zeigen, die Darstellung eines Mannes zwischen zwei Löwen, das schon in einer Gruppe von Goldfiguren aus Tillja Tepe im Nordwesten Afghanistans nachzuweisen ist.

Für die Textilimporte kam es in dieser Zeit zu einer Entscheidung. Sie betraf die Importe des Westens aus dem Orient, und zwar nicht nur die der Seide, sondern auch die der Wollstoffe in einer feinen Kammgarnqualität, die bisher in Kermān, Syrien oder Palästina gewebt worden waren. Bei der Seide hatte sich in Skandinavien und auf den Britischen Inseln, wie die Verwendung ihres altenglischen Namens *sioluc/seoluc* erkennen läßt, ja der Absatz der orientalischen Gewebe durchgesetzt. Sie war über den Wolgaweg durch Nordwestrußland zu den Ostseehäfen gelangt. Die byzantinische Seide, die über Kiew und die Straße über Prag und Regensburg nach Mainz importiert wurde, konnte sich dagegen wie die aus Spanien kommende islamische Seide nur auf dem Festland behaupten. In England läßt sie sich, wie auch das sehr seltene Vorkommen des althochdeutschen Namens *sida* anzeigt, nur vereinzelt antreffen.

Anders als bei der Seide ging der Absatz der orientalischen Wollstoffe der feinen Qualität in Skandinavien zurück. Die in

Frankreich und England weitverbreiteten farbigen *pallia Fresonica* begannen auch hier Märkte zu gewinnen. In der zweiten Hälfte des 12. Jahrhunderts hat sich diese Entwicklung noch weiter beschleunigt.

Man wird sich jetzt die Frage stellen müssen, ob es am Ende dieser Epoche, noch vor der Wende, den der Anschluß der deutschen Märkte an die Nordsüdverbindung zur Seidenstraße brachte, zu einem Nachlassen der Fluktuation des Geldes und der Ware auf der aus Südrußland nach Deutschland führenden Handelsstraße gekommen war. Für die erste Hälfte des 10. Jahrhunderts wird das durch die Protestschreiben des Dogen von Venedig an den damals regierenden deutschen König Heinrich I. und den Erzbischof von Mainz ausgeschlossen, die sich allgemein gegen den Fernhandel jüdischer Kaufleute auf der Straße von Kiew nach Regensburg wandten, wobei der Sklavenhandel besonders erwähnt wurde.

Für die zweite Hälfte des 10. Jahrhunderts kann hierzu der schon erwähnte Bericht des jüdischen Kaufmannes ʾIbrāhim ibn Jaʿqub aus Tortosa herangezogen werden. ʾIbrāhim war im Auftrag des omajjadischen Kalifen Abd ar Rahman III. nach Deutschland gekommen. Das von ihm berichtete Auftauchen eines Dirhems, der kurz vorher in Samarkand geprägt worden war, in den Wechselstuben von Mainz läßt den hohen Grad der Fluktuation des Geldes auf dieser Route der Seidenstraße erkennen.

Von den in Mainz damals gehandelten Waren erwähnt der Gesandte neben dem Pfeffer auch andere begehrte Gewürze wie Galanga, Ingwer und Nelken. Von den Heilmitteln werden Kostwurz und von den Duftstoffen Narden genannt, die beide aus Mittelasien nach Mainz importiert wurden.

EXKURS: VON MANUFAKTUREN IM TARIMBECKEN UND IM NORDWEST-IRAN STAMMENDE GEWEBE UND GEKNÜPFTE TEPPICHE UND DORT HERGESTELLTE FILZSTOFFE UND KLEIDUNG ALS HANDELSWARE AUF DER NORD- UND SÜDROUTE DER SEIDENSTRASSE

1. *Teppiche*

Bei den Teppichen und den mit gleichen Mustern ausgestatteten Teilen der Kleidung ist es schwer, aus den erhaltenen Fragmenten die Stationen ihres Weges nachzuzeichnen. Nur Zentralasien macht eine Ausnahme. Hier können wir von den Grabfunden von Loulan aus den Weg der dort verwendeten Wollteppiche erschließen. Das gilt in erster Linie für Teppiche mit eindeutig hellenistischen Motiven, wie z. B. den Darstellungen des Merkur oder der Tyche mit dem Füllhorn. Sie stammen, wie das in Baktrien gefundene Emailglas mit Bildern anderer griechischer Gottheiten, aus Alexandrien. Es muß hierbei aber zwischen Teppichen unterschieden werden, die als Wandbehang vorgesehen waren, und jenen, die für den Fußbodenbelag bestimmt waren. Hierzu gehören die in den Gräbern von Loulan gefundenen Samtteppiche mit einheimischen Mustern. Wandbehänge aus Seide sind in den ersten drei Jahrhunderten n. Chr. nur in Gestalt von aus China eingeführten Teppichen nachzuweisen, die auch eindeutig chinesische Muster zeigen. Eine einheimische Seidenweberei hat es in dieser Zeit im Tarimbecken nicht gegeben. Nach der in chinesischen Quellen erhaltenen Überlieferung wurden die ersten Seidenwebereien, die auch im Lande selbst gewonnene Seidenfäden verarbeiten konnten, erst in Kutscha und dann in Chotan eingerichtet. Hierzu muß es in der zweiten Hälfte des 5. Jahrhunderts gekommen sein. Aus dem Iran eingeführte Gobelinteppiche sind zwar in Noin Ula in der Mongolei, nicht aber im Tarimbecken erhalten geblieben. Wie aus erhaltenen Urkunden zu ersehen ist, müssen sie aber auch hier vorhanden gewesen sein.

Aus zahlreichen Dokumenten in Karoṣ̌thi-Schrift, die im Tarimbecken gefunden wurden, geht hervor, daß der aus Wolle gewebte einheimische Teppich mit einem bestimmten Format in seinem Wert so feststand, daß er anstelle von Geld im Zahlungsverkehr benutzt wurde.

Neben diesen einheimischen Erzeugnissen spielten aber die aus dem Westen Asiens eingeführten Stoffe, Kleider und Teppiche eine große Rolle. Ein Teil war für den Transfer nach China und zu seinen nördlichen Nachbarn bestimmt. Hierzu gehörten auch die „mit der Nadel gestickten" Gobelinteppiche. Das hier in den aus dem 2. und 3. Jahrhundert n. Chr. stammenden Urkunden und Dokumenten in Karoṣ̌thi-Schrift gebrauchte Wort *suj'inakirta* entspricht der bei Ibn Hauqal und bei Iṣṭakhrī (Iṣṭaḫri)-Balchi vorkommenden persischen Bezeichnung *suzankard*, die die Bedeutung „mit der Nadel hergestellte Stickerei" hat. H. Lüders hat es wahrscheinlich gemacht, daß das Wort *suj'inakirta* sakischer Herkunft ist, also als aus Mittelasien stammend anzusehen ist. Der Teppich, auf dem am 9. 10. 861 der Kalif al-Mutawakkil in der Nähe von Bagdad ermordet wurde, war ein solcher Suzankard-Teppich. Nach der Beschreibung war seine Bordüre in kreisförmige Felder aufgeteilt, in denen sich Portraitdarstellungen mit persischen (?) Unterschriften befanden. Von den Dargestellten werden ein sasanidischer König und ein arabischer Kalif erwähnt. Das Weiterleben der *imago clipeata* auf diesem Teppich, der, wie die nach dem Bericht vorhandenen persischen Unterschriften erkennen lassen, offenbar aus dem Iran stammte, hatte Parallelstücke, die sich schon für die Zeit des Hellenismus nachweisen lassen. Gemeint sind jene Fragmente, die in Noin Ula gefunden wurden. Sie zeigen Abbildungen von Köpfen, die mit der Genauigkeit eines Portraits wiedergegeben sind, z. B. den eines persischen Großkönigs, bei dem man an die bekannte Darstellung Dareios' III. in der Schlacht bei Issos aus dem Museum in Neapel erinnert wird. Ein anderes Portrait zeigt den Kopf eines nicht näher zu identifizierenden Königs griechischer Herkunft, in dem man Alexander den Großen oder einen seiner Nachfolger sehen könnte. (Ob das in Noin Ula gefundene Fragment mit der Wiedergabe einer Gruppe abgesessener persischer Krieger mit ihren Pferden ebenfalls zu dem Teppich mit den Portraitköpfen gehörte, läßt sich heute nicht mehr entscheiden.) Durch die Bezeichnung eines solchen Teppichs in den in Karošthi-Schrift geschriebenen Urkunden, die in Loulan nicht über den Anfang des 4. Jahrhunderts hinausgehen, mit dem gleichen Wort, das für den Teppich, auf dem der Kalif ermordet wurde, verwendet wurde, läßt sich annehmen, daß damals der Transfer derartiger Luxusgüter nach Noin Ula über das Tarimbecken erfolgte.

2. *Filzstoffe und Kleidung*

Aufzeichnungen aus Loulan im Tarimbecken lassen erkennen, daß neben den bisher besprochenen Textilsorten der Filz für die Wirtschaft des Tarimbeckens eine große Rolle gespielt hat. Ihn erwähnt schon das ›Awesta‹ unter dem Namen *namata* und damit das von den Nomaden selbst hergestellte Material zum Eindecken der Jurten. Außerdem gab es besonders feine Filzsorten, die als Decken, aber auch für die Bekleidung verwendet wurden. Zentrum für ihre Herstellung war Chotan im Tarimbecken. Beispiele für die dort hergestellten Filztücher sind die im Shosoin in Nara seit dem 9. Jahrhundert aufbewahrten Wandteppiche wie jener, der zwischen zwei Reihen von verschiedenen Blumenornamenten ein Kind mit einer Peitsche zeigt. Es trägt eine der Pluderhosen der Nomaden, die ihm aber viel zu groß ist. Von etwas geringerer Qualität ist ein Filzteppich mit einem Muster aus Päonienblüten. Stoffe wie diese mit einem Blumenmuster kannten auch die Byzantiner, die sie über die Chasaren kennengelernt hatten.

Bei den Jurten der Nomaden wurden die Innenwände der Gatter mit besonders feinen Filzdecken behängt, ein Brauch, den man auch bei der Ausstattung der Grabkammern anwendete. Ein großer Teil der im Tarimbecken hergestellten Filzteppiche und Decken ging nach Nordchina, wo er dazu diente, das große Schlafpodium, den K'ang, auf dem man in der kälteren Jahreszeit nicht nur die Nacht, sondern auch den größten Teil des Tages verbrachte, zu bedecken. Andere Importländer für den Filzteppich waren Ladakh, Kaschmir und Tibet. Die Karawanen mit den Teppichen benutzten den Weg über den Karakorumpaß. In Kaschgar wurde die für Mittelasien bestimmte Ware verkauft.

Eine letzte hier zu erwähnende Verwendung von Filz war die für die Rüstung der Krieger. Die buddhistischen Weltwächter aus der Tang-Zeit tragen farbenprächtige Rüstungen, die zu einem Teil aus gepreßten Filzplatten bestehen.

Im Gegensatz zu den Filzdecken, von denen die besseren Qualitäten im Tarimbecken hergestellt wurden, gehörte der schon an anderer Stelle erwähnte Gonaka, den die Griechen *Kaunakes* nannten, zu den Textilien, die im Nordwesten Persiens hergestellt wurden. Er teilte diese Herkunft mit dem vor allem unter seinem türkischen Namen *kelim* bekannten *gilim*. Das Wort wird zuerst im ›Schahnameh‹ des Firdausi genannt. Auch dort bedeutet es wie Kaunakes nicht nur Kleid, sondern auch Teppich. Der Kaunakes gehörte offenbar zu der von Herodot so gerühmten medischen Kleidung. Obwohl es schriftliche Zeugnisse aus vorislamischer Zeit nicht gibt, kennen wir sein Aussehen durch Darstellungen von Thrakern auf einer Keramikschale des Brygas, die um 480 v. Chr. von dem sogenannten Erzgießermaler bemalt wurde. Dort findet sich auf den Kleidern der Thraker schon jenes von den Kelim-Teppichen her bekannte Zinnenmuster, das den Rand an der Längsseite des Stoffes schmückt. Wie die Bilder auf der Schale zeigen, wurden die verhältnismäßig schmalen Bahnen des Stoffes mit anderen Stoffbahnen so zusammengenäht, daß jeweils zwei Zinnenmuster spiegelbildlich aneinandergesetzt waren, so daß sie ein neues Muster ergaben. Dieses Zinnenmuster gehört noch heute zu den charakteristischen Elementen des Kelim, der, wie die von Herodot beschriebenen medischen Stoffe, im Nordwesten Persiens gewebt wurde. Einen Teppich mit Zinnenmuster zeigt auch das sogenannte Hephaistion-Mosaik im Palast V in Pergamon aus dem 2. Jahrhundert v. Chr.

Neben verhältnismäßig abstrakten Motiven lassen auch Gewebe mit figürlichen Darstellungen die Verbreitung bestimmter Stoffsorten im einzelnen verfolgen. Es sind Darstellungen, die eindeutig auf den Totenkult Bezug nehmen und auch für ihn verwendet wurden. Hierzu gehört neben dem schon erwähnten Bild des Hermes (Merkur) als Totenführer der Sieg des Bellerophon über die Chimäre. Auch hier hat man von der bemalten griechischen Keramik auszugehen. Ein rotfiguriger Skyphos aus einem etruskischen Grab des 5. Jahrhunderts v. Chr. bei Chiusi zeigt Penelope beim Weben eines *Pharos* genannten Leichentuches, das für Laertes bestimmt war. Es wurde, wie sich aus der bekannten Erzählung Homers ergibt, nicht fertiggestellt. Man sieht auf dem bereits ausgeführten Teil des Gewebes neben zwei Greifen Bellerophon auf dem Flügelpferd. Zu den noch nicht ausgeführten Teilen gehört die Chimäre. Dieses Motiv, das man offenbar als Symbol für die Überwindung des Todes auffaßte, läßt sich an verschiedenen Stationen der Nordroute der Seidenstraße in den Beisetzungen von hochgestellten Persönlichkeiten nachweisen. Das gilt sowohl für die Ausstattung der Grabkammer wie für die dem Toten aufgesetzte Krone. So trägt z. B. der Tote in dem Kurgan von Kargary südwestlich von Alma Ata ein Diadem, das Bellerophon auf dem Flügelpferd im Kampf mit der Chimäre zeigt. Bei den Kurganen von Noin Ula, die eine große Zahl von Gobelins griechischer Herkunft enthielten, fehlt auch nicht die Chimäre. Auch die Bellerophon begleitenden Greifen werden hier im Kampf mit anderen Tieren gezeigt. Für die Chimäre ist die griechische Herkunft des Motivs durch eine etruskische Bronze, die in das 2. Jahrhundert v. Chr. gehört, gesichert. Vielleicht ist auch die Darstellung eines auf einem Flügelpferd reitenden Mannes auf dem Pfeiler, der zu einem chinesischen Grab gehört, als eine Rezeption griechischer Vorbilder aus dem Grabkult anzusehen.

NACHWORT: DAS GESCHEHEN IM UMFELD DER SEIDENSTRASSE ALS TEIL DER WELTGESCHICHTE

Wenn man zusammenfassend gesehen die Geschichte der Seidenstraße mit jenen Ereignissen vergleicht, die sich nur auf Zentralasien beziehen, muß man feststellen, daß zwischen ihnen und der Geschichte der angrenzenden Abschnitte der Seidenstraße für die Zeit vom Ende der Spätantike bis zur Gründung des mongolischen Weltreichs verhältnismäßig selten eine innere Verbindung zu erkennen ist, die auch der erhaltenen schriftlichen Überlieferung bewußt war. Von dieser Überlieferung aus gesehen, bildete Zentralasien eine Insel mit einer eigenen Geschichte, obwohl es von wichtigen Verkehrsverbindungen, die den Vorderen Orient und Europa mit China verbanden, durchschnitten wurde. Es gibt also in den schriftlichen Quellen nur selten die Andeutung eines zwischen dem Vorderen Orient und China bestehenden unmittelbaren Zusammenhangs.

Die Gleichheit der registrierten Vorgänge beim Fehlen identifizierbarer Namen kann diese Lücke in der historischen Überlieferung nur sehr unvollkommen schließen. Erst das archäologische Material vermag die vorhandenen Verbindungen, die aus der schriftlichen Überlieferung allein nicht zu ersehen sind, in gewissem Maße sichtbar zu machen. Ein Beispiel dafür, wie schwierig es ist, Wanderungen, die offenbar vom Grenzgebiet Chinas ausgingen und im Westen den zentralasiatischen Raum berührten, dort auch nachzuweisen, lassen die Berichte über die Hunnen/Xiong nu (Hiung-nu) erkennen. Allein auf Grund der vorhandenen schriftlichen Quellen wäre nicht der Beweis zu führen, daß es sich bei beiden Namen um Bezeichnungen für das gleiche Volk handelt. Erst seit dem Ende des 7. Jahrhunderts, der Zeit, aus der die ersten uns bekannten köktürkischen

Inschriften stammen, und der ersten Hälfte des 8. Jahrhunderts, der Zeit, in der die ältesten erhaltenen tibetischen Chroniken geschrieben wurden, beginnt Zentralasien selbst, seine Geschichte zu schreiben.

Die Geschichte der Seidenstraße ist nicht wie die einer politischen Staatsbildung trotz bestehender Lücken durch die bekannten Tatsachen überschaubar. Es fehlt das Wichtigste, die Einheit des Raumes, die das Geschehen in sich abgrenzt. Statt dessen gibt es hier mehrere geographisch in sich geschlossene Räume mit einer lockeren Verbindung ohne eine gemeinsame Geschichte.

Den Weg zur Überwindung dieser Schwierigkeiten deutet eines der Axiome Heraklits an. Er stellt die Geschichte unter das Symbol des Fließens. Denkt man hier, wie er es offenbar gemeint hat, an einen Fluß und vergleicht ihn mit dieser großen Handelsstraße, so öffnet sich das Tor zu einer Erkenntnis, die durch das Verständnis der Zusammenhänge eine Darstellung der Geschichte der Seidenstraße möglich macht. Wie der Fluß von weither das, was er dort von den Ufern losgespült hat, mit sich forträgt und an anderen Ufern wieder ablegt, so war es bei der Seidenstraße. Die Waren, die die Karawanen aus der Ferne auf die Märkte brachten, ihre Preise, ihre Qualität und indirekt die aus Form und Technik der dargestellten Motive zu entnehmende Kultur und Zivilisation liefern ein Material, aus dem der Geschichtsschreiber die Bausteine für eine Darstellung der Schicksale der Seidenstraße gewinnen kann.

ABKÜRZUNGEN

BSOAS	Bulletin of the School of Oriental and African Studies
CAJ	Central Asiatic Journal
EI	Encyclopaedia of Islam
ESA	Eurasia Septentrionalis Antiqua
JA	Journal Asiatique
JESHO	Journal for the Economic and Social History of the Orient
JRAS	Journal of the Royal Asiatic Society, London
MIA	Materialy i issledovanija po archeologii SSSR, Moskva
PIAC	Permanent International Altaistic Conference
VDJ	Vestnik Drevnej Istorii
ZDMG	Zeitschrift der Deutschen Morgenländischen Gesellschaft

BIBLIOGRAPHIE

1. *Die Seide und ihre Verwendung*

Arwidsson, G.: Valsgärde. Die Gräberfunde von Valsgärde, 2 (Acta Musei Antiquitatum Septrionalium R. Universitatis Upsaliensis, 4), Uppsala 1954.

Ashton, L.: Chinese Textiles, Journal of the Royal Society of Arts 84, Jan. 1936.

Crowfoot, E.-S., Chadwick Hawkes: Early Anglo-Saxon Gold Braids, Medieval Arch. 11, 1967, 42–86.

Geijer, A.: Birka III. Die Textilfunde aus den Gräbern, Stockholm 1938.

–: Birka III. Die Textilfunde aus den Gräbern. Revised by the author, Acta Archaeologica 50, 1979.

Hägg, I.: Die Textilfunde aus dem Hafen von Haithabu, Über die Ausgrabungen von Haithabu 20, Neumünster 1985.

Jerousalimskaja, A.: Le cafetan aux simourghen du tombeau de Mochtchevaja balka, Studia Iranica 7, 1978.

–: Nouvelles Excavations des sepulcres des VII–IX siècles au Caucase septentrional de soieries anciennes, Stockholm 1975.

Kendrick, A. F.: Catalogue of Early Medieval Wouwen Fabrics, Victoria and Albert Museum, London 1925.

Laumann, Maryta M.: The secret of Excellence in ancient Chinese silks, Taipei 1984.

Lopez, R. S.: Silk Industry in the Byzantine Empire, Speculum 20/1, 1945.

Michel, Francisque: Recherches sur le commerce, la fabrication et l'usage des étoffes de soie, d'or. d'argent en Occident, principalement en France, Paris 1952–1954.

Pfister, R.: Textiles de Palmyre découvert ... dans la Nécropole de Palmyre, Paris 1934.

–: Nouveaux Textiles des Palmyre découvert ... dans la Nécropole de Palmyre (Tour d'Elahbel), Paris 1937.

Prähistorische Ausgrabungen auf der Steppenseite des deutschen Wolgagebietes im Jahre 1926, in: Mitteilungen des Zentralmuseums der Autonomen Sozialistischen Räterepublik der Wolgadeutschen, Pokrowsk (Engels) 1927.

Riboud, Krishna: New Soviet Finds at Oglakty and Their Analogy to Aurel Stein Textiles-Han Period, Bulletin de Liaison, Nr. 34, 1971, II. Centre International d'Études des Textiles anciens.

Shepherd, D. G.: Zandaniji Identified?, Islamische Kunst, Festschrift für E. Kühnel, Berlin 1950, 1–40.

Simmons P., Chinese Patterned Silk, New York 1948.

Ssu-chu chi-lu Han T'ang chi wu (Silk road), Fabrics from the Han to the T'ang-Dynasty, Peking 1972.

Steensgard, L.: Harir, EI 1951. Textiles in the Shosoin, ed. Shosoin Office, Bd. 1 u. 2, Tokio 1964.

Toll, N.: Zametki o kitajskom selke na juge Rossii, Seminarium Kondakovianum 1, Prag 1927.

Tallgren, A. M.: The South Sibirian Cemetery of Oglakty from the Han Period, ESA 11, 1937.

Vial, G. – K. Riboud: Tissus de Touen-huang, Vol. XIII, Mission Paul Pelliot, Paris 1970.

Volbach, F. W.: Il tessuto dell'arte antica, Mailand 1966.

Wiet G.: Soieries persanes, Kairo 1947.

a) Seide für Gemälde

Mission Paul Pelliot, Bd. XIV: Bannières et peintures de Touen-huang, conservées au Musée Guimet par Nicolas-Vandier, Nicole, Paris 1974.

b) Seide und die Mode

Eberhard, Alide – Wolfram Eberhard: Die Mode der Han- und Chin-Zeit, Antwerpen 1940.

Gabain, A. von: Das Leben im uigurischen Königreich von Qočo (850–1250), Bd. 1 und 2, in: Veröffentlichungen der Societas Uralo-Altaica, Bd. 6, Wiesbaden 1973.

Heimpel, H.: Seide aus Regensburg, in: Mitteilungen des Instituts für Österreichische Geschichtsforschung 62, 1954, 270–298.

Roach, Mary Ellen: Dress Adornment and the Social Order, New York 1965.
Zhou Xun – Gao Chunning, Fünftausend Jahre chinesische Mode (deutsche Übersetzung), Tübingen 1985.
Zangmo, D.: Tibetan royal costumes in Dun-huang wall-paintings, Tibetan Review 10, Febr.-März 1975.

2. *Das Geld im Handel und die verschiedenen Formen der Anwendung*

a) Münzen

Bálint, CS.: Einige Fragen des Dirhem-Verkehrs in Europa, Acta Archaeologica Academiae Scientiarum Hungaricae 33/1–4, 1981 Budapest.
Bauer, N.: Die russischen Funde abendländischer Münzen des 11. und 12. Jahrhunderts, II., Zeitschrift für Numismatik 40, 1930, 187 ff.
Blake, R. P.: The Circulation of Silver in the Moslem East down to the Mongol Epoch, The Harvard Journal of Asiatic Studies 2, 1937, 291 ff.
Duplessy, J.: La circulation des monnaies arabes en Europe occidentale du VIIIe au XIIIe siècle, Revue Numismatique 18, 1956, 105.
Ehrenkreutz, A. S.: Money, in: Handbuch der Orientalistik, ed. B. Spuler, Bd. 6; Gesch. d. islam. Länder. 6. Abschnitt: Wirtschaftsgebiete des Vorderen Orients in islamischer Zeit, Teil 1, 1977, 84 ff.
Hahn, W.: Regensburger Denare mit dem Bildnis Kaiser Heinrichs IV. im byzantinischen Stil als Schlußmünzen in nordischen Schatzfunden, Les pays du Nord et Byzance, Uppsala 1981, 117–129.
Kiersnowski, R.: Coin Finds and the Problem of Money Hoarding in Early Medieval Polend, Wiadomośći Numismatyczne 5, 1961, 35–56.
Kluge, B.: Bemerkungen zur Struktur der Funde europäischer Münzen des 10. und 11. Jahrhunderts im Ostseegebiet, Zeitschrift für Archäologie 1978, 181 ff.
Koenig, Gerd. G.: Frühbyzantinische und sasanidische Münzen in China, Kunst und Altertum am Rhein 108, 1982 Köln, 90–110.
Lewicki, T.: Contribution à l'histoire des monnaies arabes dans l'Europe Orientale, Archeologia 3, 1957.
Lewicki, T.: Le commerce avec l'Europe orientale et centrale à la lumière des Trésors de monnaies coufiques, Studies Miles, 1974, 219–233.

Linder-Welin, U.: The First Arrival of Oriental Coins in Scandinavia and the Inception of the Viking Age in Sweden, Forvännen 69, 1974.
Lopez, R. S.: La révolution commerciale dans l'Europe médiévale, Paris 1974.
Malmer, B.: Circulation of monetary silver in the Baltic area during the Viking Age, Acta visbyensia, Visby 1985.
Morrisson, Cécile: Le rôle des Varanges dans la transmission de la monnaie byzantine en Scandinavie, in: Les pays du Nord et Byzance, Uppsala 1981, 131–145.
Štepkova, J.: Agio of Silver in the Commercial Relations between the Islamic East and the Northeast European Countries in the IX–XI Centuries. I. Miedzynarodowy Kongres Archeologii Slowianskiej VI, Breslau-Warschau-Krakau 1968, 156–159.
–: Über das Wesen und die Funktion der Dirhembruchstücke, in: Festschrift für Jan Rypka, Prag 1956.

b) Ersatzzahlungsmittel

Bauer, N.: Die Silber- und Goldbarren des russischen Mittelalters. Eine archäologische Studie, Teil I: Numismatische Zeitschrift 62, 1929, Teil II: 1931.

c) Preise

Ashtor, E.: Matériaux pour l'histoire des prix dans l'Égypte médiévale, JESHO 6, 1963, 161 ff.
–: Les métaux précieux et la balance des payments du Proche-Orient à la basse époque, Paris 1971.
Ostrogorsky, G.: Löhne und Preise in Byzanz, Byzantinische Zeitschrift 32, 1932, 377–387.

d) Geld über Kredite und Obligationen

Amira, K. von: Nordgermanisches Obligationenrecht, Bd. 2: Westnordisches Obligationsrecht, Leipzig 1935, 782 ff.

3. *Die Turkvölker auf der Westwanderung. Herkunft, Stationen und Niederlassung*

Borovka, G. J.: Sewernaja Mongolija, 2, Leningrad 1927.

Chavannes, E.: Documents sur les Tou-kiue (Turcs) occidentaux, St. Petersburg 1903.

Haussig, H. W.: Die protobulgarische Fürstenliste, in: F. Altheim, Die Hunnen in Osteuropa, Baden-Baden 1958, 9–29.

–: Eski Türk boylarinin taksimi, in: Türk Kültürü. El-Kitabi. Seri II, Cildl/b, Türk kültür Tarihin Erken Çağlari Uzerine Araştirmalar. Edebiyat Fakültesi Matbasi, Istanbul 1978.

Hirth, Fr.: Über Wolga-Hunnen und Hsiung-nu, SB München 2, 1899, 245–278.

Kotwicz, I. A.: Quelques données nouvelles sur les relations entre les Mongols et les Ouigours, Rocz. Orj. II, 1925, 240–247.

Liu Mau-tsai, Die chinesischen Nachrichten zur Geschichte der Osttürken (T'u-küe), Göttinger asiatische Forschungen 10, Wiesbaden 1958.

Markwart, J.: Über das Volkstum der Komanen, Abh. d. königl. Ges. d. Wiss. zu Göttingen, phil. hist. Kl. N. F., Bd. XIII, Nr. 1, 1914, 25–238.

–: Ēranšahr nach der Geographie des Pseudo Xorenac'i, Abh. d. Königl. Ges. d. Wiss. zu Göttingen, phil. hist. Kl., N. F., Bd. III, Nr. 2, 1901.

–: Die Chronologie der alttürkischen Inschriften, Leipzig 1898.

Menges, K. H.: Altaic Elements in the Proto-Bulgarian Inscriptions, Byzantion 21, 1951, 85–118.

Pelliot, P.: Œuvres posthumes, 2, 1949.

Pritsak, O. I.: Von den Karluk zu den Karachaniden, ZDMG 101, 1951.

–: Die Karachaniden, Der Islam 31, 1953.

–: Die bulgarische Fürstenliste und die Sprache der Protobulgaren, Wiesbaden 1955.

Sinicyn, I. V. – W. Erdniev: Archeologičeskie raskopki v Kalmyckoy ASSSR v 1961 godu, in: Trudy kalmyckogo respublikanskogo kraevedškogo muzeja I. Elista 1963.

Sinor, D.: Autour d'une migration de Peuples au Ve siècle, JA 1948.

Smirnov, A. P.: Istorija archeologija srednevekovogo Kryma, Moskau 1958.

Tenišev, E. E.: Stroj saryg-jugurskogo jazyka, Moskau 1976.

4. Zentralasien als Kulturgemeinschaft

Gabain, A. von: Einführung in die Zentralasienkunde, Darmstadt 1979.

5. Pelzhandel

Haussig, H. W.: Die Nachrichten über den skandinavischen Pelzhandel mit byzantinischen Kaufleuten an der Mündung des Don in der ersten Hälfte des 6. Jahrhunderts, in: Festschrift für A. Timm, Wirtschaft, Technik und Geschichte, Berlin 1980.

Hennig, R.: Der europäische Pelzhandel in den älteren Perioden der Geschichte, Vierteljahrsschrift für Sozial- und Wirtschaftsgeschichte 23, 1930, 1–25.

Schier, B.: Wege und Formen des ältesten Pelzhandels in Europa, Archiv für Pelzkunde I, 1951.

6. Der Sklavenhandel im 10. Jahrhundert

Verlinden, Ch.: La traite des esclaves. Un grand commerce international au Xe siècle, in: Mélanges E. R. Labande, I, Poitiers 1973, 721 ff.

–: L'esclavage dans l'Europe médiévale, 2, Gent 1977.

7. Formen der Zeiteinteilung

Bazin, Louis: Les Calendriers turcs anciens et médiévaux, Lille 1974.

Sachau, E.: Die Chronologie orientalischer Völker, Leipzig 1978.

8. Der Anteil der Juden am Handel in Europa und Asien

Birnbaum, H.: On Jewish Life and Anti-Jewish Sentiments in Medieval Russia, in: Essays in Early Civilization, München 1981, 215 bis 245.

Cahen, Claude: Quelques questions sur les Radanites, Der Islam 48, 1972, 333 ff.

Caro, G.: Sozial- und Wirtschaftsgeschichte der Juden im Mittelalter

und in der Neuzeit, Bd. 1: Das frühe und das hohe Mittelalter, Frankfurt am Main ²1924.
Finkelstein, L.: Jewish Self-Governement in the Middle Ages, New York 1924.
Fischel, W.: Jews in the Economic and Political Life of Medieval Islam, New York-London 1937.
Gil, Moshe: The Radhanite merchants and the land of Radhan, JESHO 17/3, 1974.
Goitein, S. D.: The Mediterranean Society, Bd. 1: Economic Foundations, Berkeley, Los Angeles 1967.
Gross, N.: Jewish Economic History, Jerusalem 1975.
Haussig, H. W.: Die jüdische Geniza-Überlieferung als Quelle für den Nachweis von Strukturveränderungen in der städtischen Wirtschaft, Jahrbuch d. Österreichischen Byzantinistik, Bd. 32, 2, 131–136.
Jacobi, Jürgen: Die Radaniya, Der Islam 47, 1971.
–: Antwort auf einige Fragen der Radaniya, Der Islam 48, 1972, 226 bis 238.
Jacoby, D.: Les Quartiers Juif de Constantinople à l'Époque Byzantine, Byzantion 37, Brüssel 1967, 167–227.
Richter-Bernburg, L.: Der frühmittelalterliche Handel Nord- und Osteuropas nach islamischen Quellen, in: Untersuch. zu Handel und Verkehr d. vor- und frühgeschichtl. Zeit in Mittel- und Nordeuropa, Teil IV: Der Handel d. Karolinger- und Wikingerzeit, ed. K. Düwel, H. Jankuhn, H. Siems und D. Timpe, Göttingen 1987.
Täubler, E.: Zur Handelsbedeutung der Juden in Deutschland vor Beginn des Städtewesens, in: Festschrift Martin Philippson, Leipzig 1916, 370–392.

a) Der Weg der jüdischen Kaufleute von Südrußland nach Mitteleuropa

Brutzkus, J.: Trade with Eastern Europa 800–1200, The Economic History Review, Bd. III, 31–41.
–: Der Handel der westeuropäischen Juden mit dem alten Kiew, Zeitschrift f. d. Geschichte d. Judentums in Deutschland 3, 1930, 206ff.
Golb, N. – O. Pritsak: Khazarian Hebrew documents of the tenth century, Ithaka-London 1982.
Golden, P. B.: Khazaria and Judaism, Archivum Eurasiae Medii Aevi, Bd. 2, 1983.

Szyzman, S.: Die Karäer in Ost-Mitteleuropa, Zeitschrift für Ostforschung 6, 1957, 174–221.
Vasilevskij, V. G.: Der Handel Kiews mit Regensburg in alter Zeit, Verh. d. hist. Vereins von Oberpfalz und Regensburg 57, 1905, 183–225.
Weinryb, B. D.: The Beginnings of East-European Jewry in Legend and Historiography, in: Studies and Essays in Honor of Abraham A. Neuman, herausgegeben von M. Ben Horin, B. D. Weinryb, S. Zeitlin, Leiden 1962, 445–502.
Zajaczkowski, W.: The Karaites in Eastern Europe, EI.

9. Geographische Karten und Wegbeschreibungen bei arabischen und deutschen Kaufleuten

Herman, Albert: A Historical Atlas of China, Chicago (New edition) 1966 (mit Einzelnachweisen).
Horáku, Trávniček D.: Descriptio civitatum et regionum ad septentrionalem plagam Danubii et Rozpravy, Československé Akademie vědřada společenských věd, Prag 1956, Bd. 66/2.
Levi Della Vida, G.: Kharita. Arab Sea-charts of the Indian Ocean, EI.

10. Der arabische Handel

a) Der arabische Welthandel mit Indien und China

Goitein, S. D.: Studies in Islamic History and Institutions, Leiden 1968.
Hourani, G. F.: Arab Seafaring in the Indian Ocean in Ancient and Early Medieval Times, Princeton 1951.
Di Meglio, Rita Rose: Il commercio arabo con la Cina dalla Gahiliyya al X secolo, Annali del Istituto di Napoli, N. R., 19, 1964, 523–552.
–: Il commercio arabo con la Cina dal X secolo all' avvento dei Mongoli, Annali del Istituto di Napoli, N. R. 15, 1965, 87–104.
Mollat, M.: Sociétés et Compagnies de commerce en Orient dans l'Ocean Indien, Paris 1970, 333–341.
Ritter, H.: Ein arabisches Handbuch der Handelswissenschaft, Berlin 1916 (Sonderdruck aus: Der Islam, VII).
Toussaint, A.: Histoire de l'Océan Indien, Paris 1961.

b) Der arabische Handel mit Ostafrika

Mathew, Gervase: The East African Coast until the Coming of the Portuguese, in: Roland Oliver and Gervase Mathew, History of East Africa, 1, Oxford 1966, 94–128.
Nadiradze, L. I.: Vopros o rabstve v khalifate VII–VIII vv., Narodni Azii i Afriki[5], 1968, 75–85.
Petrushevskiy, I. P.: K istorii rabstva v khalifate VII–X vekov, in: Narodni Azii i Afriki 1971/73.

c) Arabische Handelsbeziehungen mit Osteuropa

Bálint, CS.: Some archeological addenda to P. Golden's Khazar Studies, Acta Orientalia Hung. 35, 1981.
Brutzkus, J.: Trade with Eastern Europe 800-1200, The Economic History Reviev, Bd. 3, 31–41.
Jacob, G.: Der nordisch-baltische Handel der Araber im Mittelalter, 1887. Nachdruck Amsterdam 1966.
–: Der Bernstein bei den Arabern des Mittelalters, Berlin 1886.
Lewicki, T.: Il commercio arabo con la Russia e con i paesi slavi d'occidente nei secoli IX–XI, Annali del Istituto Universitario Orientale di Napoli, N. S., 1959, 47–61.
Sverdlov, M. V.: Tranzitnye puti v Vostočnoj Evrope IX–XI vv., Izvestija Vsesojuznogo geografičeskogo obščestva 101/6, 1969, 540–545.
Warnke, Ch.: Die Anfänge des Fernhandels in Polen 900–1025, Würzburg 1964.

11. Der Fernhandel der Uiguren

Geng Shimin: On the fusion of nationalities in the Tarim Basin and the formation of the modern Uighur nationality, in: Festschrift für Hans-Wilhelm Haussig ... Materialia Turcica, Bd. 7/8, 1981/82, 168 bis 190.
Hamilton, J.: Les Oiughours à l'époque des cinq dynasties. D'après les documents chinois, Paris 1955.
Mackerras, C.: The Uighur Empire (744–840) according to the T'ang Dynastic Histories, in: Occasional Paper, 8, Canberra 1968 (Central of the Oriental Studies. The Australian National University).

Schafer, E. H.: The camel in China down to the Mongol Dynasty, Sinologica 2, 1950, 165–194, 263–290.

12. Die Verbindungen des Ost-West-Handels in Europa mit der Seidenstraße

Arbmann H.: Schweden und das karolingische Reich. Studien zu den Handelsverbindungen des 9. Jahrhunderts, Stockholm 1937.

Ellmers, D.: Frühmittelalterliche Handelsschiffahrt in Mittel- und Nordeuropa, 1972 und 1984.

Lebecq, St.: Marchands et navigateurs Frisons du haut Moyen Age, Paris 1963.

Rennkamp, W.: Studien zum deutsch-russischen Handel bis zum Ende des 13. Jahrhunderts, Nowgorod und Dünagebiet, Bochum 1977.

Steuer, H.: Der Handel der Wikingerzeit zwischen Nord- und Westeuropa aufgrund archäologischer Zeugnisse in Handel und Verkehr . . ., Teil IV: Der Handel d. Karolinger- und Wikingerzeit, Göttingen 1987.

Sverdlov, M.: Nachrichten über die Rus in der deutschen historischen Überlieferung des 9.–13. Jahrhunderts, Jahrbuch f. Gesch. d. soz. Länder Europas 19, 1975, 67–192.

13. Die Beziehungen des Levantehandels zur Seidenstraße

Ashtor, E.: A social and economic History of the Near East in the Middle Ages, London 1976.

Baratier, E.: L'activité des Occidentaux en Orient au Moyen age, in: Michel Mollat, Sociétés et compagnies de commerce en Orient dans l'Ocean Indien, Paris 1970, 333–341.

Bautier, R. H.: Les relations économiques de Occidentaux avec les Pays d'Orient au Moyen Age points de vue et documents, en: Michel Mollat, Sociétés et compagnies . . ., Paris 1970, 363–411.

Cahen, Claude: La Syrie du Nord à l'époque des croisades et la principauté franque d'Antioche, Paris 1940.

Glaser, L.: Der Levantehandel über Ungarn im 11. und 12. Jahrhundert, Ung. Jahrb., 13, 1933, 356–363.

Heyd, W.: Histoire du commerce du Levant, 2 Bde., Leipzig, ^{2}1923.

Manandian, H. A.: The Trade and Cities of Armenia in relation to Ancient World Trade, Lissabon ²1965, 184 ff.

14. Osteuropa als westlicher Schwerpunkt für die Seidenstraße

Bálint, CS.: Some archeological addenda to P. Golden's Khazar Studies, Acta Orientalia Hung. 35, 1981.
Golden, P. B.: Khazar Studies. An historico-philological inquiry into the origins of the Khazars, Budapest 1980 (Bibliotheca Orientalis Hungarica XXV).
Haussig, H. W.: Einige Bemerkungen zu der Arbeit von J. Werner über den Schatz von Malaja Pereščepina, Materialia Turcica 10, 1984, 1–30.
–: Chazaren, in: Reallexikon der germanischen Altertumskunde (Hoops), Bd. 4, Lieferung 3/4, Berlin-New York 1979.
Herrmann, J.: Siedlung, Wirtschaft und gesellschaftliche Verhältnisse der slawischen Stämme zwischen Oder/Neiße und Elbe, Berlin 1968.
Marquart, J.: Osteuropäische und ostasiatische Streifzüge, Leipzig 1903.
Pletnjowa, S. A.: Die Chasaren. Deutsche Übersetzung aus dem Russischen von A. Häusler, Leipzig 1978/Wien 1979.
Trudy volgo-donskoj archeologičeskoj ékspedicii, in MIA, Moskau 62, 75, und 109, Moskau-Leningrad 1958–1963.
Vasmer, M.: Schriften zur slawischen Altertumskunde und Namenkunde, Bd. 1–2, Wiesbaden 1971.
Werner, J.: Der Grabfund von Malaja Pereščepina und Kuwrat, Kagan der Bulgaren, Bayerische Akademie der Wissenschaften, Philosophisch-Historische Klasse, Abhandlungen. Neue Folge. Heft 91, München 1984.
Woronin, N. N.: Die Verkehrsmittel und Verkehrswege in: Die materielle Kultur der alten Rus, Berlin 1959, 261–288.

15. Die Geschichte der Wege des Warenverkehrs auf der Seidenstraße

Bolnois, L.: Die Straßen der Seide, Wien-Berlin-Stuttgart 1964.
Canard, M.: Le riz dans le Proche Orient aux premiers siècles de l'Islam, Arabica 6, 1959, 113–131.

Franz, H. G. (Hrsg. und Beiträger): Kunst und Kultur entlang der Seidenstraße, mit Beiträgen von A. v. Gabain, K. Gratzl, A. Janata, H. J. Klimkeit und R. Kostka, Graz 1986.
Haussig, H. W.: Die Beschreibung des Tarimbeckens bei Ptolemaios, ZDMG 109/1, N. F. 34, 1959, 148–190.
Heimberg, U.: Gewürze, Weihrauch, Seide, Welthandel in der Antike, Waiblingen 1981.
Jarring, Gunnar: "Silent helpers" in the exploration along the southern Silkroad of Sin-kiang. Festschrift für Hans-Wilhelm Haussig ... Materialia Turcica 7/8, 1981/82, 210–219.
Rauning, W.: Bernstein – Weihrauch – Seide, Wien 1971.
Yule, Henry: Cathay and the Way Thither, Bd. 1–4, London [2]1913/1916.

16. Der Handel zwischen Byzanz und den Teilhabern an der Nordroute der Seidenstraße in Osteuropa

Antoniadis-Bibicou, Hélène: Recherches sur les douanes à Byzance. L'*octava*, Le *kommerkion* et les commerciaires, Paris 1963.
Davidson Ellis, H. R.: The Viking Road to Byzantium, London 1976.
Ferluga, J.: Der byzantinische Handel nach dem Norden im 9. und 10. Jahrhundert, in: Unters. z. Handel u. Verkehr IV, Göttingen 1987.
Haussig, H. W.: Der Seidenhandel über die Chazaren mit Byzanz und Skandinavien, in: Les pays du Nord et Byzance (Scandinavie et Byzance), Actes du Colloque nordique, Uppsala 1981, 187 ff.
Hellmann, M.: Die Handelsverträge des 10. Jahrhunderts zwischen Kiew und Byzanz, in: Unters. z. Handel und Verkehr ..., IV: Der Handel der Karolinger- und Wikingerzeit, Göttingen 1987.
Vasiliev, A.: Economic Relation between Byzantium and Old Russia, Journal of Economic and Business History 4, 1932.

17. Der Handelsverkehr zwischen Skandinavien und Osteuropa

Balodis, F.: Handelswege nach Osten und die Wikinger in Rußland, Stockholm 1948.
Bugge, A.: Die nordeuropäischen Verkehrswege im frühen Mittelalter und die Bedeutung der Wikinger für die Entwicklung des europäi-

schen Handels und der europäischen Schiffahrt, Vierteljahresschrift für Sozial- und Wirtschaftsgeschichte, 1906, 227–277.
Düwel, Kl.: Handel und Verkehr der Wikingerzeit nach dem Zeugnis der Runeninschriften, in: Unters. z. Handel u. Verkehr . . . IV, Göttingen 1987, 313–357.
Ebel, E.: Der Fernhandel von der Wikingerzeit bis in das 12. Jahrhundert in Nordeuropa, in: Unters. z. Handel und Verkehr . . . IV, Göttingen 1987, 266–312.
Ellmers, D.: Frühmittelalterliche Handelsschiffahrt in Mittel- und Nordeuropa, 1972.
Jansson, I.: Communications between Scandinavia and Eastern Europe in the Viking Age, in: Unters. z. Handel u. Verkehr IV, Göttingen 1987, 773–807.

18. Diplomaten und Reisende als Wegbereiter des Handels

Bol'šakov, O. G., u. A. L. Mongait: Putešestvie Abu Hamida al-Garnati v vostočnuju i central'nuju Evropu (1131–1153 gg.), Moskau 1971.
Chavannes, E.: Voyageurs chinois chez les Khitan et les Joutchen, JA 1897, I, 377.
Dubler César, E.: Abu Hamid el Granadino y su Relación de viaje por tierras eurasiáticas, Madrid 1953.
Ferrand, G.: Relations des voyages et textes géographiques arabes, persans et turks relatifs à l'Extrême-Orient du VIIIe au XVIIIe siècle, traduit, revus et annotés par G. F., Bd. I u. II, Paris 1913–1914.
Graf, Heinz-Joachim: Orientalische Berichte des Mittelalters über die Germanen, Krefeld 1971.
Haarmann, Harald: Die Erforschung arabischer Quellen zur mittelalterlichen Geschichte der Slaven und der Wolgabulgaren, Hamburger philologische Studien 38, Hamburg 1976.
Haussig, H. W.: Über die Resonanz der oströmischen Gesandtschaften bei den Türken der zweiten Hälfte des 6. Jahrhunderts in Zentral- und Ostasien, Oriens Extremus. Festschrift Walter Fuchs, Basel 1972.

Kokovtsov, P. K.: Evrejsko-chazarskaja perepiska v X veke, Ed. Akad. Nauk SSSR, Moskau-Leningrad 1932.
Lewis A. R.: The Muslim Discovery of Europe, London 1982.

Marquart, J.: Ein arabischer Bericht über die arktischen (uralischen) Länder aus dem 10. Jahrhundert, Ungar. Jahrbücher 4, 1924, 267–334.
Martinez, A.P.: Gardīzī's Two Chapters on the Turks, Archivum Eurasiae Medii Aevi II, 1982, 109–217.
Minorsky, V.: Tamim ibn Bahr's Journey to the Uyghurs, BSOAS 12, 2, London 1948, 275–305.
Warnke, Ch.: Bemerkungen zur Reise Ibrahim Ibn Jakubs durch die Slawenländer im 10. Jahrhundert, Osteuropastudien der Hochschulen des Landes Hessen, Reihe I, in: Gießener Abh. z. Agrar- und Wirtschaftsforschung d. Europäischen Ostens 32, Wiesbaden 1965, 393–415.
Yehudi ha-Levi, Das Buch Kusari, ed. Hirschfeld mit deutscher Übersetzung. Neu erweiterte Aufl. von M. M. Kaplan, New York 1927.

19. Die einzelnen Abschnitte der Routen der Seidenstraße in Osteuropa, Mittel- und Zentralasien

Adamovic, M.: Die Alten Oghusen, Festschrift für Hans-Wilhelm Haussig . . . Materialia Turcica 7/8, Bochum 1983, S. 26–50.
Artamonov, M. I.: Istorija chazar, Leningrad 1962.
Ascher, A.: The Mutual Effects of the Islamic and Judeo-Christian Worlds: The East European Pattern, New York 1979 (Brooklyn College, Studies on Society in Change III).
Ashtor, E.: A social and economic history of the Near East in the Middle Age, London 1976.
Bacot, J.: Introduction à l'histoire du Tibet, Paris 1962.
Barthold, V. V.: Burtas, in: EI.
–: Histoire de Turcs d'Asie central, Paris 1945.
–: Kirghiz, in: EI. new edition, ed. H. A. R. Gibb, Leiden-London 1951.
–: Kirghizi istoričeski, Frunze 1927.
–: Turkestan down to the Mongol invasion, Transl. Minorsky, London 1928 (ohne die in der russischen Ausgabe mitgeteilten Auszüge aus den Quellen).
–: Turkestan v épochu mongol'skogo našestvija, Bd. 1 u. 2, 1900.
–: Zur Geschichte d. Saffariden, in: Festschrift für Th. Nöldeke, 1907, 188.
–: Zwölf Vorlesungen über die Geschichte der Türken Mittelasiens, Berlin 1935.

Bazin, Louis: Pour une nouvelle hypothèse sur l'origine des Khazar, Festschrift für Hans-Wilhelm Haussig . . . Materialia Turcica 7/8, 1981/82, 51–71.
Bosworth, C. E.: The Ghaznavids. Their Empire in Afghanistan and Eastern Iran 994–1040, Edinburgh 1968.
–: Sistan under the Arabs, from the Islamic Conquest to the Rise of the Saffàrids (30–250/651–864), Rom: Istituto Italiano per il Medio ed Estremo Oriente 1968.
–: The Medieval History of Iran, Afghanistan and Central Asia. Variorum Reprints, London 1977.
Bosworth, C. E. – G. Clauson: Al-Xwārazmi on the Peoples of Central Asia, JRAS, 1969, 2–12.
Chavannes, E.: Documents sur les Tou-kiue (Turcs) occidentaux, St. Petersburg 1900.
Franke, O.: Geschichte des chinesischen Reiches, Bd. 3, 4 und 5, Berlin-Leipzig 1952.
Gabain, A. von: Das uigurische Königreich von Chotscho, Berlin 1961.
Giraud, R.: L'empire des Turcs célestes: les règnes d'Elterich, Qapghan et Bilgä 680–734, Paris 1960.
Grousset, R.: L'empire des steppes, Paris 1952[4].
Hamilton, J.: Les Oiughours à l'époque des cinq dynasties d'après les documents chinois, Paris 1955.
–: Toquz-Oyuz et On Uygur, JA 250, 1962, 23–63.
Hoffmann, H.: Die Religionen Tibets, Freiburg–München 1956.
Jettmar, K.: The Altai before the Turks, Museum of Far Eastern Antiquities, Bulletin XXIII, Stockholm 1951.
Liu Mau-Tsai, Die chinesischen Nachrichten zur Geschichte der Ost-Türken, Bd. 1 u. 2, Wiesbaden 1958.
Ludwig, D. L.: Struktur und Gesellschaft des Chazarenreiches im Licht der schriftlichen Quellen, Diss. Münster 1982.
Marwazi: Ed./trad./comment. von V. Minorsky: Tahir Marvazi on China, the Turks and China, London 1942.
Mackerras, C.: The Uighur Empire (744–840) according to the T'ang Dynastic Histories, in: Occasional Paper 8, Canberra 1968 (Central of the Oriental Studies. The Australian National University).
Nazim, M.: The life and times of Sultan Mahmud of Ghazna, Cambridge 1931.
Pinks, E.: Die Uiguren von Kan-chou in der frühen Sung-Zeit (960–1028), Asiatische Forschungen 24, Wiesbaden 1968.

Pope, A. U.: A Survey of Persian Art, Bd. 1–6, London–New York 1938.
Pritsak, O. I.: Von den Karluk zu den Karachaniden, ZDMG 101, 1951.
–: Die Karachaniden, Der Islam 31, 1953.
Pugačenkova, G. A. – L. I. Rempel: Istorija Uzbekistana, Moskwa 1965.
Samolin, W.: East Turkestan to the Twelfth Century, Den Haag 1964.
Sommerström, B.: Archaeological Researches in the Edsen Gol Region, Bd. 1–2, Stockholm 1956 und 1958.
Spuler, B. (Hrsg. u. Beiträger): Wirtschaftsgeschichte des Vorderen Orients in islamischer Zeit, Teil 1, in: Geschichte d. islamischen Länder, 6. Bd. 1. Abteilung des Handbuches d. Orientalistik, Leiden–Köln 1977.
Tolstow, S. P.: Auf den Spuren der altchoresmischen Kultur, ins Deutsche übertragen von O. Mehlitz, Berlin 1953.

20. Die Bedeutung der Handelsplätze für den Warenaustausch auf der Seidenstraße

Artamonov, M. I.: Sarkel-Belaja Veža, in: Trudy volgo-donskoj archeologičeskoj ekspedicii, Bd. 1, Moskau–Leningrad 1958. MIA 62, 7–84.
Avdusin, D. A.: Smolensk and the Varangians according to the archaeological Material, in: Norwegian Archaeological Review 2, 1969.
–: Gnezdovo, der Nachbar von Smolensk, Zeitschrift für Archäologie 11, Berlin 1977.
Callmer, J.: The archaeology of Kiew ca. A. D. 500–1000, a Survey, in: Les Pays du Nord et Byzance, Actes du colloque d'Upsala, 20.–22. avril 1979, Uppsala 1981.
Capelle, T.: Zur Existenzgrundlage und Dauer stadtartiger Siedlungen der Wikingerzeit, in: Die Stadt – Gestalt und Wandel bis zum industriellen Zeitalter, hrsg. von H. Stoob, 1979.
Frye, R. N.: The history of Bukhara, Cambridge, Mass. 1954.
–: Bukhara. The Medieval Achievement, Norman (Oklahoma) 1965.
Hartmann, R.: Balkh. in: El ed. Gibb, Leiden-London 1951.
Hodges, R.: Dark Age Economics. The origins of towns and trade AD 600–1000, London 1982.
Jankuhn, H.: Haithabu. Ein Handelsplatz der Wikingerzeit. Neumünster 1972.

Karger, M. K.: Drevnij Kiew, Moskau–Leningrad 1958.
Raudonikas, V. I.: Die Normannen der Wikingerzeit und das Ladogagebiet, Kungl. Vitterhets Historie och Antikvitets Akademien, Handlingar 40/3, Stockholm.
Smirnov, P. A.: Jaroslavskoe Povolž'e, Moskau 1963.
Rybakov, B. A.: Drevnosti Černigova, Materialy i issledovanija po arheologii SSSR 11, Moskau 1949.
Vasilevskij, V. G.: Der Handel Kiews mit Regensburg in alter Zeit, Verh. d. hist. Vereine von Oberpfalz und Regensburg 57, 1905, 183–223.

21. Verteidigungszonen und die Seidenstraße am Edsen Gol, am Kaukasus und an der unteren Donau

Pigulevskaja, N. V.: Srijslij istočnik VI v. o narodach Kavkaza, VDI 1, 1939.
Sommerström, B.: Archaeological Researches in the Edsen Gol Region, Bd. 1 u. 2, Stockholm 1956 u. 1958.
Vetters, H.: Dacia ripensis, Österreich. Akademie d. Wissensch., Schriften d. Balkankommission, Antiquarische Abteilung 11, 1950.

22. Die Abzweigung der Seidenstraße zu den Märkten in Perm und an der Kama

Prähistorische Ausgrabungen auf der Steppenseite des deutschen Wolgagebietes im Jahre 1926, in: Mitteilungen des Zentralmuseums der Autonomen Sozialistischen Räterepublik der Wolgadeutschen, Pokrovsk 1927.
Marschak, Boris: Silberschätze des Orients, Übersetzung aus dem Russischen von L. Schirmer, Leipzig 1986.
Ramstedt, G. J.: Finnish Turku, Swedish Torg, Danish and Norwegian Torv, a Word from Central Asia, Neuphilologische Mitteilungen 50, 1949, 99–103.
Wilkinson, C. K.: Nishapur, Pottery of the Early Islamic Period, New York 1973.

23. Die soziale Situation der Anlieger und Benutzer der Seidenstraße

Ascher, A.: The Mutual Effects of the Islamic and Judeo-Christian Worlds: The East European Pattern, Brooklyn College Studies on Society in Change III, New York 1979.
Ashtor, E.: A social and economic history of the Near East in the Middle Ages, London 1976.
Bolin, St.: Mohammed, Charlemagne and Ruric, in: Bedeutung und Rolle des Islam beim Übergang vom Altertum zum Mittelalter, hrsg. von P. E. Hübinger, Wege der Forschung 202, Darmstadt 1969, 223–265.
Bregel, Y.: Nomadic and sedentary elements among the Turkmens, CAJ 25, 1981, 5–37.
Cahen, Claude: Mouvements populaires et autonomisme dans l'Asie musulmane au moyen âge, Arabica V, 1958, 229ff., und VI, 1959, 258ff.
–: Zur Geschichte der städtischen Gesellschaft im islamischen Orient des Mittelalters, Saeculum 9, 1958, 64ff.
Lambton, A. K. Swynford: Landlord and Peasant in Persia. A Study of Land Tenure and Land Revenue Administration, London 1953.
Wenskus, R.: Stammesbildung und Verfassung, das Werden der frühmittelalterlichen Gentes, Köln–Graz 1961.

24. Die Stellung der jüdischen Fernhändler in der christlichen abendländischen Gesellschaft

Blumenkranz, B.: Juifs et chrétiens dans le monde occidental 430–1096, Paris–Den Haag 1960.
Dasberg, L.: Untersuchungen über die Entwertung des Judenstatus im 11. Jahr, Den Haag 1965.
Zuckerman, A.-J.: A jewish princedom in feudal France 768–900, New York–London 1972.

25. Islamische Beschreibungen von Routen der Seidenstraße

al-Bīrūnī: Kennedy, E. St.: A Commentary upon Bīrūnī's Kitāb Taḥdīd al Amākin, Beirut 1973.

Ferrand, G.: Sulaiman al-Mahri, Paris 1921–1923.
Maróth, M.: Ptolemaic Elements and Geographical Actuality in Al-Huwariʾsmis Description of Central Asia, Acta Antiqua Academiae Scientiarum Hungaricae 28, 317–352.
Minorsky, V.: Tahir Marvazi on China, the Turks and China, London 1942.
– (Hrsg. u. übers.): Hudūd al ʿĀlam, The regions of the World, London 1936. Erweiterte und ergänzte Ausgabe von C. E. Bosworth: London 1970.

26. Die Handelsbeziehungen Chinas mit Mittelasien

Dittrich, Edith: Kulturbeziehungen zwischen den Toba-Wei und ihren Nachbarn, in: Festschrift für Hans-Wilhelm Haussig . . . Materialia Turcica 7/8, 1981/82, 117–128.
Elisseeff, Danielle u. Vadim: La civilisation de la Chine classique, Paris 1979.
Gibb, H. A. R.: Chinese records of the Arabs in Central Asia, BSOAS II, 1921, 22.
Hirth, F.: China and the Roman Orient, Leipzig 1885.
Needham, J.: Science and Civilisation in China, Bd. 1–7, Cambridge 1954–1971.
Schafer, E. H.: Golden Peaches of Samarkand, Berkeley–Los Angeles 1963.
–: Iranian Merchants in T'ang Dynasty Tales, in: Semitic and Oriental Studies (Festschrift William Popper), Berkeley–Los Angeles, Publications of Semitic Philology, Bd. 11, 403–422.
Sourdel, D. und J.: La civilisation de l'Islam classique, Paris 1979.

27. Eine Resonanz der Seidenstraße in iranischer, islamischer und germanischer literarischer Überlieferung

Abel, A.: Iskander Nama (Alexander-Roman), in: EI, ed. H. A. R. Gibb, Leiden, London 1951.
Haussig, H. W.: Die Bedeutung der Mythen für das Verständnis der ältesten Nachrichten über die Seidenstraße, XXV. PIAC, in: Altaistic Studies, Konferenser 13, Uppsala 1985.
Lidzbarski, M.: Zu den arabischen Alexandergeschichten, Zeitschrift für Assyriologie und verwandte Gebiete 8, 1893, 263–312.

28. Die Verwendung von Runenschriften auf den regionalen Routen der Seidenstraße in Südrußland und Mittelasien

Haussig, H. W.: Der historische Hintergrund der Runenfunde in Osteuropa und Zentralasien, in: Runen, Tamgas und Graffiti aus Asien und Osteuropa, hrsg. von Kl. Röhrborn u. W. Veenker, Wiesbaden 1985, 17–52.

Kljaštorny, S. G.: Chazarskaja nadpis'na amfore a gorodišča Majaki, Sovetskaja archeologija 1979, 1, 270–275.

Lifšic, V. A.: Sogdijskie dokumenty s gory Mug, Moskau 1962.

Löwe, H.: Aethicus Ister und das alttürkische Runenalphabet, Deutsches Archiv 32, 1976, 1–22.

Ščerbak, A. M.: Les inscriptions inconnues sur les pierres de Khoumara (au Caucase du Nord) et le problème de l'alphabet runique des Turcs occidentaux, Acta Orientalia Hung. 15, 1962, 283–290.

Tryjarski, E.: Die runenartigen Schriften Südosteuropas, in: Runen, Tamgas und Graffiti aus Asien und Osteuropa, hrsg. von K. Röhrborn und W. Veenker, Wiesbaden 1985, 1–16.

29. Binnenwanderungen im Umfeld der Seidenstraße

Ashtor, Eliyahu: Un mouvement Migratoire au Haut Moyen Age. Migrations de l'Irak vers les pays méditerranéens, in: The Medieval Near East: Social and Economic History, Collected Studies, London 1978 (Variorum Reprints).

30. Religiöse Strömungen im Umfeld der Seidenstraße

Fürst, Julius: Geschichte des Karäertums, Leipzig 1862.

Haussig, H. W.: La missione cristiana nell'Asia Centrale ed Orientale nei secoli VI e VII e le sue tracce archeologiche e letterarie. XXVI. Corso di cultura sull' arte ravennate e bizantina, Ravenna 1979.

Kuwayama, Sh.: The Turki Šāhis and Relevant Brahmanical Sculptures in Afghanistan, in: East and West, 1976, Heft XXVI.

Szyszman, S.: Die Karäer in Ost-Mitteleuropa, Zeitschrift für Ostforschung 6, 1957, 174–221.

Waldschmidt, E.: Religiöse Strömungen in Zentralasien. Zur Verbreitung der Christen und Manichäer in Ostturkestan, Berlin 1930.

31. Der byzantinische Indienhandel

Pigulevskaja, N. V.: Byzanz auf den Wegen nach Indien, deutsche Übersetzung aus dem Russischen, Berlin 1969.

32. Der Zugang von Indien in das Tarimbecken

Jettmar, K. (Hrsg.): Zwischen Gandhara und den Seidenstraßen, Felsbilder am Karakorum Highway, Mainz 1986.
Petech, L.: The Kingdom of Ladakh c. 950–1842, Rom 1977.

33. Fertigwaren und Halbfertigwaren, Genuß- und Heilmittel als Hauptgegenstand des Warenaustausches auf der Seidenstraße

Fehérvári, G.: Working in Metal: Mutual influences betwen the Islamic World and Medieval West,: JRAS 1977, N.
Kahle, Paul: Islamische Quellen zum chinesischen Porzellan, ZDMG 88, 1934, 1–48.
–: Islamische Quellen zum chinesischen Porzellan, Ostasiatische Zeitschrift N. F. 10, 1934, 69–71.
Marschak, Boris: Silberschätze des Orients, Übersetzung aus dem Russischen von L. Schirmer, Leipzig 1986.
Melikian-Chirvani, A. S.: Le bronze iranien, Paris 1973.
–: The westward progress of Khorasanian culture under the Seljuks, in: Colloquies on Art and Archeology in Asia, Nr. 4, University of London 1974.
Rosenberg, M.: Niello seit dem Jahre 1000, Frankfurt a. M. 1925.
Wilkinson, C. K.: Nishapur, Pottery of the Early Islamic Period, New York 1973.

INDEX

Aarhus 180
Abbasiden 53. 132
ʿAbd-al-Raḥmān III. 201. 243
Abodriten 203
Äbte, buddhistische 214
Abu-Fadlan Baihaki 111
Abu Hamid Garmati 165
Abu Muhammad al Kasim ibn Ali 103
Abu Muslim 112
Adalbert, der heilige – 57
Adel, tibetischer 74. 79
Aden 101. 105. 111. 159. 161. 164
Adler 53. 147. 154
–, doppelköpfiger 147
Adulis 100. 106. 133
Aelius Gallus 133
Afghanistan 31. 42. 133. 143. 153. 207. 242
Afrasiab 42. 70. 114. 230
Afrika 198
Afschin Haidar von Usruschana 53
Agaunum 151
Agobard von Lyon 62
Agora 220
Agrarkultur 92
Agrarstruktur 20
Agrarverfassung 138
Agrarwirtschaft 20
Aila 106
Ajanta 54
Akademie in Jerusalem 105
– in Palästina 164
–, gaonitische 105
–, rabbinische 209
–, talmudische von Mainz 165
Akko 134. 139. 142. 144
Aksum 100. 133
Aktendepot der Geniza von Alt-Kairo 202
Alai, Alaigebirge 82. 209
Ålandinseln 205
Alanen, Alan 12. 33. 36. 43
Alashan-Wüste 66
Alaun 89
Albarello 230
Al-Bīrunī siehe Bīrunī
Alexander der Große 16. 99. 116. 151. 247
Alexanderreich 22
Alexandria, Alexandrien 100. 140. 157. 245
Al-Farama 157
Alfred der Große 205
Ali ibn Isa 111
Alkibiades 7
Alkino 238
Alma Ata 249
Almandine 59
Almoraviden 198
Aloe 63. 157
Alpen 221. 222. 224
Alt 37

Altai 84. 130. 206
Altnordisch 10. 242
Alttürkisch 18
Alzeko 45
Amalfi 155. 221
Ambra 162
Amida (Diyabekir) 151
Ammianus Marcellinus 37
Amphoren 35. 107. 113. 115. 187
Amu darya 69. 81. 84. 143. 190. 211
Amul 190
An Lushan 76
Anatolien 27. 114. 130
Ankaufspreis für Silber 89
Anleihe 58
Antike 173
Antiochia 102. 142
Apar 70
Aparan 130
Aphrodisiakum 217
Apothekerwaren 163. 183. 230
Applikationen 96
Appretierer 146
Apsaras 92
Aqcï 60. 172
Al-Aqsa-Moschee 154. 232
Aquamanile 154
Araber 14. 44. 75. 100. 101. 104. 110. 111. 112. 117. 127. 133. 134. 136. 158. 170. 191. 195. 221. 222. 231
arabisch 8. 47. 144. 156. 159. 160. 190. 191
arabischer Geograph 156
arabisches Spanien 156
Aralsee 81. 82. 84. 143
aramäisch 99. 100
Arbeitskräfte 226
Arbeitsprozeß 148
Arbeitsverhältnisse 148
Arbeitsverträge 149
Arbeitsvorgänge 145. 148
Architektur 232
Ardebil 127
Argyropratai 95. 96
Aristophanes 14
Armenien 26. 130. 141. 158. 187. 188. 189
Aromatika 162
Artuq 85
Arzneimittel 161/162. 230
Arzneiwaren 94
Asadabad 190
Aschina 67. 207
Aschkenasim 165
Aserbaidschan 25. 33. 54. 83. 117
Askold 49
Äsop 119
Asowsches Meer 31. 33. 37. 44. 67. 97. 179
Asparuch 44
Asper, Aspron 166. 172. 179
Assimilierung 21
Astana 122. 233
Astronomie 193
Atelkuzu 81
Athen 7. 223
Äthiopien 133
Äthiopier, aksumitische 100
Attalia 134
Attila 36. 38
Augustus 133
Ausfuhr, chinesische 224
Ausrüstung einer Karawane 89
Außenhandelsmonopol 216. 227
Auswanderung 218
–, uigurische 215

Awaren 32. 38. 43. 44. 70
Awarenreich 48
Awesta 247
Axt 212
Aza 78

Baalbek 142
Bab al-Mandab 101. 106
Babylon 6. 147
Babylonien 6
Bäckereien 200
Bäder 200
Bagdad 3. 4. 110. 131. 139. 157. 164. 194. 203. 204. 227. 246
Bagdadpapier 110. 153
Bai Juyi (Po-chui) 121
Baihaki *siehe* Fadlan
Baikalsee 70. 76
Bailaqan 190
Baktrien 6. 17. 19. 31. 52. 67. 107. 116. 119. 211. 234. 235. 245
Baktrier 17
baktrisch, alt- 18
Balasaghun 210
Balch 55. 77. 112. 239
Balkangebirge 36. 44
Baltistan 74. 212
Bamberg 152. 222
Bambuk 104
Bani kalb 132
Baqara 196
Barbarossa 186
Barcelona 202
Bargeld 56
Bar Hebräus 225. 239
Baroghil-Paß 212. 214
Barren 241
Barygaza 6. 99. 106. 111. 211. 232
Barzahlung 89. 161
Basra 103. 106. 132. 135. 139. 157. 186. 187. 194. 195
Bastarner 37
Batbaian 45
Batikstoffe 83
Batiktechnik 83
Batil 195
Bauholz 163. 177
Baumwolle 19. 21. 27. 54. 86. 94. 96. 123. 140. 148. 162. 187. 217. 232
Baumwollfäden 163
Baumwollkleider 86
Baumwollstoffe 107. 114. 123. 124. 162. 217. 226
Baumwollweberei 209
Bautai 17
Bayerischer Geograph 48. 49. 57. 167. 202. 203
Bazar 220
Beaune 202
Becher 129. 234
Bedrohung, normannische 26
Beduinen 131
Beduinenkrieger 135
Beduinenstämme 132
Begräbnisstätte, uigurische 233
Beijing (Peking) 3. 231
Beirut 142. 190
Bekaa-Ebene 190
Bekehrung der Komanen 168
Bela 172
Bellerophon 117. 235. 249
Beloozero (Beloje Osero) 172
Bengalen, Golf von – 192, 194
Benjamin von Tudela 165
Bergkristall 154
Bergkristallflaschen 129

Berichte von Gesandtschaften 201
Berlin 130
Bernstein 33. 40. 58. 61. 64. 89. 94. 170. 183. 217
Bernsteinförderung 205
Bernsteinstraße 50
Besatzungen, drawidisch-indische 192
Bessarabien 33
Bestattungsplätze, jüdische 182
Betriebskapital 55
Bevölkerung, slawische 44. 64
Bewässerung, künstliche 20
Bewässerungsanlagen 21. 136
Bewässerungstechnik 21
Bezugscheine 90
Biberfelle 170
Bibergeil 217
Bildsticker 150
Binnenwanderung 137. 177. 209. 218. 226
Binnenwirtschaft 89
Birka 11. 48. 180. 242
Birkenrinde 180
Al-Bīrunī 111. 127. 195
Bischof von Bamberg 152
Bish-Baligh 206
Bjarma (siehe auch Perm) 39. 179. 204
Bjarmaland 204
Bleibullen 43
Bleiglasur 112. 116. 126
Bleisiegel 23
Blockade, byzantinische 23
Blockdruck 230
Bodenfunde 170. 172
Bodenschätze 187
Bodhisattva 41. 71. 77. 119
Bohai (Po-hai) 66. 68. 90
Böhmen 48. 57. 64. 202. 203
Boleslav II. 203
Bolgar 165. 167. 179. 203. 204
Bolschaja Anikowa 237. 238
Bombyzinpapier 153
Bon-Religion 74. 78. 79
Bordüre 246
Borneo 195
Borten 53. 54. 96. 150. 222
– aus Brokat 96
– aus Seide 14
Bosporus 36. 39. 43. 44. 50. 175. 179
Böz 19
Brahmanen 121
Brahmaputra 73. 213
Brahmi-Schrift 17. 71
Brasilholz 148
Bratpfannen 162
Brautkästen 153
Brennö-Inseln 241
Brennöfen 226. 230
Brettchenweberei 53. 222
Brokat 53
Brokatgewand 216
Brokatstickerei 140
Brokatstoffe 14. 94. 97. 112
Bronze 116. 154. 162
–, etruskische 249
Bronzefibeln 41
Bronzegefäße 162
Bronzeguß 154
Bronzekessel 114
Bronzekunst 116. 154
Bronzeplastik 154
Bronzespiegel 154
Brumalien 122
Brun von Querfurt 168

Brygas 248
Buch des Präfekten 95. 97
Buchara 4. 53. 54. 82. 158. 194. 208. 209. 217
Buchstaben, hebräische 159, 208
Buddha 41. 91. 119. 215. 223
Buddhastatue 41
Buddhismus 18. 22. 41. 69. 70. 71. 74. 77. 78. 79. 90. 121. 192. 213. 215
–, chinesischer 74
–, indischer 74
–, tantrischer 74
–, uigurischer 77
Buddhisten 18. 43. 84. 211. 225. 235
Buddhistisch 77
Bug 41. 44. 167
Bugra 207
Bugut 18. 69
Buharhudat 53
Bujiden 54. 83
Bulgar 39
Bulgaren 32. 34. 35. 26. 37. 44. 69. 117. 118. 235
Bund der lombardischen Städte 186
Bundeslade 239
Bure 104
Burgos 150
Burgund 61
Burjäten 68. 73
Buz 19
Byssos 19
Byzantiner 32. 41. 42. 45. 56. 60. 95. 100. 110. 114. 115. 139. 142. 147. 165. 173. 174. 175. 203. 218. 240. 247
Byzanz 32. 39. 41. 181. 220
Caesarea 142
Cendalum 8. 221
Černigow 174
Ceylon 99. 110. 192. 194
Châlons 202
Chang'an (Ch'ang-an) 15. 66. 91. 110. 120. 126. 128. 215. 226. 231
Chara Choto 66. 214
Chasaren 12. 26. 35. 43. 44. 45. 47. 47. 49. 50. 95. 110. 118. 119. 158. 160. 167. 170. 175. 177. 182. 202. 203. 205. 247
Chasdaj ibn Schaprut 47. 202
Chatay, Chathay 224
Chekiang siehe Zhejiang
Chen 15
Cherson (Korsun) 49. 50. 175
Chilas 160
Chimäre 249
Chin 91
Chinahandel 216
Chinanjkath 15, 91
Chinesische Mauer 66. 68
Chini fagfuri 127
Chiton 223
Chodhāināme 12
Chorassan 52. 53. 83. 105. 107. 111. 128. 143. 230
Chosrau I. 116. 130. 237
Chosrau II. 237
Chotan 11. 52. 85. 93. 113. 119. 160. 208. 210. 211. 212. 213. 217. 246. 247
Chotan darya 71
Chou-Dynastie siehe Zhou-Dynastie
Christen 51. 85. 104. 125. 159. 189. 209. 218. 219

Christen (Forts.)
–, nestorianische 85
–, orientalische 218. 219
–, syrische 238
–, syrisch-nestorianische 239
Christengemeinde 113
Christentum 57. 72. 82. 85. 100. 101. 133. 167. 188.
–, nestorianisches 72. 82. 85. 192
Christianisierung 241
Christus 239
Chronik der Qagane der Tuyuhun 78
Chronik, syrische 225
Chroniken, tibetische 262
Chronologie 1
Churdādbih *siehe* Ibn Churdādbih
Chwarezm 31. 83. 111. 143. 182. 203. 204. 205. 238
Chwarezmschah 27. 143
Čiček 43
Činapatta 7
Cindulum 8
Clemens II., Papst 22
Codex Cumanicus 35. 168
Codex Hypatianus 172
Codex des Rabbula 239
Collegia 139. 200. 219
Commenda 51. 58. 64. 161. 197. 198
Consul 220
Consules Mercatorum 149
Cordoba 47. 124. 201. 202
Curia Mercatorum 149

Dabhol 191. 194
Dahlak 161
Damaskus 124. 131. 139. 142. 152. 157. 186. 190. 194
Damaststoffe 94
Damgan 190
Damiette 134. 140. 157
Dandan Uilik 160. 208
Dandanaqan 83
Daniel 113. 124. 209. 239
Darden 212
Darkot-Paß 212. 214
Darlehen 4
Datong fu (Ta-t'ung-fu) 66. 67. 68. 113. 114. 215. 225
David 239. 240
Deckung der Wertpapiere 199
Deklarierung 163
Demetrios-Kathedrale 184
Denar 61
Denare, fränkische 61
Denare, sächsische 96
Depot 56
– von Dirhems 55
Derbent 24. 136. 158. 170. 187. 188. 189. 190
–, Paß von – 33. 44. 47. 111. 159
Designatores Draporum 149
deutsch 156
Deutsche 167. 170. 177. 188. 241
Deutschland 150. 168. 185. 202. 243
Diadem 249
Diadochen 19
Dialekt, osttürkischer 182
Diaspora, jüdische 164
Dijon 202
Dinar 103. 104. 161. 198
–, ägyptischer 161. 163. 198
–, Murabiti- 198
Dionysos 235. 238
Diplomat, arabischer 203
Dir 49

Dirhem 2. 11. 13. 52. 55. 56. 58. 60. 61. 63. 64. 65. 87. 88. 89. 96. 103. 104. 165. 171. 172. 173. 178. 179. 188. 234. 241. 243
Dirhemhorte 3. 57. 173
Dirhemmünzen 234
Dirhemprägung 87. 171
Diwan 102. 219
Diwastitsch 53. 70
Diyabekir *siehe* Amida
Dnjepr 41. 44. 63. 81. 184
– -Düna-Weg 25. 170
– -Mündung 173. 175
Dnjestr 41. 44
Dobrudscha 36. 38. 44. 45. 117
Doge von Venedig 59. 97. 243
Dom, Regensburger 223
Don 33. 34. 38. 40. 43. 50. 67. 142. 159
– -Mündung 24. 26. 32. 49. 179. 187
Donau 7. 36. 41. 44. 81
Donez 46. 50
Dongjing (Tongking), Golf von – 192. 195
Doorestad 48. 147
Doppeladler 124
Doros 182
Dorpat 87. 141. 183. 186
Drache 130
Drachenmuster 188
Dschidda 157
Dschingis chan 72. 85
Dschunken, chinesische 23. 196
Dschurdschen 25. 26. 84. 89. 90. 91. 93. 94. 99. 224. 225
Dublin 242
Duftstoffe 43. 61. 94. 163. 230. 243
Düna 55. 64. 179. 183. 184
Dunhuang (Tun-huang) 20. 52. 72. 92. 108. 120. 123. 208. 212. 213. 214. 233
Dura Europos 238
Durchgangszoll 170
Dwina 204
Dzungarei 27

Ebro 202
Edelhölzer 162
Edelmetalle 59. 157. 241
Edelsteine 59
Edsin gol 79. 90. 214. 215
Einfluß, chinesischer 79
Eisen 12. 162
Eisernes Tor 69
Ekbatana *siehe* Hamadan
Elbe 49
Elburs 107. 112. 131. 157. 190
Elefantenstoff von St. Josse 53
Elfenbein 106. 132. 136. 153.
Elfenbeinschnitzerei 153
Ella Asbeha 133
Email 152
–, byzantinisches 152
– cloisonné 151. 152
Emailglas 245
Emesa 142
Engels (Stadt in der UdSSR) 11
England 48. 147. 176. 184. 242. 243
Enzyklopädie 102/103
–, türkische 227
– der Turksprachen 88
Erparch 219
–, Buch des 59. 220
Eremitage 33
Eritrea 100. 133. 161

Ernak 36. 38
Ersatzgeld 87
Erzbischof, byzantinisch-katholischer 182
Erzbischof von Mainz 243
Erzbischof, nestorianischer 85. 113
Erzeugerländer 197
Erzeugnisse, handwerkliche 188
Erzerum 187. 189. 190
Erzgießermaler 248
Eschenbach, Wolfram von 222
Essig 89
Estrangelo-Schrift 238/239
Eupatoria 182
Euphrat 132
Evangelium 7
Exilarch 238
Exporthandel 89
Ezechiel 6. 209

Facharbeiter 187. 226
Facharbeitermangel 226
Färber 146
Färbereien 200
Falke 154. 156
Falten 223
–, plissierte 222. 223
Al-Farama 157
Farben 14. 94. 148. 162
Farbgebung 128
Farbpflanzen 148
Farbstoffe 148
Fars, Meer von – 194
Fatimiden 155
Feinmetallwaage 3
Feinwaage 172
Félagi 179
Felaq 64
Feldspat 126
Felle 203
Fellgeld 166
Felucca 196
Feodosija 45
Fernhandel 153. 176. 180. 194. 198. 220. 224
–, jüdischer 4. 24
Fernhändler 56. 185. 220
–, arabische 133
–, aramäische 106
–, jüdische 4. 46. 105
–, russische 190
Fernhändlergilden 196
Fertigprodukte 163
Filz 247. 248
Filzdecken 248
Filzplatten 248
Filzsorten 247
Filzstoffe 245. 247
Filzteppiche 247. 248
Filztücher 247
Finanzierung 196
Finnischer Meerbusen 40
Firdausi 248
Firuzkuh 160
Flachs 56. 170. 177
Flandern 48. 144. 183. 184. 218
Flaschen 239
Florenz 145. 146. 147. 149. 185. 186
Florettseide 141
Florseide 14. 222
Flüchtlinge, christliche 211
Flüchtlinge, jüdische 211
Flüchtlinge, zoroastrische 211
Flügelpferd 249
Fluktuation des Geldes 96. 243
Föderatenverträge 38

Föderation, kirgisische 82
Föderation, uigurische 77. 80
Foedus 36
Formen des Zahlungsverkehrs 96
Forum 220
Fossatisii 36
Franken 81
Frankreich 243
Frauenhemden 129
Frauenkleidung 222. 223
Fresken 53. 70. 118. 129. 208. 235
Fuchsfelle 170
Führungsschicht, kaufmännische 185
Fulin (Fu-lin) 70
Fulk 196
Füllhorn 245
Funde von Dirhems 65
Funduq 134. 140. 144. 221
Fürsten, islamische 201
Fürsten, ortokidische 151
Fürsten, uigurische 71. 211
Fürsten, warägische 177. 180
Fürstengrab 6
Fürstenliste, bulgarische 38
Fürstentum, seldschukisches 189
Fürstentümer, russische 184
Fußbodenbelag 245
Fusṭāt 14. 112. 197. 197. 222. 229

Gaeta 24. 155. 198. 221
Galanga 243
Gandhara 31
Ganǧa 141
Ganges 204
Gangisa 141
Gansu (Kansu) 17. 18. 20. 23. 25. 31. 66. 72. 73. 75. 79. 80. 83. 91. 92. 122. 126. 153. 231
Gansukorridor 72. 73. 76. 77. 79. 82. 90. 91. 108. 211. 124. 215
Ganymed 117. 235. 240
Ganzhou (Kan-chou) 72. 76. 77. 80. 86. 88. 90. 91. 92. 93. 120. 211. 214. 216
Gaochang (Kaochang) 227
Gaoniten 62. 96. 164
Gartok 74
Garuda 117. 235. 240
Gaza 101. 105. 112. 139
Gazellen 147
Gazna 42. 53. 54. 83. 153. 207. 208
Gebrauchsgeschirr 230
Gefäße 162
Gefäße, silberne 234. 235
Geheime Geschichte der Mongolen 69
Gelbes Meer 70
Geld 2. 58. 105. 246
Geldbeschaffung 105
Geldbörse 197
Gelddepot 64
Geldersatz 235
Geldhandel 145
Geldimperium 2
Geldmenge, in Zirkulation befindliche 88
Geldumlauf 63. 87
Geldverkehr 52
Geldverleih 60
Geldverleiher 93
Geldvorräte 185
Geldwechsler 60. 95
Geldwirtschaft 4. 51. 56. 59. 93. 103. 199
Geld, Fliegendes 88. 199
Geld, Verleihen von 51

Gemeinden, buddhistische 41. 85
Gemeinden, christliche 237
Gemeinden, jüdische 51. 57. 62. 63. 134. 160. 165. 208. 209. 211. 226. 233. 237
Gemeinden, nestorianische 85. 192
Geniza 62. 134. 160. 161. 164. 164. 197. 201. 202. 219
Genizadokumente 159. 160
Genua 23. 98. 155. 198
Genuesen 190
Geographen, arabische 156. 159. 160. 170. 194
Geographen, islamische 212
Georgien 25. 27. 41. 152
Gepiden 40
Gerät, silbernes 94. 234
Germanen 40
Germania 40
Gesandte, byzantinische 68
Gesandte, chinesische 109
Gesandte, koreanische 42. 70
Gesandte, tibetische 75
Gesandte, uigurische 75
Gesandte, warägische 181
Gesandtschaften, sogdische 70
Gesandtschaften, türkische 70
Gesandtschaften, warägische 180
Geschäftsbriefe 208
Geschäftsrunen 180
Geschäftssprache 168. 182
Geschäftsverkehr 179
Geschichte der tibetischen Könige 78
Gesichtsschleier 223
Gestirne, Stellung der – 193
Getreide 177. 206
Getreideanbau 177
Getreidehändler 183
Gewänder, liturgische 140. 150. 152
Gewicht 3. 61
Gewürze 43. 50. 58. 59. 61. 108. 136. 162. 163. 170. 183. 196. 230. 243
Gewürzhandel 186
Ghassaniden 131
Ghaznaviden 25. 83. 141
Ghella 141
Ghor 160
Ghūz 12. 23. 26. 53. 81. 82
Giaur qala 225
Gigaku-Masken 42. 121
Gīlān 25. 54. 141. 170
Gilden 64. 200
Gilgit 71. 211. 212. 213
Gilgittal 73
Gilim 248
Gilli der Russe 241
Glas 94. 183
–. ägyptisches 65
–, fränkisches 65
–, geschliffenes 107. 112. 154
Glasgefäße 217
Glasieren, Technik des – 92. 109
Glasur 109
Glasurtechnik 125
Glossar, komanisch-deutsches 87. 168
Glossen in altrussischer Sprache 63
Glossen der Rabbiner Südrußlands 233
Gnezdowo 3
Gobelinteppiche 246
Gobi 25. 32. 90. 91. 215
Gogstad, Schiffsgrab von – 205

Gold 104. 105. 113. 115. 161. 162. 172. 174. 206. 212
Goldbrokatstickerei 61
Goldbrokatstoffe 42. 90
Golddinar 2. 103. 128. 163. 198
Goldfäden 149
Goldfiguren 242
Goldflorin 146
Goldgefäße 35. 117. 237
Goldgehalt 198
Goldgeschirr 113
Goldländer 104
Goldlieferungen aus Zimbabwe 198
Goldmünzen 47. 128
Goldprägung 103. 104
Goldpreßarbeiten 41
Goldreichtum 212
Goldschatz von Nagy-Szent Mikloś siehe Nagy-Szent Mikloś
Goldschmiede, iranische 117. 119
Goldschmiedearbeiten 50. 56. 61. 114. 162
Goldsolidus, byzantinischer 104. 161
Goldstickerei 97. 150
Goldstücke 96. 198
Goldwährung 60
Goldener Berg 68
Goldene Horde 184
Golf von ʿAqaba 106. 131
Golf von Bengalen 192. 194
Golf von Chili 69. 70
Golf von Dongjing (Tongking) 192. 195
Golf von Suez 157
Gonaka 14. 248
Gopat šah, Gopat-Schah, Gopatschah 117. 235. 240
Gorgiana 141
Gorodischten 3. 11. 46. 50. 55. 64. 184. 241
Gorze, Johannes von – siehe Johannes
Goslar 178. 203
Gota 8
Gotawebbi 9
Goten 8. 36. 40. 45. 46
Gotengeschichte 37
Gotland 171. 178. 180
Gotländer 178
Götter, Gottheiten, arabische 101
Götter, griechische 238. 245
Gottheiten der Hindu 192
Götzenbilder 41
Grabbeigaben 2. 95
Gräber, frühmittelalterliche islamische 222
Gräber von Loulan 245
Grabfiguren 122
Grabfunde 245
Grabgewänder kastilischer Könige 150
Grabinschriften, hebräische 160
Grabinschriften, neupersische 208
Grabinschriften, syrisch-nestorianische 192
Grabkammern 248. 249
Grabkult 250
Grabsteine 52. 85. 120. 160. 182
Grabtuch des Bischofs von Bamberg 152
Gradeinteilung 193
Graffiti 11. 35. 71. 73. 78. 160. 213
–, sakische 211
–, sogdische 211
– in tibetischer Schrift 78
– in tibetischer Sprache 11

Granada 165
Granatapfelbäume 92
Granuliertechnik 59
Greif (Samurw), Greifen 53. 124. 151. 154. 249
Grenzkontrolle 48
Grenztruppen, türkische 117
Griechen 7. 100. 190. 193. 232. 233
Griechenland 150. 223
Griechisch 57. 156. 180
Grigorowskoje 238
Griwnja 87. 174. 177. 183
Groß-Preslav 152
Großreich, tibetisches 25
Großreich, türkisches 32. 43
Großseldschuken 128
Grundbesitz 135. 138
Grundbesitzer 136. 145
Gruppe, judeo-persische 209
Guangzhou (Kanton) 110. 191. 192. 192. 195. 196
Gudrunlied 62
Guihua (Kuei-hua), Paß von – 66
Günther, Bischof von Bamberg 152
Gurgān 141
Güteklasse 146
Guzang (Ku-tsang) 18

Hacksilber 3. 55. 63. 65. 172
Hadath 142
Häfen, ägyptische 50. 100. 153. 189. 199
Häfen, byzantinische 97
Häfen, chinesische 106
Häfen, indische 101. 143
Häfen, iranische 189
Häfen, südarabische 63. 99. 157. 195
Häfen, südchinesische 229
Häfen, südpersische 192
Häfen, syrische 50. 97. 153. 189. 190
Häfen an der Nordsee 176
Häfen des Pontus 97. 167. 190
Haidar von Usruschana 53
Hainan, Straße von – 195
Haithabu 48. 49. 57. 180. 181. 202. 242
Halbedelsteine 33. 59. 94
Halbinsel, arabische 131. 132. 133
Halbinsel Kertsch 50
Halbinsel Krim 25. 26. 34. 45. 50. 142. 158. 168. 173. 175. 182. 187
Halbinsel Malakka 99. 192. 229
Halbseide 150
Halitsch 177. 178
Halogaland 205
Halsring 87. 174
Hamadan (Ekbatana) 47. 190. 209
Hamdaniden 234. 237. 238
Hami 21. 31. 66. 68. 75. 86. 90. 215. 227
Han-Dynastie 238
Handel, arabischer 190
Handel, byzantinischer 42
Handel, deutscher 167
Handel, islamischer 189. 213
Handel, jüdischer 47. 156. 161
Handel, jüdisch-ägyptischer 163
Handel, jüdisch-mesopotamischer 156
Handel, russischer 86. 87
Handel mit Sklaven 47

Handel, Forderung des – 201
Handelsbeziehungen 201. 202
Handelsgemeinschaft 26/27
Handelsgenossenschaften 64
Handelsgesellschaft 27
Handelskolonien, uigurische 92
Handelsmonopol 93
Handelsniederlassung 177
Handelspartner 197
Handelsplätze, islamische 161
Handelsplätze, russische 184
Handelspraktiken 93
Handelsstraße 184. 202
Handelsverbindungen 229
Handelsverkehr, bargeldloser 58. 61
Handelsverkehr, jüdischer 160
Handelsweg, Dnjepr-Düna – 170
Händler, abendländische 136
Händler, arabisch-ägyptische 106
Händler, byzantinische 136
Händler, europäische 219
Händler, griechische 191
Händler, islamische 144. 157
Händler, jüdische 50. 57. 59. 62. 160
Händler, ostafrikanische 136
Händler, warägische 174
Handschriften, griechische 110
Handwerker, abhängige 185
Handwerker, parthische 109
Hangzhou (Hang-chou) 195
Hanse 27. 87. 176. 179. 183. 184
Harir 13
Harīrī 13. 103
Harkand, Meer von 194
Harun al-Raschid 111
Hatai 224
Haushaltsgegenstände 162
al-Hazarī 47
Ḫazz 14
Hebräisch 47. 159. 226
Hedeby 179
Hedschas 101. 106
Hefe 89
Heilige Schrift 208. 209
Heiligtümer, buddhistische 91. 229
Heiligtümer, hinduistische 229
Heilkräuter 196
Heilmittel 243
Heimarbeit 185
Heinrich I. (919–936) 243
Heinrich II. (1002–1024) 150
Heinrich III. (1039–1056) 178
Heinrich IV. (1056–1106) 178
Heinrich der Löwe (1129–1195; 1142–1180) 176
Heldenlied vom Herzog Horand 62
Helgi 49
Hellenismus 5. 246
Helgö 41. 48
Helm von Valsgärde 242
Helme 238
Hemd 14
Henan (Honan) 128
Hephaiston-Mosaik 249
Hephthaliten 12. 92
He Qubing (Ho-k'iu-ping) 130
Herakles 235
Heraklit 262
Herat 55. 140. 194. 208. 209
Heringe 187
Herkunft, griechische 249
Herkunft, indisch-buddhistische 235
Herkunft, jüdische 225

Herkunft, sakische 246
Hermanarich 40
Hermes 232. 249
Herodot 10. 14. 17. 32. 33. 191. 212. 248. 249
Herren, arabische 218
Herren, kurdische 218
Herrmann, A. 10
Herrschaft, normannische 150
Herrscher, abendländische 201
Herrscher, byzantinische 150
Herrscher, islamische 150
Herrscher von China 207
Herrscherkult 151. 152
Heruler 40
Heuneburg 6
Himmelfahrt Alexanders des Großen 151
Himyariten 101
Hinduismus 192
Hindukusch 11. 133. 160. 235
Hirah 101. 131
Hitai 224
Hiuen-tsang *siehe* Xuanzang 70
Hiung-nu *siehe* Xiongnu
Hoang Ho *siehe* Huang He
Ho-k'iu-ping *siehe* He Quibing
Holgard 64
Hollingstedt 48
Holz 153. 180. 183. 232. 235
Holzschnitzerei 119
Holzstäbchen 71
Holzstücke 179
Homer 249
Honan *siehe* Henan
Honig 50. 56. 170. 177
Horn von Nashörnern 136
Horte, Hortfunde 55. 57. 63. 64. 89. 171. 171. 173. 178
Hosen 96. 122
Hosenmode, parthische 122
Hsia *siehe* Xia
Huang He (Hoang Ho) 90. 231
Ḥudūd al-ʿĀlam 102. 128. 213
Hulwan, Paß von 190
Hun 37
Hunnen 34. 36. 37. 38. 67. 261
Hunza 74

Iberien (Georgien) 41
Ibn Churdādbih 8. 63. 156. 157. 169/170. 202
Ibn Fadlan 87. 203. 203/204. 204. 205
Ibn Haukal 246
Ibn Rusta 158
'Ibrāhim ibn Jaʿqūb al 'Isrā'ilī al-Tagṭusi 202. 203. 243
Igor 173. 175
Ikonen 123
Ikonographie, buddhistische 109. 119
Ikonographie, byzantinisch-christliche 235
Ikonographie, christliche 238
Ikonographie, jüdische 238
Ili 17. 54. 67.81. 206
Ilital 17. 81
Ilmensee 64. 170
Imago clipeata 246
Immunität 140
Imperium, byzantinisches 170
Imperium, chasarisches 45
Imperium, fränkisches 50. 221
Imperium Romanum 36
Import 221
Importartikel 89
Inder 17. 136. 161. 229

Indien 4. 17. 19. 61. 63. 70. 71. 73. 83. 90. 99. 100. 101. 104. 105. 106. 108. 119. 131. 135. 136. 143. 148. 157. 160. 161. 162. 163. 164. 186. 187. 190. 191. 192. 193. 194. 197. 207. 212. 214. 217. 223. 229
–, drawidischer Teil 192
Indienhandel 160. 161. 189
Indigo 148
Indikopleustes 100
Indischer Ozean 100. 106. 131. 135. 157.191. 211
Indus 73. 74. 191. 194. 207. 213. 214. 232
Industal 133. 211
Inschrift, griechische 180
Inschrift, hebräische 47. 52
Inschrift, köktürkische 70. 251. 252
Inschrift, kufische 191
Inschrift, neupersische 209
Inschrift von Bugut 69. 71. 77
Inschrift vom Orchon 21
Inschrift von Terkhin 206
Ingelheim 49. 180. 181
Ingredenzien 162
Ingwer 136. 243
Inhaberpapier 2. 51. 60. 61. 88. 95. 161. 199
Inseln, Britische 11. 242
Instrumente 239
Insulinde 162. 186. 187
Investoren 161. 197
Iqta 138
Irak 13. 23. 31. 50. 103. 107. 132. 133. 135. 137. 138. 139. 158. 159. 209. 218. 219
Iran 5. 22. 31. 32. 39. 42. 43. 47. 50. 83. 96. 98. 103. 104. 107. 113. 119. 122. 123. 125. 126. 127. 134. 135. 138. 142. 149. 164. 165. 169. 184. 197. 209. 212. 213. 217. 237. 240. 245. 246
Iran, Ost- 153. 164. 211
Iraner 126. 129. 152
Irkutsk 32
Ischid 53
Isfahan 107
Israeliten 238
Issedon, Issedonen 10. 232
Issyk köl 82. 210
Iṣṭaḫrī, Iṣṭaḫrī-Balchi 158. 246
Istanbul 127. 130
Italienpolitik 220. 221
Itil 25. 39. 50. 158. 159. 172. 179. 242
Itinerar 211
I-wu *siehe* Yiwu
Izborsk 172

Jade 41. 59. 94. 217
Jaila-Gebirge 44. 182
Jarkänd 212. 213
Jaroslav 3
Jaroslawl 3
Java 229
Jaxartes (Syr darya) 11. 16
Jehudah ha-Levi 47
Jemen 103. 140. 162. 163. 194
Jemeniten 162
Jenissei 72. 73. 75. 124
Jericho 237. 238
Jerusalem 142. 198
Jeschivah 164. 165
Jesdi 130
Jiangxi (Kiangse) 128
Jiddisch 233

Jin (Kin) 89. 91. 99. 224. 225
Johannes 7
Johannes von Gorze 201. 202
Johannes Tzimiskes 142. 152. 218
Jordanes 36. 39. 40
Jordanien 132
Josef ben Simon Qara' 59. 165
Joseph von Arimathia 7
Jotabe 131
Juan-Juan *siehe* Ruan-Ruan 12. 92
Juden 46. 51. 52. 59. 60. 62. 88. 96. 134. 139. 157. 158. 159. 160. 164. 165. 169. 202. 203. 208. 209. 212. 213. 233
–, deutsche 169
– in Kairo 160
– in Mainz 59
– Mesopotamiens 159
–, russische 169
Judengemeinden *siehe* Gemeinden
Judentum 101. 158. 164. 182
Jugra 204
Juku (Ts'ü-kü) 18
Jurten 114. 235. 247. 248
Jushi (Kü-schi) 92

Käbäz 19
Kabulschahi 133. 234. 235. 237. 240
Kadis 195
Kaffa 45. 142. 228
Kaftan 42. 53. 86. 96. 123. 188
Kaifeng 128. 209. 226
Kairo 3. 57. 63. 105. 112. 134. 152. 154. 157. 160. 161. 164. 197. 222. 229
Kairo, Alt- 62. 164. 197. 201. 202. 219
Kaiser, byzantinischer 52. 97. 152. 158. 174. 181
Kaiser, chinesischer 119
Kaiser, deutscher 201. 202. 221
Kaiser, sächsischer 178. 220. 221
Kaiser, salische 220
Kaisergräber 238
Kaiserreich, äthiopisches 133
Kakanus 181
Kalender, sasanidischer 237
Kalgan 68
Kalifat von Cordoba 102
Kalif, Kalifen 47. 52. 54. 83. 109. 112. 124. 133. 158. 201. 202. 203. 204. 205. 218. 246
– in Ägypten 133
– in Bagdad 83. 203
– von Cordoba 124
Kalifen, omajjadische 243
Kalifen, Staatsämter der – 219
Kalifenreich 32
Kalkulation 4. 234
Kama 33. 115. 241
– -Wolga-Gebiet 13. 171
Kambodscha 99. 192
Kamel, Kamele 108. 147. 150. 170. 217
Kamelhengst 207
Kamelwolle 96
Kampfer 63. 157
Kan-chou *siehe* Ganzhou
K'ang 248
Kanne von Agaunum 151
Kannen 94
Kanon, buddhistischer 78
Kansu *siehe* Gansu
Kanton *siehe* Guangzhou
Kanzlei, griechische 180
Kanzlei, slawische 180

Kaochang *siehe* Gaochang
Kaolin 110. 126. 226. 230
Kapitalisierung 185
Kapitalisten 136. 137
Kapitäne 193
Kapitelle, griechische 232
Karachaniden 23. 81. 82. 83. 128. 207. 209. 210
karachanidisch 211
Karachitai 27
Karäer 165. 182
Karakorumgebirge 71. 73. 211
Karakorumpaß 11. 25. 71. 160. 212. 232. 248
Karakorumstraße 73. 82. 85. 208. 212. 213
Karakorumweg 73
Karashahr 18. 71. 77. 80. 210
Karawanen 105. 108. 121. 190. 204. 212. 232. 233. 248
–, Yak– 214
Karawanenführer 108
Karawanenwege 105. 106. 213. 214. 232
Kardang, Meer von 195
Karez 21
Kargary 249
Karl der Große 48
Karluk (*vgl.* Qarluq) 25
Karmaten 212
Karolinger 48
Karoŝthi-Schrift 246. 247
Karpaß 19
Karpaten 48. 49. 82. 167
Kartenbild 193. 194
Kartenblätter 193
Käse 162
Kasan 32. 39. 171. 204
Kasch 112. 125
Kaschan 129
Kaschgar 15. 17. 82. 84. 85. 88. 90
Kāšgharī *siehe* Mahmud al-Kašgharī 209. 120. 248
Kaschmir 211. 213. 248
Kaspisches Meer 25. 31. 75. 81. 83. 141. 158. 169. 170. 184. 187. 189. 190. 205
Kataster 138
Kath 111
Kathay 87
Kathawy silk 87
Kathedrale 124. 184
Kathedrale von Uppsala 184
Kātib 103
Kaufleute 2. 104
–, abendländische 219
–, ägyptische 129. 133. 134. 232
–, arabische 4. 13. 23. 65. 100. 101. 102. 103. 106. 135. 136. 153. 170. 189. 191. 193. 195. 196. 204. 230
–, arabisch-ägyptische 104
–, aramäische 99/100
–, byzantinische 24. 43. 61. 134
–, chasarische 56
–, chinesische 19. 22. 93. 109
–, christliche 159
–, christlich-syrische 106
–, deutsche 27. 170. 176. 177. 178. 183. 184. 186. 190
–, drawidisch-indische 191
–, europäische 141. 168. 198
–, genuesische 183
–, griechische 10. 99/100. 100
–, hellenistische 232
–, indische 11. 16. 162. 193
–, islamische 23. 47. 85. 99. 101.

Kaufleute, islamische (Forts.) 105. 106. 144. 158. 192. 219. 229. 241
–, islamisch-arabische 106
–, italienische 27. 141. 221
– der italienischen Seestädte 134
–, jemenitisch-jüdische 163
–, jüdische 8. 25. 56. 57. 61. 62. 63. 65. 105. 157. 158. 160. 163. 164. 169. 203. 219. 233. 243
–, levantinische 167
–, mesopotamische 104. 158
–, mittelasiatische 158
–, moslemische 213
–, norwegische 205
–, Nowgoroder – 177
–, persische 4. 135. 158. 193
–, russische 165. 170. 178. 183
–, skythische 10
–, slawische 25. 48. 56. 174. 178
–, sogdische 42. 95. 118
–, südarabische 113
–, syrische 158. 193
–, tatarische 86
–, uigurische 19. 93. 170. 227. 233
–, venezianische 183
–, warägische 55. 56. 97. 173
– aus dem Frankenreich 62
Kaufmannssiedlung 86. 176
Kaufmannssiedlung, deutsche 176
Kaufverträge 88. 94
Kaukasus 24. 25. 33. 41. 42. 43. 46. 52. 70. 95. 141. 158. 173. 179
Kaukasuspässe 42. 47
Kaunakes 14. 248
Kaupang 180
Kelim 248. 249
Kelimteppich 248
Keraït 82. 225
Kerameikos 7
Keramik 92. 109. 114. 116. 125. 126. 128. 135. 229. 230. 249
–, chinesische 126. 229
–, glasierte 114
Keramikschale 248
Keramikwerkstätten 113. 125
Kermān 96. 107. 140. 209. 242
Kertsch 9. 37. 38. 39. 41. 44. 50. 182
–, Halbinsel 50
Kessel 94
Khan 80. 118. 203. 204
– der Uiguren 227
– der Wolgabulgaren 204
Khatay 91
Khumdan 231
Kiangse *siehe* Jiangxi
Kiew 24. 25. 26. 45. 47. 48. 49. 50. 56. 57. 58. 59. 60. 61. 62. 63. 88. 147. 164. 165. 167. 168. 169. 171. 173. 174. 175. 176. 177. 178. 179. 180. 181. 184. 201. 203. 221. 242. 243
Kilikien 188
Kilwa 191. 198
Kimäk 68. 83
Kin *siehe* Jin
al-Kindi 159
Kinik 23
Kirche im Abendland 220
Kirche, christliche 151
Kirche, russische 151
Kirche, uigurisch-manichäische 76
Kirche des heiligen Elias 60. 181
Kirche des heiligen Mamas 173
Kirgisen 23. 72. 75. 76. 77. 80. 82. 92. 225

Kisch 194
Kitāb al-Tafhīm 195
Kitai (*siehe* auch Kitan) 27. 86. 87. 91. 226. 227. 229. 231
Kitaigorod 27. 86. 91
Kitan (*siehe* auch Kitai) 23. 25. 32. 76. 80. 82. 84. 88. 89. 90. 93. 99. 215. 231
–, tungusische 80
Kitat 87
Kizyl 121
Khazz (ḫazz) 14
Kleiderordnung 223
Kleidung 162. 245. 247
Kleinasien 140. 173
Kleingeld 87
Kleinmünzen 234
Kloster, Bon- 214
Kloster, deutsches 169
Kloster Samye 74
Knüpfteppich, seldschukischer 130
Kochrezepte, chinesische 233
Kogge 176
Koguryŏ 32. 34
Koine, jüdische 164
Koïsche Seide 173
Kokon 146. 149
Köktürken 23. 69. 70. 72. 75. 225
Köln 9. 62. 63. 124. 147. 149. 156. 170. 176. 178. 183. 185
Kolonie, jüdische 47
Kolophone 208
Komanen 23. 26. 84. 86. 167. 168. 169. 184
Komanisch 168. 169. 182
Komnenen 189
Kommentare zur Heiligen Schrift, neupersische 209
Kommentare, rabbinische 233
Kommerkarioi 24. 43
Kommissionsgeschäft 56. 60
Kommissionsverkäufe 56
König, deutscher 243
Könige, bagratidische 27
Könige, griechisch-baktrische 115
Könige, kastilische 150
Könige, normannische 150
Könige, sasanidische 22
Könige, tibetische 23. 212
Königliche Skythen *siehe* Saiwang
Konkurs 199
Konrad II. (1024–1039) 147. 150
Konstantinopel 3. 25. 41. 43. 49. 50. 56. 61. 95. 97. 102. 134. 147. 152. 158. 172. 173. 180. 184. 189
Konstantinos IX. Monomachos 151
Kontrolle, staatliche 94
Kontrolle des Warenverkehrs 89. 94
Konvertierung 47. 96
Konya 130
Kopfputz 125. 222
Kopftuch 222. 223
Kopten 154. 232
Korallen 136. 162. 217
Korallenbänke 195
Koran 13. 135
Korea 25. 34. 67. 68. 70. 75. 90. 91. 120. 225
Koriander 92
Korsun *siehe* Cherson
Kosmas 100
Kosmetika 94. 162
Kostwurz 243
Kotias 196

Kotrageroi 36. 41. 44
Kowrat 44
Krakau 24. 49. 57. 173. 181. 203
Krasnodar 32
Kredit 51. 56. 58. 175. 186
Kreditbeschaffung 47
Kreditbriefe 2. 51. 61. 95. 175. 198. 199
Kreditgeber 175
Kreisverkehr des Warenaustausches 4. 61
Kreuzfahrer 139. 144. 189. 190. 218
Kreuzfahrerstaaten 190
Kreuzritter 142
Kreuzzug 165. 189
Krieger, äthiopische 133
Krieger, persische 247
Krim 25. 26. 34. 45. 50. 142. 158. 168. 173. 157. 182. 187
Krönungsmantel Konrads II. 147. 150
Kuban 25. 40. 42. 44. 45
Kuber 45
Kuei-hua *siehe* Guihua
Kufa 110. 139. 157
Kül tegin 69
Kultur, chinesische 22
Kultur, tibetische 78
Kulturbrücke 21
Kulturerbe, iranisches 102
Kulturerbe, oströmisches 102
Kulturerbe, sasanidisches 235
Kulturgemeinschaft, jüdische 61
Kulturgemeinschaft, osttürkische 71. 72
Kulturströmung 237
Kuna 64. 87
Kung 216
Kunlun 73. 84
Kunst, ortokidische 154
Kunstuhr Chosraus II. 237
Kupfer 153. 162. 163
Kupfergefäße 162
Kupfergerät 188
Kupferminen 188
Kurgane von Kargary 249
Kurgane von Noin Ula 249
Kurgane von Pazyrik 6. 147
Kursk 45
Kursschwankungen 198
Kuschana 5. 19. 115. 116. 212. 237. 238
Kü-schi *siehe* Jushi
Küsten, provençalische 134
Küstenstädte, arabische 224
Ku-tsang *siehe* Guzang
Kutscha 18. 20. 67. 71. 76. 77. 80. 120. 121. 215. 245
Kusari 47
Kybele 118. 119. 235
Kyoto 119. 124
Kyrilliza 180

Lackmalerei 112
Lackwaren 125
Ladakh 73. 74. 82. 212. 213. 214. 248
Ladoga, Alt- 40. 170
Ladogasee 40. 48. 64. 183
Laertes 249
Lahidian 141
Lahmiden 132
Lakabiware 112
Lakscha 233
Lamaismus, tibetischer 74
Lan-chou *siehe* Lanzhou
Landlords 138

Landnahme, arabische 132
Landnahme, seldschukische 137
Langobarden 45
Langres 202
Langshan-Gebirge 66
Lanzhou (Lan-chou) 121
Lapislazuli 59. 94. 217
Larwi, Meer von 194
Laschgar-i Bazar 42. 53. 153
Lashkari Bazar *siehe* Laschgar-i Bazar
Lateinisch 39. 144
Latifundien 138
Latü 233
Laurentiuschronik 172
Lava 162
Lazika 41
Lebensbaum 54. 124. 151
Lederarbeiten 107
Ledermanufakturen 146
Legende von Boris und Gleb 87
Leggi 141
Leichenbrand 7
Leichentuch 7. 249
Leinen 19. 56. 64. 106. 114. 123. 140. 162. 177. 222
Leinengarn 97. 150
Leinensegel 174
Leinenstoff 94
Leinsamenöl 162
Leinwand 140
Leinwandbindung 148
Leinwandstücke 64
Lelang (Lo-lang) 66
Leningrad 33
Leo V. 158
Leo VI. 95
Levante 169. 193
Lhasa 213. 214
Liang 121
Liang-chou *siehe* Liangzhou
Liangzhou (Liang-chou) 77. 121. 214
Liao (Qitan) 84. 87. 99. 224. 229. 231
Libyen 161
Lieferverträge 148
Limitanei 36
Lingua Franca 208
Litauen 182
Literatur, buddhistische 79
Litewka 123
Lo-lang *siehe* Lelang
Lodja 173
Lokschn 233
London 87. 141. 176
Lopnor 75. 213
Lothringen 24. 218
Lotosblume 43
Loulan 232. 245. 247
Löwe 53. 124. 147. 150. 154
Lübeck 179
Lucca 147. 149. 185. 186
Lüders 14. 246
Ludwig der Fromme 49. 62. 181
Lüstertechnik, farbige 126
Luxusartikel 88. 163. 185
Luxusgüter 184. 247
Luxuswaren 50. 56. 58. 61. 62. 64. 88. 90. 96. 105. 107. 114. 135. 136. 151. 176. 178. 183. 184. 189. 206
Luzerne 92
Lyon 202

Madara 117
Magdalena 239
Magdeburg 202

Magenza (Mainz) 165
Maghreb 61. 134. 157. 164. 197
Magyaren 12
Mahehvara 235
Mahmud 208
Mahmud von Gazna 235
Mahmud al-Kaschgar *siehe* (Mahmūd al-Kāšgharī)
Mahmūd al-Kāšgharī 88. 103. 227. 233
Mainz 24. 25. 26. 47. 49. 57. 59. 61. 62. 63. 88. 147. 164. 165. 168. 173. 176. 178. 179. 181. 201. 203. 242. 243
Majaki 46. 50. 173. 179. 181
Malabarküste 191. 192. 194
Malaja Pereščepina 115. 117
–, Schatz von 115. 118
Malakka 99. 192. 229
–, Straße von 194/195
Maliki-Dinar, jemenitischer 163
Mandschurei 25. 32. 68. 72. 224
Mani 77
–, Lehre 215
–, Religion 77. 215
Manichäer 192
Manichäismus 215
Mantzikert 26
Manufakturen 56. 59. 107. 110. 112. 113. 114. 124. 127. 129. 135. 137. 139. 141. 146. 147. 148. 149. 150. 152. 153. 187. 188. 226. 245
–, arabische 147
–, byzantinische 109. 114
–, griechische 147
–, islamische 186
–, mittelasiatische 59
–, nordchinesische 226
–, persische 187
Manufakturbesitzer 159
Marderfelle 64. 87. 166. 217
Mark, deutsche 174. 178. 183
Markenartikel 137. 140
Marktanalyse 197
Marktvorteil 145
Marktwert 2
Märkte, byzantinische 26. 39. 134
Märkte, chasarische 24
Märkte, europäische 63. 146. 186
Märkte, französische 134
Märkte, islamische 140. 158. 224
Märkte, orientalische 137. 146
Märkte, spanische 134
Märkte, wolgabulgarische 170
Märkte im Kama-Wolga-Gebiet 171
Märkte des Wolgaweges 172
Marmara-Meer 61
Marokko 198
Marseille 155
Marwazi 82. 83
Maske 109. 122
Maskentänze 122
Masqat 132. 133. 136. 194. 195
Massaua 100. 161
Massengüter 163
Masʿud 83
Matten 162
Maulbeerbäume 146
Maulbeerbaumplantagen 149
Meaux 62
Medici 145
Medikamente 162. 217
Medina 13. 101. 102. 131. 159. 229
Meerenge von Kertsch 33. 36. 39. 40. 41. 44. 67
Mehlspeisen, chinesische 233

Mekka 13. 101. 102. 131. 132. 159. 229
Merjer 204
Merkur 245. 249
Merseburg 203
Merw 43. 82. 103. 107. 113. 140. 141. 225. 239
Meschhed 127
Messing 217
Messinggeräte 94
Metall 114. 198
Metall, Gewicht des 55
Metallwaren 94
Metallwert 2. 61. 94. 172
Metropolis 15
Mikilin (Mecklenburg) 203
Milaresion, byzantinisch 166. 172
Minai 127
Minaiware 1123
Miniaturen 54
–, dschagataiische 110
–, uigurische 230
Mischgewebe 14. 148
Mission, buddhistische 20
Mission, christliche 171
Missionare 168
–, buddhistische 120
–, christliche 168. 225
–, manichäische 76
Missionen, diplomatische 201
Missionsgebiet 229
Mitaton, Mitata 57. 173
Mittelhochdeutsch 8
Mittellateinisch 8
Mittelmeer 24. 26. 63. 98. 101. 105. 107. 154. 157. 158. 161. 173. 189. 194. 200. 224
Mittelmeerhäfen 23. 26
Mittelmeerraum 159. 162. 173
Mochtchevaja balka 42. 95
Mode 5. 115. 122. 123. 124. 222. 223
Modeformen 222
Mohammed 14. 101. 132
Mohan 69. 77
Mönche, buddhistische 78. 82
Mönche, italienische 168
Mongolei 26. 66. 77. 80. 82. 206. 217. 224. 246
Mongolen 23. 34. 72. 82. 85. 91. 99. 123. 125. 130. 169. 184. 225
Mongolische Volksrepublik 35. 68. 73. 80. 81. 122. 205
Mongolisierung 80
Monopolbetriebe 56. 110
Monopole 27. 105. 151. 162. 176
–, byzantinische 221
–, islamische 221
– der Juden 51
– arabischer Kaufleute 131
– jüdischer Kaufleute 63
Monsun 100. 157. 191. 193. 196
Mordocasia 141
Mordwiner 40
Mordwinisch 39. 241
Moschee 192. 213. 220
Moschus 43. 61. 63. 89. 94. 157. 217. 230
Moskau 3. 27. 86. 91
Moskwa 40
Moslems 51. 144. 203. 213
Motive, griechische 237
Motive, hellenistische 113. 245
Motive, indische 237
Msta 170
Muḥtasib 220
Münzen 55. 163. 172. 198. 199
– aus Silber und Kupfer 89

Münzen (Forts.)
–, byzantinische 60. 178
–, deutsche 178
–, sächsische 203
Münzfunde 35. 40. 57. 63. 178
Münzhorte 55. 63
Münzprägung 104. 173
Münzprägung in Mittelasien 64
Münzprägungen, almoravidische 198
Münzprägungen, süddeutsche 178
Münzsorten 60. 95. 161. 163
Muschelschalen 162
Musik 109
Musikanten 108. 120. 121. 239
Muskatnüsse 136. 157
Muster 147. 151. 153. 242. 245
– aus Drachen und Hasen 185
–, sasanidische 42
Musterbücher 152
Musterzeichner 149
Mutawakkil 246
Myrrhe 132. 136. 162
Mythen, griechische 235

Nabatäer 131
Nachitschewan 190
Naga 240
Nagafrauen 235
Nagy-Szent Miklos̀, Schatz von 35. 115. 117. 236. 240
Naiman 84
Namada 232
Namata 247
Nanai 235. 237
Nandi 235
Nanshan 73. 75
Nara 111. 115. 119. 123. 152. 247
Narden 243
Nautik 191
Neapel 24. 155. 198. 221
Neger 191
Negersklaven 136. 191
Nelken 243
Neolithikum 16
Nepal 74
Nestorchronik 57. 97. 172. 175. 180
Nestorianer 209. 211. 225. 239
Neues Testament 239
Neupersisch 159. 208. 226
Newa 170. 183
Niederlassungen, byzantinische 158
Niederlassungen, genuesische 168
Niederlassungen, jüdische 47. 62
Niederlassungen, sogdische 34
Niederlassungen, venezianische 168
Nihavend 117
Nikephoros I. (802–811) 58
Nikephoros Phokas (963–969) 142. 218
Nil 132. 157
Nildelta 140. 155
Nischnij-Nowgorod 27. 86
Nishapur 53. 125. 129. 140. 153. 164. 190. 194. 230
Niya 232
Nogaische Steppe 44
Noin Ula 122. 246. 247. 249
Nomaden 114. 247
–, mongolische 90
–, türkische 154
Nominalwert der Münze 3. 55. 65. 172

Nomisma 174
Nordchina 31. 32. 66. 85. 120. 152. 224. 237
Nordmänner 48. 204. 205
Nordrußland 156. 184. 217
Nordsee 48. 176
Nordwestrußland 11. 13. 26. 56. 171. 176. 177. 183. 242
Norwegen 48. 171. 180. 204
Notare 95
Notariate 228
–, italienische 161
Notariatsakten 175
–, italienische 161
Notariatsregister 95
Notker Labeo 8
Nowgorod 27. 64. 165. 167. 170. 172. 176. 177. 178. 183. 184. 186. 187
Nudeln 233
Nutzpflanzen 92

Oasenstädte 78
Officia 219
Officia, oströmische 102
Oghuz 68
Ogur 84
Oikumene 236. 240
–, islamische 101. 102. 116. 218
Oka 172. 184. 204. 234
Okzident 190
Öl 50
Oḷeg 172. 173. 175. 180. 181
Olivenöl 163
Olympiador 7. 37
Omajjaden 53. 132
Oman 106. 132. 133. 136. 159. 194
Ongin 90
Onogur, Onoguren 32. 34. 36. 37. 38. 40. 41. 43. 44. 45. 46. 67. 69. 81. 117
Onogur Bulgar 45
Onoguren, bulgarische 174
Orbeli 114
Orchon 21. 70. 72. 75. 90
Orchongebiet 215
Orchoninschriften 83. 87
Orient 62. 144. 167. 171. 178. 185. 188. 189. 190. 218
–, islamischer 222
–, Vorderer 85. 189. 218. 229. 251
Orienthandel 173
Orientwaren 165
Ormuz 194
Orthodoxie, türkische 83
Osebergschiff 205. 242
Ostafrika 4. 106. 132. 133. 136. 136. 153. 162. 186. 187. 191. 194. 217. 229
Osteuropa 24. 34. 38. 39. 45. 60. 61. 63. 85. 93. 104. 115. 116. 165. 167. 178. 179. 182. 186. 201. 221
Ostsee 40. 48. 55. 170. 173. 176. 184. 203. 217
Ostseehäfen 242
Ostseeküste 183
Ostseeraum 171. 203
Ostseeslawen 3
Ostseestädte 176
Ostiraner 25. 92
Ostiranisch 34. 92
Ostraka 35
– mit Runen 50
Ostrom 70. 132
Ostslawen 172
Osttürken 35. 44. 68. 205. 225

Otägči 93
Ottar 205
Otto I., der Große (936–973) 201. 202. 203
Ottonen 221. 221
Oxus 16

Padmasambhava 74
Pakrit 19
Palastburgen 238
Palastdecke 119
Palästina 13. 31. 53. 103. 104. 139. 142. 144. 158. 164. 190. 218. 219. 242
Palaestina tertia 132
Palermo 147. 150
Pallia Fresonica 5. 243
Palmyra 7. 13. 131
Pamir 84
Pändzikänd 118. 119
Pantomime 109. 121
Päonienblüten 147
Papak 52
Papier 110. 112
Papier, chinesisches 42. 95. 110
Papierarbeiter, chinesische 110
Papyrus 153
Paramente 150
Parfüm 162. 200
Parther 5. 11
Parzival 8. 222
Pasteten 233
Patene 113. 238. 239
– aus Silber 113
–, nestorianische 239
Patina 116
Patriarch, jakobitischer 225. 239
Pavoloke 173
Pazyrik 6. 130
Peipussee 172
Peking *siehe* Beijing
Pektsche, Reich von 67
Pelliot 10. 44
Pelusium 157
Pelze 43. 50. 61. 63. 64. 90. 156. 170.171. 177. 186. 204
–, sibirische 241
Pelzhandel 39. 171
Pelzhändler 183. 205
–, norwegische 205
Pelzstraße 32. 68
Pentateuch 237
Perejslawl 174
Perekop 175
Pergamon 249
Periplus 6
– des Roten Meeres 99
Perkalstoffe 140
Perlen 59. 90. 108. 136. 157. 162. 217
Perlkranzmuster 123
Perm 39. 113. 115. 118. 171. 204. 235. 236. 237. 238. 239. 240
Persien 21. 94. 187. 217. 225. 226. 248. 249
–, Nordwest- 55
Perser 43. 44. 101. 112. 117. 147
–, zoroastrische 212
Persisch 156
Persischer Golf 4. 23. 106. 131. 132. 136. 157. 159. 160. 170. 186. 189. 192. 194. 195. 209. 217. 229
Personalkredite 4
Pessach 238
Petachia 165. 169
Peter der Große 33
Peter, bulgarischer Zar 180. 203

Petra 42
Petrarca 169
Petrus 239
Petschenegen 23. 26. 75. 167. 169. 175. 177. 184
Pfauen, Pfau 147. 154
Pfeffer 136. 163. 170. 180. 197. 198. 243
Pfennig 61. 166. 179
–, deutscher 172. 178
Phanagoria 39. 44. 47
Pharos 249
Philippinen 229
Phönix 130
Pigulevskaja 45
Pilger, buddhistische 73. 120
Pilgerflaschen 113
Pilgerkarawanen 85
Pingliang fu 92
Pisa 154
Plantagenbetrieb 135
Pleskau 183
Plinius 11
Plinius der Ältere 131. 212
Plissieren 223
Plomben 146
Pluderhosen 247
Po-chui *siehe* Bai Juyi
Podestà 39. 186. 220
Po-hai *siehe* Bohai
Pokal 94. 113. 114
Polarkreis 204
Polis, griechisch-römische 219
Polo, Marco 169
Polotzk 184
Polovtsi 84
Polowzer 177
Poltawa 114. 117. 237
Polü (Pou-lu), Kleines 74
Polü, Großes 74
Pondus 241
Pontus 40. 63. 168. 187. 187. 190
Pontusküste 52
Popolo grasso 145
Popolo minuto 145
Portolanen 193
Porzellan 109. 110. 111. 112. 125. 126. 127. 128. 226
–, chinesisches 127. 128. 162. 163. 229. 230
–, kaiserliches 127
–, Song- 128
Porzellangefäße 111
Porzellansammlung 111
Porzellanimporte 230
Portrait 247
Pou-lu *siehe* Polü
Praefectus urbis 139
Prag 24. 26. 47. 49. 57. 61. 88. 165. 171. 173. 176. 181. 203. 221. 242
Prägeorte 55
Prägestätten 171
Prägestelle 199
Prägung 198
Preisliste 169
Preispolitik, ägyptische 160
Provence 24
Preußen *siehe* Pruzzen
Prinzessinnen 125. 207
Produktion 146
Produktionsleistung 146
Produktionsprozeß 4
Produktionsvorgang 145/146. 149
Provenienz, äolische 232
Provenienz, korinthische 232
Pruzzen 203
Pruth 37

Przemysl 24. 49. 57. 88. 171. 173. 178
Ptolemaios 7. 10. 15. 17. 21. 37. 92. 193
Pumbedita 51. 96. 165
Punjab 74
Purïm 70
Purpur 9
Pu-sa 71. 77

Qagan, Qagane 24. 47. 69. 75. 77. 78. 79. 181. 202. 216
Qamdu 88. 89. 90. 227
Qanat 21
Qara Chitai 84. 84. 85. 86. 143
Qarluq 81. 82. 128. 130
Qarmaten 158
Quarz 126
Qin (Ts'in) 99
Qin-Dynastie 231
Qipchaq 84
Qitan (*siehe* auch Liao) 68. 72. 87. 224. 225. 229. 231
Qočo 76. 77. 84. 90. 227
Quellen, byzantinische 70. 84
Quellen, chinesische 21. 92. 191. 195. 216. 227. 245
Quellen, fränkische 49
Quellen, griechische 15/16
Quellen, indische 74
Quellen, islamische 21. 42. 47. 49. 50. 82
Quellen, materielle 2
Quellen, schriftliche 57
Quellen, syrische 45. 46
Quellen, westliche 34
Qulzum (Rotes Meer) 157
Qun 82
Quriqan 83
Rabbaniten 182
Rabbinate 161
Rabbiner 134. 165. 233
Rabbula, Codex des 239
Radanijja 61. 156. 158. 159. 169. 202
Radaniten 63. 105
Raffelstetter Zollweistum 62. 167
Ra'is 139. 186. 220
Ramie-Stoffe 19
Ramlah 157
Rammelsberg 203
Randvölker, mongolische 123
Randvölker, uigurische 123
Raqqa 111. 112
Raschi 165
Ravenna 12. 45
Ravioli 233
Rayj 111. 125. 127. 136. 187. 190
Rechtsgutachten 96. 134
Rechtsordnungen der Zünfte 149
Regensburg 24. 26. 47. 49. 57. 61. 62. 88. 146. 149. 150. 165. 171. 176. 178. 181. 185. 221. 222. 242. 243
Reich der Alanen 43
Reich der Awaren 48
Reich, bosporanisches 118
Reich, Byzantinisches 26. 41/42. 49. 50. 53. 60. 70. 90. 94. 101. 109. 125. 134. 140. 156. 158. 172. 220. 240
Reich der Chasaren 24. 46. 165. 167. 202
Reich, chinesisches 26
Reich, donaubulgarisches 38
Reich der Franken 52. 62. 201
Reich, Großbulgarisches 38. 43

Reich, Großmährisches 49
Reich, Großuigurisches 80
Reich, islamisches 152
Reich, karolingisches 48. 62
Reich der Kitan 231
Reich, köktürkisches 80
Reich, mongolisches 232
Reich der Normannen 147
Reich, ostfränkisches 61. 170
Reich, oströmisches 103. 113. 138
Reich, osttürkisches 23. 25. 68. 69. 72. 77. 225
Reich der Seldschuken 143
Reich der Tang 224
Reich, tungusisches 68
Reich der Uiguren 76. 80. 215. 216
Reich Wu 121
Reichsannalen, tibetische 212
Reichspost 102
Reichstag, fränkischer 180
Reis *siehe* Ra'is
Reis (Pflanze) 136
Reiswein 90
Reisebericht, uigurischer 78
Relief 113. 117. 127. 153. 184
Reliefkeramik 112
Reliefkünstler 184
Reliefplastiken 184
Religion, christliche 237. 239
Religion, jüdische 47. 167. 239
Religion, römisch-katholische 168
Religionsausübung, freie 226
Religionsgemeinschaft, karäische 182
Religionsverfolgungen 209
Renaissance 115. 116. 119. 120. 236. 237. 238. 240. 241
–, byzantinisch-makedonische 240
–, hellenistisch-iranisch-indische 234
Renaissancebewegung 118. 235
Renaissancemotive 236
Renaissanceströmungen 5
Rendite 135
Rentabilität des Fernhandels 107
Rentabilität des Handels 4
Reprivatisierung 220
Responsa 134. 160
Responsa der Gaoniten 96
Responsasammlungen, jüdische 62
Republik, Wolgadeutsche 39. 242
Restaurator, restaurieren 236
Restaurierungen 236
Rhazaf 230
Rhein 48. 63. 147
Rheintal 184
Rhodos 159
Rhone 202
Ribat 206
Richthofengebirge 73. 79
Riemenzungen 53
Riga 183
Rigorismus 51
Rise 222
Robbenfelle 204
Rohseidenhändler 96
Rosinen 107. 162
Rotes Meer 106. 132. 157. 195
Roxolanen 37
Ruanruan (Juan Juan) 12. 92
Rubine 59. 217
Rugiis *siehe* Rus
Rum, Sultanat von 128
Rumänien 33

Rumi-Brokat 42. 97. 140. 156
Rum-Seldschuken 140
Runen 35. 46. 69. 71. 72. 180
Runen, türkische 234
Runenalphabet 46
Runeninschriften 50. 204
Runenschrift 35. 71. 179. 180
Rurik 172. 173. 174
Rus 45. 49. 56. 167. 170. 175. 203. 240
Rusisti 174
Russen 84. 87. 170. 174. 178. 186. 188. 241
Russisch, Alt- 57. 165. 180
Russkaja Prawda 177
Rußland 3. 40. 52. 65. 84. 86. 97. 167. 171. 172. 177. 178. 179. 181. 184. 241. 241
Rüstungen 238

Sabiren 70
Sachsen 168
Saduq Bugra Chan 85. 207
Sagas 204
Saiwang (Königliche Skythen) 17. 212
Saint Maurice 151
Saken 17
Sakisch 18. 93
Sakka (Scheck) 198
Salahit, Meer – 195
Salier 178. 221
Salz 89
Salzbergwerk 203
Salzstraße, afrikanische 104
Samaniden 1. 53. 55. 82. 103. 128. 171. 234. 235. 237
Samanidenreich 63. 64
Samarkand 3. 42. 53. 70. 76. 77. 82. 103. 110. 112. 114. 164. 194. 212. 213. 124. 130. 243
Sāmarrā 111
Samit 147
Samt 149
Samtteppiche 245
Samurw 53
Samye, Kloster 74
Sana (Ṣan'a) 159
Sandal 8
Sandschar 143
Sangi 195
Sanskrit 7. 11. 17. 18. 69. 71
Sanskrittexte 20
Saone 202
Saphire 59
Sarag 15. 17
Šarag 84
Saragouroi 84
Šarig 84
Sarig-ogur 84
Sarkel 47. 49. 50. 110. 111. 158. 159. 173. 175. 179. 181. 202
Sarmaten 33. 122
Sarten 85
Sasaniden 53
Satin 109. 110. 129
Satir 19
Sebük tegin 207. 208
Säulensockel 232
Scythia minor 44
Seeleute, drawidisch-indische 191
Seestädte, italienische 134
Seiden, arabisch-spanische 124
Seiden, chinesische 183. 184
Seiden, iranische 206
Seiden, islamische 242
Seiden, persische 183. 184
Seiden, Regensburger – 150

Seidenbearbeiter 97
Seidenbesatz 222
Seidenborten 14. 54
Seidenbrokat, chinesischer 13
Seidenfäden 221
Seidengarn 6. 97
Seidengewebe, Kölner – 150
Seidenmanufakturen 110. 141. 143. 147. 150
–, deutsche 221
Seidensatin 125
Seidenspinner 146. 149
Seidenstickerei 222
Seidenstoffe 123. 151
–, byzantinische 147
Seidentücher 222
Seidenweber 97. 119. 147. 149
–, byzantinische 150
–, Kölner 149. 150
Seidenwebereien 245
Seife 162
Sekte, karäische 182
Seldschuk 83
Seldschuken 23. 25. 83. 114. 128. 134. 137. 138. 140. 142. 143. 158. 188. 209
Selenga 70. 90
Seoluk (siehe auch Sioluc) 10. 242
Sera Metropolis 15
Ser 9
Serer 7. 10. 11. 12. 15. 17. 232
Seres 10
Sereth 37. 167
Sergius, Heiliger 225
Serike 15
Serikon 9. 10
Seta 8
Sethon 10
Sevan-See 130
Sevilla 105
Sgraffito 127
Sgraffitoware 112
Sha-chou *siehe* Shazhou
Shalno (Sha-lo 15
Sha-lo *siehe* Shalno
Shandong (Schantung) 70
Shanshan (Schan-Schan), Königreich 75
Shari 82
Sharig-ogur 82
Shazhou (Sha-chou) 214
Shosoin 107. 111. 112. 115. 123. 152. 247
Sialuk 10
Siam 192. 195
Sibirien 32. 217
Sichuan (Szechuan) 129
Sida 8. 9. 242
Sidon 134. 190
Sie yen-t'o 9
Siebenstromland 10. 17. 31. 35. 37. 38. 54. 67. 71. 81. 83. 206
Siegel 181
Sien-pi *siehe* Xianbei 67
Sigtuna 48. 171. 178
Si-hia *siehe* Xixia
Silber 55. 63. 93. 94. 104. 105. 107. 162. 166. 171. 172. 188. 227. 236. 239. 241
–, Bewertung des 94
–, Preis des 93
Silberbarren 87. 93. 174. 177. 178. 227
Silberbasis 178
Silberbrokatstickerei 61
Silbergefäße 113. 115. 118. 234. 235. 236. 238. 241

Silbergeld 47
Silbergeräte 94. 216
Silbergeschirr 113
Silberminen 187
Silbermünzen 96
–, byzantinische 60
–, konvertierbare 60
Silberprägung 52
Silberschalen 39. 129. 234. 236. 237. 238. 240. 241
–, byzantinische 33
–, sasanidische 33
Silberstickerei 97
Silbervorkommen 171
Silberwährung 60
Silǧibu 11
Silken 10
Silis 11
Silki 10. 242
Silla 32. 34
Silsilat al-tawārīḫ 193
Simeon (bulgarischer Zar) 180
Šin 7
Sindal 221
Sindon 7. 223
Sineus 172
Šinoi 15
Sioluc (Seoluc) 242
Siraf 136. 194
Sirinda 9
Sizilien 134. 150. 155. 161. 197
Skagerrak 180
Skandinavien 11. 25. 39. 48. 147. 156. 178. 185. 205. 241. 242
Skandinavier 49. 174. 204
Skaramangion 152
Sklaven 24. 50. 56. 57. 58. 62. 63. 156. 157. 168. 170. 171. 173. 175. 191. 201. 241
–, christliche 168. 175
Sklavenexport 135
Sklavenhandel 57. 58. 62. 64. 168. 171. 172. 173. 174. 176. 177. 201. 203. 241. 243
Sklavenhändler 58. 59. 168. 201. 241
Sklavenmarkt 43. 136. 201
Skyphos 249
Skythen 5. 33. 40
Skythia minor 38
Slawen 13. 46. 156. 174
Slawinisti 174
Smolensk 177. 184
Sofala 198
Sogder 13. 15. 16. 17. 37. 42. 57. 76. 112. 121. 212. 213
Sogdiana 11. 17. 21. 37. 42. 53. 54. 67. 83. 107. 108. 122. 123. 128. 131. 143. 208. 211. 234. 235
Sogdischer Brief 17
Sokotra 132
Söldner 186. 220
Solidus 2
Sommerpalast Laschgar-i Bazar 153
Song (Sung) 93. 99. 127. 128. 209. 226. 227. 229
– -Dynastie 26. 127. 196. 224
– -Kaiser 215
– -Reich 127. 129
Songun (Song-Yün) 15
Song-Yün *siehe* Songun
Sorrent 24. 198
Sortenbezeichnungen 141
Sortengeschäft 47. 51. 96
Sortierer 146
Spaler 46

Spanien 24. 50. 53. 58. 61. 62. 134. 149. 150. 156. 157. 163. 165. 197. 198. 201. 202. 221. 230. 242
Spanisch 156
Spätantike 219. 220
–, parthisch-hellenistische 117
Spätmittelalter 223
Speicher, private 216. 227
Speicher, staatliche 227
Speisen 234
Speisevorschriften, jüdische 233
Spezereien 136. 163
Spiegel, chinesische 40
Spitzensorten 145
Spitzenwerte bei der Notierung 197
Sprache, arabische 116. 134. 161
Sprache, aramäische 100
Sprache, altrussische 59. 180
Sprache, chasarisch-türkische 182
Sprache, griechische 69
Sprache, hebräische 52. 57. 233
Sprache, komanische 168
Sprache, lateinische 168
Sprache, mittellateinische 221
Sprache, mittelpersische 52. 120
Sprache, mongolische 35
Sprache, neupersische 52. 159. 168. 208
Sprache, sakische 211
Sprache, sogdische 69
Sprache, syrische 113
Sprache, tibetische 74. 78. 211
Sprache, türkische 35
Sprache, uigurische 18. 35. 91
Srong-bdsan-gampo 74
Sseu 10
Subkontinent, indischer 191. 193
Su-chou *siehe* Suzhou
Sudan 104. 133
Südarabien 101. 103. 133. 136. 159. 161. 162. 191. 198. 217. 229
Südchina 15. 193
Südchinesisches Meer 192. 195
Südfluß 232
Suehans 39. 40
Suez, Golf von 157
Suf 195
Suftaya (Kreditbriefe) 51. 198. 199
Sugdaia (Sugdak) 34
Suhar 159. 194
Sui-Dynastie 67
Suigi 168
Suj'inakirta 246
Sulaiman ibn Abd al-Malik 158
Sulaiman ibn abi Karima 193. 195
Sultane, seldschukische 27. 143
Sultane von Gazna 83. 153. 207. 208
Sumatra 195. 229
Sung *siehe* Song
Sunniten 208
Sutlej 73
Sutton Hoo 242
Suwar 204
Suzankard-Teppich 246
Suzhou (Su-chou) 67. 214
Swatopluk 49
Symbolzeichnungen 73
Synagoge 134. 164. 182. 197. 219. 226. 238
– von Alt-Kairo 134. 164. 197. 219
–, karäische 182
Syrer 100. 125
–, nestorianische 212
Syr 12

Syrien 13. 22. 31. 53. 103. 104. 107. 134. 135. 136. 137. 140. 142. 149. 153. 158. 159. 186. 190. 194. 218. 219. 220. 221. 234, 235, 242
Syrjänen 40. 204
Syr tarduš 12
Systemata 139. 200. 219
Szechuan *siehe* Sichuan

Schadijan 141
Schafwolle 94. 96. 148
Schahnameh 248
Schan-Schan *siehe* Shanshan
Schantung *siehe* Shandong
Schatz Peters des Großen 33
Schauspieler 108. 120. 121
–, Pantomimen- 121
Scheck 2. 198. 227
–, limitiert 199
–, unlimitiert 199
Schema, ikonographisches 239
Schia 83
Schiffe, arabische 106
Schiffe, drawidisch-indische 191
Schiffe, malabarische 229
Schiffe, tamilische 229
Schiffe, venezianische 168
Schiffsbesatzungen, drawidische 232
Schiffsfracht 199
Schiffsreeder 58
Schiffstypen 174. 176. 191. 195
Schlafpodium 248
Schleier 223
Schleswig 48
Schlußmünzen 241
Schmuck 157. 162
Schmuckkästen 153
Schonen 180
Schönheitsmittel 200
Schrift 69. 179
–, arabische 72. 116
–, aramäische 100
–, chinesische 15
–, christlich-syrische 72
–, griechische 19. 116
–, hebräische 52. 57. 134. 159. 160. 161. 208. 233
–, kufische 235
–, manichäische 72
–, mittelpersische 120
–, nestorianische 113
–, sogdische 18. 34. 35. 72
–, syrische Estrangelo- 238/239
–, syrisch-nestorianische 72. 125
–, tibetische 11. 78
–, uigurische 18. 35. 71. 91. 125
Schriftsprache 78
Schrifttum, altrussisches 57
Schriftverkehr 180
Schriftzeichen, kufische 115. 129
Schulchani (šulḫani) 60
Schuhe 162
Schuldforderungen 199
Schuldverschreibung 2
Schwalbenschwanzkleid 124
Schwarze Bulgaren 175
Schwarzes Meer 25. 32. 43. 46. 50. 94. 97. 118. 141. 157. 161. 165. 169. 179. 184. 189
Schweden 39. 41. 171
Schwerin 203
Schwert, Schwerter 63. 156. 170. 172
Schwerter aus Köln 183

Staat, koreanischer 34. 67
Staaten, osttürkische 232
Staaten, sogdische 53
Staaten, uigurische 22. 84. 215. 216
Staaten, Wei- 121
Staatsanleihen 58
Staatsbildungen, osttürkische 68
Staatsbildungen, uigurische 25
Staatgründungen, uigurische 80
Staatsgründungen, koreanische 32
Staatsmanufaktur 152. 153
Staatsmonopol 89
Staatsreligion 215
Staatsverband, chinesischer 226
Städte, abendländische 185. 221
Städte, altrussische 64
Städte, islamische 185. 218. 220. 221
Städte, lombardische 186
Städte, osteuropäische 185
Städte, russische 184
Städte, slawische 180
Städte, südarabische 133
Städte, syrische 218. 219
Städte, syrisch-arabische 134
Stadtgöttin von Groß-Preslav 152
Stadtherren 220
Stadtherrschaft, byzantinische 218
Staël-Holstein-Rolle 93
Stahl 162
Stämme, arabische 106
Stämme, koreanische 90
Stämme, mongolische 205. 225
Stämme, osttürkische 2. 26. 27. 207. 225
Stämme, slawische 36. 47. 48. 64. 174. 204
Stämme, tungusische 66. 90
Stämme, türkische 32. 83. 233
Stämme, uigurische 77. 80
Stämme, westslawische 48
Stammesbund, kirgisischer 83
Stammesföderation 67
Stammesverband, kirgisischer 80
Stammesverband, westtürkischer 81
Staraja Ladoga 48. 172. 180. 183
Stater 19
Steinböcke 154
Steinbuch (von Biruni) 111. 127
Stelen 69. 119. 180
Stempel 113
Stephansmantel, ungarischer 150
Sternenmantel Heinrichs II. 150
Steuern 138
Steuerbehörden 102. 149
Steuerpacht 136
Stiftungen 169
Stockholm 41. 48
Stoffe 162. 246
–, arabisch-spanische 124
–, byzantinische 124
Stoffsorten 149
Straße der hängenden Brücken 212
Strumpfwirker 145
Stutzrunen 180

Al-Ta' alabi 128
Ṭabarī 44. 112. 128
Tabgač 68. 224
Tabgač Qagan 207
Täbris 24. 190
Tacitus 40
Tafelgeschirr, silbernes 234
Tafelsilber 172

Tagrit 225
Tahir ibn Al-Husayn 43. 52
Tahiriden 43. 53. 153
Taiga 32
Taklamakan-Wüste 71. 232
Talana 141
Talas 11. 23. 71. 76. 112. 117. 206. 210
Talish (Ṭališ) 141
Taliva 141
Talmud 51
Talmudist 59
Talmudschule 47. 164
Taman 47. 175
Tamatarcha 25. 179. 182
Tamga 207
Tamim ibn Bahr 206
Tana 142. 179
Tanaitische Hunnen 38
T'ang *siehe* Tang
Tang 23. 76. 99
– -Dynastie 76. 111. 127. 224. 226. 229. 231
– -Reich 224
– -Zeit 126. 128. 230
Tang-i Azao 209
Tanguten 27. 77. 78. 79. 84. 213. 214. 215
Tannu Tuwa 68. 73
Tanz 109. 122
– Davids vor der Bundeslade 113. 239
Tänzer 108. 120. 121
Tänzer, Pantomimen- 121
Taoismus 90. 91
Taprobane 99
Tarchan Theodor *siehe* Theodor
Tardu 79. 80
Tarduš 12
Targumim 182
Tarim 71. 232
Tarimbecken 9. 10. 15. 16. 17. 18. 20. 21. 23. 25. 27. 31. 52. 67. 70. 73. 75. 76. 78. 79. 81. 82. 83. 84. 85. 86. 108. 113. 119. 120. 121. 122. 124. 160. 207. 208. 210. 211. 212. 213. 214. 215. 217, 232, 245, 246, 247, 248
Tatenberichte türkischer Häuptlinge 69
Tatian 8
Ta-t'ung *siehe* Datong
Taugast 68
Technik der Bewässerung 21
Technik des Schiffsbaus 191
Tee 89
Tegin (Prinz) 207
Teheran 111. 127
Teigwaren 233
Teppich, Teppiche 107. 130. 141. 162. 245. 246. 247. 248. 249
Teppiche, armenische 141. 188
Teppichherstellung 141
Terkhin, Inschrift von 206
Termingeschäfte 88
Teruel 69
Testament, Altes 59. 165. 239
Testament, Neues 239
Text 57
Texte, altbaktrische 19
Texte, uigurische 78. 233
Texte in tibetischer Schrift 78
Textilbranche 97
Textildepot des Shosoin 123
Textilhandel 96
Textilien 94
Textilrohstoffe 179
Textilsorten 247

Thauna 7. 10
Theodor, Tarchan 181
Theodosia 142
Theophanes 58
Theophilos 181
Theophylakt 206
Thinai 6
Thraker 248
Thüringen 203
Tianshan (Tien-shan) 67. 78
Tibet 11. 22. 73. 74. 78. 79. 84. 213. 217. 248
Tibeter 9. 20. 23. 31. 73. 75. 76. 78. 79. 212. 213. 215
–, schreibkundige 78
Tibetisch 17. 23. 75. 78. 79. 93
Tiele, Tie-le, *siehe* Töliš
Tien-shan *siehe* Tienshan
Tiermasken 121. 122
Tiermuster 53
Tigris 132
Tillja Tepe 238. 242
Tinkissofluß 104
Tinnes 140. 157
Tiraz, Ṭirāz 56. 110. 124. 147. 153
Tmutorokan 175
Tobolsk 32
Tocharer 17
Tocharestan 74. 211
Toga 15
Toledo 198
Töliš (Tiele, Tie-le) 80
Tomsk 32. 33
T'ong-che-hu *siehe* Tong zhe-hu
Tong zhe-hu 44
Ton 112. 113. 127. 236. 237
Ton, grünglasierter 112
Tongefäße 112. 127. 129. 187. 230
Tong-king *siehe* Dongjing
Tongra Yabgu *siehe* Tong zhe-hu
Tonjukuk 69
T'o-pa *siehe* Touba
Toprak-Kale 6
Toquz Oghuz 68. 80. 206
Toratext 182
Torg 13
Torga 12
Torgovec 13
Torkjell, Münzmeister 180
Torqu 12
Torques 87
Tortosa 243
–, Emirat von 202
Toskana 96
Toul 202
Totenbuch, tibetisches 78
Totenbücher 249
Totenführer 249
Totenkult 249
Totenopfer 233
Toulouse 144
Tourkoi 12. 13
Toyok 19
Tradition, griechisch-skythische 118
Traktate, tantrisch-buddhistische 78
Transalai-Gebirge 82. 209
Transithandel 215
Transportleistung der Kamele 108
Trapezites, Trapezitai 60. 95
Trapezunt 24. 25. 42. 50. 157. 158. 187. 188. 189. 190
Treidler 183
Trever 114
Tribute 174. 177. 180. 216
Tributlisten 216. 217

Tributzahlungen 227
Trikot 123
Trinkschalen 94
Tripolis 134. 161
Troki 182
Troyes 165
Truso 48. 205
Truvor 172
Tsangpo 213. 214
Tschad 104
Tschampa 99
Tschernigow 56. 240
Tschuden 40
Ts'in *siehe* Qin
Ts'ü-kü *siehe* Juku
Tuch, Tuche, Tücher 90. 145. 146. 183. 186
Tuchindustrie 146
Tuchmanufakturen 146. 176
Tuchweberei 186
Tudun 44
T'u-kü *siehe* Tuque
Tumčuq 18
Tungusen 22. 32. 34. 72. 85. 89. 99
Tun-huang *siehe* Dunhuang
Tunis 155
Tuoba (T'o-pa) 66. 67. 207
Tuque (T'u-küe) 12
Turban 14. 129. 222
Turfan 18. 20. 21. 25. 31. 67. 68. 88. 90. 93. 122. 225
Turfanoase 15. 18. 19. 20. 68. 72. 76. 77. 80. 90. 93. 108. 122. 125. 215. 225. 227. 230. 231. 233
Türgisch 81
Turk 12
Turkdialekte 86
Türken 12. 23. 43. 44. 54. 71. 77. 86. 119. 120. 154. 189. 203. 207
Türkise 33. 59. 94
Turkmenen 81. 82. 142
Turkmenenhäuptlinge 143
Turkmenenstämme 114
Turksprachen 103
Turkstämme 20. 32. 33. 38. 39. 45. 46. 64. 69. 71. 72. 78. 80. 82. 83. 84. 91. 92. 99. 123. 130. 172. 182. 206
Turku 13
Tuwa 124. 205. 206
Tuyuhun (T'u-yü-hun) 73. 75. 78
T'u-yü-hun *siehe* Tuyuhun
Twer 170
Tyche 232. 245
Tyrus 190
Teilhaberschaft an einer Commenda 4
Temir qomus 92
Tempel, buddhistische 91
Teppeh Madrasch 129

Überlieferung, achämenidische 118
Überlieferung, griechische 193
Überlieferung, hellenistische 118
Überlieferung, indische 118
Überlieferung, iranische 46
Überlieferung, skandinavische 64
Übersetzungen, tangutische 79
Übersetzungsliteratur 77
Überweisungsverkehr, bargeldloser 175
Üch qur (Üch-quriqan) 83
Udyana 74
Uiguren 3. 13. 18. 19. 20. 21. 23. 70. 72. 76. 77. 84. 86. 87. 88.

89. 91. 92. 93. 94. 125. 131. 153. 170. 208. 213. 214. 215. 216. 225. 231. 233
Uigurisch 7. 18. 19. 71. 72. 75. 78. 93. 233
Ukraine 48. 50. 114. 165. 182
Umgangssprache, uigurische 85/86
Umrechnungskurs 166
Umschlagplätze 106
Ungarn 12. 13. 49. 81. 167
Unterglasurmalerei 109. 110. 112. 113. 114. 125. 126. 127. 135. 230
Unternehmer 149. 186
Uppsala 184
Ural 32. 33
Uralfluß 81
Urartu 6
Urgendj 143
Urkunden 88. 175. 227/228. 246
Urkunde, griechische 181
Urkunden, rechtsverbindliche 227

Vakhan-Tal 213
Vakhis 213
Valsgärde 11
–, Helm von 242
Vandalen 40
Van-See 187
Vasmer 46
Venedig 23. 98. 134. 142. 147. 149. 167. 185. 198. 221
Venezianer 97. 141. 142. 190. 196
Verbrennungsgefäß 154
Verdun 201. 202
Vergina 7
Verkauf von Waffen 48
Verkaufslisten 161
Verkaufsprotokolle 227
Verkehr, bargeldloser 199
Verknappung des Geldes 58. 88
Verleihen von Geld 51. 105
Verminderung des Geldumlaufs 87
Versalzung des Bodens 21
Verteidigungsanlagen 181
Vertrag von 1082, byzantinischer 167
Verzinsung 3
Vietnam 192
Vilgord 240
Villani, Jacopo 146
Volk, tungusisches 87
Völker, türkische 80
Vorderasien 116

Wachs 170. 177
Wadi al-Allaki 104
Waffen 65
Waffenschmiede, Kölner 156. 170
Wahkan 211
Wakīl 164
Walachei, Kleine 36
Waldai-Höhen 55
Walnußbäume 92
Walroßzähne 61. 64. 170. 204
Wandbehang 245
Wandteppiche 247
Wappen 222
Wappenröcke 222
Wappensticker 150
Waräger 3. 11. 13. 25. 26. 39. 41. 45. 48. 49. 50. 55. 56. 57. 64. 65. 87. 97. 167. 169. 170. 171. 173. 174. 175. 177. 178. 179. 180. 181. 183. 184. 203. 205. 241
Waren, Preise der 196

Warenaustausch 64. 122. 135. 216
Warenbörse 161. 197
Warenbegleitscheine 179
Warenbezeichnungen, komanische 169
Warenhandel 64
Warenk, Meer der 203
Warenkatalog 94. 170
Warenkreditbrief 2
Warenkredite 4. 88
Warenliste 87. 94. 169. 216
–, komanische 87
–, lateinische 87
–, neupersische 87
Warenspeicher, staatliche 216
Warenumsatz 63. 88. 90. 138. 171. 190
Warenverkehr 171. 218
–, Kontrolle des 89. 94
Wasserzeichen 110
Weber 146. 150. 179
–, islamische 150
Webstuhl 123
Webtechnik 92. 141
Wechselstuben 243
Wei 207
Weichsel 40
Weichselmündung 40
Wei He (Wei Ho) 90. 91
Wei Ho *siehe* Wei He
Weihrauch 89. 94. 106. 132. 136. 154. 162. 183. 217
Weihrauchstraße 101. 105. 131. 229
Wein 21. 46. 50. 89. 90. 187
Weinstöcke 92
Weintrauben 107
Weißes Meer 204. 205
Weißrußland 178. 184
Weltkarten, arabische 193
Weltreich, mongolisches 251
Weltwächter 248
Werkstätten 147. 185. 222
Wertpapiere 199
Westslawen 202
Westtürken 35. 44
Westwanderung 67
Wildseide 173
Wirker 146
Wirtschaft, abendländische 186
Wirtschaftsbeziehungen 201
Wirtschaftsform 145
Wirtschaftsordnung 215. 220
Wirtschaftszentren 184
Witebsk 184
Wladimir 3. 184
Wolchow 48. 64. 170. 183
Wolga 11. 25. 32. 33. 39. 55. 64. 75. 81. 115. 158. 159. 165. 169. 170. 172. 184. 205. 234. 241. 242
Wolgabulgaren 32. 39. 40. 86. 87. 170. 182. 183. 188. 190. 203. 205. 234
Wolgadeutsche Republik 11. 39
Wolgagebiet 13
Wolga-Kama-Gebiet 234
Wolgamündung 187. 188
Wolgaroute 24
Wolgaweg 26. 50. 172. 173. 179. 182. 242
Wolle 106. 150. 176. 185. 246
–, spanische 145
–, tierische 107
Wollgemisch 96
Wollindustrie 137
Wollscherer 146
Wollsorten 145

Wollstoffe 50. 60. 61. 65. 96. 242
Wollteppiche 245
Wollweber 185
Worms 164
Woronesch 45
Wu *siehe* Reich Wu
Wulei 90
Wulfila 9
Wulfstan 205
Wusun 10

Xia (Hsia) 66
Xi'an (Sian) 66. 90. 115
Xianbei (Sien-pi) 67
Xiongu (Hiung-nu) 10. 17. 34. 37. 67. 251
Xixia (Si-hia) 70
Xuanzang (Hiuan-tsang) 70

Yabgu 11. 44. 74
Yagma 54
Yalu 66. 68
Yar-Khoto 206
Yarlung 73
Yelü, Clan 229
Yeshiva *siehe* Jeschivah
Yiwu (I-wu) 66
Yüeh-shih *siehe* Yuezhi
Yuezhi (Yüeh-shih) 17
Yuezhi, Kleine 92

Zacharias Rhetor 45
Zagrosgebirge 190
Zahlungsanweisungen 61. 161. 163
Zahlungseinheit 177
Zahlungsmittel 2. 55. 58. 64. 88. 172. 177. 199. 227
Zahlungsprobleme 227
Zahlungsverkehr 64. 88. 95. 165. 177. 198. 199. 246
–, bargeldloser 3. 58. 59. 88. 198
Zahlzeichen, sogdische 118. 234
Žan-Žun 74. 212
Zand 54. 107
Zandaniji (zandanīčī, zandanj) 54. 59. 123
– -Seide 123. 206
Zar, bulgarischer 180. 203
Zar Peter der Große 33
Zecchine 146
Zeitun, Zeituni 110. 129
Zentralverwaltungen 102
Zer 9. 11
Zeremonialgewänder 124. 150. 153
Zeugdruck 43. 90. 109. 114. 129
Zeugdruckmuster 123. 140
Zeus 117. 235. 240
Zhejiang (Chekiang) 128
Zhou-Dynastie (Chou) 116
Ziegenwolle 96. 148
Ziffern, griechische 161
Ziffern, koptische 161
Zimbabwe 198
Zimt 63. 157
Zindel 8. 22
Zinn 203
Zinnenmuster 248. 249
Zinnober 89
Zins, Zinsen 4. 58. 60. 105. 135
Zinssatz 58. 95. 104
Zinsverbot 51. 58. 135
Zirkulation 88
Zivilisation, sasanidische 119
Zobelfelle 217
Zoll 27. 134. 163
– von Attalia 134
–, Londoner 183

Zollbehörde 149
Zollbuch 87. 183
Zollfreiheit 57
Zoll-Liste 5. 87. 141. 186
– von Dorpat 186
– vonLondon 87
Zollordnungen 48
Zollstation des Kalifenreiches 191
Zollstellen 46
Zollvorschriften 48
Zolotnik 174
Zoroastrier 192. 209. 212. 123
Zucker 162
Zuckerrohr 136
Zuerwerb 200
Zünfte 60. 139. 149
Zwangskörperschaften 220
Zweistromland 53
Zwischenhandel, russischer 184
Zypern 159

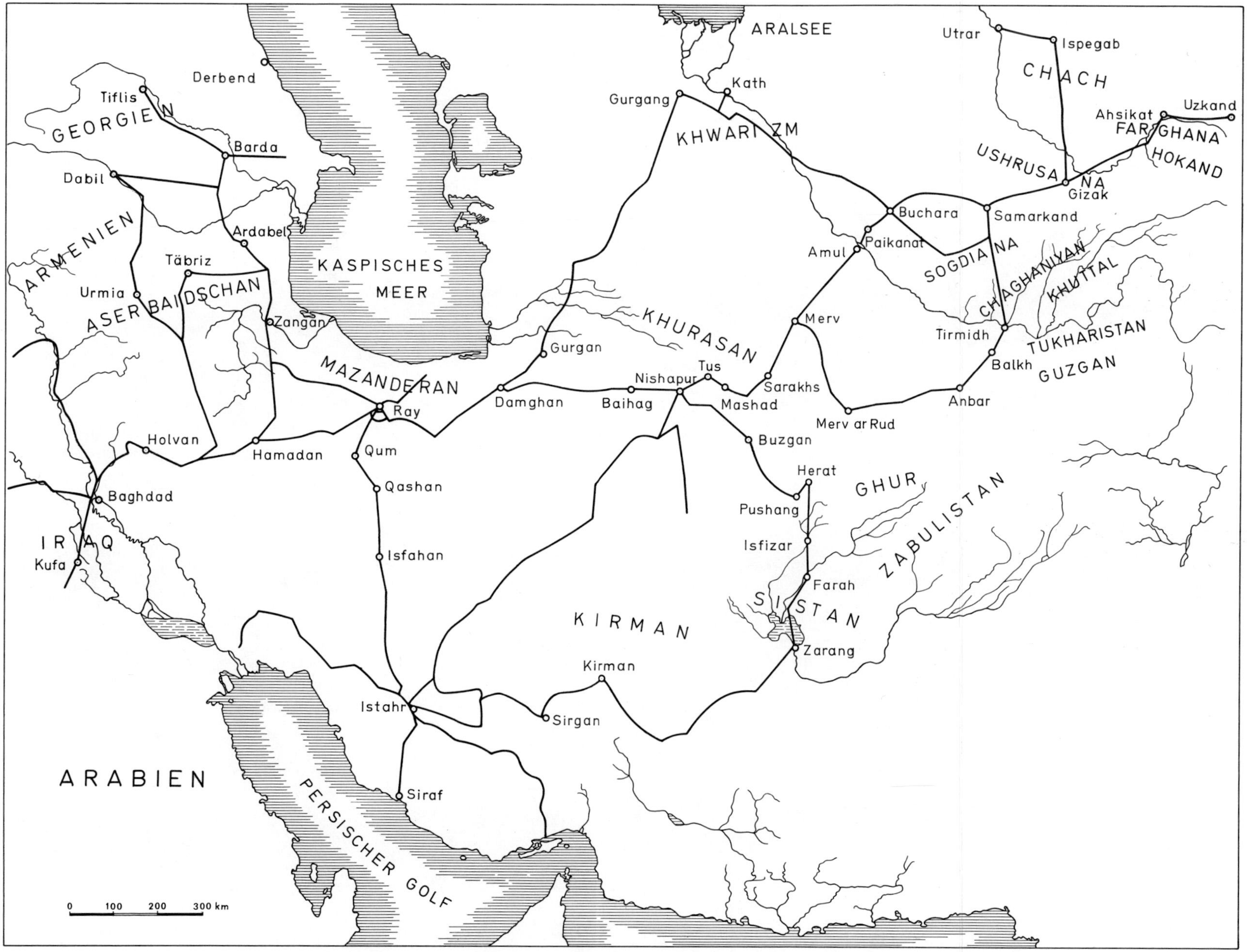

Karte I: Die Südroute der Seidenstraße und ihre Abzweigungen

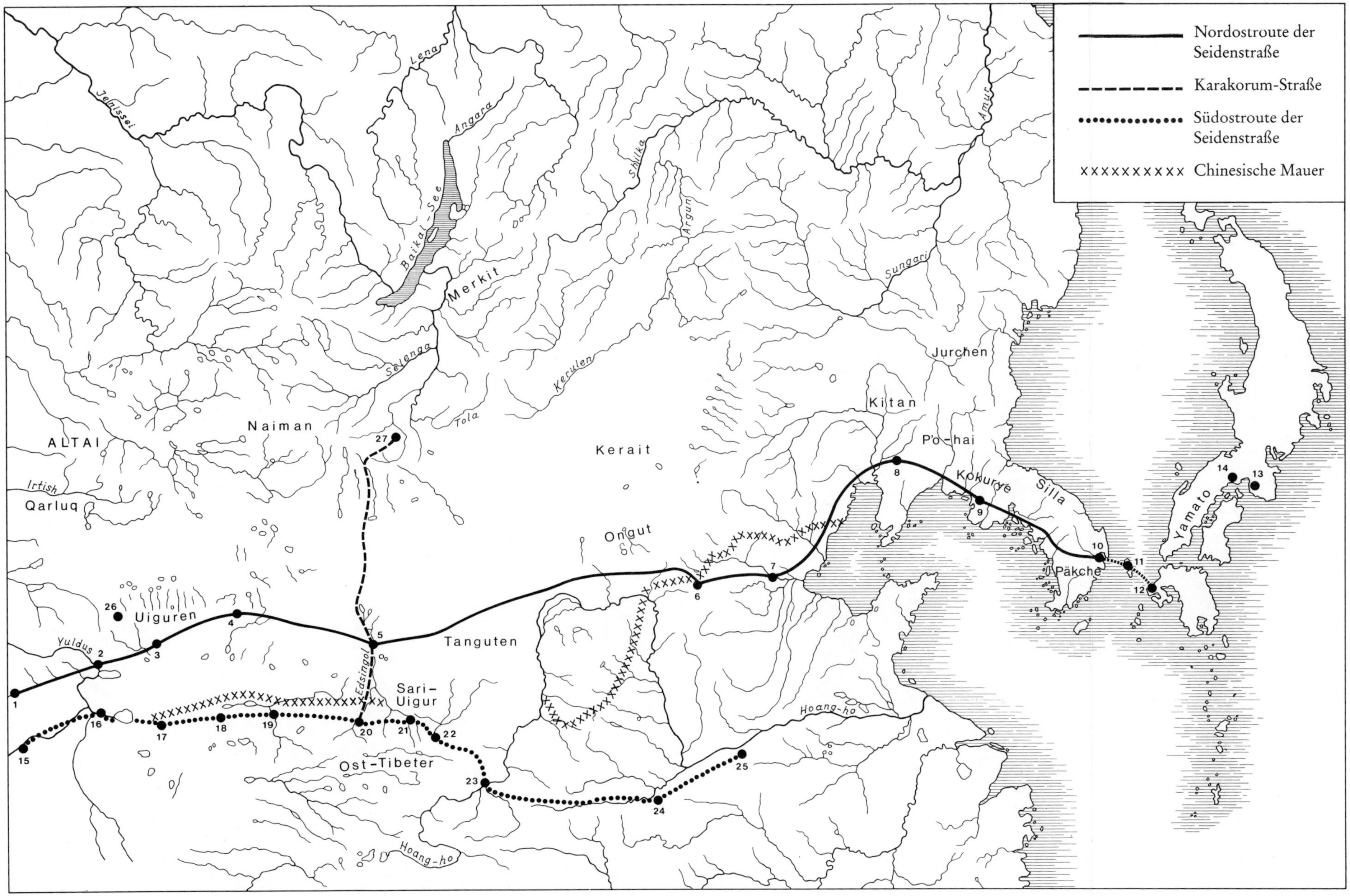

1 Kutcha
2 Karashahr
3 Turfan
4 Hami
5 Qara Chitai
6 Datong (Ta-t'ung)
7 Beijing (Pe-king)
8 Xuantu (Hsüan-t'u)
9 Lelang (Lo-lang)
10 Kaya
11 Okinoshima
12 Nagoya
13 Nara
14 Kyoto
15 Miran
16 Loulan (Lou-lan)
17 Yangguan (Yang-kuan)
18 Dunhuang (Tun-huang)
19 Anxi (An-hsi)
20 Suzhou (Su-chou)
21 Ganzhou (Kan-chou)
22 Wulei (Wu-lei)
23 Lanzhou (Lan-chou)
24 Changan (Ch'ang-an)
25 Luoyang (Lo-yang)
26 Bisbaliq
27 Karakorum

Karte II: Die Nordostroute der Seidenstraße